WahnsinnsFrauen

Dritter Band

Herausgegeben von Sibylle Duda
und Luise F. Pusch

Suhrkamp

Umschlagfoto:
Marilyn Monroe während der Dreharbeiten zu
»Misfits – Nicht gesellschaftsfähig« 1960
© Eve Arnold/Magnum/Focus

suhrkamp taschenbuch 2834
Erste Auflage 1999
© Suhrkamp Verlag Frankfurt am Main 1999
Suhrkamp Taschenbuch Verlag
Alle Rechte vorbehalten, insbesondere das
des öffentlichen Vortrags, der Übertragung
durch Rundfunk und Fernsehen
sowie der Übersetzung, auch einzelner Teile.
Kein Teil des Werks darf in irgendeiner Form
(durch Fotografie, Mikrofilm oder anderes Verfahren)
ohne schriftliche Genehmigung des Verlages reproduziert
oder unter Verwendung elektronischer Systeme
verarbeitet, vervielfältigt oder verbreitet werden.
Satz: MZ-Verlagsdruckerei GmbH, Memmingen
Druck: Ebner Ulm
Printed in Germany
Umschlag nach Entwürfen von
Willy Fleckhaus und Rolf Staudt

1 2 3 4 5 6 – 04 03 02 01 00 99

Inhalt

Vorwort
Von Sibylle Duda   7

Margery Kempe (ca. 1373-ca. 1440)
Waghalsige Gratwanderungen
Von Stefanie Ohnesorg   9

Elizabeth Packard (1816-1897)
Kreuzzug gegen die mutwillige Einweisung von Frauen
in Irrenanstalten
Von Swantje Koch-Kanz und Luise F. Pusch   45

Adèle Hugo (1830-1915)
Die Geschichte von der verlorenen Tochter
Von Andrea Schweers   74

Kate Chopin (1850-1904)
Der Wahnsinn des Literaturbetriebs
Von Evelyne Keitel   111

Elfriede Lohse-Wächtler (1899-1940)
Das seltsame Rätselbild des Menschen zu begreifen
Von Sibylle Duda   139

Christine Lavant (1915-1973)
Das Leiden leid
Von Esther Röhr   172

Unica Zürn (1916-1970)
»ernst ist der Name ICH – es ist Rache«
Von Eva-Maria Alves   201

Marilyn Monroe (1926-1962)
»Ich hatte immer das Gefühl, ich sei ein Nichts.«
Von Sylke Niemann   222

Adelheid Duvanel (1936-1996)
»Es gibt aber Menschen, die sich nicht an das
Hiersein gewöhnen können«
Von Liliane Studer 269

Nachwort
Von Luise F. Pusch 293

Die Autorinnen 303

Bildnachweis 304

Sibylle Duda

Vorwort

Mit dem dritten Band »WahnsinnsFrauen« wird diese Reihe vorerst abgeschlossen. Das Thema selbst ist natürlich niemals abgeschlossen, zumal wir tagtäglich mit der entsetzlichen Monotonie der Vergeudung oder Vernichtung weiblicher Begabungen konfrontiert werden. So könnte unsere Reihe endlos fortgesetzt werden.

Mit unseren drei Bänden wollen wir LeserInnen anregen, selbst in weiblichen Biographien oder auch in der eigenen Biographie dem Wahnsinn in seiner doppelten Bedeutung nachzuspüren. Schließlich liegt zwischen uns und den Wahnsinnsfrauen nur ein gradueller, nicht ein prinzipieller Unterschied. Elemente der Leiden sind im Leben aller Frauen vorhanden.

Ein wichtiger Schritt in Richtung eines realitätsnahen und politisierten Bewußtseins ist die Einsicht, daß Wahnsinn ein Thema ist, das alle Frauen betrifft. Betroffen sind ja nicht nur einige herausragende Persönlichkeiten, deren Leben in unseren drei Bänden beschrieben wird, wie z.B. das der Bildhauerin Camille Claudel, der Journalistin Milena Jesenská, der Juristin Emilie Kempin, der Malerin Elfriede Lohse-Wächtler, der Psychoanalytikerin Sabina Spielrein und der Schriftstellerin Virginia Woolf.

Wahnsinn von Frauen ist ein strukturelles Problem, nicht ein individuelles. Der patriarchalische Machtanspruch kann sich nur über Abwerten, Marginalisieren und Ignorieren der Leistungen von Frauen aufrechterhalten. Dem soll endlich ein Riegel vorgeschoben werden. Frauen müssen aus ihrer Isolation heraustreten, mit anderen Frauen sprechen, sich mit Frauen solidarisieren, Netzwerke gründen. Durch gemeinsames Agieren erschließt sich eine neue Perspektive des Verstehens. Daraus kann eine Kraft erwachsen, Leiden zu verringern zugunsten von Kreativität und Phantasie.

MARGERY KEMPE
ca. 1373-ca. 1440

Waghalsige Gratwanderungen

Von Stefanie Ohnesorg

»Viele heilig- oder seliggesprochene Frauen waren nichts weiter als einfach nur Hysterikerinnen!«[1] Vor dieser von Legrand du Saulle 1861 aufgestellten Behauptung erstaunt es kaum, daß auch eine religiös ambitionierte Frau wie Margery Kempe schon kurz nach der Wiederentdeckung ihres Buches im Jahre 1936 den Stempel aufgedrückt bekam, es könne »kaum in Zweifel gezogen werden, daß [sie] an Hysterie litt«.[2] Ihre ekstatischen Bekundungen mystischen Erlebens in Kombination mit ihrer unkonventionellen Lebensweise reichten dazu aus, sie zunächst einmal als von der Norm abweichend, als hysterisch, als krank wahrzunehmen. Zu Margery Kempes Lebzeiten gesellten sich zu einem allgemeinen Unverständnis ihr gegenüber auch noch massive Beschimpfungen und Drohungen. So mußte sie z.B. einige Male um ihr Leben fürchten, weil man in ihr eine Häretikerin vermutete, und sie entging nur knapp dem Scheiterhaufen. Neben diesen eher militanten Versuchen, sie zum Schweigen zu bringen, fand sich hier und da dann aber auch der gutgemeinte Ratschlag, sie solle sich wieder auf ihre Aufgabe als Hausfrau, Ehefrau und Mutter besinnen.

Die Aufforderung »Frau, gib' das Leben, das du führst, auf. Geh' heim und spinne Garn und kämme Wolle, so wie andere Frauen das auch tun, und hör auf, soviel Schande und Elend über dich zu bringen«,[3] deutet darauf hin, daß nicht nur ihre in der Öffentlichkeit ausgelebte Mystik als Stein des Anstoßes gesehen wurde, sondern daß vor allem ihr unweibliches Verhalten, ihr Aus-der-Rolle-Fallen die Gemüter ihrer direkten Umwelt beschäftigte und über alle Maßen erhitzte. Margery Kempe war anders: Sie war – betrachtet man vor allem die Zeit nach 1413 – mutig, selbstbewußt, hartnäckig, unnachgiebig und lebte ihr Leben, ohne Kompromisse einzugehen. Sie war eine in vielerlei Hinsicht starke Frau, deren Vita uns erlaubt, einen Blick auf eine weniger bekannte Facette des Spätmittelalters zu werfen: In Margery Kempes Leben läßt sich ein früher Protest gegen die Einbindung der Frau in gesellschaftlich vorgegebene Rollenmuster erkennen. Es ist daher wichtig, sich ihr auf dieser Ebene anzunähern und sich den Blick nicht durch ein Krankheitsbild verstellen zu lassen, das leider oft allzu vorschnell und leichtfertig über all ihr Handeln gestülpt wurde.

Wer war diese Margery Kempe, die Autorin des ältesten uns bekannten autobiographischen Textes in englischer Sprache? Konsultiert man einschlägige Werke zur englischen Literaturgeschichte, so muß man leider feststellen, daß der Eintrag zu Margery Kempe gewöhnlich kaum über die Nennung dieses Superlativs hinausgeht. Daher erneut die Frage: Wer war diese Frau, die, obwohl sie weder lesen noch schreiben konnte, ihrer Nachwelt doch eine anschauliche Dokumentation ihres Lebens, die sie im Alter zwei Schreibern diktiert hatte, hinterlassen hat?

Schon allein die Tatsache, daß Margery Kempe auf ihr Leben zurückblicken und ihre Erlebnisse kohärent – wenn auch nicht immer in chronologischer Folge – wiedergeben konnte, ist ein deutlicher Hinweis darauf, daß sie sehr wohl wußte, was sie tat und wie sie von ihrer Umwelt wahrgenommen wurde. Ihr Buch versteht sie als Zeugnis an ihre Nachwelt, in dem sie ihre Geschichte ununterbrochen erzählen kann, und in dem sie versucht, den vielen Anschuldigungen und Mutmaßungen über ihren Gesundheits- und Geisteszustand ihre eigene Version gegenüberzustellen. Sie macht keinen Hehl daraus, daß sie bisweilen tatsächlich krank war und sich dies in Manifestationen äußerte, die sehr wohl den Verdacht nahelegen konnten, sie sei wahnsinnig geworden. Wenn sie tobte, schrie, sich wild gebärdete und zeitweise die Kontrolle über ihren Körper und – wie sie selbst schreibt – auch ihren Verstand verlor, so ist es wichtig zu sehen, daß dieses Ausrasten aus Margery Kempes Perspektive immer in einen bestimmten Kausalzusammenhang eingebettet ist, den sie in ihrer Autobiographie jeweils klar zu umreißen versucht. Allein die Tatsache, daß sie ihr Aus-der-Rolle-Fallen derart thematisieren kann, scheint Indiz genug dafür, daß man ihr kaum gerecht werden kann, wenn ihr Leben lediglich durch die Filter Krankheit und Wahnsinn wahrgenommen wird. Ihr nüchterner und unverblümter Umgang mit sich selbst und ihrer Umwelt in ihrer Autobiographie schlägt vielmehr eine Brücke ins 15. Jahrhundert und eröffnet uns einen Blick auf die Möglichkeiten und Grenzen einer alternativen Lebensweise im Spätmittelalter. Schon allein dieser Aspekt macht es zur lohnenden Aufgabe,

Margery Kempe

Margery Kempe ernst zu nehmen und sich näher mit ihr auseinanderzusetzen. Denn gräbt man tief genug, so findet sich unter all dem Morast, den die Rezeption auf ihr abgelagert hat, weit mehr als nur ein Paradebeispiel für religiöse Verblendung, Hysterie und Wahnsinn. Dies zu entdecken gilt es, wenn im folgenden der Frage nachgegangen wird: Wer war Margery Kempe? War sie eine Mystikerin, eine Hysterikerin oder eine ›Möchtegern-Heilige‹? Oder war sie vielmehr eine Frau mit der utopieträchtigen Vision von einer besseren Welt, in der sich Frauen als ganzer Mensch fühlen können und nicht nur Pflichten, sondern auch Rechte haben?

Die Zeit bis zur ersten mystischen Erfahrung / Bekehrung

Margery Kempe wurde etwa 1373 in Bishop's Lynn, dem heutigen King's Lynn in Norfolk geboren.[4] Über ihre Kindheit und Jugend läßt sie uns im dunkeln; ihr Text setzt erst ein, als sie etwa zwanzigjährig kurz nach der Eheschließung mit dem ebenfalls aus Lynn stammenden John Kempe ihr erstes Kind erwartet.

In ihrem Buch bezieht sie sich einige Male auf ihren Vater, der in Lynn etliche wichtige öffentliche Ämter bekleidete.[5] Die Nennung ihres Vaters erfolgt jedoch nicht, um irgendeine Form von emotionaler Bindung an ihn zu thematisieren, sondern zumeist in Zusammenhängen, wo es ihr darum geht, andere auf ihre standesgemäße Herkunft hinzuweisen. So nennt sie z.B. in jenen Situationen, wo sie in der Fremde vor Gericht gestellt wurde und sich ausweisen mußte, ihren Vater, um ihre Ankläger darauf hinzuweisen, daß sie aus einer ehrbaren Familie stamme. Auch zu Hause ist die Erwähnung des Vaters fest an Konfliktsituationen gebunden: in Auseinandersetzungen mit ihrem Mann erinnert sie diesen wiederholt recht herablassend daran, daß er ihr standesmäßig nicht ebenbürtig sei.[6] Insgesamt bleiben die Hinweise auf ihre Familie jedoch sehr spärlich. Sowohl die Mutter, ihre Geschwister und auch 13 ihrer immerhin 14 Kinder finden keinerlei Erwähnung, und auch die Archive von Lynn enthalten kaum Dokumente, die diesen Aspekt von Margery Kempes Leben etwas näher beleuchten könnten. Was sich jedoch aus diesen spärlich vorhandenen Angaben im Zusammenhang damit, daß Margery Kempe Dienstpersonal beschäftigt hatte, schließen läßt, ist, daß die Familie insgesamt gesehen einen relativ gehobenen Lebensstandard genießen konnte.

Während Margery Kempe schon recht sparsam mit Informationen über ihre Herkunft umging, erfahren wir noch viel weniger über ihre Kindheit und Jugend. Dieser Lebensabschnitt Margerys bleibt mehr oder weniger im dunkeln; alles, was wir aus jener Zeit erfahren, ist, daß sie in jener Lebensphase eine – wie sie mehrfach betont – schwere Sünde auf sich geladen habe. Sie weist erstmals im Zusammenhang mit der schwierigen Schwangerschaft und Geburt ihres ersten Kindes darauf hin: Als die damals etwa zwanzigjährige Margery Kempe in den schlimmsten Wehen lag und um ihr Leben fürchtete, wurde sie in dieser existentiellen Notlage auch gleichzeitig noch von heftigsten Gewissensbissen geplagt. Grund dafür war besagte ›schwere Sünde‹, denn sie hatte es, wie es in ihrer Autobiographie heißt, bisher immer wieder vor sich hergeschoben, diese vermutlich aus ihrer Jugendzeit stammende Sünde, deren Inhalt wir nie konkret erfahren, zu beichten.[7] In ihrem Lebensbericht schildert sie dieses einschneidende und in der Folge prägende Erlebnis folgendermaßen: »Und nachdem sie schwanger geworden war, überkamen sie bis zur Geburt des Kindes schwere Übelkeitsanfälle. Diese Übelkeitsanfälle führten dann in Verbindung mit den Geburtswehen dazu, daß sie glaubte, nicht mehr weiterleben zu können. Daher ließ sie ihren Beichtvater kommen, denn eine Sache, die sie ihr ganzes Leben hindurch noch niemandem anvertraut hatte, plagte ihr Gewissen. Sie war nämlich bisher immer von ihrem Feind, dem Teufel, davon abgehalten worden, diese Sünde zu beichten, da dieser ihr, solange sie bei guter Gesundheit war, immer wieder nahegelegt hatte, daß sie nicht zu beichten brauche und es genüge, wenn sie für sich selbst Buße tue. [...] Aber wenn sie krank oder vor Ängsten aufgewühlt war, gab der Teufel ihr zu verstehen, daß ihr Verdammnis drohe, da ihr für besagtes Vergehen keine Absolution erteilt worden sei. Deshalb ließ sie, wie schon zuvor erwähnt, nach der Geburt ihres Kindes, als sie glaubte sterben zu müssen, ihren Beichtvater rufen und trug ihm ihr Anliegen vor, daß er ihr, soweit dies möglich sei, für all ihre Sünden Absolution erteilen möge. Als es jedoch an den Punkt kam, das zu beichten, was sie so lange verschwiegen hatte, war ihr Beichtvater ein wenig zu voreilig und schroff darin, sie zurechtzuweisen. Noch bevor sie all das, was sie hätte beichten wollen, sagen konnte, tadelte er sie so sehr, daß sie in der Folge, egal was er auch tat, einfach nicht mehr weitersprechen wollte. Bald danach geriet diese Kreatur[8] aus Furcht vor Verdammnis und aufgrund der schroffen Zurechtweisung durch ihren Beichtvater vollkommen außer sich und wurde für den Zeitraum von einem halben Jahr, acht Wochen und einigen Tagen in schrecklichster Weise von Dämonen gepeinigt und geplagt.«[9]

Die im Text geschilderten Symptome sind wahrscheinlich Hinweise auf eine schwere Wochenbettpsychose,[10] also eine hormonelle Störung, zu der sich religiöse Wahnvorstellungen gesellten. Betrachtet man jedoch, wie sich dieses Ereignis in den Interpretationen von Margery Kempes Leben niederschlug, so scheint wiederum H. Thurston, der schon eingangs zitiert wurde, in vieler Hinsicht richtungsbestimmend gewesen zu sein. Seine Behauptung, daß sich Margery Kempes »hysterische Veranlagung« Seite für Seite in ihrem Text manifestiere,[11] hat in der Folge viele dazu veranlaßt, Margery Kempes Leben ab dieser Krisensituation durch genau diesen Filter wahrzunehmen.

So stellt z. B. auch William B. Ober in seiner Arbeit »Margery Kempe: Hysteria and Mysticism Reconciled« genau diese Krisensituation ins Zentrum seiner Untersuchung und bietet sogar eine Pathogenese an: Er geht davon aus, daß die Wochenbettpsychose in Kombination mit einem tiefsitzenden Schuldgefühl, wahrscheinlich der schweren Sünde, die sie beichten wollte, zu Margery Kempes Zusammenbruch geführt habe. Hinter der von Margery Kempe mehrfach erwähnten »schweren Sünde« vermutet er einen Hinweis auf deren voreheliche sexuelle Aktivität.[12] Margery Kempes Versuch, sich dieses Schuldgefühl im wahrsten Sinne vom Leibe zu schaffen bzw. über die Beichte vom Leibe zu reden, sei aufgrund des mangelnden Fingerspitzengefühls ihres Beichtvaters fehlgeschlagen, was dann aus dieser Krisensituation heraus sehr bald zu Wahnvorstellungen und einem insgesamt selbstzerstörerischen Verhalten geführt habe.[13] Margery Kempe schildert die Visionen, die sie an diesem absoluten Tiefpunkt in ihrem Leben über einen Zeitraum von etwa acht Monaten wiederholt heimsuchten, folgendermaßen: »Und diesmal sah sie, wie sie glaubte, Teufel, die ihre Mäuler, aus denen brennende Flammen schlugen, so aufrissen, als ob sie sie verschlingen wollten. Manchmal schlugen sie mit ihren Klauen nach ihr, manchmal drohten sie ihr, manchmal zerrten sie an ihr oder warfen sie hin und her. Dies erfolgte in besagtem Zeitraum sowohl zur Tages- als auch zur Nachtzeit. Die Teufel sprachen ihr gegenüber auch massive Drohungen aus und legten ihr nahe, daß sie ihren christlichen Glauben aufgeben und ihren Gott, seine Mutter, alle Heiligen im Himmel, ihre eigenen guten Werke und Tugenden, ihren Vater, ihre Mutter und all ihre Freunde, und schließlich sich selbst verleugnen solle. Und dies befolgte sie dann auch. Sie bedachte ihren Mann, ihre Freunde und sogar sich selbst mit übler Nachrede und sprach in einem harschen, zurechtweisenden Ton: sie erkannte keine Tugenden mehr an und strebte an, ein boshafter Mensch zu sein. Genau das, was die Dämonen ihr eingaben, tat und sagte sie auch. Nachdem diese Dämonen sie aufgewiegelt hatten, kam sie etliche Male sogar an den Punkt, sich selbst umbringen zu wollen. Als Folge davon wäre sie dann zusammen mit ihnen auf alle Ewigkeit in der Hölle verdammt gewesen. Sie biß sich in diesem Zustand so wild und fest in die Hand, daß die Narbe als Erinnerung an diesen Zustand zeitlebens zu sehen war. Auch riß sie sich mit ihren Nägeln in der Nähe des Herzens erbarmungslos die Haut vom Leibe. [. . .] Und sie hätte sich noch viel schlimmer verletzt, wenn man sie nicht festgebunden und Tag und Nacht in ihrer Bewegungsfreiheit eingeschränkt hätte, so daß sie nicht tun konnte, was sie wollte.«[14] Margery Kempe überlebt diese Krisensituation; die Errettung kommt in Form einer Gottesvision – der ersten von vielen, die sie durch ihr ganzes restliches Leben begleiten werden. Sie sieht Jesus Christus an ihr Bett herantreten, wo er sie mit der Frage konfrontiert: »Tochter, warum hast du mich verlassen, wo ich dich doch nie verlassen habe?«[15] Die Aussage, daß Margery Kempe trotz ihrer Schuld von Gott akzeptiert werde, wird mit solchem Nachdruck vorgetragen, daß sich bei Margery Kempe eine augenblickliche Verbesserung ihres Gesundheitszustandes einstellt: sie gewinnt an Lebenswillen und kann bald wieder all ihren Verantwortungen wohlüberlegt und nüchtern nachkommen.[16]

Rettung, Umkehr, Neuorientierung

Margery Kempe scheint sich von dieser fundamentalen Krise in ihrem Leben in relativ kurzer Zeit wieder gut erholt zu haben und kehrt schnell zu ihrer alten Lebensweise zurück, die sie, wie wir jetzt erfahren, in ein relativ negatives Licht stellt. Als ihre hervorstechendsten Eigenschaften nennt sie Eitelkeit, Putzsucht, Prahl-

sucht, Neid und Habgier, ein übermäßiges Geltungsbedürfnis und
eine allgemeine Unzufriedenheit mit bisher Erreichtem. Letzteres
spornt sie bisweilen zu recht kühnen Unternehmungen an. So
gründet sie z. B. in den folgenden Jahren zweimal aus – wie es im
Text heißt – »reiner Habgier«[17] ein Gewerbe, zunächst eine Brauerei und etliche Jahre später eine Pferdemühle. Ihre Brauerei schien
anfangs auch sehr erfolgversprechend zu sein, entwickelte sich jedoch nach drei bis vier Jahren zu einem Verlustgeschäft. Als sie in
der Folge versuchte, ihren Lebensunterhalt durch das Betreiben einer Pferdemühle aufzubessern, scheiterte dieses Unternehmen allerdings schon in den Anfängen. Aus für sie unerklärlichen Gründen wollten sich selbst gute Zugpferde partout nicht dazu bringen
lassen, die Mühle in Bewegung zu halten. Während zunächst nur
ihr Mann sie drängte und ermahnte, »ihren Hochmut abzulegen«[18] und damit indirekt auch ihr Leben als Geschäftsfrau kritisierte, führten diese beiden unternehmerischen Mißerfolge
schließlich auch dazu, daß sich in ganz Lynn das Gerücht verbreitete, daß übernatürliche Kräfte im Spiel sein müßten, da sowohl
Mensch als auch Tier nicht bereit wären, sich für Margery Kempes
Zwecke einspannen zu lassen. Einige vermuteten Verwünschun-
gen, andere interpretierten es als die Rache Gottes, und wieder andere sahen darin ein gnadenvolles, göttliches Zeichen, das Margery Kempe dazu bringen sollte, den ›rechten Weg‹ einzuschlagen,
d. h. ein Leben abseits von Stolz und Eitelkeit zu führen.[19] Was
Margery Kempe hier nicht erwähnt, sich allerdings vermuten läßt,
ist, daß ihr Aktionseifer und ihre selbständigen Gehversuche in der
Geschäftswelt bei ihren Mitbürgern auf wenig Verständnis stie-
ßen. Sie, und nicht ihr Mann, fühlte sich verantwortlich für die
Brauerei und die Pferdemühle, sie finanzierte beides und traf die
Entscheidungen. Dieses Verhalten könnte ihrer Umwelt allein
schon deshalb ein Dorn im Auge gewesen sein, weil sie über ihr
Handeln die patriarchalische Ordnung im alltäglichen Leben in
Frage stellte. Ihre geschäftlichen Mißerfolge bringen Margery
Kempe dann schließlich auch dazu, der Kritik ihrer Umwelt Gehör
zu schenken. Da sich in bezug auf ihren Unternehmergeist scheinbar die ganze Welt und damit indirekt auch Gott gegen sie gekehrt
hatte, kam es schließlich zu jener Umkehr, die den Anfang ihres
kontemplativen Lebens konstituiert, eines Lebens, das ebenfalls in
vielerlei Hinsicht unkonventionell war und sie in den Augen ihrer
Umwelt erneut als verhext, verrückt, vom Teufel besessen usw. er-

scheinen ließ. Was sich für sie selbst allerdings ändert, ist das Vorzeichen ihres »Andersseins«, die eigene Bewertung ihrer Außenseiterstellung und all der Prüfungen, denen sie sich im Leben noch stellen muß. Sich selbst mit all ihren Leiden in die direkte Nachfolge Christi zu stellen, wirkt für sie sinnkonstituierend; ihr Leben wird nach einigen weiteren ›Irr- und Umwegen‹ – oder, wie sie es sieht, göttlichen Prüfungen – zu einem einzigen Akt der Buße, Selbstkasteiung und Kontemplation. Damit einhergehend – und das unterscheidet Margery Kempe wiederum von der Vielzahl der zumeist in stiller, klösterlicher Abgeschiedenheit wirkenden Mystikerinnen – wird ihr Leben vollkommen zu einem Akt der öffentlichen Zeugenschaft für die Sache Christi, sei es auf Reisen, in Kirchen, Gerichtssälen oder in Versammlungen. Retrospektiv, aus der Perspektive der jetzt über 60jährigen Margery Kempe, die im Gespräch mit ihrem Schreiber ihr Leben Revue passieren läßt, gestaltet sich daher diese frühe Entscheidung, sich in Reaktion auf diese Vision von ihren bisherigen Verhaltensweisen zu distanzieren und den Sinn ihres Lebens neu zu konstituieren, als zentraler Angelpunkt in ihrem Leben.

»Und als dann diese Kreatur das Unglück von allen Seiten auf sie einströmen sah, dachte sie, daß es sich dabei um gottgesandte Strafen handele, mit denen er sie züchtigen wolle. Daher bat sie Gott um Verzeihung und legte ihren Stolz, ihre Habgier und ihr Verlangen nach weltlichem Ansehen ab und tat große körperliche Buße. Mit diesem Schritt betrat sie [. . .] den Weg, der ins ewige Leben führt.«[20]

Vom ersten mystischen Erlebnis bis zum Keuschheitsvertrag

Es ist nicht möglich, anhand der vorhandenen Aufzeichnung den Zeitraum zwischen 1393, dem Jahr, in dem vermutlich die Eheschließung zwischen Margery und John Kempe stattfand, und dem 23. Juni 1413, dem Tag, an dem John Kempe nach jahrelangem Bitten und Drängen seiner Frau schließlich einwilligt, mit ihr einen Keuschheitsvertrag abzuschließen, genau zu rekonstruieren.[21] Was wir von Margery Kempe erfahren, ist, daß auf jene Phase, in der sie ihre unternehmerischen Niederlagen erlitt, zunächst zwei relativ ruhige Jahre folgten, die wiederum von – wie sie es nennt – drei »Jahren der Versuchung« abgelöst wurden.[22] Die beiden ruhigen Jahre beginnen mit einem weiteren Schlüsselerlebnis, das Margery Kempe vollkommen aus der Bahn wirft.

»Eines Nachts, als diese Kreatur neben ihrem Mann im Bette lag, hörte sie einen melodischen Klang, der ihr so angenehm und süß erschien, als ob er direkt aus dem Paradies käme. Augenblicklich sprang sie aus dem Bett und sagte: ›Oh weh, daß ich je gesündigt habe. Im Himmel herrscht soviel Glückseligkeit.‹ Diese Melodie war so wohlklingend, daß sie alle Klänge übertraf, die man je auf Erden hätte hören können. Sie war einfach einzigartig und bewirkte, daß diese Kreatur, wenn sie in der Folge irgendeines fröhlichen Treibens gewahr wurde oder eine Melodie vernahm, in höchste Andacht verfiel und eine große Anzahl von Tränen vergoß.«[23] Margery Kempe, die bisher auf Aussehen, Ansehen und gesellschaftlichen Status relativ viel Wert gelegt hatte, verlagerte nach dieser ersten visionären Erfahrung dessen, was sie als paradiesähnliche Sphäre interpretiert, all ihre Energien darauf, ihren Geist und ihren Körper durch die unterschiedlichsten ›Reinigungsverfahren‹ in Form von Meditationsübungen und Kasteiungen in einen Zustand zu versetzen, der ihr einst eine Teilhabe an diesem paradiesischen Idyll garantieren würde.

»Nachdem sie diese himmliche Melodie vernommen hatte, begann diese Kreatur sehr viel körperliche Buße zu tun. Sie ließ sich zwei- bis dreimal am Tag die Beichte abnehmen und die Absolution erteilen, besonders für jene Sünde [. . .], die sie so lange verschwiegen und vertuscht hatte. Sie fing an, in großem Maße zu fasten und hielt viele meditative Nachtwachen. Schon um 2 oder 3 Uhr morgens stand sie auf und eilte zur Kirche, wo sie bis zur Mittagszeit und auch noch während des Nachmittags in Gebete vertieft verweilte. [. . .] Sie verschaffte sich ein härenes Hemd [Haartuch] [. . .] und trug es so versteckt und diskret wie möglich unter ihrem Gewand, denn sie wollte nicht, daß ihr Mann seiner gewahr werden sollte. Und er bemerkte es auch nicht, obwohl sie jede Nacht Seite an Seite mit ihm im Bette lag, ihr härenes Hemd jeden Tag anlegte und ihm während dieser Zeit etliche Kinder gebar.«[24]

Es mag erstaunen, daß John Kempe scheinbar so wenig Notiz von den Selbstkasteiungen seiner Frau nahm, denn die Geburt weiterer Kinder in Kombination mit Margery Kempes wiederholten Bitten an ihren in dieser Hinsicht nicht kooperationsbereiten

Mann, sich mit ihr zusammen zu einem ›Leben in Keuschheit‹ zu entschließen, weisen darauf hin, daß beide in jener Phase ein aktives Sexualleben pflegten, bzw. daß John Kempe seine Frau nicht aus ihrer ›ehelichen Pflicht‹ entließ.[25] Da Sexualität in dieser Ehe ab jenem Zeitpunkt gegen ihren Willen stattfindet, erstaunt es nicht weiter, daß Margery Kempe massive Ekelgefühle im Umgang mit dem Körper ihres Mannes entwickelt. Verstärkt wird diese Ablehnung durch Schuldgefühle im Hinblick auf ihren bisherigen Umgang mit Sexualität, die sie bisher – wie sie offen gesteht – durchaus zu genießen wußte.

»Danach hatte sie niemals mehr das Verlangen, mit ihrem Mann zu schlafen. Es widerte sie an, ihre eheliche Pflicht erfüllen zu müssen, und sie tat es nur aus Gehorsam. Sie dachte bei sich, daß sie lieber den Unrat und das Abwasser aus der Gosse gegessen und getrunken hätte, als ihre Zustimmung zum ehelichen Verkehr zu geben. Deshalb sagte sie zu ihrem Mann: ›Ich kann dir zwar meinen Körper nicht verweigern, aber ich habe all meine Liebe und Zuneigung direkt auf Gott allein gerichtet und kann daher Gefühle dieser Art einem Menschen nicht mehr entgegenbringen.‹ Aber er bestand trotzdem auf seinem Willen, und sie gehorchte unter lautem Weinen und Jammern, weil er ihr nicht gewährte, ein Leben in Keuschheit zu führen. Oft riet diese Kreatur ihrem Mann, ein Leben in Keuschheit zu führen, und fügte hinzu, daß sie – wie sie sehr wohl wisse – Gott durch ihre zügellose Liebe mißfallen hätten. [. . .] Ihr Mann pflichtete ihr bei, daß ein Leben in Keuschheit im Prinzip ein guter Vorschlag sei. Er sei allerdings jetzt noch nicht bereit, sein Leben derart umzustellen, würde es jedoch tun, wenn Gott es so wollte. Er [John Kempe] wollte einfach nicht von ihr ablassen und bediente sich ihres Körpers weiter so, wie er es bisher getan hatte. Und während all dieser Zeit betete sie zu Gott, daß er ihr ein Leben in Keuschheit gewähre [. . .].«[26]

Jetzt, im Kontext ihrer Neuorientierung mit der vollkommenen Hinwendung zu einem religiösen Leben, empfindet sie, wie sie an etlichen Stellen ihres Buches betont, ihren Status als Ehefrau John Kempes als massives Hindernis auf ihrem Weg in ein kontemplatives Leben. Sie sieht nämlich die Jungfräulichkeit in dieser Phase ihres Lebens noch als Voraussetzung dafür an, die absolute Gottesnähe, die *Unio mystica*, erfahren zu können. »Als diese Kreatur in Andacht lag und in ihrem Geiste bitterlich weinte, sprach sie zu unserem Herrn Jesus Christus: ›Oh Herr, jungfräuliche Mädchen tanzen jetzt glücklich im Himmel. Werde ich dies auch jemals tun können? Da ich keine Jungfrau bin, bereitet mir der Verlust meiner Jungfräulichkeit großen Kummer. Ich wünschte, man hätte mich getötet, nachdem ich aus dem Taufbecken gehoben wurde, so daß ich dir nie mißfallen hätte. Denn dann, gesegneter Herr, hättest du meine Jungfräulichkeit bis in alle Ewigkeit dein eigen nennen können.«[27] Margery Kempe gelingt es aber schließlich doch noch, einen Ausweg aus diesem zunächst scheinbar unlösbaren Dilemma zu finden, indem sie sich vergegenwärtigt – oder, wie sie es darstellt, von Gott darauf hingewiesen wird –, daß Gott in seinen Entscheidungen frei ist und damit nicht an das hier zunächst zugrunde gelegte Ausschließlichkeitsdenken in ›Entweder-Oder‹-Strukturen gebunden sei. Während Margery Kempe nochmals über die vermeintliche Unvereinbarkeit ihrer tatsächlichen und der von ihr angestrebten Rolle trauert, eröffnet sich ihr in einem meditativen Zwiegespräch mit Gott plötzlich dieses neue Denkmodell, in dem ihr Wunsch, ›das Unmögliche zu wollen‹, nicht automatisch mit Marginalisierung geahndet wird. Gott reagiert in diesem Zwiegespräch auf Margery Kempes Kummer mit einer an ihren individuellen Bedürfnissen orientierten Flexibilität, die auf Akzeptanz und Integration zielt. Dieses zentrale Zwiegespräch zwischen Gott und ihr, das ihre Existenz in einen neuen Sinnzusammenhang stellt, beginnt damit, daß sie sich in einer fast an Selbstnegation grenzenden Geste an Gott wendet und klagt: »›Herr ich bin nicht würdig, dich sprechen zu hören, solange ich noch mit meinem Mann schlafe, selbst wenn dies für mich mit großem Kummer und mit Schmerzen verbunden ist.‹«[28] In diesem Augenblick höchster Trauer erfährt Margery Kempe plötzlich eine Bewußtseinserweiterung und es gelingt ihr nun, ihre Situation als verheiratete Frau alternativ zu beurteilen und wieder Hoffnung zu schöpfen. Erneut suggeriert sie, diese Eingebung direkt von Gott erhalten zu haben, der sie zunächst in ihren Annahmen hinsichtlich seiner Vorliebe für Jungfrauen bestätigt, jedoch dann: »Ja, Tochter, es sei dir versichert, daß ich auch Ehefrauen liebe, und ganz besonders jene Ehefrauen, die alles daran setzen, mir zu gefallen und ein Leben in Keuschheit führen würden, wenn es nach ihrem Willen ginge. Obwohl der Zustand der Jungfräulichkeit vollkommener und heiliger ist als der Witwenstand, und der Witwenstand wiederum vollkommener ist als das Eheleben, so liebe ich dich, meine Tochter, doch genauso sehr, wie nur irgendeine

Jungfrau auf der Welt. Niemand kann mich davon abhalten, jemanden in dem Maße zu lieben, wie ich das für richtig halte, denn die Liebe, meine Tochter, löscht alle Sünden aus.«[29] Über diese Neubewertung ihrer Rolle und ihres Status als Ehefrau eröffnet sich Margery Kempe nun nicht nur die Möglichkeit, ihre alte und die neue, von ihr angestrebte Rolle miteinander zu vereinbaren, sondern ihr Wunsch, den sexuellen Verkehr mit ihrem Mann einzustellen, wird nun ebenfalls in einen neuen Legitimationsrahmen gestellt. Dies ist im Kontext des Spätmittelalters besonders bemerkenswert, da in jener Zeit den diesbezüglichen Wünschen und Ängsten einer Ehefrau kaum Relevanz zugebilligt wurde. Während ihr »Aus-der-Rolle-Fallen« bisher von außen pathologisiert wurde, und bei Margery Kempe damit einhergehend massive Selbstzweifel bis hin zu Selbstmordgedanken ausgelöst wurden, eröffnen sich ihr nun vor dem Hintergrund ihres neuen Selbstverständnisses neue Perspektiven: Ihr »Anderssein«, d.h. ihre Ambitionen, mehr als nur Haus- und Ehefrau sein zu wollen, wird in einen neuen Sinnzusammenhang gestellt. Dieses neue Selbstverständnis verleiht ihr in der Folge die Stärke, ihre Ziele sowohl innerfamiliär als auch innerhalb der Gesellschaft zu vertreten, durchzusetzen und – falls nötig – auch zu verteidigen. Es sei an dieser Stelle dahingestellt, inwieweit dieser alternative Selbstentwurf in Verbindung mit der Neudefinition ihres Lebensziels tatsächlich an ein mystisches Erlebnis gebunden war, oder ob diese Berufung auf Gott im gegebenen gesellschaftlichen Kontext, wo für Frauen neben den etablierten Rollen als Ehefrau und Mutter oder Nonne kaum andere positive Identifikationsmodelle zur Verfügung standen,[30] das einzig mögliche Ventil darstellte, sich eine neue Legitimationsebene zu verschaffen. Oder, geht man einmal ahistorisch an diese Situation heran und projiziert Margery Kempes Anliegen in den Jargon der Gegenwart, so könnte man diese Neuorientierung auch folgendermaßen umreißen: Margery Kempe entdeckt hier als neuen Inhalt und Ziel ihres Daseins ihre Selbstverwirklichung. Wie sehr dieses Anliegen einer individuellen Selbstverwirklichung mit dem kollidierte, was im Mittelalter als angemessenes Geschlechter- und Rollenverhalten angesehen wurde, zeigt sich u.a. in den Forderungen, die die moralisch-didaktische Literatur aus jener Zeit an ihre Leserschaft heranträgt und deren Grundtenor Ingrid Bennewitz folgendermaßen zusammenfaßt: »Es ist [. . .] Kennzeichen der mittelalterlichen (und, was die Kontinuität bis zum heutigen Tag angeht, der christlichen) Didaxe, daß es eben nicht um Individuation und schon gar nicht um Entfaltungsmöglichkeiten für das [. . .] Individuum im Sinne des 19. und 20. Jahrhunderts geht; nicht um Veränderung von gesellschaftlichen Rollen, sondern vielmehr um Bewahrung (tatsächlicher oder präsupponierter) kollektiver Werte: Praktisch alle moralisch-didaktischen Schriften kritisieren scharf den sozialen Aufstieg, das Verlassen des von Gott mit der Geburt zugewiesenen sozialen ›ordo‹, und die Geschlechterrollen sind Teil dieser Vorstellung.«[31]

Als Mystikerin – so eingebunden in gesellschaftliche Erwartungs- und Verhaltensmuster diese Rolle auch sein mochte – eröffneten sich Margery Kempe nun über die Unhinterfragbarkeit Gottes, auf den sie sich in der Folge mit all ihrem Handeln berief, zunächst einmal genügend Freiräume, diesem persönlichen Ziel etwas näherzukommen. Ihr weiterer Lebensweg ist das beste Indiz dafür, daß sie sich mit der Inanspruchnahme dieses Freiraumes auch gleichzeitig auf eine Gratwanderung einließ, auf der sie fast tagtäglich im Ausreizen dieser Grenzen mit Angriffen und Argumenten konfrontiert wurde, die dazu dienen sollten, diese tabuisierte Zone für den Zugriff von außen zu öffnen. Ziel vieler zeitgenössischer Kritiker war es, Kempes Mystik derart zu entwerten, daß sie diesen geschützten Raum nicht mehr für sich hätte in Anspruch nehmen können, um sie so wieder kontrollierbar zu machen. D.h., man suchte nach Möglichkeiten, sie vor dem Hintergrund der etablierten patriarchalischen Strukturen zur Raison zu rufen oder pathologisieren zu können – sei es nun durch Vorwürfe der Häresie, Mutmaßungen, bei ihrer Mystik handele es sich um Simulation, oder durch das Heranziehen etablierter Krankheitsbilder, über die versucht wurde, ihr Anderssein, ihr Aus-der-Rolle-Fallen, ihre öffentlichen Tob- und Schreianfälle greif- und erklärbar zu machen.

Ihre Umwelt reagiert z.B. sogar schon zu einer Zeit, als ihre Weinanfälle noch nicht mit anderen körperlichen Manifestationen verbunden auftraten, mit großer Skepsis und massiven Zweifeln, und ihr Freundeskreis aus der Zeit vor ihrer ersten mystischen Schauung wurde sehr schnell merklich kleiner. »Ihr Weinen war so übermäßig und ohne Unterbrechung, daß viele Menschen glaubten, sie könne es einfach nach Belieben an- und abstellen. Aus diesem Grunde behaupteten viele, sie sei eine Heuchlerin und weine, wenn sie mit anderen Menschen zusammen sei, um damit für sich

Vorteile und Profite herauszuschlagen. Viele ihrer Freunde aus jener Zeit, in der sie noch an ihrem diesseitigen Glück interessiert war, wandten sich nun von ihr ab und verleumdeten sie. Und während all dies geschah, dankte sie Gott für alles und wünschte sich nichts als Erbarmen und die Vergebung der Sünden.«[32]

Der Übergang von ihren alten Lebensweisen zu einer rein auf Gott ausgerichteten Existenz erfolgte jedoch nicht unmittelbar und reibungslos. Margery Kempe betont, daß auf die zwei relativ ruhigen Jahre nach ihrer ersten mystischen Schauung drei Jahre folgten, in denen Gott sie – wie sie es nennt – vielen schweren Prüfungen unterzog, indem er ihr Versuchungen schickte. Diese Versuchungen waren, wie sie behauptet, zumeist sexueller Natur und lösten bei ihr sowohl ein lüsternes Verlangen als auch Verzweiflung aus, und Margery Kempe gibt offen zu, daß sie ihnen bisweilen auch fast erlegen sei.[33] Interessant ist, daß sie in diesem Zusammenhang nicht nur »lüsternes Verlangen«, sondern auch »Verzweiflung« nennt, und damit diese »göttlichen Prüfungen« auch gleichzeitig dazu benutzt, um erneut klarzustellen, wie unerträglich für sie zu diesem Zeitpunkt die sexuelle Beziehung zu ihrem Mann geworden war. Diese Frustration in der Ehe und das Verlangen nach einer Beziehung, die ihren Bedürfnissen mehr entsprochen hätte als jene mit John Kempe, muß wohl als die Hauptursache für ihre »Verzweiflung« angesehen werden, wenn sie soweit geht zu behaupten: »Sie lag neben ihrem Mann und nur der Gedanke, mit ihm zu schlafen, war für sie so abstoßend, daß sie ihn nicht ertragen konnte [. . .]«[34]

Die Frustration, sich gegen den Willen ihres Mannes zunächst nicht durchsetzen zu können – sie gebar ihm, wie schon erwähnt, in den Jahren nach 1394 immerhin 14 Kinder –, wächst in den folgenden Jahren. Daher flüchtet sie sich immer mehr in Visionen, in denen sie sich im Zwiegespräch mit Christus und verschiedenen Heiligen befindet, und dehnt ihre täglichen Gebets- und Meditationsstunden immer weiter aus. Aus diesen Erfahrungen heraus erwächst über die nächsten Jahre hinweg dann schließlich auch ihre Stärke, ihren Willen endlich gegen den ihres Mannes zu behaupten und seine sexuellen Forderungen, die zumindest für die Zeit nach ihrer ersten visionären Begegnung bzw. mystischen Schauung sehr leicht als Vergewaltigungen in der Ehe verstanden werden können, zurückzuweisen.[35] In einer Geste, die fast wie ein magischer Bann anmutet, weist sie ihn in der Osterwoche 1413 zum erstenmal so zurück, daß er sich widerstands- und hilflos dieser Verweigerung beugen muß. »[A]ls ihr Mann, so wie er es bisher gewohnt war, mit ihr schlafen wollte und sich ihr näherte, sagte sie: ›Jesus, hilf mir.‹ Daraufhin war es ihm nicht mehr möglich, sie anzufassen oder geschlechtlichen Umgang mit ihr zu haben.«[36] Mit dieser Weigerung, oder besser Selbstbehauptung – denn immerhin setzt Margery Kempe hier das durch, was sie schon seit Jahren gefordert hat – erlangt sie das, was ihr an diesem Punkt in ihrem Leben als zentrale Lebensnotwendigkeit erscheint: die Selbstbestimmung über ihren Körper. Als Legitimationsbasis führt sie weiterhin die von Christus an sie herangetragene Forderung an, ein Leben in Keuschheit zu führen, und entzieht damit ihr Handeln bzw. ihre Weigerung der Hinterfragbarkeit. Wie wichtig ihr die Autonomie über ihren Körper bzw. die Weigerung, gegen ihren Willen eine sexuelle Beziehung mit ihrem Mann aufrechtzuerhalten, war, wird noch deutlicher in einem etwa 2 Monate später geführten Dialog zwischen Margery und John Kempe.[37] John Kempe eröffnet dieses Gespräch, indem er seine Frau mit folgender Frage konfrontiert: »Margery, was würdest du tun, wenn jetzt ein Mann mit einem Schwert daherkäme und mir androhte, den Kopf abzuschlagen, wenn ich nicht so wie früher mit dir schlafen würde? Sag mir vor deinem Gewissen, denn du sagst ja, daß du nicht lügen würdest, ob du es zuließest, daß mir der Kopf abgeschlagen würde, oder ob du mir gestatten würdest, wieder so wie früher mit dir zu schlafen?« Margery Kempes Antwort, in der sie ihm zwar traurig, aber doch mit Bestimmtheit eröffnet, »Wahrlich, ich würde es eher zulassen, daß du getötet würdest, als daß ich es zuließe, daß wir wieder in ein Leben in Unreinheit zurückkehren«, zeigt, wie weit sie sich inzwischen von der Rolle der traditionellen Ehefrau entfernt hat. Sie stellt jetzt ihre eigenen Wünsche vor die ihres Mannes und hat inzwischen ein aus seiner Perspektive wohl als unverschämt anmutendes, neues Selbstbewußtsein entwickelt. Dies quittiert er ihr dann auch gleich mit der Bemerkung: »Du bist keine gute Ehefrau.«[38] Interessant erscheint in der Weiterführung des Dialoges vor allem, daß sich die Machtverhältnisse in dieser Ehe – einschließlich der Verfügbarkeit über Geld – inzwischen offensichtlich so verschoben haben, daß John Kempe bereit ist, auf die Forderung seiner Frau einzugehen. Nachdem er es jahrelang von sich gewiesen hatte, auf ihren Vorschlag einzugehen und mit ihr zusammen einen Keuschheitsvertrag abzuschließen, ist er nun

24

schließlich doch bereit einzuwilligen. Nach einigem Hin und Her, in dem die gegenseitigen Forderungen abgewogen wurden, können sie sich schließlich auf die folgenden Bedingungen einigen, die Margery sehr formell für ihren Mann zusammenfaßt: »Herr, wenn Sie so gütig wären, meinen Wunsch zu erfüllen, so werde ich auch Ihrem Wunsch entsprechen. Erfüllen Sie meine Bitte, und kommen Sie nicht mehr in mein Bett, so werde ich Ihre Schulden begleichen, bevor ich nach Jerusalem gehe. Geben Sie Gott zuliebe Ihren Anspruch auf meinen Körper auf, und fordern Sie mich bis ans Ende Ihrer Tage nicht mehr dazu auf, meiner ehelichen Pflicht nachzukommen. Dann werde ich auch Ihrem Wunsch entsprechen und freitags wieder essen und trinken.«[39] Auf die Formulierung dieses Keuschheitsvertrages, den beide auf einer Wanderung von York nach Bridlington unter einem Wegkreuz abschließen und der später vor dem Bischof von Lincoln als Gelübde wiederholt wird,[40] antwortet John Kempe nur lakonisch: »Möge dein Körper Gott so frei zur Verfügung stehen, wie er mir zur Verfügung gestanden hat.«[41] Trotz seiner fehlenden Begeisterung für diese eingreifende Veränderung in seinem Eheleben stand er aber doch – wie Margery Kempe mehrmals betont – für den Rest seines Lebens immer hinter ihr und unterstützte sie auch in jenen Zeiten, wenn sich alle anderen von ihr abgewendet hatten.[42] Somit wurde an diesem Punkt aus einer Verbindung mit ursprünglich sehr ungleichen Machtverhältnissen ein Vertragsgefüge unter Partnern, aus dem beide ihre jeweiligen Vorteile schöpfen konnten.[43] Die Tatsache, daß Margery Kempe sich im Hinblick auf die Gestaltung ihres Sexuallebens gegenüber ihrem Mann durchsetzen konnte, bestärkte sie in ihrem Selbstvertrauen so sehr, daß sie sich in der Folge in allen schwierigen Situationen, wie z. B. bei Verhören und als Angeklagte vor Gericht, relativ selbstbewußt zu behaupten wußte.

Wachsende Marginalisierung

Die Jahre nach dieser Übereinkunft mit ihrem Mann sind vollkommen geprägt von Unternehmungen, durch die Margery Kempe sich Inhalten, die sie aus der Heiligen Schrift und ihren Visionen kannte, noch stärker anzunähern versucht. Gleichzeitig wird sie allerdings in der Öffentlichkeit immer stärker in Frage gestellt und muß sich und ihre Lebensweise wiederholt vor Gericht rechtfertigen. Erschwert wird ihre soziale Akzeptanz durch ihre immer intensiver werdenden Weinanfälle, die sie in fast allen Kontexten als Außenseiterin stempeln, von der man Distanz halten und die man aus der Gesellschaft entfernen will. Auch durch ihre Gepflogenheit, sich zeitweise auf – wie sie betont – Gottes Geheiß ganz in Weiß zu kleiden, d.h. in einer Farbe, die angeblich Jungfrauen vorbehalten war, gab sie sich oft dem Spott ihrer Mitmenschen preis. So wird ihr »Anderssein« immer stärker als Krankheit, Besessenheit oder gotteslästerliche Selbstinszenierung gewertet, und so mancher ihrer Zeitgenossen hätte sich sicher dem angeschlossen, was einer der Mönche von Canterbury Margery Kempe als recht unfrommen Wunsch mit auf den Weg gab, als er meinte: »Ich wünschte, du wärst in einem Haus aus Stein eingeschlossen, so daß niemand mit dir sprechen könnte.«[44] Sie ganz aus der Öffentlichkeit entfernen zu wollen, darf dabei nicht nur als Indikator dafür angesehen werden, wie stark ihre Präsenz in der Öffentlichkeit als störend empfunden wurde. Es kann durchaus auch als Ausdruck der Angst davor gewertet werden, daß ihr Verhalten ›ansteckend‹ wirken und Breitenwirkung erlangen könnte, und daß sie damit ein relativ stabiles gesellschaftliches Gefüge hätte aus dem Gleichgewicht bringen können.

Die mit ihren Visionen und Auditionen einhergehenden Weinanfälle marginalisieren sie ab ihrem Jerusalem-Aufenthalt im Jahre 1414 noch stärker als bisher, weil sie jetzt auch noch oft die Kontrolle über ihren Körper komplett verliert und schreit, tobt, zittert und um sich schlägt.[45] Sie wurde – wie sie selbst berichtet – von ihren Mitmenschen oft eher als vom Teufel besessen angesehen, als daß man sich ernsthaft mit ihr (und ihrer Mystik) auseinandergesetzt hätte. Selbst jene, die ihr zunächst vielleicht Sympathien entgegenbrachten, paßten sich oft unter dem Druck der Öffentlichkeit nur allzu schnell der vorherrschenden öffentlichen Meinung an und wollten mit ihr bald nichts mehr zu tun haben. »Viele behaupteten, daß kein einziger Heiliger im Himmel jemals so geweint habe wie sie, und sie schlossen daraus, daß in ihr das Böse wohnte und dies das Weinen hervorrufe. Dies sagten sie öffentlich, und es gab noch viel mehr bösartiges Gerede [über sie]. Als Preis für die Liebe unseres Herrn ließ sie dies alles geduldig über sich ergehen. [. . .] Einige vermuteten, sie leide an Epilepsie, denn während sie weinte, wand sie ihren Körper hin und her, von einer Seite auf die andere, und lief dabei blau und grau an, wie die Farbe von Blei. Wenn dies geschah, bespuckten die Menschen sie vor Entsetzen vor ihrer Krankheit. Manche verspotteten sie und behaupteten, sie heule wie ein Hund. Sie beschimpften sie und sagten, sie habe viel Unheil unter die Leute gebracht. Und in der Folge wiesen jene, die sie zuvor aus Liebe zu Gott mit Essen und Trinken versorgt hatten, mit Verachtung zurück und verlangten von ihr, daß sie nicht mehr zu ihnen nach Hause käme, weil sie diese unschönen Geschichten über sie gehört hatten.«[46]

Die Kehrseite dieser Marginalisierung ist es, daß man Margery Kempe aufgrund ihres »Andersseins« – wenn auch mit Zähneknirschen – ein gewisses Maß an »Narrenfreiheit« einräumen mußte, so daß sie sich gewisse Freiheiten erlauben konnte, die ihr sonst kaum offengestanden hätten. Der Preis dafür war hoch, denn ab dem Zeitpunkt, an dem Margery Kempe den Keuschheitsvertrag mit ihrem Mann abgeschlossen hatte, führte sie aufgrund ihrer Außenseiterposition eine äußerst einsame Existenz. Obwohl sie fast täglich mit sehr vielen Menschen zusammentrifft, ist es ihr an nur wenigen Punkten ihres Lebens vergönnt, sich ihrer Umwelt so mitzuteilen, daß diese mit ihr sympathisieren kann. Zumeist war es nur in Krisen- und Ausnahmesituationen, in denen ihre Mitmenschen Margery Kempe schätzen lernten. Als Beispiel sei hier nur der Brand zu Lynn am 23. Januar 1421 angeführt. In existentieller Not klammerten sich ihre Mitmenschen plötzlich an das Irrationale, das sie sonst so brüsk von sich gewiesen hatten, und bedrängten Margery Kempe inständig, für sie bei Gott um Gnade zu bitten. Die Leute forderten sie nun sogar dazu auf, ihrem Gebet um Schonung der Gemeinde durch gerade jene Form des Weinens Nachdruck zu verleihen, der sie bisher nur mit Unverständnis begegnet waren und die sie als öffentliches Ärgernis wahrgenommen hatten.[47]

Pilgerfahrten, Verhaftungen, Kreuzverhöre und »Unio mystica«

Bei dem Versuch, die ersten Jahre nach dem Abschluß des Keuschheitsvertrags zwischen Margery und John Kempe zusammenfassend zu beschreiben, sticht zunächst einmal ins Auge, daß der Unternehmungsgeist Margery Kempes in den Jahren 1413-1417 kaum zu bremsen war. Obwohl ihre Wein- und später auch Schreianfälle immer mehr von ihrer Zeit in Anspruch nahmen, und sie diese zumeist in Verbindung mit tiefen Meditationen und Gebetszuständen erlebte, die schon für sich allein genommen einen großen Teil des Tages ausfüllten, gelang es ihr trotzdem, allein und in Eigenregie ausgedehnte Pilgerreisen nach Jerusalem und Rom (Herbst 1413 – Mai 1415) sowie nach Santiago de Compostela (Anfang Juli – Anfang August 1417) zu unternehmen. Höhepunkt dieser Unternehmungen war für sie zunächst einmal, die Wirkstätten Christi und die Aufenthaltsorte von Heiligen, die ihr als Vorbild dienten – wie z.B. die hl. Brigitta von Schweden – aufzusuchen. Vor allem die physische Annäherung an jene Orte, die mit der Passion Christi in Verbindung gebracht werden können und ihr aus Visionen schon bekannt erschienen, erweckte in ihr höchste Glücksgefühle und entrückte sie vollkommen in eine andere Zeit und Dimension, aus der heraus die Sprache versagte und sie sich nur noch mit unverständlichem Schreien und der Sprache ihres vor Freude oder Mitleid(en) tobenden Körpers mitteilen konnte.[48] Diese Schreianfälle, die während ihres Jerusalem- und Rom-Aufenthaltes in sehr gehäufter Form auftraten, schwächten sie körperlich.[49] Aber trotzdem wurde sie nicht müde, sich intensivst mit diesen Pilgerstätten vertraut zu machen und ihren Körper an die Grenzen des Machbaren heranzuführen, um sich so, über die Negation ihrer leiblichen Bedürfnisse, Gott stärker anzunähern. Margery Kempe differenziert hierbei auch sehr klar zwischen den bisherigen Weinanfällen [»weeping«] und dem Weinen, das in Schreianfälle übergeht [»cries, crying«], und in der Form bei ihrem Jerusalem-Aufenthalt oder, genauer, bei ihrem Aufstieg auf den Kalvarienberg zum erstenmal auftritt. »Und sie empfand soviel Mitleid und so große Schmerzen über das Leiden unseres Herrn, daß sie sich, selbst wenn es sie das Leben gekostet hätte, nicht zurückhalten konnte zu weinen und vor Schmerz zu brüllen. Dies war der erste Schreianfall [crying], in den sie während einer meditativen Andacht ausbrach. Nach diesem Anfall traten Schreianfälle dieser Art für viele Jahre auf, ohne daß sie etwas dagegen hätte tun können, und sie wurde deshalb mit viel Tadel und Verachtung gestraft. Diese Schreianfälle waren so laut und so aufsehenerregend, daß sie die Leute in Schrecken versetzten, wenn sie sie nicht schon zuvor einmal gehört hatten oder den Grund für diese Schreianfälle kannten. Sie hatte diese Schreianfälle so oft,

28

vor allem dann, wenn sie von dem Leidensweg unseres Herrn hörte, daß sie davon körperlich sehr stark geschwächt wurde.«[50] Diese Schreianfälle zehren Margery Kempes körperliche Kräfte fast vollständig auf. Da sie jedoch nicht nur als Ausdruck des Mitleidens, sondern gleichzeitig auch als Manifestation eines unbeschreiblichen Glücksgefühls verstanden werden müssen, wäre es eine stark verkürzte Wahrnehmung, wenn man sich darauf beschränkte, ihren körperlichen Zustand als krank und im Verfall begriffen und ihren geistigen Zustand als verwirrt oder vom Wahnsinn befallen zu beschreiben. Für sie ist dieser Zustand eine letzte, intensive Vorbereitungsphase auf das, was seit ihrer ersten mystischen Erfahrung zu ihrem Lebensziel geworden war, die *Unio mystica*. Auf ihrer Rückreise erfüllt sich dieser innigste Wunsch Margery Kempes dann auch schließlich: am 9. November 1414 feiert sie in Rom ihre mystische Vereinigung mit Gott. Sie beschreibt diese absolute Gottesnähe als ein Ereignis, das all ihre Sinne fesselte und im Wunsch Gottes, in ihrer Seele sprechen zu dürfen, gipfelte.[51] Nachdem sie zunächst versucht, diesen Zustand der Gottesnähe abstrakt zu umreißen, fällt sie sehr schnell wieder in konkretere – d. h. ihr bekannte – Vereinigungsbilder zurück. Als sie beschreibt, wie Christus sich ihr, seiner Braut, annähert, läßt sie ihn daher folgende Worte sprechen:

»Denn es ziemt sich für eine Ehefrau, mit ihrem Ehemann ein vertrautes Verhältnis zu pflegen, sei er ein auch noch so großer Herr und sie eine noch so arme Frau. Wenn er sie heiratet, so müssen sie das Lager miteinander teilen und in Freude und Harmonie zusammen verweilen. Genauso muß es auch zwischen dir und mir sein, denn es ist unerheblich für mich, wer du warst: ich sehe nur das, was du sein wirst. Und ich habe dir schon oft gesagt, daß ich dir all deine Sünden vollständig vergeben habe. Deshalb muß ich mit dir ein intimes Verhältnis pflegen und dein Bett mit dir teilen. Tochter, einer deiner größten Wünsche ist es, mich zu sehen. Wenn du im Bette liegst, kannst du es wagen, mich als deinen dir angeheirateten Ehemann, als deinen Geliebten, als deinen süßen Sohn zu umfangen. Denn, Tochter, ich möchte, daß ich von dir gleichzeitig so geliebt werde, wie ein Sohn von seiner Mutter und ein Ehemann von einer guten Ehefrau geliebt werden. Daher kannst du mich kühn in die Arme deiner Seele schließen und mich so sanft und innig [sweetly], wie du möchtest, auf den Mund [den Kopf / die Stirn] und die Füße küssen.«[52] In Visionen, die ihr Jesus Christus in seiner menschlichen oder, besser, in seiner männlichen Gestalt näherbringen,[53] übergibt sie sich dann vollkommen in dessen Führung und befolgt in der Welt all seine Wünsche, seien sie nun auf ihre Kleidung, ihr Eßverhalten oder ihre Gebete und ihre Meditationen bezogen. Nach dem Durchsetzungsvermögen, das sie zuvor gegenüber John Kempe bewiesen hat, ist es erstaunlich, wie ungebrochen sie hier die ihr bekannten Rollenmuster aus der Ehe übernimmt, die sie vorher in vieler Hinsicht in Frage gestellt hatte. Nachdem sie sich in ihrer irdischen Beziehung bewußt aus der Rolle der sich unterordnenden Ehefrau befreit hatte, ist es bemerkenswert, wie autoritär strafend sie jetzt diesen idealisierten Ehemann in ihr Leben eingreifen läßt. Dies erfährt man überdeutlich bei der einzigen Widerrede, die sie Christus gegenüber äußert. Nachdem Jesus ihr zu eröffnen versucht, wer auf ewig verdammt sei, will sie dies nicht hören. Das Konzept der »ewigen Verdammnis« paßt nicht in ihr Gottesbild, ja, sie glaubt zunächst sogar, daß ihr nicht Gott, sondern der Teufel solche Gedanken eingegeben hätte. Als Folge dieses Ungehorsams und dieser Zweifel zieht sich Jesus nicht nur 12 Tage vollkommen von ihr zurück, sondern überläßt sie in dieser Leere auch Bildern, die ihrer Meinung nach nur vom Teufel stammen konnten: »[G]enauso, wie sie sich zuvor morgens vier Stunden lang in heiligen Gesprächen und Plaudereien mit unserem Herrn befunden hatte, so verbrachte sie jetzt genauso viele Stunden mit unanständigen Gedanken und schmutzigen Phantasien der Lüsternheit und Unreinheit, die fast wie Erinnerungen auf sie wirkten und in denen sie sich mit allen möglichen Leuten prostituierte. So geschah es also, daß der Teufel sie irreführte, indem er sie genauso in abscheuliche Gedanken verstrickte, wie unser Herr sie zuvor in heiligen Gedanken umfangen hielt. Genau im selben Maße, wie sie zuvor wunderschöne Visionen und tiefe kontemplative Betrachtungen hinsichtlich der Menschengestalt und Männlichkeit [»manhood«] unseres Herrn, hinsichtlich der Muttergottes und hinsichtlich anderer Heiliger gehabt hatte, hatte sie nun – ohne daß sie irgend etwas hätte dagegen tun können – schreckliche und abstoßende Visionen, in denen sie männliche Genitalien und andere Gegenstände des Abscheus sah. Sie sah, wie sie dachte, verschiedene religiöse Würdenträger derart vor sich treten, daß sie den Blick nicht von ihnen abwenden konnte. Es waren Priester sowie viele andere, sowohl heidnischer als auch christlicher Herkunft, und sie zeigten ihr ihre nackten Ge-

nitalien. Und während dies geschah, befahl der Teufel ihr im Geiste zu wählen, mit welchem dieser Männer sie zuerst geschlecht-
lich verkehren wollte, und danach mußte sie sich allen prostituie-
ren.«[54] In diesen anschaulichen Bildern spiegelt sich allerdings
nicht – wie man bei oberflächlicher Betrachtung vielleicht vermuten könnte – primär Lüsternheit, sondern es scheinen sich hier alle
jene Ängste und Frustrationen zu verdichten, die Margery Kempe
in bezug auf männliche Autoritätspersonen – insbesondere jene innerhalb des Klerus – hegte. Deren Versuche, sie mundtot zu machen, sie einzusperren oder gar auf den Scheiterhaufen zu bringen,
häuften sich ab 1417, also der Zeit nach ihren frühen Pilgerfahrten, und sie muß diese verbalen und auch körperlichen Angriffe als
absolute Infragestellung ihrer selbst, als indirekte, aber dafür öffentlich sanktionierte »Vergewaltigung« empfunden haben. Diesem übermächtigen Phallus der institutionalisierten Kirche, in der
es kaum Raum für die unorthodoxe Glaubenspraxis einer Margery Kempe gab, und dessen Zugriff sie sich in dieser Vision nicht
entziehen konnte, stellt sie sich im Laufe ihres tatsächlichen Lebens etliche Male. Hier jedoch nicht passiv, wie in der von ihr beschriebenen Schreckensvision, sondern beherzt und selbstbewußt,
so daß es ihr trotz ihres Mangels an formeller Bildung immer
wieder gelingt, sich argumentativ ihre Freiheit zu erstreiten und
sich der Macht ihrer Widersacher zu entziehen.[55] Wie nah die hier
zitierte Schreckensvision tatsächlich an das herankam, was sie
mitunter als Frau in den Händen weltlicher oder kirchlicher Autoritätspersonen erleiden mußte, zeigt sich recht deutlich bei ihrer
Verhaftung durch den Verwalter von Leicester, der ihr vorwirft,
eine Lügnerin zu sein, bevor er sie verhört, beschimpft und körperlich bedroht:

»Der Verwalter sagte zu ihr: ›Du lügst wie gedruckt. [. . .]‹ Daraufhin antwortete sie ihm: ›Mein Herr, stellen Sie mir egal welche
Fragen Sie auch wollen [. . .] und ich werde Ihnen durch die Gnade
meines Herren Jesus Christus sehr verständig/vernünftig darauf
antworten.‹ In der Folge stellte er ihr viele Fragen und ihre Antworten kamen prompt und waren vernünftig/einsichtig, so daß er
keine Handhabe hatte, gegen sie vorgehen zu können. Daraufhin
faßte der Verwalter sie bei der Hand und führte sie in seine Kam-
mer, wo er mit vielen unanständigen und obszönen Worten auf sie
einredete, als ob es sein Wunsch und seine Absicht wäre, sie zu
überwältigen und zu vergewaltigen. Dies versetzte sie in große

Angst und Kummer und sie bettelte um Gnade. [. . .] Sie sagte, ›Sir, ich habe keine Angst davor, für die Liebe meines Herrn ins Gefängnis geworfen zu werden, denn er erlitt für den Preis meiner Liebe soviel mehr, als ich jemals für ihn erleiden könnte. Ich bitte Sie inständig darum, das zu tun, was Sie für das Beste halten.‹ Als der Verwalter ihren Mut sah und bemerkte, daß sie keine Angst davor hatte, ins Gefängnis geworfen zu werden, begann er mit ihr zu ringen, äußerte sich ihr gegenüber in obszönen Gesten und bedachte sie mit anstößigen Blicken. Dies alles ängstigte sie so sehr, daß sie ihm erklärte, daß ihre Fähigkeit, sich in Reden und bei Unterhaltungen auszudrücken, nicht von ihrem eigenen Wissen und Können herrühre. Diese Fähigkeiten seien ihr vom Heiligen Geist verliehen worden. Er war so überrascht über ihre Worte, daß er sein lüsternes und obszönes Gehabe fallenließ und ihr das sagte, was ihr schon viele zuvor gesagt hatten: ›Entweder du bist eine wirklich gute oder eine wirklich verruchte Frau.‹«[56]

Margery Kempe ist trotz der hier anklingenden massiven Ängste nicht mehr bereit, vor reiner Gewaltandrohung hilflos zurückzuschrecken. In dieser Auseinandersetzung gibt sich der Verwalter von Leicester schließlich geschlagen und läßt sie unversehrt wieder laufen. Margery Kempe ist also inzwischen fähig, ihren Standpunkt zu vertreten. Sie bringt ihre Gegner über ihre argumentativen Fähigkeiten, und wohlgemerkt nicht durch Schreianfälle, zum Schweigen oder Zurückweichen und sichert sich damit ihr Über- und Weiterleben.[57]

Alter: letzte Pilgerfahrten, Niederschrift, Überlieferung

Während Margery Kempe zwischen 1414 und 1424, also für einen Zeitraum von zehn Jahren, von Schreianfällen heimgesucht wurde und in dieser Zeit auch für etwa acht Jahre an der Ruhr litt, wird sie im Alter wieder mobiler und flexibler. Sie bricht z. B. 1433 über Norwegen nach Danzig auf, wo sie sich etwa fünf bis sechs Wochen aufhält und vermutlich die Wirkungsstätten Dorotheas von Montau aufsuchte, um dann von dort aus nach Aachen weiterzupilgern. Genau wie auf ihren beiden ersten Pilgerreisen hatte sie auch auf dieser überaus strapaziösen Reise größte Schwierigkeiten, Anschluß an andere Pilgergruppen zu finden. Trotzdem gelangte sie schließlich relativ wohlbehalten, wenn auch völlig er-

32

schöpft in Aachen an, wo sie im Juli 1433 die Ausstellung der vier heiligen Reliquien besuchte.

Nach ihrer Rückkehr nach England beginnt sie recht bald, sich um die Niederschrift ihrer (Auto)Biographie zu bemühen, ein Anliegen, das sie zuvor immer wieder von sich gewiesen hatte, obwohl einige einflußreiche Personen sich ihr sogar als Schreiber angetragen hatten.[58] Schließlich schien ihr dann aber in Einklang mit ihrer göttlichen Eingebung die Zeit doch reif dafür, an eine Niederschrift zu denken. Nun allerdings fand sich zunächst kein Schreiber, und nachdem sie dann schließlich doch einen gefunden hatte, verstarb dieser, bevor er die Verschriftlichungen von Margery Kempes Lebensbericht hätte abschließen können. Daher wandte sich Margery Kempe mit diesen fragmentarischen Aufzeichnungen an einen Priester mit der Bitte, ihren Lebensbericht zu vervollständigen. Dieser eröffnete ihr jedoch, daß der bereits erstellte Teil ihrer Autobiographie so schlecht und unleserlich sei, daß es ihm und wahrscheinlich auch jedem anderen ohne göttliches Zutun unmöglich sei, diesen Text zu lesen. Der vorhandene Text, das, was wir heute als die 89 Kapitel von Buch I kennen, wird etwa 1436 nach einigen weiteren Komplikationen schließlich doch noch von besagtem Priester kopiert, und Margery Kempe diktierte ihm nun auch noch die fehlenden Teile ihres Lebensberichtes, mit deren Niederschrift er 1438 begann und die uns als die 10 Kapitel von Buch II überliefert sind.[59]

Über die Aufzeichnungen in dieser Autobiographie hinaus ist kaum etwas aus dem Leben Margery Kempes bekannt. Ein Eintrag im Stadtregister von Lynn verweist darauf, daß 1438 eine Margery Kempe in die Dreieinigkeitsgilde aufgenommen wurde. Dies ist der letzte flüchtige, wenn auch nicht mit absoluter Gewißheit gesicherte Hinweis auf Margery Kempe. Die Spuren ihrer letzten Lebensjahre – gewöhnlich wird ihr Todesjahr mit ca. 1440 angegeben – verwischen sich, und es stellt sich die Frage, was bleibt? Emily Hope Allen schrieb in ihrem abschließenden Urteil aus dem Jahre 1940: »Es ist ganz offensichtlich, daß vieles dagegen spricht, [Margery Kempes] Selbstbild, zu den großen Mystikerinnen zu gehören, direkt übernehmen zu können [. . .]. Aber es scheint mir, daß sich die Forschung ihrem Leben und ihrem Werk am besten annähern kann, wenn man ihr zumindest eine gewisse Empfänglichkeit für jene göttlichen Inspirationen (oder psychologischen Phänomene) zubilligt, die man gewöhnlich als Mystik bezeichnet.

Ich würde sie zu den weniger wichtigen Mystikerinnen zählen.«[60] Folgt man Allen und nimmt Margery Kempe primär als Mystikerin wahr, die es nicht schaffte, sich einen Platz in den ersten Rängen unter den Mystikern zu sichern, oder stellt man wie z. B. H. Thurston in den Vordergrund, daß sie viel zu schrill und exzentrisch war, um nicht allem voran zunächst einmal als öffentlicher Störfaktor wahrgenommen zu werden? In einer Rezension, die er 1936, also kurz nach der Wiederentdeckung des Textes im Jahr 1934, veröffentlichte, betont er, daß er weniger die – wie er es nennt – »Eigentümlichkeiten« von Margery Kempe als Stein des Anstoßes ansehe. Er erachte es vielmehr als problematisch, daß sie ihr Leben in der Öffentlichkeit und nicht hinter verschlossenen Klostermauern geführt habe.[61] Thurston argumentiert hierbei ähnlich wie schon viele der Zeitgenossen Margery Kempes, die sie lieber hinter Schloß und Riegel – sei es nun im Kloster oder im Gefängnis – als mitten im öffentlichen Leben gesehen hätten. Aus der Perspektive dieser Kritiker war Kempes größter Fehler unter Umständen genau das, was sie für uns heute wieder interessant macht: sie war eine couragierte Frau, die die Gestaltung ihres Lebens selbst in die Hand nehmen wollte und, falls nötig, die etablierte Ordnung unverblümt in Frage stellte. Ganz ähnlich abwertend wie Thurstons Kommentar sind auch viele andere Einordnungs- und Interpretationsversuche aus unserem Jahrhundert gelagert. Zumeist wird Margery Kempe als eine Außenseiterin gehandelt, an deren Text man die Tiefe der Reflexion einer Juliana von Norwich vermißt und deren körperliche Manifestationen ihres mystischen Erlebens eher pathologisiert als ernstgenommen werden. Wie selbst noch vor knapp 15 Jahren der Stab über Margery Kempe gebrochen wurde, beweist z. B. die Aussage Ute Stargardts, daß man Margery Kempes Buch als das Paradebeispiel für den Verfall der europäischen Frauenmystik bezeichnen könne.[62]

Erst neuere, feministisch orientierte Arbeiten nehmen Abstand davon, Margery Kempe einzig unter dem Gesichtspunkt »Mystik« erfassen zu wollen, und entdecken in ihr eine außergewöhnliche und selbstbewußte Frau, die die geschlechtsspezifischen Beschränkungen ihrer Zeit permanent in Frage stellte.[63] Ihr Ventil, oder – je nach Sichtweise – ihr Medium für dieses Ausreizen von Grenzen war die Mystik; ihr Ziel war es, ihrem Frauenleben Sinn zu verleihen. Daher erscheint es produktiver, sich an Margery Kempe anzunähern, indem man den Mut, ihr Leben in die Hand zu nehmen, und ihre Wünsche und Träume in den Mittelpunkt stellt. Daß es in der Umsetzung ihrer Pläne und Ideen auch Ungereimtheiten und Widersprüchlichkeiten gab, und daß sie bisweilen an den gesellschaftlichen Strukturen, die ihren Selbstverwirklichungsversuchen im Wege standen, fast verzweifelte, ändert nichts daran, daß ihr Leben in vieler Hinsicht interessant und bemerkenswert bleibt. Es war der Versuch einer Frau in einer Zeit, wo weibliche Selbstverwirklichung kaum als eigenständiger Wert angesehen wurde, das patriarchalische System durch ihren alternativen Lebensentwurf in Frage zu stellen. Der Preis, den Margery Kempe dafür zahlen mußte, war hoch. Aber vertieft man sich in ihren Lebensbericht, so scheint dieser deutlich zu unterstreichen, daß ihr die dadurch gewonnenen Freiheiten diesen Preis durchaus wert waren. Es gibt im Leben Margery Kempes also bei weitem mehr zu entdecken als das, was wir assoziieren, wenn wir sie in einer der gängigen Kategorien belassen, in die sie ihre Umwelt und die Forschung gedrängt haben. Sie war bei weitem mehr als nur eine unter den vielen weniger wichtigen Mystikerinnen. Ihr Leben läßt sich kaum damit zusammenfassen, daß wir es bei ihr lediglich mit einer exzentrischen Hysterikerin zu tun haben. Und wenn im Zusammenhang mit der Interpretation ihres Lebens gehäuft Vermutungen auftreten, ob sie denn nicht einfach verrückt oder wahnsinnig gewesen sei, so verstellt dies sicherlich den Blick auf die tatsächlichen Gegebenheiten, wenn nicht gleichzeitig weitergefragt wird, welche gesellschaftlichen Zwänge Margery Kempe in diese extremen Verhaltensweisen gedrängt haben. Es scheint daher endlich an der Zeit, die wahre Margery Kempe unter all diesen Verkrustungen zu suchen und ihr Leben entsprechend neu zu würdigen.

Anmerkungen

1 Legrand du Saulle, Henri: *Les hystériques: état physique et état mental. Actes insolites, délictueux et criminels.* Paris: Baillière, 1891, S.224. Hier zitiert nach: Mazzoni, Cristina: *Saint Hysteria. Neurosis, Mysticism and Gender in European Culture.* Ithaca: Cornell University Press, 1996, S.3.
2 Vgl. H. Thurston S.J.: »Margery the Astonishing«, *The Month*, Nov. 1936, S.452. In der »Prefatory Note« zu der von Hope Emily Allen und

Sanford Brown Meech besorgten Text-Ausgabe von *The Book of Margery Kempe* bezieht sich Hope Emily Allen gerade auf diese Aussage Thurstons. Durch den Einbezug dieser Äußerungen Thurstons in die einführenden Erläuterungen zu der kommentierten Textausgabe von 1940 und verbunden mit der Tatsache, daß Allen an dieser exponierten Stelle bei ihrem Versuch, den sozialhistorischen Kontext zu rekonstruieren, weiter darauf aufbaut, wurde Thurstons (Fehl)Bewertung in vieler Hinsicht richtungweisend für die weitere (Fehl)Beurteilung Margery Kempes in der Forschung. Vgl. Kempe, Margery: *The Book of Margery Kempe*. Hg. von Sanford Brown Meech und Hope Emily Allen. Early English Text Society no. 212 O.S. London: Oxford University Press, 1940, S. lxv. [Im folgenden zitiert als: Kempe (Meech/Allen)]. Vgl. hierzu auch insb. den Kommentar von Sarah Beckwith in ihrem Aufsatz »A Very Material Mysticism: The Medieval Mysticism of Margery Kempe«, in: Chance, Jane (Hg.), *Gender and Text in the Late Middle Ages*. Gainesville: University Press of Florida, 1996, S. 198-199.

3 Kempe, Margery: *The Book of Margery Kempe*. Übersetzt und hg. von B. A. Windeatt. Harmondsworth England: Penguin, 1985, S. 168. Falls nicht anders vermerkt, basieren alle Angaben und Zitate auf diesem von B. A. Windeatt ins moderne Englisch übertragenen Text. Hier und im folgenden stammen alle Übersetzungen, wenn nicht anders gekennzeichnet, von der Verfasserin. Die deutsche Übersetzung der von Louise Collis herausgegebenen Textausgabe konnte nicht zugrunde gelegt werden, da es sich hierbei um eine relativ freie Nacherzählung handelt.

4 In den ersten Kapiteln von *Buch I* war Margery Kempe noch darum bemüht, den Namen ihrer Heimatstadt zu verschweigen und ihn lediglich mit »N.« anzudeuten. Sie gibt dieses Anliegen jedoch später im Text auf und benennt ihren Heimatort offen als Lynn bzw. Bishop's Lynn. Im Manuskript von Mount Grace wurde dies schon in Kapitel 1 von *Buch I* durch die Randglosse eines mittelalterlichen Kommentators klargestellt.

5 Er war zwischen 1368 und 1391 insgesamt fünfmal Bürgermeister von Lynn und bekleidete noch etliche weitere öffentliche Ämter in Lynn.

6 Vgl. z.B. Kempe (Windeatt), S. 44 und S. 149.

7 In der Forschung wird weitläufig angenommen, daß es sich hierbei um einen Fehltritt sexueller Natur gehandelt habe. Eine andere Möglichkeit wäre, hier eine Verbindung mit dem Lollarden William Sawtre, der bis etwa 1399 Priester in Lynn war und 1401 aufgrund seiner religiösen Überzeugungen auf dem Scheiterhaufen verbrannt wurde, zu vermuten. Vgl. Kempe (Windeatt), S. 302, Anm. 3 zu *Buch I*, Kap. 1.

8 Margery Kempe berichtet über ihr Leben durchgängig in der dritten Person und bezeichnet sich dabei nicht mit Namen, sondern immer nur als »this creature«.

9 Kempe (Windeatt), S. 41.

10 Vgl. hierzu insb. Ober, William B.: »Margery Kempe: Hysteria and Mysticism Reconciled«, in: *Literature and Medicine*, 1985 (4), S. 29.

11 Thurston, Herbert, S.J.: »Review of Margery Kempe: *The Book of Margery Kempe*, hrg. W. Butler-Bowdon« in: *The Tablet* (London), Vol. 168, No. 5033 (24. Okt. 1936), S. 570. Genau wie auch schon die eingangs erwähnte (Fern)Diagnose H. Thurstons hinsichtlich des Gesundheitszustandes von Margery Kempe in seinem Aufsatz, »Margery the Astonishing« (vgl. Anm. 2), zitiert Hope Emily Allen auch diese Aussage Thurstons in den einleitenden Bemerkungen zu der von ihr und S.B. Meech herausgegebenen Ausgabe von Margery Kempes Autobiographie. Wie sehr Hope Emily Allen H. Thurston in bezug auf die Beurteilung von Margery Kempes »hysterischer Veranlagung« als Autorität verstanden wissen will, wird verdeutlicht durch ihren Querverweis auf seine Diskussion dessen, was eigentlich unter dem Begriff »Hysterie« zu verstehen sei. Während Thurston betont, daß sowohl in der Forschung als auch im alltäglichen Sprachgebrauch sehr große Uneinigkeit darin bestehe, was unter dem Begriff »Hysterie« zu verstehen sei, erklärt er schließlich Pierre Janets Definition als gemeinsamen Nenner für all die Versuche, diesen Zustand terminologisch näher zu bestimmen: »Hysterie ist primär eine Geisteskrankheit, die sich hauptsächlich in Übertreibungen und Suggestibilität äußert.« Vgl. H. Thurston S.J., »Pithiatism, otherwise called Hysteria«, in: *The Month*, 1923, S. 100, sowie Kempe (Meech/Allen), S. lxv.

12 Vgl. Ober, S. 4.

13 Ebd., S. 29.

14 Kempe (Windeatt), S. 41-42.

15 Ebd., S. 42.

16 Ebd., S. 42-43.

17 Ebd., S. 44.

18 Ebd., S. 43-44.

19 Ebd., S. 45.

20 Ebd., S. 45.

21 Zur Datierung vgl. *The Book of Margery Kempe*. Hg. Von Meech und Hope, Anm. 23/9, S. 269. Margery Kempe berichtet, daß sie und ihr Mann diesen Keuschheitsvertrag an »Mydsomyr Evyn«, der auf einen Freitag gefallen sei, abgeschlossen hätten. »Midsummer Eve«, der Tag vor »Midsummer Day«, d.h. dem 24. Juni bzw. Johannistag, fiel zwischen 1405 und 1414 nur einmal, im Jahr 1413, auf einen Freitag.

22 Vgl. Kempe, Kapitel 3 und 4, wobei die Sequenz, daß den drei Jahren der Versuchung zunächst einmal zwei ruhige Jahre vorausgingen, erst in Kapitel 4 klargestellt wird.

23 Kempe (Windeatt), S. 46.

24 Ebd., S. 48.

25 Vgl. hierzu auch die Ausführungen von Claudia Opitz zur ehelichen

Sexualität in: Opitz, Claudia: *Frauenalltag im Mittelalter. Biographien des 13. und 14. Jahrhunderts.* [1985] Weinheim: Beltz, 2. Aufl. 1987, S. 169-174.

26 Kempe (Windeatt), S. 46-47.

27 Ebd., S. 86.

28 Ebd., S. 84.

29 Ebd., S. 84-85.

30 Vgl. hierzu auch Bennewitz, Ingrid: »Darumb lieben Toechter / seyt nicht zu gar fürwitzig . . . Deutschsprachige moralisch-didaktische Literatur des 13.-15.Jahrhunderts«, in: Kleinau, Elke, und Opitz, Claudia (Hg.): *Geschichte der Mädchen- und Frauenbildung*, Bd. 1: *Vom Mittelalter bis zur Aufklärung.* Frankfurt/New York: Campus, 1996, S. 29-30. In ihrer Analyse der mittelalterlichen und frühneuzeitlichen Ehe-Literatur weist Bennewitz darauf hin, daß bis Luther »dem jungen Mädchen zwei Möglichkeiten der Lebensentscheidung offenstehen, nämlich die Wahl zwischen Ehe oder Kloster«. Interessant erscheint, daß mit Luther diese geringe Wahlmöglichkeit theoretisch ganz wegfällt, wenn dieser hinsichtlich der Bestimmung der Frau folgendes postuliert: »[E]in Weibsbild ist nicht geschaffen, Jungfrau zu sein, sondern Kinder zu tragen . . .« Martin Luther: *Ursach und Antwort, daß Jungfrauen Klöster göttlich verlassen mögen* (1523); hier zitiert nach: Bennewitz, S. 30.

31 Ebd., S. 28.

32 Kempe (Windeatt), S. 48.

33 Vgl. hier insb. Kap. 4, wo sie ihr Verlangen nach einem Mann schildert, der sie zum Ehebruch auffordert. Nachdem sie schließlich bereit war, auf seine Werbung einzugehen, wird sie jedoch von diesem kraß zurückgewiesen und somit der Lächerlichkeit preisgegeben. Vgl. Kempe (Windeatt), S. 49-50. Passagen wie diese, in denen Sexualität recht deutlich angesprochen wird, verleiteten z.B. Herbert Thurston, S.J., nachdem dieser sich über die Offenheit Margery Kempes in ihren Schilderungen ausgelassen hat, dazu, folgende Warnung hinsichtlich des Buches auszusprechen: »Margery's frankness, or possibly her scrupulosity, is equally conspicuous in what she tells us about her own temptations, and it may not be out of place to hint to those who are responsible for the selection of literature in convent schools, that they would do well to glance through the first few chapters before they assume that the autobiography of a would-be saint is bound to provide suitable pabulum for readers of tender years.« Thurston, Herbert, S.J.: »Review of Margery Kempe: *The Book of Margery Kempe*, hrg. W. Butler-Bowdon« in: *The Tablet* (London), Vol 168, No. 5033 (24. Okt. 1936), S. 570.

34 Kempe (Windeatt), S. 50. In krassem Gegensatz dazu stehen ihre Schilderungen von Jesus Christus in den Beschreibungen ihrer Visionen und

mystischen Begegnungen mit ihm. Er wird wiederholt als äußerst attraktiver Mann geschildert und es ließe sich hinter diesen Beschreibungen auch der Versuch vermuten, ihre Frustrationen in der Ehe über Phantasien zu kompensieren.

35 Einen breiteren Kontext für die Bewertung der Rechte und Pflichten von Frauen und Männern im 13. und 14. Jahrhundert bietet Opitz, Claudia, in ihrer Studie *Frauenalltag im Mittelalter. Biographien des 13. und 14. Jahrhunderts.* [1985] Weinheim: Beltz, 2. Aufl. 1987, im Kapitel über »Die Last mit der Lust: Eheliche und außereheliche Sexualität«, S. 169-188. Hier stellt sie fest, daß viele Quellen belegen, daß die Frauen in der Ehe kaum Macht über ihren eigenen Körper hatten. Neben dem ungeschriebenen Gesetz, daß der weibliche Körper in sexueller Hinsicht für den Ehemann verfügbar sein sollte, zeigte sich die Beherrschung der Frau in der Ehe bis in Details wie Aussehen, Kleidung und Verhalten, die sie seinem Geschmack und seinen Wünschen anpassen mußte. Vgl. ebd., S. 170.

36 Kempe (Windeatt), S. 56.

37 Für Hinweise bezüglich der Eingrenzung der Datierung vgl. Kempe (Meech/Allen), S. 269, Anm. 23/9.

38 Kempe (Windeatt), S. 58.

39 Ebd., S. 60.

40 Ebd., S. 69-71.

41 Ebd., S. 60.

42 Ebd., S. 68.

43 Das Bewußtsein, für den Partner in Notzeiten zur Verfügung zu stehen, bleibt intakt. So übernimmt Margery Kempe z. B. auch die sehr schwierige Krankenpflege ihres Mannes, nachdem er im Alter von über 60 Jahren gestürzt war und sich sehr schwer verletzt hatte, und versorgt ihn bis zu seinem Tode. Vgl. Kap. 76. Ebd., S. 219-221.

44 Ebd, S. 63. Bei dem, was hier als ›Haus aus Stein‹ angesprochen wird, ließe sich sowohl ein Gefängnis als auch ein Kloster vermuten.

45 Ebd., S. 104.

46 Ebd., S. 142-3. Vgl. hierzu auch S. 188 und S. 207, wo sie aus der Kirche verwiesen wird bzw. ihr die Kirche die Unterstützung versagt.

47 Ebd., S. 67.

48 Um diese körperlichen Manifestationen mystischen Erlebens im Gesamtkontext weiblicher Mystik im Spätmittelalter betrachten zu können vgl. Peters, Ursula: »Vita religiosa und spirituelles Erleben: Frauenmystik und frauenmystische Literatur im 13. und 14. Jahrhundert«, in: Brinker-Gabler, Gisela (Hg.): *Deutsche Literatur von Frauen*, Bd. 1. München: Beck, 1988, insb. S. 102-104; Lachmann, Renate: »Thesen zu einer weiblichen Ästhetik« in: Opitz, Claudia (Hg.): *Weiblichkeit oder Feminismus? Beiträge zur interdisziplinären Frauentagung, Konstanz 1983.* Weingarten: Drumlin Verlag, 1984, S. 187-188; und insb.

die Ausführungen von Luce Irigaray in *Speculum*. Irigaray beschreibt das aus den mystischen Entrückungen erwachsende Glücksgefühl als einen Zustand, der über das menschliche Fassungsvermögen hinausgeht und die Betroffene mitunter sogar die Kontrolle über ihren Körper vollkommen verlieren läßt. Gerade diesen Zustand benennt Luce Irigaray in ihren Ausführungen zu dem »Hysterischen – Mysterischen« oder, wie es im französischen Original heißt, zu »La Mystérique«, einer sehr treffenden Wortschöpfung, die anders als die deutsche Übersetzung die vier Kernbereiche dieses Diskurses, Mystik, Hysterie, Mysterium und Weiblichkeit verschmilzt, als den einzigen Ort in der Geschichte des Abendlandes, an dem die Frau auch öffentlich spreche und handele. Vgl. Irigaray, Luce: *Speculum*. (Übersetzung von *Speculum de l'autre femme*. 1974, übersetzt von Xenia Rajewsky) Frankfurt: Suhrkamp, 1980, S. 239. Die Ausführungen Irigarays zu »La Mystérique«, in denen teilweise eine Weiterführung bzw. eine Antwort auf Simone de Beauvoirs Behandlung von »La Mystique« in *Le Deuxième Sexe* (1949) vermutet wird, fanden ein großes Echo in der feministischen Forschung, wo sowohl das Potential dieser Studie als auch ihre Grenzen breit diskutiert wurden. Im Rahmen des gegebenen Kontextes seien in diesem Zusammenhang vor allem folgende Arbeiten hervorgehoben: Moi, Toril: *Sexual/Textual Politics. Feminist Literary Theory*. [1985] London: Routledge, 1988, hier insb. S. 135-143; Beckwith, Sarah, »A Very Material Mysticism: The Medieval Mysticism of Margery Kempe«, in: Chance, Jane (Hg.), *Gender and Text in the Late Middle Ages*. Gainesville: University Press of Florida, 1996, hier insb. S. 196 bis 197; Finke, Laurie: »Mystical Bodies and the Dialogics of Vision« in: *Philological Quarterly*, Vol. 67, No. 4 (Fall 1988), hier insb. S. 441 und Endnote 4 auf S. 449; Slade, Carole: »Alterity in Union: The Mystical Experience of Angela of Foligno and Margery Kempe«, in: *Religion and Literature*, 23.3 (Herbst 1991), hier insb. S. 109-115; und Mazzoni, Cristina: *Saint Hysteria. Neurosis, Mysticism and Gender in European Culture*. Ithaca: Cornell University Press, 1996, hier insb. S. 150-155, 177, 184-185.

49 Vgl. Kempe (Windeatt), S. 104-105.

50 Ebd., S. 104. Schreianfälle der hier beschriebenen Art treten ab diesem Zeitpunkt für etwa zehn Jahre auf und gehen dann wieder in Weinanfälle [»weepings«] über. Vgl. hierzu auch ebd., Anmerkung 8 zu Kapitel 28, S. 313.

51 Vgl. ebd., Kapitel 35, S. 122-125. Nicht nur Margery Kempe, sondern auch viele andere spätmittelalterliche Mystiker und Mystikerinnen bedienen sich des Bildes, daß Gott in der Seele spricht, um den Zustand der *Unio mystica* zu umschreiben.

52 Ebd., S. 126-127.

53 An all den Stellen, wo Margery Kempe sich bei den Beschreibungen ihrer

Visionen und mystischen Erfahrungen auf die »manhood« von Jesus bezieht, schwingen durchaus sexuelle Konnotationen mit, so daß bei der Übersetzung in »menschliche Gestalt« oder »Menschengestalt« ohne weitere Zusätze eine Dimension des Originals verlorenginge. Mangels eines Ausdrucks im Deutschen, der beide Konnotationen mitschwingen ließe, ist es im folgenden nötig, mit der Wortkombination »menschlich / männlich« zu operieren, um dem Original gerecht zu werden.

54 Kempe (Windeatt), S. 182-183.

55 Vgl. ebd., S. 148-177 (Kap. 46-56), wo Margery Kempe von vielen verschiedenen Verhaftungen, Anschuldigungen und Kreuzverhören berichtet, die zumeist darauf zielten, sie als Häretikerin abzuurteilen.

56 Ebd., S. 150-151.

57 Vgl. z. B. ebd., S. 151 und S. 165-167.

58 Folgt man den Angaben in der Vorrede zu ihrem Buch I, so kann man davon ausgehen, daß es innerhalb der kirchlichen Kreise, in denen Margery Kempe verkehrte – trotz der allgemein ablehnenden Haltung ihr gegenüber – dennoch einige Vertreter gab, die sie und/oder ihre Mystik ernst nahmen. Prominenteste Beispiele unter ihnen sind wohl die Erzbischöfe von Canterbury, Thomas Arundel und Henry Chichele. Auch in ihrem direkten Umfeld gab es zumindest einige Menschen, die ihr zur Seite standen. Sie berichtet, manche von ihnen hätten sie dazu gedrängt, ihre mystischen Erfahrungen und die ihr zuteil gewordenen Offenbarungen als Buch niederschreiben zu lassen. Einige boten sich sogar an, die Niederschrift zu übernehmen; namentlich erwähnt wird in diesem Kontext allerdings nur der Karmeliterpater Alan von Lynn, ein Doktor der Theologie zu Cambridge, der z. B. auch die Indizes zu den Offenbarungen und Prophezeiungen Brigittas von Schweden erstellt hatte. Alan von Lynn war jedoch nicht an der Niederschrift beteiligt; die beiden Schreiber, die Margery Kempes Lebensbericht dann tatsächlich verschriftlichten, werden nicht namentlich erwähnt. Vgl. ebd., S. 38, S. 56-57, S. 71-73 und S. 174-175 sowie im Anmerkungsteil Anm. 1 zu »The Preface« (S. 302) und Anm. 4 zu Kapitel 9 (S. 305).

59 Die schwierige Textgenese wird vom zweiten Schreiber sehr ausführlich in der Vorrede zu Buch I diskutiert, und auch am Anfang von Buch II finden sich einige Hinweise zur Entstehung des Textes. Ebd., S. 33-37 und S. 265.

60 Emily Hope Allen, »Prefatory Note«, in: Kempe (Meech/Allen), S. lx-lx.

61 Vgl. Herbert Thurston, S.J.: »Review«, in: The Tablet, 24. Oktober 1936, S. 570.

62 Stargardt argumentiert, daß im Text Margery Kempes das Wunder nur noch zur Dekoration der eigenen Persönlichkeit und zum Ausweis einer heiligen Lebensführung diene und die Verherrlichung Gottes damit in den Hintergrund trete. Vgl. Stargardt, Ute: »The Beguines of Bel-

gium, the Dominican Nuns of Germany, and Margery Kempe«, in: Heffernan, Thomas J. (Hg.): *The Popular Literature of Medieval England*. (= Tennessee Studies in Literature, Bd. 28) Knoxville: University of Tennessee Press, 1985, S. 301, die sich hier in ihren Ausführungen an Blank, Walter: *Die Nonnenviten des 14. Jahrhunderts*. Freiburg: K. Müller, 1962, S. 248, anlehnt.

63 Vgl. u. a. Atkinson, Clarissa W.: *Mystic and Pilgrim: The Book and the World of Margery Kempe*. Ithaca: Cornell University Press, 1983; Lochrie, Karma; *Margery Kempe and Translations of the Flesh*. Philadelphia: University of Pennsylvania Press, 1991; Mc Entire, Sandra J. (Hg.): *Margery Kempe: A Book of Essays*. New York: Garland, 1992; Régnier-Bohler, Danielle: »Literarische Stimmen, mystische Stimmen« in: Kapisch-Zuber, Christiane: *Geschichte der Frauen*, Bd. 2: *Mittelalter*. Duby, Georges, und Perrot, Michelle (Serienherausgeber; deutsche Übersetzung der italienischen Originalausgabe: *Storia delle Donne in Occidente*: II Medioevo, Rom-Bari, 1990) Frankfurt/New York & Paris: Campus Verlag & Editions de la Fondation Maison des Sciences de l'Homme, 1993, S. 435-494; Staley, Lynn: *Margery Kempe's Dissenting Fictions*. University Park, PA: Pensylvania State University Press, 1994.

Literatur

Atkinson, Clarissa W.: *Mystic and Pilgrim: The Book and the World of Margery Kempe*. Ithaca: Cornell University Press, 1983

Beauvoir, Simone de: *Das andere Geschlecht. Sitte und Sexus der Frau* (Neuübersetzung 1992). Reinbek: Rowohlt, 1992

Beckwith, Sarah, »A Very Material Mysticism: The Medieval Mysticism of Margery Kempe«, in: Chance, Jane (Hg.), *Gender and Text in the Late Middle Ages*. Gainesville: University Press of Florida, 1996

Bennewitz, Ingrid: »Darumb lieben Toechter / seyt nicht zu gar fürwitzig . . . Deutschsprachige moralisch-didaktische Literatur des 13.-15. Jahrhunderts« in: Kleinau, Elke, und Opitz, Claudia (Hg.): *Geschichte der Mädchen- und Frauenbildung*, Bd. 1: *Vom Mittelalter bis zur Aufklärung*. Frankfurt/New York: Campus, 1996, S. 23-41

Blank Walter: *Die Nonnenviten des 14. Jahrhunderts*. Freiburg: K. Müller, 1962

Brinker-Gabler, Gisela (Hg.): *Deutsche Literatur von Frauen, Bd. 1 (Vom Mittelalter bis zum Ende des 18. Jahrhunderts)*. München: Beck, 1988

Collis, Louise: *Memoires of a Medieval Woman: The Life and the Times of Margery Kempe*. New York: Harper Colophon Books, 1983 (ursprüngl. veröffentlicht unter dem Titel: *The Apprentice Saint*. London: M. Joseph, 1964. Gekürzte dt. Übersetzung: *Leben und Pilgerfahrten der Margery Kempe: Erinnerungen einer exzentrischen Lady*, Berlin: Wagenbach, 1986, übersetzt von Ebba D. Drolshagen).

Dickman, Susan: »Margery Kempe and the Continental Tradition of the Pious Woman«, in: Marion Glasscoe (Hg.): *The Medieval Mystical Tradition in England: Papers read at Dartington Hall, July 1984*. Cambridge: Brewer, 1984, S. 150-168

Finke, Laurie: »Mystical Bodies and the Dialogics of Vision«, in: *Philological Quarterly*, Vol. 67, No. 4 (Fall 1988), S. 439-451

Irigaray, Luce: *Speculum* (Übersetzung von *Speculum de l'autre femme*. 1974, übersetzt von Xenia Rajewsky). Frankfurt: Suhrkamp, 1980

Kempe, Margery: *The Book of Margery Kempe*. Übersetzt ins Neuenglische und hg. von B. A. Windeatt. Harmondsworth, England: Penguin, 1985

Kempe, Margery: *The Book of Margery Kempe*. Hg. Von Sanford Brown Meech und Hope Emily Allen. Early English Text Society no. 212 O.S. London: Oxford University Press, 1940

Lachmann, Renate: »Thesen zu einer weibliche Ästhetik« in: Opitz, Claudia (Hg.): *Weiblichkeit oder Feminismus? Beiträge zur interdisziplinären Frauentagung, Konstanz 1983*. Weingarten: Drumlin Verlag, 1984, S. 181-194

Lochrie, Karma: *Margery Kempe and Translations of the Flesh*. Philadelphia: University of Pennsylvania Press, 1991

Mazzoni, Cristina: *Saint Hysteria. Neurosis, Mysticism and Gender in European Culture*. Ithaca: Cornell University Press, 1996

McEntire, Sandra J. (Hg.): *Margery Kempe: A Book of Essays*. New York: Garland, 1992

McEntire, Sandra J.: »The Journey into Selfhood: Margery Kempe and Feminine Spirituality«, in: dies.: *Margery Kempe: A Book of Essays*. New York: Garland, 1992, S. 51-69

Moi, Toril: *Sexual/Textual Politics. Feminist Literary Theory*. [1985] London: Routledge, 1988

Ober, William B.: »Margery Kempe: Hysteria and Mysticism Reconciled« in: *Literature and Medicine*, 1985 (4); S. 24-40

Opitz, Claudia: *Evatöchter und Bräute Christi. Weiblicher Lebenszusammenhang und Frauenkultur im Mittelalter*. Weinheim: Deutscher Studien Verlag, 1990

Opitz, Claudia: *Frauenalltag im Mittelalter. Biographien des 13. und 14. Jahrhunderts*. [1985] Weinheim: Beltz, 2. Aufl. 1987

Peters, Ursula: »Vita religiosa und spirituelles Erleben: Frauenmystik und frauenmystische Literatur im 13. und 14. Jahrhundert«, in: Brinker-Gabler, Gisela (Hg.): *Deutsche Literatur von Frauen*, Bd. 1. München: Beck, 1988, S. 88-109

Peters, Ursula: »Frauenmystik im 14. Jahrhundert. Die ›Offenbarungen‹ der Christine Ebner« in: Opitz, Claudia (Hg.): *Weiblichkeit oder Femi-*

nismus? Beiträge zur interdisziplinären Frauentagung, Konstanz 1983.
Weingarten: Drumlin Verlag, 1984, S. 213-227

Porter, Roy: *A Social History of Madness. The World Through the Eyes of the Insane.* New York: Weidenfeld & Nicolson, 1987

Régnier-Bohler, Danielle: »Literarische Stimmen, mystische Stimmen«, in: Kapisch-Zuber, Christiane: *Geschichte der Frauen*, Bd. 2: *Mittelalter.* Duby, Georges, und Perrot, Michelle (Serienherausgeber; deutsche Übersetzung der italienischen Originalausgabe: *Storia delle Donne in Occidente:* II Medioevo, Rom-Bari, 1990) Frankfurt/New York & Paris: Campus Verlag & Editions de la Fondation Maison des Sciences de l'Homme, 1993, S. 435-494

Slade, Carole: »Alterity in Union: The Mystical Experience of Angela of Foligno and Margery Kempe«, in: *Religion and Literature,* 23.3 (Herbst 1991), S. 109-126

Staley Johnson, Lynn: »Margery Kempe: social critic«, in: *The Journal of Medieval and Renaissance Studies,* Vol. 22, No. 2 (Spring 1992), S. 159-184

Staley, Lynn: *Margery Kempe's Dissenting Fictions.* University Park, PA: Pennsylvania State University Press, 1994

Stargardt, Ute: *The Influence of Dorothea von Montau on the Mysticism of Margery Kempe.* Diss., University of Tennessee, Knoxville, 1981

Stargardt, Ute: »The Beguines of Belgium, the Dominican Nuns of Germany, and Margery Kempe«, in: Heffernan, Thomas J. (Hg.): *The Popular Literature of Medieval England.* (= Tennessee Studies in Literature, Bd. 28) Knoxville: University of Tennessee Press, 1985, S. 277-313

Sumner, Rebecca Louise: *The Spectacle of Femininity: Allegory and the Denial of Representation in the Book of Margery Kempe, Jane Eyre, and Wonderland.* Diss. University of Rochester, 1991

Thornton, Martin: *Margery Kempe: An Example in the English Pastoral Tradition.* London: S.P.C.K., 1960

Thurston, Herbert, S.J.: »Review of Margery Kempe: *The Book of Margery Kempe,* hg. W. Butler-Bowdon« in: *The Tablet* (London), Vol. 168, No. 5033 (24. Okt. 1936), S. 570-571

Thurston, Herbert, S.J.: »Margery the Astonishing«, in: *The Month,* Vol. CLXVIII, No. 869 (November 1936), S. 446-456

Underhill, Evelyn: *Mystik. Eine Studie über die Natur und Entwicklung des religiösen Bewusstseins im Menschen.* Übersetzung der 3. Aufl. des engl. Originals von 1911 durch Helene Meyer-Franck und Heinrich Meyer-Benfey. München: Ernst Reinhardt, 1928

Wöhrer, Franz: »Aspekte der englischen Frauenmystik im späten 14. und beginnenden 15. Jahrhundert«, in: Dinzelbacher, Peter, und Bauer, Dieter R. (Hg.): *Frauenmystik im Mittelalter,* Ostfildern: Schwabenverlag, 1985, S. 314-340

ELIZABETH PACKARD
1816-1897

Kreuzzug
gegen die mutwillige Einweisung von
Frauen in Irrenanstalten

Von Swantje Koch-Kanz
und Luise F. Pusch

Im vorigen Jahrhundert war es in vielen Staaten der USA einem
Ehemann rechtlich gestattet, seine Frau ohne viel Umstände in
eine Irrenanstalt zu verfrachten. Ihre Meinung dazu zählte überhaupt nicht, und natürlich war auch das umgekehrte Vorgehen –
daß sie ihn einweisen ließ – undenkbar. Das einzige, was der Ehemann brauchte, war die Zustimmung des Leiters einer solchen
Anstalt. Ein Gerichtsverfahren, eine medizinische Untersuchung
durch ein unabhängiges Gremium von Sachverständigen hielt
man nicht für erforderlich.

Der Pfarrer Theophilus Packard ließ im Jahre 1860 (kurz vor
Beginn des Bürgerkriegs) seine Frau Elizabeth Packard in die Irrenanstalt von Jacksonville, Illinois, einweisen, wo sie drei Jahre
zubrachte.

Was ihr und anderen Opfern patriarchaler Willkür zugestoßen
war, faßt Phyllis Chesler in ihrer Einleitung zu Barbara Sapinsleys
Monographie über Elizabeth Packard (1995: xi) so zusammen:
»Es ist unvorstellbar, ja empörend, aber alles, was Elizabeth T.
Stone aus Massachusetts (1842 zum erstenmal eingeliefert), Elizabeth Parsons Ware Packard aus Illinois (1860 zum erstenmal eingeliefert) und Phebe B. Davis aus New York (1865 zum erstenmal
eingeliefert) taten, war: Sie äußerten Ansichten, die ihre Ehemänner oder Brüder verärgerten. Sie verbrachten Jahre in staatlichen
Irrenanstalten einzig und allein aus diesem Grund.«[1]

Als Elizabeth Packard nach drei Jahren Anstaltsaufenthalt mit
Hilfe ihres dann volljährigen ältesten Sohnes Toffy (Theophilus
III) endlich freigekommen war und auch noch eine private Einker-
kerung durch ihren Mann und einen Prozeß siegreich bestanden
hatte, begann sie zielstrebig mit ihrem Kampf für die Rechte der

Frau bei der Einlieferung in eine Anstalt. Ihre Kampagne führte sie durch 31 Staaten der USA; in 15 davon gelang es ihr, die Rechtsprechung zugunsten der Frauen zu beeinflussen. Aber trotz dieser unglaublichen Lebensleistung war sie nach ihrem Tode 1897 bald vergessen. Wir verdanken es ihrer ersten Biographin Barbara Sapinsley, daß dieses bewundernswerte Leben für die Frauengeschichte zurückgewonnen, »der Vergessenheit entrissen« wurde.[2]

Leben, Leiden und Leistung der Elizabeth Packard

Kindheit, Jugend, erste Ehejahre

Elizabeth Parsons Ware Packard wurde am 28. Dezember 1816 in Ware, Massachusetts, geboren. Ihre Mutter, Lucy Ware, war bei ihrer Geburt 37 Jahre alt. Sie hatte vor Elizabeth schon vier Kinder geboren; alle waren früh gestorben. Der Vater, Samuel Ware, der einzige Sohn eines wohlhabenden Farmers, war Pfarrer. Die Eltern liebten ihr erstes überlebendes Kind sehr. Elizabeth bekam später noch 2 Brüder, Samuel und Austin, die ebenfalls überlebten.

Elizabeths Eltern führten ein gastfreies Haus, durchreisende Angehörige der besseren Stände pflegten bei ihnen zu wohnen. Es gab rege und anregende Gespräche über »Gott und die Welt«, und die kleine Elizabeth durfte dabeisitzen und zuhören. Sie führte ihre späteren unkonventionellen Ansichten über die Ehe und die Aufgaben der Frau auch auf diese frühen Hör-Erfahrungen zurück.

Elizabeth bekam – sehr ungewöhnlich für ihre Zeit – dieselbe Ausbildung wie ihre Brüder, und sie wußte sie besser zu schätzen. Sie lernte nicht nur Lesen, Schreiben, Rechnen, Sticken und Klavierspielen, wie es sonst für Mädchen üblich war, sondern auch alte Sprachen, Algebra und Französisch. Sie war aufgeweckt und wissensdurstig und immer die beste Schülerin. Mit sechzehn begann sie, selbst zu unterrichten.

Drei Jahre später erkrankte Elizabeth schwer an einer »Gehirnentzündung«. Die Diagnose wurde damals häufig gestellt; einige der Symptome waren: heftige Kopfschmerzen, Erbrechen, Licht- und Lärmempfindlichkeit; die PatientInnen delirierten und litten an konvulsivischen Zuckungen, die manchmal in ein Koma mündeten.

Als es Elizabeth nach 5 Wochen nicht besser ging, brachten ihre Eltern sie nach Worcester in die neu gegründete staatliche Irrenan-

Elizabeth Packard mit ihrem Ehemann

stalt – allerdings nicht, weil sie sie für wahnsinnig hielten, sondern weil deren Leiter ein berühmter Arzt war. Geheilt verließ Elizabeth die Anstalt nach 6 Wochen, nahm es jedoch ihrem Vater sehr übel, daß er sie dorthin verbracht hatte. Nach ihrer Meinung hatten die Aderlässe und die Medizin, die sie im Frühstadium bekam, erst zu der Verschlimmerung der Krankheit geführt, die dann den Krankenhausaufenthalt nötig machte.

Biographisch wäre diese Krankheit höchstens als frühes Leid erwähnenswert. Sie wurde aber zu einem wichtigen Punkt in Elizabeths späterer Leidensgeschichte, denn 25 Jahre später berief sich ihr Gatte bei der Einlieferung seiner Frau in die Irrenanstalt auf diese »zurückliegende Schädigung«.

Drei Jahre nach ihrer Genesung, mit 22 Jahren, heiratete Elizabeth den 15 Jahre älteren Geistlichen Theophilus Packard. Er stammte aus Shelburne, Massachusetts, wo sein Vater, ebenfalls Geistlicher, als »der Weise von Shelburne« höchstes Ansehen genoß. Theophilus war der älteste von 8 Geschwistern, und als er die Wares im Jahre 1826 (Elizabeth war 10) kennenlernte, war er der einzige überlebende Sohn.

Theophilus hinterließ ein Tagebuch und andere autobiographische Schriften, die uns seine Sicht der Welt, seiner selbst und der Umstände und Geschehnisse Elizabeths »Geisteskrankheit« betreffend, plastisch vermitteln. Im strengen, engen Glauben des 18. Jahrhunderts erzogen und verhaftet, paßte er nicht recht in das 19. Jahrhundert – und auch nicht zu seiner tatendurstigen, quirligen und geistig neugierigen, energischen jungen Frau. Theophilus war eher grüblerisch und sauertöpfisch, ein ängstlicher Pedant und Zauderer und ein Tyrann aus Schwäche, der stets fest mit seinem baldigen Ende rechnete. Obwohl fast ständig bei schlechter Gesundheit, geplagt von Verdauungsstörungen und heimgesucht von Unglücksfällen wurde er, wie viele Hypochonder, auf seine leidvolle Art doch ziemlich alt: Er wurde über 80 (wie übrigens auch Elizabeth) und starb mit 83 Jahren.

Als junger Mann hatte Theophilus nach tiefen Ängsten, in denen er fühlte, »daß es vollkommen gerecht wäre, wenn Gott ihn auf ewig vergehen lassen würde«, ein Erweckungs- und Erlösungserlebnis gehabt: »Tod, Ewigkeit und Jüngstes Gericht, ihres Schreckens beraubt, waren nun angenehme Gegenstände meditativer Betrachtung.« Zusammen mit seinem Studium in Princeton, wo die strenge »alte Schule des Calvinismus« gelehrt wurde, legte diese »geistige Wiedergeburt« seine Glaubensausrichtung offenbar für sein ganzes Leben fest. Die »Neue Schule« der Theologie, die vor allem an der Yale University gelehrt wurde, war eher eine Theologie der Hoffnung und der Liebe denn des Strafgerichts. Nach der Neuen Lehre konnten auch andere Kirchen (denominations) als die calvinistische rechtens das Wort Gottes predigen, und man befürwortete die gemeinsame Missionsarbeit: Wenn es darum ging, eine Seele zu retten, war es nicht gleichgültig, durch welche Kirche? In den Augen eines strengen altgläubigen Calvinisten war all das sündige Verirrung und Ketzerei.

Was reizte nun die junge, attraktive Elizabeth an diesem ältlichen Bewerber?

Elizabeth hatte bis zu Theophilus' Antrag bereits viele Bewerber abgelehnt. Sie wünschte sich einen »männlichen Mann«, der ihre »weibliche Natur« ergänzen sollte. Was sie darunter verstand, sagte sie nicht, aber es läßt sich laut Sapinsley (1995: 36) ungefähr so rekonstruieren: »Eine Kombination aus Stärke, auf die sie sich stützen konnte, wenn sie es wünschte, Respekt für ihre Ideen und Meinungen, eine Bereitschaft, ihr zumindest in der Unterhaltung gleiches Recht einzuräumen, eine gute Stellung, deren Glanz auf sie abstrahlen könnte und eine imposante äußere Erscheinung.«

In ihren Augen erfüllte Theophilus Packard diese Bedingungen – schließlich war er der langjährige Freund und Kollege ihres Vaters und vor allem der einzige Sohn des »Weisen von Shelburne«, den sie hoch verehrte. Sie sah wohl in Theophilus eine jüngere Ausgabe des Alten.

Sie heirateten am 21. Mai 1839 und zogen nach einer kurzen Hochzeitsreise in das Haus, das Theophilus schon 3 Jahre zuvor zum Zwecke der Gründung einer Familie erworben hatte.

Die ersten Ehejahre verliefen ohne ersichtliche Störungen. Theophilus versah gewissenhaft seinen geistlichen Dienst, und Elizabeth war eine gewissenhafte Ehe- und geachtete Pfarrfrau, die sich bemühte, alle Erwartungen zu erfüllen. Nach drei Jahren gebar sie 1842 das erste Kind, ihren Sohn Theophilus III, genannt Toffy. Auf ihn folgten 1844 Isaac, dann Samuel 1847 und 1850 endlich das erste Mädchen, Elizabeth, genannt Libby oder Lizzy. 1853 gebar Elizabeth ihren vierten Sohn, George. Die Eltern liebten ihre Kinder und erzogen sie sorgfältig. Für Elizabeths Geschmack redete Theophilus mit den Kleinen vielleicht etwas zu früh und zu viel von Sündhaftigkeit, Verdammnis und jüngstem

Gericht. Sie selbst nämlich öffnete sich immer mehr einer »weiblichen« Theologie der Liebe und Vergebung, die damals in fortschrittlichen Kreisen diskutiert und angenommen wurde. Auch Theophilus' Gemeinde in Shelburne fand immer weniger Freude und Erbauung an seinen düsteren Straf- und Bußpredigten. Theophilus merkte, irgend etwas lief schief in seiner Ehe, in seinem Beruf, in seinem Leben. Er verordnete sich und den Seinen einen Ortswechsel, und man zog nach Lyme, Ohio, wo seine Schwester Sibyl Dole lebte. Zwar hätte er in Princeton, Illinois, eine Lebensstellung haben können, während man ihn in Lyme zunächst nur für ein Jahr haben wollte, aber ihn zog es zu seinen Blutsverwandten. Dort versprach er sich wohl mehr Geborgenheit als bei seiner immer selbständiger werdenden Ehefrau. Deren intensives Nachdenken über theologische Fragen hatte inzwischen dahin geführt, daß sie sich fortan nur noch von ihrem Gewissen leiten lassen wollte, das sie für »Gottes Vizeherrscher in der Seele« hielt. Elizabeths neues Denken griff nicht nur Theophilus' religiöse Überzeugung und damit seine einzige Hoffnung auf Rettung vor der ewigen Verdammnis an, sondern auch seinen Status als Oberhaupt der Familie. Da sein Gott nicht unrecht haben konnte, war Elizabeth im Unrecht. Und bei einer, die schon mal in der Irrenanstalt war, deutete dies »Im-Unrecht-Sein« auf einen Rückfall in den Wahnsinn hin. Theophilus sprach mit seiner Schwester über seinen Verdacht. Anders als seine Frau wußte Sibyl Dole, was sich für eine Frau und kleine Schwester gehört: Sie gab dem Bruder recht. In der Folge fühlte sich Elizabeth von ihr unangenehm beargwöhnt. Als Theophilus' Jahr in Lyme abgelaufen war, befürwortete sie daher – trotz der damit für sie verbundenen Plackerei – einen weiteren Umzug, diesmal nach Mount Pleasant, Iowa, dessen Gemeinde ihn für ein Jahr als Prediger anheuerte.

Die Kinder gediehen gut in Mount Pleasant; auch Elizabeth ging es gut – es scheint, daß sie dort einen Verehrer, vielleicht sogar Liebhaber fand, der ihren Hunger nach Liebe und Resonanz vorübergehend stillte. Aber Theophilus' Gehalt war allzu niedrig, und so zog er mit seiner Familie wieder zurück nach Illinois, diesmal nach Manteno, wo auch seine Schwester Sibyl inzwischen lebte. Aber der Neubeginn war schwierig, und nach wenigen Wochen wurde es Elizabeth zu viel; sie floh mit ihren beiden Jüngsten, Libby und George, für drei Monate zu ihren Verwandten nach Lyons, New York.

Hier nahm Elizabeth an einigen spiritistischen Sitzungen teil, die sie in ihrem Kummer und ihrer Suche nach Besserung bestätigten und bestärkten. Der Spiritismus oder Spiritualismus war damals eine weitverbreitete freireligiöse Praxis, besonders in den USA, und hier besonders unter aufgeschlossenen, reformorientierten Menschen der gärenden Vorkriegszeit.

Elizabeth bekam durch ein Medium folgende Botschaft von ihrer vor 14 Jahren verstorbenen Mutter vermittelt: »Meine Tochter, recht tatest du daran, auf diese Reise zu gehen, denn du brauchtest körperliche Ruhe und Erfrischung der Seele. Du brauchst all diese Hilfe zur Vorbereitung auf das große Werk, für das Gott dich ausersehen hat. Du lebst in einer sehr dunklen, umnachteten Gemeinschaft. Du wirst ein Licht für diese Gemeinschaft werden und ein Segen für viele andere. Aber, mein Kind, bereite dich vor auf Verfolgung! Verfolgung! Verfolgung!«

Eine weitere Botschaft kam von Elizabeths kürzlich verstorbener Lieblingsschwägerin Lucy Jane. Diese teilte ihr folgende Erkenntnis über Theophilus mit: »Bruders Geist ist umnachtet. Falsche Lehren halten ihn gefangen . . . er kann sich nicht selbst befreien. Darum, habe Mitleid mit ihm. Aber fürchte dich nicht, seinen Irrglauben bloßzustellen, denn die falschen Lehren müssen überwunden werden, um den Weg für die Lehren Christi freizumachen.«

Elizabeth traf auf ihrer Reise auch Gerrit Smith, einen Cousin und Mitstreiter der großen Frauenrechtlerin Elizabeth Cady Stanton. Auch er bestätigte sie in ihrer Kritik an Theophilus' starren Überzeugungen.

Gestärkt kehrte Elizabeth zu ihrem Gatten zurück – und als Resultat ihrer Vereinigung nach so langer Trennung wurde sie schwanger. Ende 1858 gebar die fast 42jährige ihr sechstes und letztes Kind, Arthur.

Theophilus war entsetzt, daß seine Frau nun auch noch dem Spiritualismus anhing und sogar die Kinder daran teilhaben ließ. Wenn man seinem Tagebuch glauben soll, ging er in diesem Jahr ihrer letzten Schwangerschaft durch die Hölle. Es war genug. Nun mußte er handeln!

Die Situation spitzt sich zu

Elizabeths »unbotmäßiges Verhalten« war nicht der einzige Grund
für Theophilus' Kummer. Er hatte sich – trotz aller Pfennigfuchse-
rei – tief in Schulden verstrickt. Das Haus in Mount Pleasant ließ
sich nicht verkaufen, sondern nur für wenig Geld vermieten; sein
Gehalt war niedrig und seine Familie zahlreich, und nun sollte sie
noch auf acht anwachsen. Es ging ihm aber gegen die Ehre, seine
Frau um Hilfe zu bitten, und so litt er verbohrt in der Stille. Aber immerhin konnte er doch, wie seine Frau, eine kleine Erholungsreise
unternehmen, zumal die kleine Gemeinde ihn kaum vermissen
würde und sein Schwager Abijah Dole, der die Sonntagsschule lei-
tete, ihn schon würdig vertreten würde. Und seine Frau Elizabeth
könnte doch den Bibelunterricht übernehmen.

Es überrascht schon, daß er seiner Frau, der »Häretikerin«,
diese Aufgabe antrug. Möglicherweise war es auch Abijahs Vorschlag, dem Theophilus zerstreut nachgab. Daß Elizabeth bibel-
fest war, war ja bekannt. Weniger bekannt war beiden Männern,
wie weit Elizabeth sich schon von der Lehre Calvins entfernt hatte,
denn Theophilus hatte sich nie herabgelassen, theologische Fragen
mit seiner Frau zu diskutieren.

Wie auch immer, Elizabeth übernahm den Unterricht gern und
war über die Maßen erfolgreich. Sie packte die Gelegenheit beim
Schopf und hielt mit ihren Ideen nicht hinter dem Berge. Bis dahin
hatten sechs fromme Männer am Bibelunterricht teilgenommen;
unter Elizabeths Leitung stieg die Zahl rasch – auf 46 Frauen und
Männer: eine lebhafte Diskussionsgruppe, in der auch calvinistische Grundsätze offen in Frage gestellt wurden: Erbsünde, Willens-
freiheit, Unveränderlichkeit Gottes, Prädestination. Bald machten
sich die Kirchenältesten Sorgen: Dies Weib säte Zwietracht, pre-
digte Ketzerei und widersprach öffentlich dem Glauben ihres Mannes. Was, wenn das Schule machte bei ihren eigenen Frauen . . .?

Als Theophilus zurückkam, fand er die Gemeinde in Aufruhr.
Statt nun aber das Problem direkt anzugehen, beschloß man, Eli-
zabeth zum Schweigen zu bringen. Das gelang natürlich nicht,
eher wurde sie noch beredter. Schließlich bat Theophilus sie, den
Unterricht aufzugeben, und zwar »aus freien Stücken«. Dazu aber
war sie nicht bereit. Wohl war sie bereit zu sagen, sie verzichte auf
Geheiß ihres Gatten auf den Unterricht. Jedoch einen freiwilligen
Rückzug zu heucheln – das war zuviel verlangt.

Theophilus sah in ihrem unbeugsamen Widerstand gegen ihn, den eigenen Gatten, ein weiteres untrügliches Zeichen des Wahnsinns.

Um diese Zeit erkrankten die Kinder, am schlimmsten die 10jährige Libby. Wie einst ihre Mutter hatte sie »Gehirnfieber«, und Elizabeth war entschlossen, ihr das Leid zu ersparen, das sie selber durchgemacht hatte. Sie wachte Nächte hindurch am Bett ihres Kindes – bis zur völligen Erschöpfung. Einmal traf ein frühmorgendlicher Besuch sie so an: aufgelöst, übermüdet, noch immer im Nachthemd. Auch dies wurde als Anzeichen ihres Wahnsinns verbucht und später gegen sie vorgebracht.

Immerhin erledigte sich die Frage des Bibelunterrichts durch die Krankheit der Kinder. Elizabeth konnte sich nun ohne Gesichtsverlust zurückziehen.

Ihr Mann aber wollte seinen Plagegeist jetzt endgültig loswerden. Er war ganz sicher, daß seine Frau wahnsinnig war, und es gelang ihm, auch seine und ihre Verwandten brieflich davon zu überzeugen. Zu Elizabeth standen einzig und allein ihre Cousine und Adoptivschwester Angelina und ihre Kinder.

Zunächst wollte Theophilus Elizabeth zu ihrem Bruder Samuel abschieben. Elizabeth stimmte zu, aber sie wollte die Kleinen, Arthur und Libby, mitnehmen und bat um 10 Dollar aus ihrem väterlichen Erbe für ihren Unterhalt. Die Bitte wurde ihr abgeschlagen und Theophilus stellte sie vor die Wahl: entweder ohne Geld zu Samuel oder ab ins Irrenhaus nach Jacksonville.

Elizabeth konnte zuerst nicht glauben, daß ihr Gatte wirklich meinte, was er sagte und nicht nur versuchte, sie mit leeren Drohungen zur Räson zu bringen. Aber zur Sicherheit erkundigte sie sich doch bei einem Rechtsanwalt über ihre Rechte. Der versicherte ihr, sie könne ganz beruhigt sein, ohne ein Gerichtsverfahren könne sie nicht eingeliefert werden, und keine Jury der Welt würde sie für wahnsinnig befinden.

Aber der Mann irrte sich. Kalt belehrte Theophilus – der sich besser informiert hatte – seine Frau, daß sie vor dem Gesetz keine Bürgerin, ja nicht einmal eine Person war: (ausgerechnet) er als ihr Gatte war ihr Rechtsvertreter und einziger rechtlicher Schutz. Zu ihrer Einweisung bedurfte es im Staate Illinois nicht einmal eines Gerichtsverfahrens. Das entsprechende Gesetz lautete:

»Ehefrauen . . ., die nach Urteil des medizinischen Leiters der staatlichen Anstalt in Jacksonville offensichtlich wahnsinnig oder

verstört sind, können auf Antrag des Gatten in die Anstalt eingewiesen werden und dort verbleiben, ohne den Nachweis des
Wahnsinns, der in anderen Fällen erforderlich ist.«

Theophilus zögerte nicht, seinen Plan mit strategischer Umsicht
in die Tat umzusetzen. Er brachte etliche treue Gemeindeglieder
auf seine Seite und sorgte dafür, daß am 17. Juni 1860 die Kinder
aus dem Hause waren. In der Frühe, Elizabeth war noch im Nachthemd, drang er in Begleitung des Sheriffs sowie zweier Ärzte in ihr
Schlafzimmer ein. Erschreckt, in panischer Angst flüchtete Elizabeth sich in ihr Bett. Beide Ärzte fühlten ihr den jagenden Puls und
erklärten einstimmig: »Wahnsinnig!« Damit war dem Gesetz
mehr als Genüge getan. Nun mußte sie nur noch per Zug nach
Jacksonville verfrachtet werden. Das gestaltete sich kompliziert.
Denn in der Einsicht, daß ein heftiges Aufbegehren nur als weiteres Zeichen ihres Irreseins interpretiert werden würde, erprobte
Elizabeth hier, wie später noch oft und ebenso konsequent, entschlossen und eindrucksvoll lediglich passiven Widerstand; von
zwei Männern mußte sie in den Zug getragen werden. Die Reise
nach Jacksonville dauerte fast einen ganzen Tag. Elizabeth berichtete den anderen Fahrgästen über den Zweck der Reise; viele waren wütend auf den versteinert dabeisitzenden Ehemann und boten der verfolgten Unschuld Hilfe, Schutz und Zuflucht an. Aber
Elizabeth dachte inzwischen langfristig und war entschlossen,
Theophilus offiziell als schuldig zu überführen. Auch eine über-
stürzte Flucht würde man als »wahnsinnig« interpretieren.

Der Leiter der Anstalt in Jacksonville war Dr. Andrew McFarland, aber als Theophilus mit Elizabeth ankam, war nur sein Vertreter da. Der war bereit, sie aufzunehmen, und damit war dem
Gesetz von Illinois entsprochen.

Als die Kinder erfuhren, was mit ihrer Mutter geschehen war,
waren sie verzweifelt. Der 16jährige Isaac bekam Fieber und deli-
rierte. Die 10jährige Libby, kaum vom »Gehirnfieber« genesen,
weinte tagelang. In der Folge mußte sie, als einzig verbliebenes
weibliches Wesen in der Packardfamilie, sämtliche Pflichten der
Mutter übernehmen: Kochen, Putzen, Windelnwaschen, Versor-
gung der Kleinen, George und Arthur. Sie nahm durch die seelische
Not und totale körperliche Überforderung schweren Schaden an
Leib und Seele.

Sogar Theophilus fand das Leben ohne seine Frau weit weniger
angenehm, als er gedacht hatte. Es wurde einsam, auch weil weni-

ger Gäste kamen, und unkomfortabel. Und die Kinder hielten »verstockt« zu ihrer Mutter.

In der Irrenanstalt in Jacksonville

Fast alle Unterlagen über den dreijährigen Aufenthalt von Elizabeth in Jacksonville sind verlorengegangen. Die einzige Quelle sind ihre eigenen Aufzeichnungen und Theophilus' kurzes Einlieferungsschreiben.

Am Tag nach der Einlieferung hatte Elizabeth ein Gespräch mit McFarland. Er behandelte sie respektvoll, und sie bekam den Eindruck, daß er sie wohl bald freilassen würde, ja sogar, daß er möglicherweise jene vertrauenswürdige »Männlichkeit« in ihrem Leben darstellen könnte, die sie in Theophilus vergeblich gesucht hatte. Der gute Ruf der Anstalt, seines Vertreters und auch des ehrwürdigen Pfarrers Theophilus Packard verboten es zwar, die Einweisung sogleich wieder rückgängig zu machen. Aber damals, als junge Frau, war sie ja auch nach 6 Wochen entlassen worden. Und so paßte Elizabeth sich den neuen Umständen an, so gut es ging. Diese Umstände glichen zunächst fast einem Erholungsurlaub.

Sie hatte ein eigenes Zimmer, ihre eigenen Toilettengegenstände und Bücher; auch ihre Briefe wurden nicht zensiert. Und sie bekam keine Medikamente. Von den düsteren Gebäuden der Anstalt und den Schwerkranken bekam sie wenig zu sehen. Sie konnte sich auf dem Grundstück frei bewegen und ihre Zeit frei einteilen.

Mit der Familie McFarland entwickelte sich ein freundschaftliches Verhältnis, besonders mit Mrs. McFarland. Elizabeth machte in der Stadt Besorgungen für sie und nähte Kleider für die Töchter, auch Bettwäsche und Kleidung für die PatientInnen. Manchmal aß sie mit Familie McFarland zu Abend.

Als die befreundete Familie Blessing aus Manteno Elizabeth besuchte, machte sie mit ihnen eine selbständige Führung durch die Anstalt. Auch ihr 18jähriger Sohn Toffy kam extra aus Mount Pleasant, wo er arbeitete, angereist, obwohl sein Vater ihm gedroht hatte, ihn dafür zu enterben. Aber da gab es nicht viel zu erben, und wenn doch – es hätte ihn nicht zurückgehalten. Toffy wie auch die Blessings wurden durch die Besuche noch fester überzeugt, daß Elizabeth geistig bei bester Gesundheit war und traten für ihre Entlassung ein.

Offiziell war Elizabeth der Station 7 zugeordnet: fast alles Ehefrauen, die ihr keineswegs verrückt erschienen. Allmählich kam sie zu der Erkenntnis, daß es sich bei der »Gesundung«, an der die Ehemänner und die Anstaltsleitung interessiert waren, in Wirklichkeit um Unterwerfung handelte: Unterwarf sich die Frau endlich dem männlichen Verdikt, konnte sie als geheilt entlassen werden.

Manchmal führte Elizabeth Aufsicht, wenn die Frauen der Station auf dem Hof spazierengingen. Einmal waren auch Patienten aus der Männer-Abteilung dabei, und Elizabeth setzte sich mit einem von ihnen auf eine Schaukel. Das fand eine Patientin ungehörig und berichtete es der Verwaltung. Elizabeth ging direkt zu McFarland und beichtete, bevor ihm das »Vergehen« gemeldet wurde. Er versprach, für sie einzutreten und küßte sie auf die Stirn, wofür sie ihn zurechtwies. Er sagte, es sei nur »Nächstenliebe« gewesen.

Dieser Kuß beschäftigte Elizabeth dann über Gebühr. Je länger sie in der Anstalt weilte, um so mehr nahm sogar ihre Fassung allmählich Schaden. War sie in schwärmerischer Stimmung, sah sie den Kuß als Zeichen von McFarlands Liebe, war sie hingegen streitbar oder haßerfüllt, nahm sie ihn als Zeichen seiner »niederen Natur«.

Bei ihren Streifzügen durch das Anstaltsgelände entdeckte Elizabeth allerlei Mißstände, lernte auch die Stationen der weniger begünstigten PatientInnen kennen und beschloß, ihren Einfluß bei McFarland zu deren Gunsten einzusetzen. Sie stellte eine Liste der Mängel zusammen, die es ihrer Ansicht nach zu beheben galt, und ließ sie Dr. McFarland zukommen. Später veröffentlichte sie diese – 16 Seiten lange – Liste in ihren Schriften unter dem Titel »Meine Vorwürfe gegen Dr. McFarland wegen Mißbrauchs seiner Patientinnen«.

Dr. McFarland fackelte nicht lange und verlegte Elizabeth in die geschlossene Abteilung zu denen, deren Rechte einzufordern sie sich angemaßt hatte. Mit einem Schlage war sie aller Privilegien beraubt, fand aber bald ihre alte Tatkraft und Entschlossenheit wieder und schickte sich an, der Menschenwürde nun eben auf eigene Faust zu ihrem Recht zu verhelfen. Sie überredete die verdreckten und verwahrlosten Frauen, sich von ihr baden zu lassen, sie schrubbte eigenhändig die Fußböden, erneuerte die teils völlig verrotteten Matratzen oder besserte sie aus und reinigte sie und lüftete die Betten. Bei all dem wurde sie unterstützt von den beiden Wärterinnen und der Aufseherin, die wohl auch der Meinung waren, daß Elizabeth nicht in eine Anstalt gehörte. Als sie alle Patientinnen und die Räume gesäubert hatten, waren 3 Wochen vergangen. Und es war Zeit, wieder von vorn anzufangen.

Auf diese Weise verging ein Jahr; Station 8 galt nun als die schmuckste der ganzen Anstalt. Auch für sich selbst hatte Elizabeth ein Tagespensum aus Andachten, anspruchsvoller und leichter Lektüre, Schreiben, Körperpflege und Gymnastik entwickelt, das sie strikt einhielt.

Wann immer Elizabeth eine schlechte Behandlung ihrer Mitpatientinnen zu Ohren kam, reichte sie Beschwerde ein und stand bald im Ruf einer unerträglichen Querulantin. McFarland beklagte sich bei Theophilus, seine Frau stachele die Patientinnen auf und verursache ihm endlosen Ärger.

McFarlands Frau, die inzwischen als Aufseherin der Station arbeitete, reagierte ganz anders. Sie erkannte, daß viele der Beschwerden berechtigt waren und bemühte sich nach Kräften, die Lage der Patientinnen zu bessern. Auch sorgte sie dafür, daß Elizabeth wieder ihr eigenes Zimmer und eigene Möbel (darunter der ihr so wichtige Spiegel, hinter dem sie ihre sorgfältigen Aufzeichnungen versteckte) bekam und richtete es wohnlicher ein.

Theophilus schrieb seiner Frau fast nie. Kurz nach ihrer Verlegung auf Station 8 teilte er ihr mit, er wolle die Familie aufteilen, und fragte, zu wem er die Kinder ihrer Meinung nach am besten geben solle. Libby sei hingefallen und habe seither dauernd Schmerzen, mache aber trotzdem den ganzen Haushalt allein. Elizabeth schickte ihm daraufhin eine Liste mit genauen Bedingungen für ihre Rückkehr in die Familie. McFarland hielt den Brief für »wertlos« und zerriß ihn. So kam es zu einem völligen Stillstand der Kommunikation zwischen den Eheleuten, weil beide auf Antwort warteten.

Im übrigen aber beschäftigte Elizabeth sich mehr und mehr mit dem Schreiben von Briefen an ihre Kinder, Verwandten und Bekannten sowie mit Eingaben an den Vorstand der Anstalt. Sie beschwerte sich z.B. bitterlich bei ihrem alten Vater und beschwor ihn, sich selbst ein Bild von ihrem Geisteszustand zu machen oder einen ihrer Brüder zu schicken; McFarland schrieb einen Begleitbrief mit seiner Sicht der Dinge. Und so schickte der Vater, statt Elizabeth zu Hilfe zu eilen, 100 Dollar an Theophilus – für die Anstaltskosten. Das Geld behielt Theophilus allerdings für sich, denn für die Anstaltskosten kam der Staat auf – ein Faktum übrigens, das Elizabeth besonders demütigend fand.

Elizabeth hatte auch begonnen, ein größeres Werk zu verfassen: eine Attacke gegen den Calvinismus. McFarland ließ sie gern gewähren, weil er froh war, daß ihre Kritikfreude sich auf ein anderes »Opfer« als ihn und die Anstalt konzentrierte.

McFarland selbst schrieb ebenfalls an einer Abhandlung – über einen besonders interessanten Fall von »moral insanity«. Gemeint war Elizabeth, deren Namen er natürlich nicht nannte. Sein Bericht war voller »Flüchtigkeitsfehler«. Und oberflächlichem Hinhören verdankt sich dann auch seine dramatische Conclusio: Elizabeth habe sich für den Heiligen Geist gehalten.

Was Elizabeth wirklich geäußert hatte, war, daß der christliche Mann eine Personifikation des Gottessohns sei und die christliche Frau eine Personifikation des Heiligen Geistes – eine auch heute verbreitete und einleuchtende Erläuterung der Bedeutung der Dreifaltigkeit für die Menschen und keine Wahnidee von der Art, wie McFarland sie ihr unterstellt.

Elizabeth, die von diesen »fachmännischen« Verzerrungen nichts ahnte, war so dankbar für seine Güte und die großzügige Erlaubnis, sie an ihrem Buch arbeiten zu lassen, daß ihre brachliegenden Gefühle sich bisweilen zur Verliebtheit steigerten. In dieser Stimmung schrieb sie an ihn einen Liebesbrief mit dem rührenden Vorschlag, ihm im Himmel als Frau angehören zu wollen, und der Bitte, ihr Vertrauen nicht zu mißbrauchen und den Brief sofort zu vernichten. Er jedoch bewahrte ihn gut auf und verwandte ihn später gegen sie, als weiteren Beweis ihres Irreseins.

Im März 1863 wurde Toffy volljährig und hatte damit das Recht, die Verantwortung für seine Mutter zu übernehmen. Sofort bat er seinen Vater um die Erlaubnis, sie aus der Anstalt zu holen. Der willigte ein unter der Voraussetzung, daß der Vorstand einverstanden war, und schließlich kamen Vater und Sohn nach Jacksonville, wo Theophilus Elizabeth offiziell in die Obhut ihres Sohnes gab.

Elizabeth jedoch protestierte. Sie traute Theophilus nicht und fürchtete, er würde sie trotz seiner Beteuerungen anderwärts internieren. Sie wollte lieber in der Anstalt bleiben, für ihren Unterhalt bezahlen und ihr Buch vollenden, für das sie noch ein halbes Jahr veranschlagte. McFarland war einverstanden, aber der Vorstand weigerte sich und verordnete ihre Entlassung für den 18. Juni 1863, auf den Tag genau 3 Jahre nach ihrer Einweisung.

Auch bei dieser Entlassung gegen ihren Willen kooperierte Elizabeth nicht im mindesten. Anstaltsdiener mußten sie und ihre Habe hinaustragen. Dabei sagte eine der Wärterinnen zu ihr: »Wir werden Sie vermissen, Mrs. Packard, denn noch nie hat eine hier solches Aufsehen erregt wie Sie!«

Tatsächlich hätte Theophilus sie am liebsten gleich wieder einweisen lassen. Monate später fand Elizabeth einen Brief von McFarland an Theophilus: Seinem Antrag auf Wiederaufnahme seiner Gattin hätte der Vorstand leider nicht zugestimmt ...

Entlassen, wieder eingesperrt und endlich: frei

Nach ihrer Entlassung verbrachte Elizabeth zunächst einige Monate bei der Familie ihrer Cousine Angelina und arbeitete stetig an ihrem Buch, aber dann zog es sie doch so sehr zu ihren Kindern, daß sie die Angst vor Theophilus' Machenschaften hintanstellte und sich auf die Reise machte. Im Spätherbst erreichte sie Manteno. Niemand holte sie mit ihrem schweren Koffer am Bahnhof ab. Sie sprach einen kleinen Jungen an – es war ihr zehnjähriger Sohn George; sie hatte ihn nicht wiedererkannt. Die Erkenntnis, was sie alles vermißt und versäumt hatte in den dreieinhalb Jahren ihrer Abwesenheit, traf sie wie ein Keulenschlag. Sie fiel auf die Knie und umarmte ihren Jungen, er aber blieb seltsam verschlossen. Theophilus hatte die Kinder ihrer Mutter entfremdet; nur Libby zeigte ihre Freude offen.

Theophilus, das Haus und die Kinder waren in einem desolaten Zustand. Theophilus war arbeitslos – der Gemeinde waren schließlich seine finsteren Bußpredigten auch zuviel geworden. Daraufhin hatte der »arme Gatte einer wahnsinnigen Frau und Vater von sechs unversorgten Kindern« sich an Wohltätigkeitsorganisationen gewandt, die ihm auch Kisten voller milder Gaben schickten. Zwölf von ihnen standen noch herum, als Elizabeth das verwahrloste Heim betrat. Von den »sechs unversorgten Kindern« waren die beiden ältesten längst aus dem Haus und versorgten sich selbst, und Samuel, der dritte Sohn, war im Begriff, nach Chicago zu gehen, um dort sein Glück zu versuchen. Die drei Jüngsten waren in der Tat unversorgt. Theophil kochte zwar recht und schlecht für sie und kümmerte sich um ihre geistliche Erziehung, ansonsten aber ließ er sie und das Heim verschlampen.

Theophilus hatte Elizabeth zur Begrüßung gesagt: »Ohne dich kommen wir besser zurecht«, aber sie machte sich sofort an die

Arbeit und putzte drei Wochen lang, bis das Haus wieder einigermaßen bewohnbar war. Die schwere Arbeit wurde noch weiter erschwert durch Theophilus' Obstruktion. Er hatte sich angewöhnt, alle Besitztümer wegzuschließen. Wenn Elizabeth ihre Wäsche, die der Kinder oder die Bettwäsche wechseln wollte, mußte sie ihn um den Schlüssel zum Wäscheschrank bitten. Die Entscheidung, ob bzw. wann Wäsche zu wechseln sei, behielt er sich vor . . .

Und schließlich wurde auch Elizabeth für sechs lange Wochen – über Weihnachten und Neujahr – eingeschlossen, ins Kinderzimmer. Die Fenster nagelte Theophilus zu; das Essen brachten ihr die Kinder. Seine Version lautete, Elizabeth habe sich freiwillig von der Familie zurückgezogen.

Hin und wieder kamen Nachbarn zu Besuch, wurden aber an der Tür von Theophilus oder den Kindern, denen er strengste Anweisungen erteilt hatte, abgewiesen.

Wenn alle Türen des Hauses fest verschlossen waren, wurde Elizabeth auch manchmal aus ihrem Gefängnis freigelassen. Bei einer dieser Gelegenheiten fand sie ein Bündel Briefe, Dokumente eines heimtückischen Komplotts gegen sie, wie sie mit Hilfe McFarlands, Theophilus' Schwester Marian und eines Anstaltsleiters in Massachusetts wieder interniert werden sollte. Dieser Fund versetzte sie in begreifliche Panik.

Kurz bevor sie völlig verzweifelte, gelang es ihr, eine Nachricht an ihre Freundin, Mrs. Haslett, aus dem Haus zu schmuggeln. Diese trug sofort die ganze Geschichte dem Richter vor, Zeugen bestätigten ihren Bericht schriftlich, und Theophilus erhielt eine Vorladung: Am nächsten Tag um 13 Uhr habe er seine von ihm gefangengehaltene Frau dem Gericht vorzuführen. Es folgte ein mehrtägiger »Sensations-Prozeß«, den Theophilus, wie versteinert angesichts des Unrechts, das er erdulden mußte, über sich ergehen ließ. Auch Elizabeth mußte leiden: Zu ihrer tiefen Enttäuschung hatte McFarland, den sie für ihren ritterlichen Beschützer hielt, sich endgültig auf Theophilus' Seite geschlagen.

Die Presse kam von weit her, und der Publikumsandrang war außerordentlich. Wäre die Nation nicht gerade in den Bürgerkrieg verstrickt gewesen, hätte der Prozeß wahrscheinlich nationales Aufsehen erregt.

Elizabeth wurde von allen Anschuldigungen ihres Gatten freigesprochen: Die Geschworenen entschieden, daß sie nicht wahnsinnig sei.

Noch bevor die Jury ihr Urteil gesprochen hatte, war Theophilus mit Libby und George zu seiner Schwester Marian nach South Deerfield, Massachusetts, entwichen; den Jüngsten, Arthur, hatte er bei Sibyl versteckt und ließ ihn später nachkommen. An Sybil hatte Theophilus auch das Haus mit allem, was es enthielt – auch allem, was Elizabeth gehörte – verpfändet. Sie gab ihm dafür das Geld für die Reise zu Marian. Diese war wiederum die Hauptdrahtzieherin in dem geplanten Internierungskomplott gewesen und hatte Theophilus u. a. geschrieben: »(Wenn sie in der Anstalt ist,) bist Du sie los und kannst mit ihrem Eigentum, ihren Kindern und sogar ihrer Garderobe machen, was Du willst. Diesmal wärest du nicht einmal für ihre Kleidung verantwortlich.«

Elizabeth war nun wirklich frei – von allem: kein Mann, keine Kinder, kein Haus und kein Geld. Aber sie hatte treue Freundinnen und Freunde, die ihr über die Anfangsschwierigkeiten ihrer neuen Existenz hinweghalfen.

Die Freunde rieten Elizabeth, sich nun von Theophilus scheiden zu lassen, aber sie fürchtete, dadurch die Kinder zu verlieren. Deshalb mußte sie anders vorgehen. Zuerst mußte sie als Voraussetzung für das Sorgerecht ihre finanzielle Selbständigkeit erringen. Danach, oder besser noch gleichzeitig, wollte sie dafür kämpfen, daß die schändlichen Gesetze geändert würden, mit deren Hilfe ihr Gatte das Unrecht gegen sie hatte durchsetzen können. Solange die Gesetze nicht geändert wurden, konnte sie niemals sicher sein. Und mit ihr alle anderen Frauen. Viele von ihnen hatte sie ja selbst erlebt in Station 7 der Anstalt von Jacksonville, einer »Station der in Ungnade gefallenen Ehefrauen«, wie man sie nennen könnte.

Elizabeth entwickelte sich, einmal auf sich gestellt, erstaunlich schnell zu einer überaus erfolgreichen Autorin, Geschäftsfrau und Aktivistin für den Schutz der Frauen vor männlicher Einweisungswillkür. Sie hatte eben einfach »Mumm« und machte immer das denkbar Beste auch aus den widrigsten Lebensumständen, in die sie geworfen wurde. Oft konnte sie anderen armen Mitmenschen in ihrer Umgebung gleich helfen. – Verglichen mit ihr war Theophilus ein trauriger Versager. Wäre er nur etwas weniger starrsinnig und hochmütig gewesen und hätte seine begabte lebenstüchtige Frau gewähren lassen – er hätte ein höchst angenehmes, beschauliches Leben im Kreise einer glücklichen Familie führen können. Da ihm aber eine solche Haltung des Laisser-faire nicht gegeben war, erlebte er in tiefer Verbitterung seinen unaufhaltsamen Abstieg und ruinierte teilweise das Leben seiner Kinder gleich mit, vor allem das seiner armen einzigen Tochter Libby.

Der Kreuzzug gegen männliche Willkür

Nach einer kurzen Erholungs- und Orientierungspause schickte sich Elizabeth an, ihr Schreibtalent zum Gelderwerb und zur Förderung ihres Anliegens einzusetzen. Sie lieh sich Geld von ihren FreundInnen, fuhr nach Chicago und ließ dort für 10 Dollar 1000 Exemplare ihrer Schrift »Meine Vorwürfe gegen Dr. McFarland wegen Mißbrauchs seiner Patientinnen« drucken und verkaufte sie für 10 Cent das Stück – Gewinn: 90 Dollar. Sie war begeistert, wie leicht es war, Geld zu verdienen und ging sogleich an das nächste Projekt, die Publikation ihres großen Werks »The Great Drama«, das inzwischen auf 2500 Seiten angeschwollen war. 1000 Exemplare davon drucken zu lassen, sollte 2500 Dollar kosten.

Elizabeth war wirklich eine geborene Geschäftsfrau. Statt sich von der hohen Summe abschrecken zu lassen, begann sie, Subskriptionsscheine zum Preis von 50 Cents für das demnächst erscheinende Werk zu verkaufen. Ein solcher Schein berechtigte die BesitzerInnen zum Erwerb des Buches, sowie es gedruckt war. Da der Preis moderat und Elizabeth eine redegewandte, charmante Frau war und eine ebenso bewegende wie empörende Geschichte zu erzählen hatte, hatte sie von ihren »tickets« (wie sie sie nannte) in 15 Monaten die unglaubliche Menge von 12 000 Stück verkauft. Von dem Erlös konnte sie den Drucker und sämtliche sonstigen Schulden bezahlen und behielt noch eine komfortable Summe für sich selbst.

Ihre Verkaufserfolge und ihre »gerichtlich bescheinigte Zurechnungsfähigkeit« ermutigten sie schließlich zu einem Wiedersehen mit ihrem alten Vater in Sunderland, West-Massachusetts. 12 Jahre lang hatte sie ihn nicht gesehen. Der Schritt erforderte auch insofern Mut, als Theophilus inzwischen ausgerechnet in Sunderland (ganz in der Nähe von South Deerfield, wo seine Schwester und die Kinder lebten) als Prediger tätig war. Nach den Gesetzen von Massachusetts hätte Theophilus sie leicht wieder wegsperren lassen können. Zwei Gutachten von Ärzten, wie unqualifiziert auch immer, hätten gereicht.

Doch der alte Samuel Ware und auch Elizabeths Bruder ließen sich schnell von Elizabeths geistiger Gesundheit überzeugen und waren zutiefst zerknirscht, daß sie Theophilus geglaubt und sie im Stich gelassen hatten. Nun wollten sie alles wiedergutmachen. Zwar verbot Theophilus seiner Frau den Zutritt zu den Kindern, aber er konnte wohl dem alten Großvater nicht verbieten, seine Enkelkinder zu sehen. Und so fand das erste Wiedersehen zwischen Elizabeth und ihren Kindern im Haus des Großvaters statt.

Samuel Ware forderte im Namen seiner Tochter von Theophilus schriftlich die bis dahin einbehaltene Garderobe zurück, die dieser tatsächlich umgehend retournierte. Außerdem veröffentlichte der alte Ware einen Widerruf seiner Äußerungen über Elizabeths Wahnsinn, erhöhte testamentarisch ihren Anteil am Erbe und setzte fest, daß sie, und zwar ohne brüderliche Vormundschaft, frei darüber verfügen sollte – eine gesetzliche Möglichkeit, die es in Massachusetts erst seit kurzem gab.

Nicht lange danach verlor Theophilus sein Predigeramt in Sunderland. Wieweit Elizabeths Vater dahintersteckte, ist nicht auszumachen. Vielleicht aber auch ertrug ihn die Gemeinde nicht mehr, nachdem sie von Elizabeth selbst erlebt und gehört hatte, was sie seinetwegen durchgemacht hatte.

Um sicherzustellen, daß ihr Gatte sie nicht wieder zwangseinweisen konnte, schickte sich Elizabeth nun an, einflußreiche Fürsprecher für ihr Anliegen einer Gesetzesänderung anzuwerben. Sie sammelte 117 Unterschriften von Bostoner Honoratioren; vor allem gewann sie den liberalen und frauenfreundlichen Senator Sewall für ihre Sache. Ihre Petition wurde sodann dem Parlament vorgelegt und an Ausschüsse weitergeleitet, zu denen Elizabeth und andere weibliche Opfer eheherrlicher Einlieferungswillkür zwecks Anhörung eingeladen wurden. Eine Mrs. Denny, die Sewall bereits freigekämpft hatte, war von ihrem Gatten eingewiesen worden, weil sie sich scheiden lassen wollte. Eine Mrs. Phelps, Gattin eines Senators, hatte von dessen Untreue erfahren und sie ihm vorgeworfen. Prompt ließ er sie in einer Irrenanstalt verschwinden.

Elizabeth schlug folgende Gesetzesänderungen vor: Erstens sollte niemand in die Anstalt eingewiesen werden dürfen, nur weil er oder sie Meinungen äußerte, die anderen absurd vorkamen; denn das beträfe ja ReformerInnen, PionierInnen und andere originelle Geister, was nicht im Interesse des Fortschritts sei. Ihrer Meinung nach sollte die Entscheidung nicht aufgrund bloßer Meinungen, sondern aufgrund »extrem irregulären Verhaltens« getroffen werden.

Elizabeths Vorschläge wurden nicht befolgt, aber das Gesetz wurde dahingehend ergänzt, daß jede eingelieferte Person zehn Familienangehörige und zwei andere Personen ihrer Wahl benachrichtigen dürfe. Damit sei dem Mißbrauch hinreichend vorgebeugt.

Elizabeth war hochzufrieden. Endlich konnte sie vor Theophilus sicher sein – jedenfalls in Massachusetts.

Beschwingt von ihrem Erfolg, nahm sie sich nun den Nachbarstaat Connecticut vor – hier verfolgte sie allerdings weiter gesteckte Ziele. Sie wollte erreichen, daß das Parlament der Ehefrau gegenüber ihrem Mann zugestand, daß »sie seine Partnerin sei, besonders in Familienangelegenheiten und bei der Verantwortung für die Kinder. Sie sollte Mitspracherecht bei der Haushaltsführung und das Recht zu Entscheidungen über den eigenen Körper haben.«

Das Parlament bildete einen Ausschuß, vor dem Elizabeth ihr Anliegen vortragen durfte. Es war ihre erste öffentliche Rede, und sie erntete viel Applaus. Aber die Petition wurde abgelehnt; Elizabeth war ihrer Zeit zu weit vorausgeeilt.

In Connecticut wurde ihre Kampagne auch zum erstenmal von gezielten Hetzkampagnen gestört – Mißtöne, die von da an zur ständigen Begleitung ihrer Aktivitäten wurden. Vermutlich wurden sie lanciert von Psychiatern und anderen Männern, die um ihre Rechte und Privilegien fürchteten.

1866 starb der alte Ware. Zu der Trauer um den Vater kam hinzu, daß Elizabeth nun ihre Kinder kaum noch sehen durfte, denn der »Besuch beim Großvater« war ja der offizielle Vorwand für Treffen mit ihr gewesen. Um so mehr galt es nun, ihre finanzielle Unabhängigkeit sicherzustellen. Bis die Erbangelegenheiten geregelt wären, wollte sie in »ihrem« Staat Illinois für ihre Sache kämpfen und dabei mit ihren Büchern und Schriften eine hübsche Summe verdienen.

In Illinois hatte sie lange gelebt, war sie eingesperrt gewesen, hier war sie durch den Prozeß und ihre Publikationen eine lokale Berühmtheit geworden. Hier lebte auch ihr stärkster Widersacher, Dr. McFarland, der nicht tatenlos zusah, wie Elizabeth ihn, seine Profession und seine Anstalt »verleumdete«.

Im Vorfeld der Parlamentsabstimmung über Elizabeths Gesetzesentwurf lud McFarland die Presse nach Jacksonville ein, bewirtete sie fürstlich und erntete zum Dank eine überwiegend positive Berichterstattung über seine Anstalt.

Aber auch Elizabeth fand mächtige Verbündete bis hinauf zum Governor von Illinois persönlich. Nach endlosem Hin und Her siegte sie an zwei Fronten: Ihr Gesetz, »Mrs. Packards personal liberty bill«, wie es allgemein genannt wurde, wurde ratifiziert, und Dr. McFarland wurde wegen ärztlichen Fehlverhaltens der Prozeß gemacht; ein Untersuchungsausschuß befand ihn für schuldig und empfahl seine Entlassung. Obwohl er schließlich vom Anstaltsvorstand wieder entlastet wurde, war Elizabeth mit dem Ergebnis zufrieden. Doch zahlte sie für ihre »Rache« einen hohen Preis: Während des Prozesses gab McFarland ihren »Liebesbrief« an die Presse, was einen Riesenskandal auslöste und die Anklage in größte Schwierigkeiten brachte. Bis zu ihrem Lebensende 30 Jahre später sollte dieser »Liebesbrief einer Wahnsinnigen« immer wieder hervorgekramt und gegen sie verwendet werden. Obwohl sie sich im Laufe der Zeit an Schmähungen aller Art gewöhnte und sich zu wehren wußte – wenn wieder der »Liebesbrief« herhalten mußte, um sie zu diskreditieren, war sie hilflos und verletzt und konnte nur noch weinen.

Elizabeths nächstes Ziel war das Sorgerecht für ihre unmündigen Kinder Samuel, Libby, George und Arthur. Eine Voraussetzung war, daß sie eine Bleibe vorwies, und so kaufte sie sich ein kleines Haus in Chicago. Das Problem war nur: Rechtlich gesehen gehörte auch dieser Besitz ihrem Ehemann. Also mußte sie zunächst einmal wieder für die Änderung der Gesetze kämpfen, und wieder hatte sie Erfolg. Schließlich gab sogar Theophilus kampflos nach und überließ ihr das Sorgerecht unter der Bedingung, daß er unbegrenztes Besuchsrecht hätte und daß die Kinder in eine Kirche ihrer Wahl gehen durften. Er hatte mit dem einen Prozeß gegen seine Frau genug gehabt, außerdem stand es finanziell nicht gut um ihn: Er war meist arbeitslos und lebte überwiegend von milden Gaben seiner Verwandten. Andererseits ging es ihm nicht eigentlich schlecht so: Er vertiefte sich mit Freude in theologische Werke und entwickelte sogar eine gewisse Altersmilde, so daß das Ehepaar schließlich, auch um der Kinder willen, höflichen und netten Umgang miteinander pflegte.

Am 3. Juli 1869 feierte Elizabeth mit ihren sechs Kindern die Wiedervereinigung. Es war überhaupt das erste Mal, daß die Mutter und alle sechs Kinder zusammen waren, denn als Arthur 1858 geboren wurde, ging der 16jährige Toffy schon in Iowa zur Arbeit. Nach drei Jahren war allerdings die Familien- und Mutterarbeit für Elizabeth vorbei: Die drei ältesten Söhne hatten geheiratet, Arthur wollte lieber bei seinem Vater bleiben, denn seine Mutter hatte er ja bis zum elften Lebensjahr kaum gesehen, George suchte sich Arbeit in New York, und Lizzy, die oft an Depressionen litt, wohnte ebenfalls bei ihrem Vater im Hause ihrer Tante Sibyl Dole.

Elizabeth vermietete ihr Haus und machte sich wieder an die Reformarbeit. Beim großen Brand von Chicago 1871 war ihr Buchgeschäft in Flammen aufgegangen; sie mußte wieder Geld verdienen. Sie war Mitte Fünfzig, und fast ein Drittel ihres Lebens lag noch vor ihr.

Da Toffy und Isaac in Iowa wohnten, wählte Elizabeth diesen Bundesstaat als nächstes Ziel. In Iowa gab es kein Willkür-Gesetz, das es zu bekämpfen galt, also bemühte sie sich hier mehr um die allgemeine Besserung der Lage der AnstaltsinsassInnen. Ein ebenso einfaches wie wirksames Mittel hierzu war eine Reform in Hinblick auf den Umgang mit der Post: Den InsassInnen sollte es erlaubt sein, unzensierte Briefe zu schreiben und zu bekommen. Im April 1872 unterzeichnete der Governor von Iowa das neue Gesetz.

In den nächsten Jahren führte Elizabeth ähnlich motivierte Kampagnen zur Verbesserung der Kommunikation zwischen AnstaltsinsassInnen und der Außenwelt in vielen Staaten erfolgreich durch. 1874 hatte sie sich direkt an den Präsidenten der Vereinigten Staaten, Ulysses Grant, gewandt. Zusammen mit der First Lady unterstützte er ihr Anliegen, aber leider wurde die Sache verschleppt und versandete schließlich, und so kam es nicht zu einem für alle Staaten verbindlichen Bundesgesetz. Elizabeth mußte weiter Staat um Staat einzeln bearbeiten – insgesamt waren es 31.

Erfolg hatte sie in 15 Staaten. Elizabeth trug zur Veränderung von 21 Gesetzen bei (nach anderen Quellen waren es 34). Sie verdiente mit ihren Werken 50000 Dollar; die Hälfte davon gab sie für »Wahnsinnige« aus.

Am 25. Juli 1897 starb Elizabeth, kurz nachdem sie die 47jährige, geistesgestörte Lizzy zu sich geholt hatte. Die lange Bahnfahrt von Kalifornien (wo sie bei dem inzwischen verwitweten Toffy und seinen vier Kindern lebte) nach Chicago war zuviel gewesen, für beide. Lizzie mußte – was ihre Mutter immer zu verhindern versucht hatte – in eine Anstalt eingewiesen werden, wo sie ein Jahr später starb.

Bald nach ihrem Tod waren Elizabeth und ihr Lebenswerk vergessen; nur in Abhandlungen zur Geschichte der Psychiatrie in den

Vereinigten Staaten fand sie hin und wieder, meist abschätzige, Erwähnung.

Dr. McFarlands Andenken dagegen wurde noch im Jahre 1966 geehrt, ziemlich genau 100 Jahre nachdem der Untersuchungsausschuß ihn des Mißbrauchs der Kranken für schuldig befunden hatte: Der Staat Illinois nannte eine staatliche Nervenklinik in der Nähe von Springfield »Andrew McFarland Center«.

Einst und jetzt:
Elizabeth Packard und Kate Millett im Vergleich

> »Meiner Ansicht nach sind die Themen ihres Kreuzzugs leider nicht überholt . . .« (Phyllis Chesler 1995: xv)

Als wir Barbara Sapinsleys Bericht zu Ende gelesen hatten, dachten wir erleichtert: Gut, daß so etwas heute nicht mehr passieren kann; dafür hat Elizabeth Packard gesorgt. Zwar hörte man im vorigen Jahrhundert und bis heute alle möglichen Horrorgeschichten über sinnlose Quälereien hilfloser AnstaltinsassInnen, aber das Problem des bösartigen Wegsperrens kerngesunder Menschen, die einfach für krank erklärt wurden, war nun wohl ein für allemal gelöst. Gut, in Sowjetrußland wurden mißliebige DissidentInnen auf diese Weise »unschädlich«, mundtot gemacht, aber in den USA hatte Elizabeth das Problem doch aus der Welt geschafft.

Dann fiel uns ein: Aber wie war das mit Kate Millett? Sie hat doch vor kurzem, 1990, diesen Erfahrungsbericht *The Loony Bin Trip* über die Psychiatrie veröffentlicht, auf deutsch 1993 erschienen unter dem Titel *Der Klapsmühlentrip*.

Geht es da nicht um genau dasselbe Problem: Eine geistig gesunde Frau, vielleicht durch plötzliche Berühmtheit samt endlosem Medienrummel ein bißchen »überdreht« und »mit den Nerven runter«, wird von wohlmeinenden Verwandten, die »sich Sorgen machen« und denen sie vertraut, die aber keine Ahnung von den Gesetzen der Psychiatrie-Maschinerie haben, gegen ihren Willen in die Anstalt eingewiesen. Dort bekommt sie Psychopharmaka, u.a. Megaphen (ein starkes Sedativum), die sie erst richtig krank machen. Insofern hatte Elizabeth es besser: Psychopharmaka gab es damals noch nicht.

Kate Millett wird entlassen, soll aber als »Manisch-Depressive«

ihr Leben lang Lithium nehmen, sonst – sagen die Ärzte – wird sie wieder durchdrehen. Das Lithium allerdings macht geistig träge und verursacht heftige Beschwerden wie Durchfall und Händezittern (das kann Kate als Vortragsrednerin und bildende Künstlerin gar nicht gebrauchen!) – also setzt sie es ab. Dummerweise erzählt sie ihrer Geliebten Sophie davon, und nun beginnt auch diese wieder, »sich Sorgen zu machen«. Einige Dinge laufen schief auf der Farm, die die beiden mit jungen Frauen – alle zusammen im Farmen sehr unerfahren – bewirtschaften, und jedesmal glaubt Sophie, es liege daran, daß Kate wieder verrückt wird, weil sie kein Lithium nimmt. Und es gelingt ihr, Kates Mutter und Schwester von der »drohenden Gefahr« zu überzeugen. Sophie, Kates Schwester Mallory und eine junge Ärztin dringen nun in Kates Wohnung ein mit dem Ziel, sie wieder einzuweisen. Eine gespenstische Szene, die Kate Millett so intensiv schildert, daß es einem angst und bange wird, nicht nur um sie: So etwas kann offenbar jeder von uns jederzeit passieren.

Kate kann sich für diesmal trickreich, mit Hilfe eines Verkehrspolizisten, der geballten medizinischen Gewalt in Form mehrerer Krankenwagen samt Krankenwärtern entziehen, die sie alle, auf Geheiß der Ärztin und der nächsten Angehörigen, einfangen und in die Klapsmühle bringen wollen.

Einige Zeit später wird Kate Millett auf dem Flughafen Shannon in Irland von einem Polizisten aufgegriffen und in eine Anstalt verbracht. Sie war ihm aufgefallen, weil sie mit reichlich viel Gepäck im Flughafen kampierte und auch übernachtete; wofür es genügend logische Erklärungen gab. Die nahm der Polizist ihr aber nicht ab, zumal seine Nachforschungen über diese seltsame Person ergeben hatten, daß sie schon mal in der Klapsmühle war, nur dank Lithium auf freien Fuß gesetzt wurde, dieses Medikament nun aber auf eigene Faust abgesetzt hatte.

Kate Millett erlebt in der irischen Anstalt den ultimativen Horror. Abgeschnitten von der Welt, von ihren FreundInnen in Irland, und zur Einnahme von Lithium und Megaphen gezwungen, muß sie fürchten, in dieser Hölle bis an ihr Lebensende zu verdämmern, ohne daß irgend jemand von ihrem Verbleib oder ihrem Befinden etwas erfährt. Unmöglich, eine Nachricht nach draußen zu schmuggeln, geschweige denn, sie »legal« an ihre Lieben daheim zu versenden, wie schon Elizabeth Packards Gesetze es vorsahen.

Kates FreundInnen draußen finden sie erst nach langer, aufwendiger, abenteuerlicher, schier unglaublicher »Spionagetätigkeit« im bürgerkriegsgeschüttelten Irland. Unter Einsatz ihrer eigenen Freiheit befreien sie sie.

Kate Millett kehrt in die USA zurück. Die Farm droht in Konkurs zu gehen; ihr Apartment in New York muß sie aufgeben; ihre Geliebte hat sie verlassen. Sie fällt in eine tiefe Depression, kann nicht mehr arbeiten, liest nur noch Schundromane, einen nach dem anderen. Sie hält die seelische Not und tiefe Trauer jetzt selbst für die depressive Phase ihres »manisch-depressiven Irreseins« und sucht Hilfe bei einem Arzt der Armenfürsorge. Sie nimmt Lithium, fängt wieder an zu arbeiten (als Hilfsarbeiterin auf einem Bau, das kann sie gerade noch, und es tut ihr gut), und allmählich kommt sie wieder hoch. 1982 beginnt sie, ihre Erlebnisse aufzuschreiben; sie arbeitet an ihrem Buch *Der Klapsmühlentrip* bis 1985.

Wie schon nach ihrer ersten Zwangseinlieferung nimmt sie Kontakt zur Antipsychiatriebewegung auf, schimpft mit ihren neuen FreundInnen auf Psychopharmaka – und nimmt doch selbst weiter Lithium, aus Angst, wieder verrückt zu werden. Die FreundInnen reagieren undogmatisch, überlassen ihr die Wahl, mit der Medikation fortzufahren oder sie mit ihrer Hilfe abzubrechen. Am 14. September 1988, ihrem 54. Geburtstag, setzt Kate Millett die Dosis von 900 auf 600 mg pro Tag herab, sagt aber diesmal niemandem etwas davon. Am 1. Januar 1989 senkt sie die Dosis auf 300 mg, und am 15. März setzt sie das Lithium ganz ab. Es geschieht – nichts!

Wäre sie wirklich manisch-depressiv gewesen, so hätte die Krankheit unweigerlich bald wieder zuschlagen müssen. So hatten es die Ärzte prophezeit. Da nun aber nichts dergleichen geschah, stand für Kate Millett fest, daß sie nicht krank war und es auch nie gewesen war. 16 Jahre Elend, Verfolgung, Beargwöhnung, Internierung, »irrsinnige« Angst vor dem Wahnsinn – und alles wegen nichts. Oder besser: wegen »besorgter Verwandter«: Für die erste Einweisung im Jahre 1975, die den »Klapsmühlentrip« in Gang setzte, waren ihr Ehemann Fumio und ihre ältere Schwester Sally verantwortlich.

War denn die ganze Arbeit ihrer Vorkämpferin Elizabeth Packard umsonst gewesen?

Noch immer sind anscheinend die Gesetze, die die Einlieferung in eine Anstalt regeln, von Bundesstaat zu Bundesstaat verschieden.[3] Kate Milletts erste Einlieferung erfolgte in Kalifornien; sie

beging damals den Fehler, ihrer Schwester und ihrem Mann zu
sehr zu vertrauen. Diese hatten aber selbst kaum eine Ahnung,
welche Lawine sie da losgetreten hatten. Als Kate einmal in der
Anstalt war, nahm deren Eigengesetzlichkeit ihren Lauf.

Offene Fragen: Wer soll darüber entscheiden, ob ein Mensch psychisch krank ist und welche Art von Hilfe/Betreuung/Verwahrung angebracht ist?

Für Elizabeth Packard stand die Antwort auf diese Frage fest: Sie
ergab sich aus ihren niederschmetternden Erfahrungen mit eheherrlicher und ärztlicher Willkür. Diese galt es einzudämmen und
gesellschaftlicher Kontrolle zu unterwerfen. Deshalb bestand sie
auf unzensiertem Informationsaustausch zwischen der des Wahnsinns »verdächtigten« bzw. »beschuldigten« Person und ihren
möglichen FürsprecherInnen. Außerdem forderte Packard gleiche
Rechte für alle, die ihrer Freiheit beraubt werden sollen. Da die
psychisch Kranken wie VerbrecherInnen eingesperrt und oft noch
weit schlimmer behandelt wurden als diese, stünde ihnen, wie jeder VerbrecherIn, auch das Recht auf ein Gerichtsverfahren zu,
fand sie. Es könne dann, wie in Strafprozessen auch, noch immer
zu Fehlurteilen kommen, aber wenigstens sei perspektivische Viel-
falt garantiert als Vorsichtsmaßnahme gegen das »Gesetz des Stär-
keren«. Unausgesprochene Voraussetzung ihrer Reformideen ist
der Glaube an die Entscheidbarkeit der Frage »wahnsinnig« oder
»nicht wahnsinnig« (analog zu »schuldig« und »nicht schuldig«).
Elizabeth Packard stellt sich damit auf die Seite der »geistig Normalen«, die in der Lage sind, über den Geisteszustand »der anderen« kompetent zu urteilen.[4] Sie selbst jedenfalls, daran läßt Packard keinen Zweifel, hat mit den InsassInnen des Irrenhauses, in
das sie gesperrt wurde, nichts gemein. Sie kann ihnen helfen, für
ihre Rechte und für bessere Behandlung kämpfen, aber sie ist per
definitionem nicht eine von ihnen. Sie sucht die Rettung gerade
darin, sich von »den Irren« deutlich abzugrenzen und die Umwelt
durch damenhaftes, betont beherrschtes und besonnenes Betragen
davon zu überzeugen, daß sie nicht »eine ist wie diese da«.

Hundert Jahre später hat sich das Bild erheblich verkompliziert.
Es ist jetzt auch nicht mehr so naheliegend, misogynen und patri-

archalischen Männern alle Schuld am Elend der zwangsverwahrten Frauen zuzuweisen. Kate Millett wurde nicht nur von ihrem Ehemann, sondern auch von ihren »besorgten« Schwestern, ihrer Mutter und ihrer Geliebten für geisteskrank erklärt. Sie sollte mit Hilfe einer Ärztin eingewiesen werden, und lange Zeit hielt sie sich selbst für manisch-depressiv.

Kate Milletts Lösungsvorschlag für die angesprochene Problematik ist dem Packards diametral entgegengesetzt. Millett will die Grenzen zwischen »den Normalen« und »den Irren« nicht festschreiben, sondern auflösen oder transzendieren (um nicht zu sagen: ›dekonstruieren‹):

»Die gute alte ›Geisteskrankheit‹ . . . ich sage, es gibt sie nicht. Wahnsinn? Vielleicht. Eine gewisse Raserei des Denkens, gewisse wunderbare Ideenflüge. Gewisse Zustände veränderter Wahrnehmung. Warum keine Stimmen hören? Na und? . . . Gibt es ein Gesetz, das bestimmte Gedanken verbietet, bestraft, einsperrt? Geistige Tätigkeit auf der Kippe. . . . Wir kennen den Geist nicht. Noch nicht. Wir haben im Verlauf des größeren Teils unserer Geschichte viele, wenn nicht alle menschlichen Tätigkeiten verboten, von der Sexualität bis zur Wissenschaft ebenso wie lautes Lernen oder Denken. Mit Hilfe der Technik haben wir jetzt die Fähigkeit, noch mehr zu verbieten und gleichzusetzen.

Vorausgesetzt, wir hören nicht auf damit. Und überspringen unseren Aberglauben. Ja, überspringen. Irrsinn. Geisteskrankheit. Schlimmer noch, Psychosen, Schübe, Störungen und so fort. Soll der Geist doch frei sein. Gedanken. Sprechen, ausdrücken, erforschen. Mindestens das, wo doch so wenig frei geblieben ist in diesem kurzen und nicht selten miserablen Leben. Reißt die Irrenhäuser ein und baut aus den Ziegeln Theater und Spielplätze. Lassen wir einander ›allein‹. Wenn sich niemand einmischt, kommen wir irgendwie durch, ohne Einschaltung von Verwandten und staatlicher Psychiatrie. Der Conditio humana geht es am besten, wenn sie respektiert wird.

Laßt uns unsere Angst ablegen. Vor unseren eigenen Gedanken, vor unserem Geist. Vor dem Wahnsinn, unserem eignen und dem anderer.«[5]

Wir, die Autorinnen dieser Wahnsinnsgeschichte, finden uns irgendwo zwischen diesen beiden Positionen und können die oben aufgeworfenen Fragen nicht so entschieden beantworten. Wahrscheinlich haben wir noch zuviel Angst »vor dem Wahnsinn, unserem eignen und dem anderer«. Besonders vor dem Wahnsinn anderer, zugegebenermaßen. Ganz besonders vor dem weiter um sich greifenden Wahn »gewalttätiger« Männer, die Frauen in einen »sekundären« Wahnsinn treiben (wie nachzulesen in den beiden vorangegangenen Bänden über *WahnsinnsFrauen*).[6]

Wir stimmen aber Elizabeth Packard uneingeschränkt zu in ihrer Forderung, die Einweisung in eine Anstalt nicht allein von Familienangehörigen und »ExpertInnen« entscheiden zu lassen. Zu welchen Verbrechen psychiatrische »ExpertInnen« fähig sind, haben sie während der Nazi-Diktatur gezeigt (vgl. Sibylle Dudas Beitrag über die von Nazi-Psychiatern ermordete Malerin Elfriede Lohse-Wächtler in diesem Band).

Der Aufwand an Gerichtsverfahren und Gutachten, den die Gesellschaft sich bei den Verurteilungen von VerbrecherInnen leistet, bevor sie weggesperrt werden, sollte doch selbstverständlich sein für diejenigen unter uns, die als »geisteskrank« verdächtigt oder verleumdet werden. Für diese Forderung sollten wir uns alle einsetzen.

Anmerkungen

1 Übersetzungen, soweit nicht anders angegeben, von uns, Swantje Koch-Kanz und Luise F. Pusch.
2 Es wäre interessant, einmal historisch den rechtlichen und psychiatrischen Aspekten der Vormundschaft bzw. der Zwangseinweisung von Frauen auch im deutschsprachigen Raum nachzugehen. Als »anregendes« Beispiel für den Gesetzeshintergrund verweisen wir auf folgende Bestimmungen (1837): Im schweizerischen Appenzell standen unter gemeindlich zu verantwortender Vormundschaft außer Minderjährigen auch ledige Weibspersonen, welche nicht unter väterlicher Aufsicht stehen oder nicht unter derselben gelassen werden können; Witwen; getrennt lebende oder geschiedene Frauen; Ehefrauen, deren Vermögen ihrem Ehemann nicht anvertraut werden darf oder deren Männer zahlungsunfähig geworden sind.
3 Ähnlich sind die Verhältnisse in Deutschland und der Schweiz. Bindend ist grundsätzlich das Bundesgesetz; die Ausführungsbestimmungen sind jedoch in den 16 Bundesländern bzw. 26 Kantonen unterschiedlich. So

variiert der Anteil der Zwangseinweisungen in der BRD je nach Land zwischen 12 und 50-70%. In Österreich, wo eine bundeseinheitliche Regelung besteht, liegt der Anteil bei ca. 66% (Waller 1982).

4 Vgl. hierzu die wichtigen Ausführungen von Wood (1994: 25-64 u.ö.).

5 Millett (1996: 392f.).

6 *WahnsinnsFrauen* (st 1876) und *WahnsinnsFrauen. Zweiter Band* (st 2493).

Literatur

Chesler, Phyllis: 1995. »Introduction to the 1995 Edition«, in: Sapinsley, Barbara. 1991 (1995: ix-xix)

Geller, Jeffrey L. & Maxine Harris. Hg.: 1994 Women of the Asylum: Voices from behind the Walls, 1840-1945. New York. Anchor-Doubleday. [Darin: »Elizabeth Parsons Ware Packard«, pp. 58-68; Phyllis Chesler, »Foreword«, pp. xiii-xxvii]

Gesetz über das Außerrhodische Vormundschaftswesen. Rechtsgrundlagen zum Irrenwesen. Hundswil 30. 4. 1837

Hähner-Rombach, Sylvelyn: Arm, weiblich – wahnsinnig? Patientinnen der Königlichen Heilanstalt Zwiefalten im Spiegel der Einweisungsgutachten von 1812 bis 1871

Matzenauer, Brigitte: Psychisch krank und ausgeliefert; die Rechte des psychiatrischen Patienten im Vergleich zum Somatischkranken. Collection Volk + Recht

Millett, Kate: 1996 [1990; 1993]. Der Klapsmühlentrip [= The Loony-Bin-Trip. 1990]. Aus dem amerik. Engl. von Erica Fischer. Köln. Kiepenheuer & Witsch. KiWi 430

Sapinsley, Barbara: 1991 (1995). The Private War of Mrs. Packard, Foreword by Eric T. Carlson, MD. With a new Introduction by Phyllis Chesler. New York; Tokyo; London. Kodansha International

Showalter, Elaine: 1997. Hystories: Hysterical Epidemics and Modern Media. New York. Columbia University Press

Waller, Heiko: 1982. Zwangseinweisung in der Psychiatrie; zur Situation in der Bundesrepublik Deutschland, in Österreich und in der Schweiz. Bern; Stuttgart; Wien. Huber. [Darin: Manfred Bauer, »Zwangseinweisungen in der Pychiatrie [sic] – rechtliche und praktische Gegebenheiten, Bundesrepublik Deutschland«, pp. 10-20; Wolfgang Berner und Heinz Katschnig, »Österreich«, pp. 20-35; Ambros Uchtenhagen, »Schweiz«, pp. 35-46.]

Wood, Mary Elene: 1994. The Writing on the Wall: Women's Autobiography and the Asylum. Urbana, Ill. University of Illinois Press

ADÈLE HUGO
1830-1915

Die Geschichte von der verlorenen Tochter

Von Andrea Schweers

>»Das Unglaubliche wagen, daß ein junges Mädchen das Meer überquert, um sich mit dem Geliebten zu vereinen, von der alten in die neue Welt überwechselt, das ist es, was ich tun werde.«[1]

Auf einem Felsen vor dem Hintergrund des offenen blauen Meeres steht eine junge Frau, allein, ihr helles, lose fließendes Kleid und die hüftlangen dunklen Haare flattern im Wind, mit ernstem Gesicht und leidenschaftlichem Nachdruck spricht sie die Worte ihrer Auflehnung. Die Frau ist Isabelle Adjani, Frankreichs zur Zeit beliebteste Filmschauspielerin, die Worte sind Auszüge aus dem geheimen Tagebuch der Adèle Hugo, der Tochter Victor Hugos, die sich am 18. Juni 1863 von der englischen Kanalinsel Guernsey aus einschiffte, um über den Atlantik zu fahren auf der Suche nach dem Glück, das für sie auf dem einzigen Gebiet lag, mit dem sie sich ihr ganzes Leben lang beschäftigt hatte – dem der Liebe.

Der Film von François Truffaut erzählt »Die Geschichte der Adèle H.«[2] vom Zeitpunkt ihrer Ankunft in Halifax, Hauptstadt von Neuschottland, Kanada, bis zur Rückkehr nach Frankreich neun Jahre später in einer Abfolge von Episoden zunehmender Verzweiflung und aufkommenden Wahnsinns.

Wir sehen, wie die junge Frau sich unter falschem Namen in einer Privatpension einmietet, wo sie unter Vorschiebung einer Lügengeschichte einen Notar mit der Suche nach ihrem Geliebten, dem englischen Leutnant Albert Pinson, beauftragt. Nachdem sie den feschen jungen Mann schließlich aufgespürt hat, beginnt sie, ihm nachzuspionieren, beobachtet mit masochistischem Vergnügen seine Flirts mit anderen Frauen, bedrängt ihn durch Briefe, in denen sie ihre vergangene Liebe beschwört und ihn an sein Heiratsversprechen erinnert.

Wir sehen sie in der englischen Buchhandlung, wo sie immer neue Rollen Schreibpapier erwirbt, um ihren »Bericht« niederzuschreiben, und in der »British Bank of North America«, in der sie

Adèle Hugo

Briefe und Geldsendungen von zu Hause erwartet. Und wir sehen ihren wiederkehrenden Alptraum vom Ertrinken, wild um sich schlagend wird sie von einem Strudel unter Wasser gezogen, bis sie schreiend erwacht.

Schließlich erzwingt sie ein Treffen mit dem Geliebten, Pinson erscheint mit deutlich zur Schau getragener Gleichgültigkeit in der Familienpension, sie stürzt auf ihn zu, bestürmt ihn, sie zu heiraten, lockt und bedroht ihn, doch er weist sie kühl zurück – »ich habe nie um Ihre Hand angehalten« – und besteht darauf, daß sie nach Guernsey zurückkehrt.

»Da ich nicht das Lächeln der Liebe haben kann, verdamme ich mich zu ihrer Grimasse«, schreibt sie nun mit fliegenden Händen in ihren Bericht und versteigt sich zu immer erniedrigenderen Versuchen, den Geliebten doch noch umzustimmen. Sie folgt ihm heimlich nachts zu einem Rendezvous mit einer anderen Dame, schleicht sich in Männerkleidung in ein Offiziersbankett, um ihn zu treffen, schickt ihm eine Prostituierte als »Geschenk« und Geld zur Bezahlung seiner Spielschulden, hintertreibt seine Heirat mit der Tochter eines wohlhabenden Richters und sucht sogar einen Hypnotiseur auf, der ihn gegen seinen Willen dazu bringen soll, sie zu heiraten (der Hypnotiseur entpuppt sich aber als billiger Scharlatan).

Schließlich behauptet sie, daß die Heirat vollzogen wurde, die Familie Hugo gibt die Vermählung ihrer Tochter in der Presse bekannt. Als der Schwindel auffliegt, schickt der Vater noch einmal Geld für die Rückfahrt. Doch sie schreibt: »Keine menschliche Kraft bringt mich dazu, Halifax zu verlassen« und gleitet immer mehr ab in Elend und Wahnsinn. Sie verläßt die Familienpension und die Fürsorge der freundlichen Mrs. Saunders, wir sehen sie in einem Obdachlosenasyl und noch einmal in der Bank, wo sie, schmutzig und abgerissen, von den Angestellten nicht mehr erkannt wird.

Die letzten Episoden des Films spielen auf der Antilleninsel Barbados. Durch sonnendurchflutete, in der Mittagshitze menschenleere Straßen irrt eine Frau, ihr rotes Samtkleid hängt ihr in Fetzen vom Leib, die offenen Haare sind verfilzt, der Blick starr geradeaus gerichtet, den Offizier, der einmal ihr Geliebter war, erkennt sie nicht mehr, auf dem Markt bricht sie zusammen, umringt von einem Haufen schwarzer Kinder, die an ihr zerren und sich über sie lustig machen. Sie wird von einer würdevoll aussehenden, alten Frau aufgehoben und versorgt. Die Dame läßt einen Brief verfas-

76

sen, »ich kann zwar nicht lesen, aber ich kenne den Namen Victor Hugo. (...) Adèle müßte in ihr Land zurückgehen, in die Obhut ihrer Eltern.«[3]

So oder ähnlich könnte es gewesen sein. Wie Adèle Hugo in diesen neun Jahren, in denen sie das »Unglaubliche wagte« und ihr Glück erzwingen wollte, tatsächlich gelebt hat, wußte weder damals ihre Familie noch ist es durch neuere Forschungen wesentlich erhellt worden. Erhalten sind einige ihrer Briefe, vor allem aber der Niederschlag, den die »unglaubliche Eskapade« in der umfangreichen Familienkorrespondenz und dem intimen Tagebuch des Vaters hinterlassen hat. Adèles Bericht, der in dem Film ausführlich zitiert wird, wurde bis heute nicht gefunden, ebensowenig wie andere Schriften, an denen sie, nach Auskunft Victor Hugos, später in der Anstalt beständig arbeitete.

Der einzige bisher veröffentlichte Text ist ihr Tagebuch aus den Jahren 1852-54, also lange vor der Flucht geschrieben, ein Manuskript, das ebenfalls fast verlorengegangen wäre und eine eigene abenteuerliche Geschichte hat.

Es ist aber keineswegs der Mangel an Authentizität, der den Film seltsam schwach erscheinen läßt. Vielleicht ist Isabelle Adjani zu stark, zu temperamentvoll, zu eigenwillig, um die völlige Selbstaufgabe und Selbsterniedrigung einer Frau um nichts als einer hoffnungslosen Liebe zu einem Schönling willen überzeugend darzustellen, vielleicht fehlt der Geschichte selbst auch die Glaubwürdigkeit – hatte die schöne, wohlhabende, begabte, allseits umworbene Tochter Victor Hugos wirklich nur *einen* Grund, ihrer Familie zu entfliehen? Und warum war ihr Selbstbewußtsein so zerbrechlich, daß eine gescheiterte Liebe zu einem Mann, der ihr offensichtlich wenig zu bieten hatte, sie in den Wahnsinn trieb?

Fragen, die auch dieser Text nicht erschöpfend beantworten kann, die aber auf dem Hintergrund der Geschichte des weiblichen Wahnsinns gestellt werden sollten.

»Ich bin sehr zufrieden
mit meiner kleinen Tochter«

Adèle Hugos Mutter, Adèle Foucher, war eine rundliche, dunkeläugige Schönheit und knapp 19 Jahre alt, als sie 1822 ihren Victor heiratete. Der junge Mann, auch gerade erst 20, liebte sie inniglich und ging – wie die Biografien betonen – jungfräulich in die Ehe. (*Sie* wahrscheinlich auch, aber darüber erfahren wir nichts.) Der Bräutigam hatte sich bereits als Dichter einen Namen gemacht und Lob und Anerkennung von seinem König erhalten. Doch er war ehrgeizig und von unbändiger Schaffenskraft. Sein Ziel war es, ein ganz Großer zu werden – »Ich will wie Châteaubriand sein oder gar nichts«[4] – was ihm auch gelang.

Sein Bruder Eugène dagegen, ebenfalls literarisch begabt und verliebt in die junge Adèle Foucher, zeigte während der Hochzeit »erste Symptome geistiger Verwirrung«,[5] wurde ein Jahr später in eine Anstalt eingewiesen und starb dort nach 15 Jahren »umnachtet«.

Die junge Familie lebte in Paris, zunächst in bescheidenen Verhältnissen. In den ersten acht Ehejahren brachte Madame Hugo fünf Kinder zur Welt, danach bestand sie auf getrennten Schlafzimmern. Ihren Mann entband sie vom Versprechen der ehelichen Treue.

> »Es ist mein Wille, daß du frei wie ein Junggeselle bist. (. . .) Nichts kann meine zärtlichen Gefühle für dich verringern, die beständig und dir ganz ergeben sind – *trotz allem* (. . .)!«[6]

Victor Hugo machte ausgiebig Gebrauch von diesem Freibrief, seine »niemals gesättigte Virilität«[7] bis ins hohe Alter wird in den Biografien zumeist mit einem Unterton leiser Bewunderung verzeichnet. Madame Hugo blieb ihm bis zu ihrem Tode liebevoll verbunden, entschädigte sich aber, vorübergehend, mit einem eigenen Liebhaber.

Adèle und Victor Hugos erstes Kind, Léopold, kam exakt neun Monate nach der Hochzeitsnacht zur Welt. Es war krank und starb noch im selben Jahr. Zwei Jahre später, 1824, wurde Léopoldine geboren, 1826 Charles, 1828 François-Victor, und am 28. Juli 1830 – in den Straßen von Paris tobte die Julirevolution, die die Herrschaft der Bourbonen für immer beendete – kam Adèle zur Welt. Der Dichter begrüßte das Ereignis freudig:

> »Der liebe Gott hat mir ein großes Glück gesandt. (. . .) Meine Frau ist heute nacht glücklich mit einem kräftigen, pausbäckigen und gesunden Mädchen niedergekommen. Ich bin sehr zufrieden mit meiner kleinen Tochter. Wenigstens eines meiner Werke, das verspricht, Bestand zu haben.«[8]

Adèle und ihre Geschwister verlebten eine glückliche Kindheit, zärtlich geliebt von den Eltern, vom stolzen Vater in Gedichten besungen. Es scheint nicht, daß die Kinder unter den Beziehungsproblemen der Eheleute zu leiden hatten. Madame Hugo ließ sich von dem Literaturkritiker Sainte-Beuve, Adèles Patenonkel, den Hof machen, während ihr Mann seit 1833 ein Verhältnis mit der Schauspielerin Juliette Drouet hatte, die eigentlich eine zweite Ehefrau wurde, ihn fortan auf den meisten Reisen begleitete, immer in seiner Nähe wohnte, seine zahlreichen anderen Liebschaften wesentlich schlechter ertragend als Madame Hugo.

Beide – sowohl Sainte-Beuve als auch Juliette Drouet – hatten ein enges, freundschaftliches Verhältnis zu den Hugo-Kindern, machten ihnen Geschenke und schickten zärtliche Briefe.

»Wenn die Zuneigung irgendwelche Rechte verleiht, dann bin auch ich deine Mutter, liebes kleines Mädchen, denn ich liebe dich wie mein Kind (...)«[9]

schrieb Juliette Drouet an die »arme kleine Dédé«,[10] als sie wegen einer Krankheit das Bett hüten mußte.

Adèle lernte früh lesen und schreiben.

»Ich versichere Ihnen, daß sie sehr gut spricht und besser schreibt als ich«,[11]

berichtete der stolze Vater – leicht übertreibend – über die 3jährige. Mit fünf Jahren kam Adèle in die Schule der »Jeunes Demoiselles«, sie war eine gute und eifrige Schülerin, von ihrem Vater stets zu ernsthafter Arbeit angehalten.

Besonders glückliche Tage verbrachten die Kinder bei den allsommerlichen Landaufenthalten, wo ihnen viel geboten wurde – Bootspartien, Jahrmarktsbesuche, eine Hütte im Wald und – Kühe!

»Besonders die Kühe haben eine leuchtende Spur in ihrem [Adèles] Gemüt hinterlassen.«[12]

Da Victor Hugo seine Frau und die Kinder selten begleitete – er verbrachte seine Ferien mit Juliette Drouet oder blieb zum Arbeiten in Paris zurück –, gaben die Urlaube Anlaß zu regem Briefwechsel, stets wurden die Kinder ermuntert, regelmäßig zu schreiben, um ihren Stil und ihre Ausdrucksfähigkeit zu verbessern, eine Aufforderung, der die Jüngste, immer bemüht, dem Vater zu gefallen, besonders eifrig nachkam.

Beide Töchter waren nicht nur begabte, wohlerzogene Mädchen, sondern auch ausgesprochene Schönheiten – heftig bewundert von Hugos Dichterkollegen.

> »Die eine, Léopoldine, zierlich, graziös, hübsch in der Art einer hübschen Pariserin; die andere, Adèle, schön wie eine antike Statue«[13]

schrieb Alphonse Karr, und Balzac schwärmte von der 13jährigen Adèle:

> »Hugos zweite Tochter ist die größte Schönheit, die ich in meinem Leben gesehen habe.«[13a]

Die Idylle der beiden Mädchen, die Hugo in seinem Gedicht »Meine beiden Töchter« so romantisch beschrieben hatte[14] – wie sie auf der Schwelle zum Garten sitzen unter einem Strauß weißer Nelken, die eine schwanengleich, die andere wie eine Taube –, zerbrach jäh am 4. September 1843. Léopoldine, sie hatte sich 15jährig mit Charles Vacquerie, dem Sohn eines Reeders aus Le Havre, verlobt und ihn mit noch nicht 19 Jahren geheiratet, ertrank wenige Monate nach ihrer Hochzeit zusammen mit ihrem Ehemann und zwei weiteren Mitgliedern der Vacquerie-Familie bei einem Bootsunfall in der Seine. Ein entsetzlicher Schock für die ganze Familie und für die Jüngste, Adèle, ein Bruch in ihrer Entwicklung, den sie nie verwand. Um die so jung und so schrecklich gestorbene Tochter entstand ein wahrer Totenkult,[15] alljährlich zu ihrem Todestag pilgerte die Familie nach Villequier ans Grab der jungen Eheleute, und noch Jahrzehnte später war der Geist Léopoldines bei spiritistischen Sitzungen, die die Hugos eine Zeitlang praktizierten, ständig anwesend.

»Léopoldine wurde der Mythos par excellence des großen Hugoschen Kreises«,[16] mit ihrer Schönheit und ihrem tragischen Ende verkörperte sie in idealer Weise die Vorstellung von einem »romantischen Mädchen«.

Adèle aber mußte weiterleben, sie war nun die einzige Tochter, sollte »Anmut und Charme« verbreiten und »die gute Fee des Hauses« sein.

Es gelang ihr zunächst auch, die Erwartungen zu erfüllen. Drei Jahre nach dem Unglück verliebte sie sich in Charles Vacqueries Bruder, sicherlich heimlich zunächst – »Villequier (. . .), Auguste und die Trunkenheit unserer ersten Küsse«[17] – aber bald galt der

10 Jahre ältere Auguste Vacquerie als ihr zukünftiger Verlobter und lebte, wie ein dritter Sohn, in der Familie. Sechs Jahre später aber war sie immer noch nicht verheiratet und zweifelte an ihren eigenen Jugendträumen – wollte sie leben an seiner Seite oder mit ihm sterben, »eine würdige Schwester meiner Schwester«?

>»Und ich sehe uns im Grab an der Seite des anderen, und ich sehe uns, meine Schwester und mich, die beiden Töchter Victor Hugos, wie zwei Gestalten auf dem Weg in die Nachwelt.«[18]

»Es ist nicht leicht, eine so sehr geliebte Schwester zu überleben«,[19] urteilt Frances Vernor Guille, Adèle Hugos Biografin und Herausgeberin ihres Tagebuchs.

Im Haus des Dichterfürsten

In den Jahren ihrer Kindheit und Jugend erlebte Adèle Hugo den wachsenden literarischen Erfolg ihres Vaters, seinen stetigen politischen Aufstieg und den zunehmenden Wohlstand der Familie.

1827 war Hugos erstes Theaterstück »Cromwell« erschienen mit dem programmatischen Vorwort, in dem er sich vom klassischen Kunstideal abwandte und die Tradition der französischen Romantik begründete. In Adèles Geburtsjahr fand die Premiere seines Schauspiels »Hernani« statt – ein großer Publikumserfolg. Weitere Stücke folgten, u.a. 1838 »Ruy Blas«, Gedichtsammlungen und Romane erschienen, darunter 1831 »Notre-Dame de Paris«, ein Stoff, der unter verschiedenen Titeln als Oper und Ballett (»Esmeralda«) und später als Film (»Der Glöckner von Notre-Dame«) immer wieder adaptiert wurde. 1845 begann Hugo dann mit der Arbeit an seinem bekanntesten Romanzyklus »Les Misérables«, dessen Publikation ihn zu einem wohlhabenden Mann machte.

Seine politische Nähe zum Herrscherhaus des »Bürgerkönigs« Louis-Philippe brachte Hugo auch gesellschaftliche Erfolge ein – er wurde in den Pair-Stand erhoben und zum Mitglied des Oberhauses ernannt, und 1841 gelang ihm, nach mehrmaligem Anlauf, die ersehnte Aufnahme in die Académie Française, damit war er ein »Unsterblicher«, und auch gelegentliche Skandale aufgrund seiner Liebesaffären konnten ihm nichts mehr anhaben.

Der finanzielle Erfolg seiner Bücher erlaubte Hugo schon bald einen Lebensstil, der eines Dichterfürsten würdig war – die Wohnung an der Place Royale, die er 1832 mit seiner Familie bezog, wurde ganz nach seinem persönlichen Geschmack eingerichtet – »prunkvolle, mit schweren Stoffen drapierte Räume«,[20] in denen er die Geistesgrößen seiner Zeit empfing. In dieser Atmosphäre wuchs die kleine Adèle auf, und es wundert nicht, daß sie ganz durchdrungen war von dem Stolz, Victor Hugos Tochter zu sein.

Als sie 18 Jahre alt war, kam 1848 die nächste Revolution und alles wurde in Frage gestellt. Victor Hugo wandelte sich vom Monarchisten zum Republikaner, seine Söhne und Auguste Vacquerie gaben eine Zeitschrift »L'Evènement« heraus, die zunächst die Präsidentschaftskandidatur Louis Napoléon Bonapartes unterstützte, sich dann aber gegen dessen Intention wandte, die Monarchie zu restaurieren. Charles und Victor-François wurden verhaftet und der Staatsstreich vom 2. Dezember 1851 ließ auch Victor Hugo um sein Leben fürchten – er floh mit falschem Paß, zunächst nach Belgien, entschied sich dann für ein Exil auf der Kanalinsel Jersey.

Adèle fand Jersey nicht eben amüsant, sie und ihre Mutter hätten London vorgezogen, doch Hugo versuchte, ihnen die Insel schmackhaft zu machen:

> »(...) Jersey ist ein reizender Ort. Dort werden wir das Meer haben, Grün, eine herrliche Natur und, was noch wichtiger ist, das Heim, den vertrauten Freundeskreis, die Familie, alle Freuden sich liebender Herzen.«[21]

In dieser Zeit des Umbruchs begann Adèle, regelmäßig die Tagesereignisse aufzuschreiben, wahrscheinlich mit der vorrangigen Absicht, sie für ihren Vater festzuhalten. Sie beschreibt die täglichen Besuche bei den Brüdern im Gefängnis, die Entwicklung der politischen Lage in Paris, die Auflösung des Hugoschen Haushalts, die zu einem nationalen Ereignis wurde – eine riesige Menschenmenge erschien in der Wohnung, begierig, einen Blick auf das persönliche Mobiliar Victor Hugos zu werfen und vielleicht einen Gegenstand als Andenken zu erwerben. Die Zeitungen berichteten.

Im Juli 1852 erreichten Mutter und Tochter in Begleitung von Auguste Vacquerie die Insel, am 5. August kam Victor Hugo – mit dem Erscheinen seines Pamphletes »Napoléon-le-Petit«[22] war er in Belgien auch nicht mehr sicher –, zwei Tage später Juliette

Drouet und dann auch die Söhne – Hugo hatte seinen »vertrauten Kreis« wieder zusammen, die Familie bezog »Marine-Terrasse«, ein nüchternes weißes Wohnhaus, von dessen großer Terrasse aus man bei klarem Wetter die französische Küste sehen konnte.

»(. . .) mein Vater ist zufrieden, endlich seinen Traum verwirklicht zu haben, auf einer Insel zu sein und das Meer zu Füßen zu haben (. . .)«[23]

kommentierte Adèle freundlich, auch wenn dies sicher nicht *ihr* Traum war.

Das Tagebuch der Adèle Hugo

Von den Niederschriften Adèle Hugos, mit denen sie in den aufregenden Monaten vor dem Exil begann, wurden bisher 6000 Manuskriptseiten gefunden, lose Blätter, die weder numeriert noch durchlaufend datiert sind und viele Wiederholungen, Überschneidungen und Abschriften enthalten. Die korrekte Datierung erwies sich von daher als fast unlösbares Problem, die Entzifferung ebenso, da Adèle Hugo für alle persönlichen Bemerkungen, aber auch zur Verschleierung gewagter politischer Kommentare eine Geheimschrift verwendete. So schrieb sie z.B. für table – bleta, chambre – brecham, incompréhensible – siblehenprécomin. Außerdem streute sie englische Wörter in den französischen Text und benutzte, besonders für Personennamen, persönliche Abkürzungen.

Zudem ist die Vollständigkeit des Manuskripts ungewiß. Fast wäre es auf immer verloren gewesen. Ein Teil landete nach Aufräumarbeiten in Hauteville-House nach dem Tod des Dichters bei einem Altwarenhändler, wo die Blätter 1892 von einem englischen Autographensammler entdeckt und aufgekauft wurden, um schließlich viele Jahre später an die Pierpont Morgan Library in New York zu gehen. Dort werden sie heute aufbewahrt. Ein anderer Teil des Manuskripts wurde von Paul Meurice in verschiedenen Antiquariaten in London und auf Guernsey gefunden, es ging später in den Besitz der Hugo-Erben über und befindet sich heute in der Maison Victor Hugo in Paris.[24]

Drei Bände, die die Jahre 1852-54 umfassen, konnten bisher von der amerikanischen Forscherin Frances Vernor Guille transkribiert und zusammengestellt werden, zwei weitere Jahrgänge sind geplant.[25]

Leider erfahren wir aus Adèle Hugos Aufzeichnungen fast nichts über ihre persönlichen Gefühle und Gedanken, sie selbst tritt ganz hinter ihrer Chronik zurück, beschreibt die Tagesereignisse im Hause Victor Hugos und vor allem die Gespräche an seinem Tisch, die mühelos zwischen den alltäglichsten und den erhabensten Themen hin und her sprangen – vom Benehmen der Haushunde zu Betrachtungen über das Gute und Böse im allgemeinen. Natürlich ging es vor allem um politische und kulturelle Fragen, der Staatsstreich in Frankreich, die Lage der Exilierten in London, die Vereinigten Staaten Europas (eine Lieblingsidee Victor Hugos), Zeitungsartikel, der allgemeine Fortschritt, die Fotografie, ein Theaterstück, das in Paris aufgeführt wurde, ein Bild aus der Londoner National-Galerie, der Katholizismus, Spiritismus, die Zukunft Frankreichs und des selbsternannten Kaisers, den Hugo mittlerweile nur noch als »Napoléon-le-tout-petit«[26] bezeichnete, und – als wichtigstes Thema – die Werke Victor Hugos, an deren Entstehungsprozeß Freunde und Familienmitglieder regen Anteil nahmen.

560 verschiedene Personen nennt Adèle Hugo in ihren Protokollen, die meisten von ihnen bedeutende Persönlichkeiten der Zeitgeschichte. Sie alle kamen, um sich mit dem Dichter auszutauschen, der naturgemäß auf Jersey, und später auf Guernsey, der intellektuelle Mittelpunkt für die Gemeinschaft der französischen Exilierten war. Und die Chronistin selbst? Sie, die fast Abend für Abend getreulich festhielt, was bei den Tafelrunden gelehrter Männer gesagt wurde (Frauen sind außer ihrer Mutter und später ihrer Tante selten dabei) – hatte sie keine eigenen Gedanken? »Die, die diese Gespräche aufzeichnet, muß auch in der Lage sein, sie zu führen«,[27] bemerkte sie selbst leise verbittert. Unterlag sie einem Redeverbot? In gewissem Sinne wohl. Niemand schien von ihr zu erwarten, daß sie zu den illustren Gesprächen etwas beizutragen hätte, zumindest hielt niemand, sie selbst eingeschlossen, es für aufzeichnungswürdig. Die großen, für die Nachwelt bestimmten Monologe waren ohnehin dem Dichter vorbehalten.

Die Haltung der Familienmitglieder gegenüber Adèles Chronik scheint sehr uneinheitlich gewesen zu sein. Einerseits erfüllte sie eindeutig einen Auftrag ihres Vaters, er las gelegentlich Korrektur, gab ihr stilistische Tips, kritisierte, wenn sie eine wichtige Unterhaltung nicht notiert hatte, »schenkte« ihr einzelne Passagen aus seiner Feder, die sie einfügen sollte. Auch die Brüder beteiligten sich mit Ergänzungen, gaben ihr Artikel und Berichte zur Verwendung. Andererseits spricht das weitere Schicksal des Manuskripts dafür, daß man nicht ernsthaft vorgehabt hatte, es zu publizieren. Gewisse Passagen mit England-feindlichen Äußerungen (immerhin ihr Gastland!) und vor allem die Protokolle der spiritistischen Sitzungen ließen es nicht angeraten erscheinen, die Chronik einem größeren Publikum zugänglich zu machen. Später tat das der Familie so peinliche Schicksal ihrer jüngsten Tochter ein übriges – der Name Adèle Hugos sollte so wenig wie möglich öffentlich erwähnt werden.[28]

Während im Laufe der Jahre alle Familienmitglieder neben dem ungebrochen produktiven Victor Hugo eine mehr oder weniger befriedigende Aufgabe fanden – Charles und Auguste Vacquerie schrieben Novellen, Romane und fotografierten, François-Victor begann seine große Shakespeare-Übersetzung, Madame Hugo arbeitete an ihrer Victor-Hugo-Biografie, die später hinzukommende Julie Chenay (die jüngste Schwester von Madame Hugo) übernahm die wichtige Aufgabe einer Kopistin für ihren Schwager –, blieb für die Tochter nicht viel.

»Unser Haus gleicht ganz einem Benediktinerkloster. Charles arbeitet, meine Mutter arbeitet, mein Vater arbeitet, ich arbeite. Wenn das Exil weitergeht, wird man der Nationalbibliothek in Paris einen Extraflügel hinzufügen müssen«[29]

berichtete François-Victor. Von der Schwester kein Wort. Ihr hätte als Chronistin des Hugo-Kreises eine wichtige Rolle zukommen können, begabt, gebildet und lebhaft interessiert an der Arbeit ihres Vaters, hätte sie sicher auch noch weiterführende Aufgaben übernehmen können. So aber träumte sie von der Liebe, spielte Klavier – und wurde langsam verrückt.

»Das Exil bekommt meiner Tochter . . . nicht so gut«[30]

Drei Jahre blieb die Familie auf Jersey, die Tochter verließ die kleine Insel während dieser Zeit nicht für einen einzigen Tag. Dann verweigerte ihnen die Regierung einen weiteren Aufenthalt, und Hugo entschied sich (statt nun nach London zu gehen, wo das

Zentrum der französischen Exilierten war) für eine noch kleinere Insel, Guernsey. Nach wenigen Monaten erwarb er dort, zum Entsetzen seiner Frau – »als Eigentümer mag ich uns gar nicht«[31] – ein großes Wohnhaus, Hauteville-House, das er in den nächsten Jahren unter Einsatz bedeutender finanzieller Mittel und der Nerven aller Beteiligten umbauen und einrichten ließ, »ein Gedicht aus zahlreichen Zimmern«[32] nannte es sein Sohn Charles, ein Gedicht mit Hugoschem Rhythmus natürlich.

Damit schien eine Rückkehr in unterhaltsamere Gefilde auf unabsehbare Zeit ausgeschlossen. Madame Hugo verbarg nicht ihre Enttäuschung:

> »Ich bin traurig. Wir sind gerade in unser Haus eingezogen; für mich ist es eine Besiegelung des Exils.«[33]

Mit erstaunlicher Offenheit hielt sie ihrem Mann später die Eigenmächtigkeit seiner Entscheidung vor:

> »Mich hast du bei dem Kauf nicht befragt. Ich bin dir in dieses Haus gefolgt. Ich ordne mich dir unter, aber ich kann nicht gänzlich Sklavin sein.«[34]

Victor Hugo, und daraus machte er auch kein Hehl, bekam das Exil gut. Es hatte ihn zu sich selbst geführt, ihn zu dem glühenden Vertreter von Freiheit und Gerechtigkeit gemacht, als der er in der französischen Bevölkerung galt. Er genoß es, Mittelpunkt der kleinen Exilgemeinschaft zu sein, und nutzte die Abgeschiedenheit der Insel, um mit strenger Regelmäßigkeit an seinem Werk zu arbeiten.

> »Also, ich muß es wohl zugeben. Mir gefällt das Exil ganz entschieden. . . . Keine Besuche zu empfangen oder zu machen, das Glück, allein zu sein, friedliche Lektüre, friedliche Träumereien, friedliche Arbeit . . .«[35]

Für Adèle dagegen war es, nach Auffassung ihrer Mutter, ein bißchen zu friedlich.

> »Einen kleinen Garten bearbeiten, Wandbehänge sticken, das sind keine ausfüllenden Beschäftigungen für ein Mädchen von sechsundzwanzig Jahren.«[36]

Wie recht sie hatte!

Spätestens seit dem dritten Exiljahr wußte Madame Hugo, daß ihre Tochter sich in einer tiefgreifenden inneren Krise befand. Un-

86

beachtet von den anderen Bewohnern des Hauses spielte sich hinter der friedlichen Fassade eine stumme Tragödie ab.

> »Wie kann ich das, was seit einiger Zeit
> in mir vorgeht, beschreiben?«[37]

notierte die 22jährige Adèle Hugo, sichtlich aufgewühlt, im Mai 1852 in ein kleines Heft, das sie in den Monaten vor der Ausreise nach Jersey zu führen begann, parallel zu den Aufzeichnungen der Tagesereignisse. Zusammen mit einigen späteren Notizen und Briefentwürfen bilden diese wenigen Seiten ihr »intimes Tagebuch«. Hier schreibt sie, was sie im Innersten bewegt – die Liebe und das Leben, erste erotische Erfahrungen, schließlich die große Frage: Wer ist der Richtige?

Sie beobachtet voller Stolz ihre Wirkung auf Männer – »viele, fast alle, haben mir den Hof gemacht«.[38] Ihren Erfolg nimmt sie für selbstverständlich, denn »Ich bin jung, schön, willensstark, von beweglichem Geist.«[39] Aber es quält sie die Frage, wie und mit wem sie denn nun leben will. Auguste Vacquerie, ihre Jugendliebe, scheint es nicht mehr zu sein: »Warum hat sich meine Liebe zu Auguste nicht vertieft?« fragt sie sich selbst. Oder ist er es vielleicht doch? »Ich gestehe, daß neben ihm keiner unter den anderen Männern mir gefallen hat, doch er gefällt mir.«

Sie weiß nicht, ob sie leben soll – ein »von Größe durchdrungenes Leben, in dem ich nur Auguste habe«, oder lieber sterben, »einen reinen erhabenen Tod« nach dem Vorbild ihrer Schwester Léopoldine. Oder soll sie doch der Leidenschaft den Vorzug geben, »ein brennendes, glühendes, heftiges, bewegtes Leben, in dem nacheinander Clésinger, Delacroix, Arnould als Liebhaber erscheinen«?

Wie auch immer sich ihr Leben entwickeln wird, Mittelmaß erträgt sie nicht, »großartig« vor allem soll es sein. Doch worin die Größe finden in einem beschaulichen Dasein als »junge Miss« auf einer kleinen englischen Kanalinsel?

Es verwundert nicht, daß die 22jährige Adèle Hugo mit dem wundervollen schwarzen Haar – »es fällt bis zur Erde, sie trägt einen Mantel aus Haar!«,[40] eine gebildete junge Dame, die »brillant« Klavier spielt und sich »in der Dichtung auskennt« auf Jersey schnell zum gesellschaftlichen Ereignis wurde. Sie war der Mittelpunkt der Kostümbälle und Wohltätigkeitsveranstaltungen, und mehrere jüngere und ältere Herren hielten um ihre Hand an – doch sie blieb kühl. »Beteiligt sein, doch unbeteiligt bleiben, sich lieben lassen, ohne selbst zu lieben«[41] war ihre Devise.

Irgendwann zwischen Dezember 1852 und August 1854 muß sie dann demjenigen begegnet sein, der zu besitzen schien, was sie von einem Mann erwartete – »Genie, männliche Schönheit und einen ehernen Charakter«.[42] Albert Pinson, von dem man nicht viel mehr weiß, als daß er ein gutaussehender englischer Leutnant im Dienst des 16. Infanterieregiments war, der seine Urlaube gelegentlich auf Jersey verbrachte, hatte sie offensichtlich schon länger aus der Ferne bewundert. Wann und wie es ihm gelang, im Hause Hugo empfangen zu werden, ist nicht bekannt. Adèle jedenfalls verliebte sich hoffnungslos. »Den ganzen Abend lang empfand ich ein namenloses Glück, ich liebte ihn. Sein Fuß auf dem meinen erweckte tausend Sehnsüchte in meinem Blut.«[43] Mit Auguste Vacquerie kam es sofort zu heftigen Auseinandersetzungen, von Schlägen und Tritten ist im Tagebuch die Rede, später sogar von einem Duell, er warf ihr Egoismus vor und drohte ihr, sich in eine andere zu verlieben.[44]

Verzweifelt wandte sie sich an – Léopoldine.

Das Gespräch mit den Geistern

In ihrem zweiten Jahr auf Jersey hatte die Familie Hugo eine neue Freizeitbeschäftigung gefunden – das Tischerücken. Regelmäßig trafen sie sich mit einigen FreundInnen zu abendlichen Séancen, die Adèle, wie alle anderen Gespräche auch, aufzeichnete. Sechsmal notierte sie dabei die Anwesenheit von Albert Pinson. Ab August 1854, auf dem Höhepunkt ihrer Auseinandersetzungen mit Auguste Vacquerie, hielt sie dann auch für sich allein in ihrem Zimmer Séancen ab, in denen ihr fast immer der Geist der gestorbenen Schwester erschien.

Die Protokolle dieser Sitzungen[45] vermitteln den Eindruck, daß sie hier eigentlich ihr eigenes Gewissen befragte, den inneren Tumult in Form eines Dialogs mit Léopoldines Geist zu bearbeiten versuchte. Der Geist bestätigte sie in ihrem Wunsch, Auguste wegzuschicken und sich ganz für die Leidenschaft zu Albert Pinson zu entscheiden. Ihre Skrupel, den Jugendfreund zu verletzen, verblaßten vor diesem Gefühl – »Liebe, glückliche Liebe, es gibt nichts anderes auf der Welt«.[46]

Ein anderes Problem beschäftigte sie mindestens ebensosehr: Albert liebte sie nicht wirklich. Was konnte sie tun, um seine Abreise zu verhindern? Wie ihn dazu bewegen, den Dienst in der Armee zu quittieren? Sollte sie ihn eifersüchtig machen? Ihn anflehen zu bleiben? Ihm drohen, daß sie sterben würde, wenn sie, von ihm verlassen, ein Kind bekäme?

Im September erhielt sie die schreckliche Gewißheit, Pinson hatte die Armee nicht aufgegeben, doch der »Tisch« machte ihr weiter Mut: »Habe ich eine Chance?« – »Ja.« – »Welche?« – »Bitte ihn zu bleiben.«[47]

Ende des Jahres brechen die Notizen ab, was aber nicht unbedingt heißt, daß sie die Befragung der Geister aufgegeben hatte. Ganz offensichtlich half ihr »der Tisch« in ihrem Konflikt, gab ihr die Selbstbestätigung, derer sie wegen Pinsons Unentschlossenheit dringend bedurfte. Die Geister versprachen ihr, was sie im Innersten wünschte – eine glorreiche Zukunft als »la femme-libre, la femme-mère, la femme-sœur, la femme-maîtresse, la femme-belle«.[48]

Was hier deutlich wird, ist vor allem Adèles entsetzliche Einsamkeit in dieser schweren Lebenskrise. In dem von Männern beherrschten Haushalt hatte sie keine Freundin, der sie sich anvertrauen konnte, der Geist Léopoldines konnte ihr eine solche Gesprächspartnerin natürlich nicht ersetzen. Das Gespräch mit den Geistern scheint auch nicht gerade eine gesunde Beschäftigung für eine junge Frau, die innerlich aufgewühlt und verzweifelt war. Die Familie beendete ihre Séancen denn auch schlagartig im folgenden Jahr, nachdem ein junger Teilnehmer, offensichtlich im Anschluß an eine Sitzung, durchgedreht war und in eine Anstalt eingeliefert werden mußte.

Adèle Hugo erzählte ihrer Mutter von ihren Konflikten mit Auguste Vacquerie, die riet ihr, ihn frühestens im nächsten Frühjahr wegzuschicken, da seine Abreise dann weniger skandalös wirken würde – insgeheim hoffte Madame Hugo wohl, daß sich Adèles Gefühle bis dahin beruhigt haben würden. Von ihren Ängsten in bezug auf Pinson scheint sie ihr nichts gesagt zu haben, bis zum bitteren Ende versuchte Adèle, ihrer Familie gegenüber das Bild zu vermitteln, daß Pinson sie liebte und lediglich äußere Zwänge ihn von einer Eheschließung abhielten.

»Adèle hat dir ihre Jugend geopfert«[49]

Neun lange Jahre folgten diesem Krisenherbst von 1854, neun Jahre, in denen Adèle Hugo weiter Briefe wechselte mit Pinson, ihn gelegentlich heimlich traf, trotz aller augenscheinlichen Hoffnungslosigkeit den Traum von einer Ehe mit ihm nie aufgebend.

Nach zwei Jahren, im Dezember 1856, wurde sie ernstlich krank, ein »Nervenanfall«, der zu einem lebensbedrohlichen Fieber führte. Die Ärzte empfahlen – natürlich – Ruhe, gesundes Essen und Verzicht auf »jegliche musikalische oder literarische Komposition«.[50] Madame Hugo empfahl Zerstreuung. Sie war sehr besorgt um ihre Tochter, auch während des folgenden Jahres beobachtete sie, daß ihr »Lebensüberdruß« zurückkehrte. Reisen, Anregungen, die Begegnungen mit anderen Menschen außerhalb des engen Familienkreises auf der Insel schienen ihr das einzige Heilmittel. Adèles zunehmende Verschlossenheit, ihr exzessives Klavierspiel wertete sie als bedrohliche Anzeichen.

Für Adèle Hugo wurde die Musik in dieser Zeit das einzige Mittel sich auszudrücken. Sie war schon immer eine gute Klavierspielerin gewesen, hatte auch angefangen, kleine »reizende« Stücke zu komponieren. Doch mit ihrer Musik ging es ihr wie mit dem Schreiben, die Familie sah sie als Freizeitbeschäftigung, möglicherweise nette Abendunterhaltung – wobei auch das fraglich ist, denn Victor Hugo war kein sonderlicher Musikliebhaber und das Klavier »haßte« er[51] – eine ernst zu nehmende kreative Arbeit sah sie darin nicht. Zwar schenkte Victor Hugo seiner Tochter 1861 das »Kleine Lied des Vogels«, ein Gedicht, das er nach einer ihrer Melodien geschrieben hatte, aber Adèles über Jahre geäußerte Bitte, sich um eine Veröffentlichung ihres Albums zu bemühen, kam er nicht nach. Wie wichtig *sie* die Sache nahm, zeigt sich darin, daß sie noch bei ihrem Aufbruch nach Halifax überzeugt war, sich mit der Publikation ihrer Kompositionen »eigenes, ehrlich erworbenes Geld« verdienen zu können. Ein Wunsch, den sie nie verwirklichte.

Ein Jahr lang beschwor Madame Hugo ihren Mann, ihr und der Tochter eine Reise zu gestatten. Der zeigte sich unwillig, scheute die Ausgabe, aber mehr noch den Zerfall der Familiengemeinschaft. Die Auseinandersetzung wurde schließlich schriftlich ausgetragen, Briefe gingen von Zimmer zu Zimmer, Madame Hugos Argumente wurden zusehends vehementer:

»Ihr drei [ihr Mann und die beiden Söhne] habt ein ausgefülltes Leben. Das Leben meiner Tochter jedoch wird vergeudet, sie ist wehrlos, machtlos. Ich muß mich ihrer annehmen.«[52]

Und:

»Dich nach fünf Jahren einmal für zwei Monate allein lassen, heißt das, Dich im Exil vernachlässigen, wenn diese Trennung nun einmal notwendig ist, nachdem unsere Tochter von ihrer Krankheit genesen ist . . .?«[53]

Unter den gegebenen Umständen hatte sie auch vollstes Verständnis für eine gewisse »Gefühlskälte«, die Adèle ihrem Vater gegenüber seit einiger Zeit an den Tag legte und über die der sich beklagte.

Schließlich, im Januar 1858, war es soweit, die beiden Adèles fuhren nach Paris ab und kehrten erst Anfang Mai wieder nach Guernsey zurück. Zwar befand Madame Hugo: »Die Luftveränderung tut unserer Adèle gut, sie ist hübsch, lebhaft und liebenswürdig«,[54] aber schon im Sommer desselben Jahres beobachtete sie wieder merkwürdige Veränderungen im Charakter ihrer Tochter, »Manien«, wie sie schreibt.

»Ich kämpfe nach Kräften dagegen an, ich gehe in ihr Zimmer, ich horche sie aus, ich rede, ich predige, ich lege alle zweckentfremdeten Gegenstände wieder an ihren Platz und entferne alle die, die ihren Manien Nahrung geben; ich bin machtlos. Was ich wegnehme, ist am nächsten Tag wieder da.«[55]

Auch andere, Außenstehende, machten sich mittlerweile Gedanken. Sainte-Beuve sprach in einem Brief aus, was mehr oder weniger offen die ganze Familie dachte: »Es wäre wahrhaftig an der Zeit, an eine Verheiratung zu denken.«[56] – Und auch er schlug Paris als geeignetes Pflaster vor, um jemanden Passendes für seine mittlerweile 28 Jahre alte Patentochter zu finden. Es ist nicht klar, ob Adèle seit der Krise mit Auguste Vacquerie, die mittlerweile sechs Jahre zurücklag, nie mehr mit ihrer Mutter über ihren Liebeskonflikt gesprochen hatte, oder ob Madame Hugo aus Rücksicht auf ihren Mann die wahren Hintergründe des Dramas verschwieg. Pinsons Name jedenfalls fällt in diesen Jahren nicht ein einziges Mal in der Familienkorrespondenz und Adèles Desinteresse an den regelmäßig eingehenden Heiratsanträgen wurde nur mit Verwunderung zur Kenntnis genommen.

Im folgenden Jahr gelang es Madame Hugo wieder, eine Reise durchzusetzen, diesmal nach London. Adèle genoß es, regelmäßig Konzerte zu besuchen, aber gesundheitlich ging es ihr schlecht, sie litt an chronischer Kopfgrippe und ihre Mutter fand sie zu mager und zu bleich.

Im November desselben Jahres, 1859, erließ Napoléon III. eine Generalamnestie für alle Exilierten, Hugo lehnte stolz ab, er wollte erst nach Frankreich zurückkehren, wenn auch die Freiheit dorthin zurückkehre, und natürlich erwartete er, daß seine Familie sich diesem Entschluß freudig anschließen würde. Das tat diese aber nicht, Madame Hugo reiste im folgenden Jahr allein nach Paris, und seit Februar 1861 waren schließlich alle unterwegs – Charles in Brüssel, Madame Hugo in Paris, Victor Hugo in Waterloo, Adèle »allein«, d.h. nur mit ihrer Kammerfrau (Skandal!) auf der Isle of Wight, wo sie vermutlich Pinson traf, der zu dieser Zeit in Südengland stationiert war. Da muß es wohl wieder zum Streit über Pinsons Bindungsunwilligkeit gekommen sein, denn in den folgenden Monaten schrieb Adèle Hugo ihm mehrere lange, heftige Briefe, deren erpresserische Argumente von abgrundtiefer Verzweiflung geprägt sind. Sie lockt ihn mit der großzügigen Mitgift, die sie zu erwarten hat, behauptet, ein Kind von ihm geboren zu haben, droht ihm, er würde sie in die Arme eines anderen, ungeliebten Mannes drängen und schließlich, sie würde sich umbringen, wenn sie nicht innerhalb von zwei Tagen eine positive Antwort von ihm erhielte. Wie könne er sie so unglücklich machen, hielt sie ihm vor, wo er doch angeblich ihr Glück wolle?

Nun endlich muß sie wohl auch zu ihrem Vater von ihren Heiratsabsichten gesprochen haben, der notierte am 16. Dezember 1861 in sein Tagebuch: »Ernsthafte Sorgen. P.«[57] Und vier Tage später überreichte sie ihm einen langen Brief, der zum Ziel hatte, seinen Widerstand zu brechen, all seine möglichen Bedenken gegen Pinson zu zerstreuen – ein elegant formulierter Heiratsantrag, mit dem entscheidenden Schönheitsfehler, daß sie ihn selbst geschrieben hatte. Sie behauptete, Pinson hätte sich seit ihrer ersten Begegnung auf Jersey in Liebe nach ihr verzehrt, sei nur der Armee beigetreten, da er doch einen Beruf brauche, um sie zu heiraten. Nur »seine stolze Zurückhaltung [hat] ihn daran gehindert, sich früher zu erklären.«

»Nach Jahren voller Strapazen, Tapferkeit, Arbeit und Schmerz
wagt er es endlich, sich mir zu nähern und um meine Hand zu
bitten.«[58]

Auch was seine Herkunft beträfe, brauche Hugo sich nicht zu sorgen – »Jeder englische Offizier ist ein Edelmann«.[59] Und außerdem habe er eine Erbschaft zu erwarten. Schließlich appellierte sie
an die väterliche Liebe und erinnerte ihn an seine geliebte Tochter
Léopoldine, da sei er auch erst gegen die Heirat gewesen und später dann so stolz auf den Schwiegersohn. »Im Gedenken an Didine
lege ich dir Albert ans Herz.«[60]

Der Dichter war bewegt. »Ich erhielt einen bewundernswerten
Brief von meiner Tochter. Ich bin mit der Heirat einverstanden.
Möge dies ein Glückstag sein!«[61]

Tatsächlich gelang es Adèle, Pinson zu einem Familienbesuch
am Weihnachtsabend zu überreden. Doch am nächsten Tag reiste
er ab, nach Kanada, wohin sein Regiment verlegt wurde, ohne den
ersehnten Antrag auszusprechen. Es blieb also alles beim alten –
Madame Hugo reiste, Charles übersiedelte endgültig nach Paris,
Hugo veröffentlichte sein großes Werk »Les Misérables«, und
Adèle verbrachte ihre Tage weiter »in Gesellschaft ihres Klaviers
in ihrem Zimmer«.[62]

Im Februar 1863 kam ein italienischer Dichter zu Besuch, Tom-
maso di Cannizario, noch ein Heiratsantrag, noch eine Ablehnung. Am 3. Juni entdeckte der Vater »neue Anzeichen« für ein be-
unruhigendes Verhalten seiner Tochter: François-Victor hatte »ein
merkwürdiges Bündel mit Kleidern und Papieren gefunden.«[63]
Doch am 18. Juni reiste Adèle ab – nach Paris, zu ihrer Mutter.

»Das Unglaubliche wagen«

»Das Unglaubliche wagen, daß ein junges Mädchen,
so versklavt, daß es nicht fünf Minuten lang
allein das Haus verlassen kann, um sich Papier
zu kaufen, das Meer überquert, um sich mit dem
Geliebten zu vereinen, von der alten in die neue
Welt überwechselt, das ist es, was ich tun werde.
Das Unglaubliche tun, daß ein junges Mädchen, das
heute kein Stück Brot hat außer dem, das ihr Vater

ihr als Almosen gibt, von heute an in vier Jahren
ehrliches, eigenes Geld haben wird, das ist es,
was ich tun werde.
Das Unglaubliche wagen, daß eine Frau, die unter
einem Dach gefangen ist mit einem Mann, der sie
leidenschaftlich liebt, sich von ihm trennt ohne
Aufsehen und sogar ohne Verzweiflung, das ist es,
was ich tun werde.«[64]

Diese kühnen Worte notierte die 33jährige Adèle Hugo 1863 in ihrem intimen Tagebuch. Sie hatte beschlossen, aus dem Familiengefängnis auszubrechen und sich auf eigene Faust auf die Suche nach dem Glück zu machen. Ein tollkühner Entschluß, wenn wir bedenken, daß sie zwar längst volljährig war, doch nie auf sich allein gestellt gelebt hatte, daß sie zumindest nicht sicher sein konnte, von ihrer Familie die notwendige finanzielle Unterstützung zu erhalten, daß sie vor allem nicht hoffen konnte, Pinson nach neun langen Jahren des Wartens noch umzustimmen.

Der Zeitpunkt für die Flucht war wohlüberlegt gewählt. Man wähnte Adèle auf dem Weg nach Paris, und so dauerte es einige Zeit, bis klar wurde, wohin sie wirklich gefahren war – nach Halifax, Kanada. Da im Laufe des Sommers alle Familienmitglieder auf Reisen waren, flogen die Briefe zwischen den verschiedenen Urlaubsorten nur so hin und her, Victor Hugo und seine Söhne machten sich vor allem Gedanken um den ungeheuerlichen Skandal, den Adèles »unglaubliche Eskapade« auslösen könnte, würde die Sache in der Öffentlichkeit bekannt, der Dichter empfand die Flucht seiner Tochter zudem als persönlichen Affront – »Sie haßt mich!«,[65] Madame Hugo litt als einzige vor allem für Adèle: ».. . ich bin von dem Unglück meines armen Kindes überwältigt.«[66]

Bald kamen von Adèle wieder Briefe, die die Familie beruhigen sollten – alle an François-Victor, ihren Lieblingsbruder, bzw. die Mutter gerichtet, ihrem Vater schrieb sie bezeichnenderweise nie wieder.[67]

»Bald werde ich verheiratet und ruhig und ausgefüllt sein. Ich bin froh und zufrieden, denn ich gehe dem Glück entgegen. Sei nicht traurig, liebe Mutter.«[68]

Von den Eltern erbat sie die schriftliche Einwilligung in ihre Heirat und den Vater erinnerte sie an Unterhaltszahlungen, die er ihr schuldete – beides wurde umgehend geschickt.

Am 17. September 1863 teilte sie ihrer Mutter den Vollzug der Eheschließung mit und bat, die Briefe an sie zukünftig an »Mme Penson«[69] zu adressieren.

Im Oktober erschien in einer Pariser Zeitung ein Artikel über Adèle Hugos Heirat, offensichtlich hatte sie selbst die Neuigkeit verbreitet. Die Familie sah sich veranlaßt, die Flucht nach vorn anzutreten, und meldete den Zeitungen zunächst die Verlobung, dann die Verheiratung ihrer Tochter mit Monsieur Albert Pinson, »ein englischer Offizier, der sich im Krimkrieg ausgezeichnet hat«.[70] Dennoch blieben Zweifel. Warum hörte man nichts von dem angeblichen Schwiegersohn? Nicht ein einziges Mal hatte er geschrieben. Und warum kam keine offizielle Kopie der Heiratsurkunde? Victor Hugo fühlte sich in seiner Ehre tief gekränkt durch diese Heimlichkeiten, er sah sich zum »Zahlmeister« degradiert (»An wen sonst sollte Adèle sich wenden?« gab Madame Hugo ihm zu bedenken), und Pinson bezeichnete er nur noch als den »üblen kleinen Säbelrassler«, der sich überhaupt nicht der Ehre bewußt sei, in die Familie Hugo einzuheiraten. Mit deutlichem Seitenhieb auf ihre eigene Ehegeschichte hielt ihm seine Frau entgegen:

> »Wer von uns könnte nach ernstlicher Prüfung behaupten, nie die Konventionen verletzt und für eine Passion nicht die Ehre aufs Spiel gesetzt zu haben?«[71]

Doch es sollte noch schlimmer kommen. Am 11. November erhielt François-Victor einen Brief seiner Schwester, in dem sie ihm gestand, nicht verheiratet zu sein, und ihn bat, »ihr zu helfen, Monsieur P.s Herz zu erweichen«.[72] Und zwei Wochen später teilte Pinson selbst »höflich und kühl« seinen »festen Entschluß«[73] mit, Adèle nicht zu heiraten. Er habe sie dringend aufgefordert, nach Hause zurückzukehren. Nachdem der erste Schock verwunden war, fand Hugo seine Courage wieder – er beschimpfte den »Elenden«, den »nichtswürdigen Burschen«, der seine Tochter unglücklich gemacht hatte, beschwor Adèle – »Sie muß sich von diesem bösen Traum losreißen«[74] – und versprach, sie für alles zu entschädigen.

»Das arme Kind hat das Glück noch nicht erfahren. Es wird Zeit, daß sie es erfährt. Ich will sie glücklich sehen. Ich werde Feste für sie in Hauteville-House geben. Ich werde alles, was Geist und Talent besitzt, einladen. Ich werde ihr Bücher zueignen. Ich mache sie zur Krone meines Alters. (. . .) Wenn es einem Kretin gegeben ist, zu entehren, so ist es mir gegeben, zu rühmen. Glücklich genesen, verheiraten wir sie später mit einem anständigen Mann. (. . .)«[75]

Doch Adèle kam nicht zurück. Statt dessen kamen beunruhigende Berichte von ihren Vermietern, sie vernachlässige völlig ihre Gesundheit und ernähre sich unzureichend, und von ihr selbst – sie wolle einen Magnetiseur beauftragen, der Pinson zwingen sollte, sie gegen seinen Willen zu heiraten, und daß er vorhabe, mit einer anderen Frau die Ehe einzugehen.

Für die Familie wurde immer klarer, »daß wir es hier mit völliger geistiger Verwirrung zu tun haben«, doch sie hoffte, die »Anfälle« würden von selber nachlassen, »sie verzehren sich selbst durch ihre eigene Heftigkeit«.[76]

Verschiedene Vorschläge machten die Runde, wie man Adèle durch eine List zur Rückkehr bewegen könne (könnte man ihr einreden, Monsieur Pinson wäre nach England abgereist?), und wie sollte man ihre Zukunft, d.h. ihre Heiratschancen, retten? »Nur kein Aufsehen!«[77]

Vielleicht sei es sogar besser, daß sie fern von Europa sei und so niemand Details über die Angelegenheit erfahren könne? Als einzige fest entschlossen, selbst etwas zu unternehmen, schlug Madame Hugo vor, sie wolle nach Halifax fahren und Adèle zurückholen – ein Plan, der sofort auf heftige Gegenargumente von Mann und Söhnen stieß und den sie dann auch fallenließ. Victor Hugo dagegen vertraute auf den Stolz seiner Tochter, der sich irgendwann gegen »die abstoßende Torheit dieses Kerls« empören würde.

Für Pfingsten 1864 kündigte Adèle ihre Rückkehr an und bat, ihr Geld für die Schiffspassage zu übersenden. Hugo, der befürchtete, sie könnte das Geld für andere Zwecke verwenden (womit er recht hatte), zögerte zunächst, schickte es dann doch zusätzlich zu den monatlichen Überweisungen, die sie regelmäßig erhielt, und den Extrazahlungen, die direkt an die Vermieter gingen, um für besseres Essen, Kleidung, Heizung usw. zu sorgen. »Sie darf uns nicht vorwerfen können, wir hätten sie je an der Rückreise gehindert«,[78] gab François-Victor zu bedenken.

Der Vorgang wiederholte sich von da an regelmäßig – Adèle behauptete, zurückkehren zu wollen, das Fahrgeld wurde geschickt, sie kam nicht.

Im Januar 1866 stellte sich ein neuer Kontakt mit Halifax her, ein gewisser Monsieur Penchenat berichtete, sie sei auf einen 3 km von Halifax entfernten, kleinen Bauernhof gezogen und lebe dort völlig zurückgezogen, »unauffällig« und unter Bedingungen, »die an Verwahrlosung grenzen«. Der Hauswirt hatte »ständiges Hin- und Herlaufen in ihrer schmutzigen Höhle und laute Selbstgespräche«[79] beobachtet.

Im Juli desselben Jahres verwendete Adèle ihr Reisegeld, statt für eine Schiffspassage nach Europa, dazu, ihrem Geliebten auf die Antilleninsel Barbados zu folgen, wohin Pinsons Regiment verlegt worden war. Das »wundervolle Klima« bekomme ihr gut, schrieb sie alsbald von Barbados, ihre Gesundheit sei »vollkommen wiederhergestellt«.[80] Und sie freue sich über die ihr zugesandte Kleidung.

Von da an wurde es still um die verlorene Tochter, in der Familienkorrespondenz wird ihr Name kaum noch erwähnt, in seinem »intimen Tagebuch« notierte Victor Hugo fast nur noch die regelmäßigen Geldsendungen nach Barbados. Die Familie kehrte zu anderen Sorgen und Freuden zurück. 1865, nach dem Tod seiner Verlobten Emily de Putron, verließ auch François-Victor Guernsey, Madame Hugo lebte nun mit ihren beiden Söhnen in Brüssel und kehrte nur noch einmal zu einem kurzen Besuch nach Hauteville-House zurück. Im folgenden Jahr heiratete Charles, mit knapp 39 Jahren, eine 18jährige Belgierin – eine von seiner Mutter (!) arrangierte Eheschließung. 1868 starb Charles' einjähriger Sohn und im selben Jahr Madame Hugo.

Im März 1870 berichtete eine Zeitungsnotiz von der Heirat Albert Pinsons mit einer irischen Offizierstochter. Er hatte also Barbados verlassen. Noch einmal keimte Hoffnung auf, Adèle würde nun aus eigenen Stücken zurückkommen. »Schreibe dem lieben Kind, meine Arme, mein Haus sind ihm geöffnet. (. . .) und wenn sie bei mir leben wollte, würde ich nie ein einziges Wort sagen, das sie kränken könnte«,[81] bat Victor Hugo seinen Sohn, doch Adèle kam nicht.

Im September desselben Jahres, während des Deutsch-Französischen Krieges, kehrte Hugo nach Paris zurück, seine Hoffnung, ihm, der Symbolgestalt der Republik, würde nun nach dem Sturz Louis Napoléons ein hohes politisches Amt angeboten, erfüllte sich nicht. Kurz darauf starb plötzlich sein Sohn Charles.

Am 11. Februar 1872, fast neun Jahre nach ihrer Flucht, wurde Adèle Hugo von Madame Baa, einer ehemaligen Sklavin von den Antilleninseln, die sie auf Barbados beschützt und gepflegt hatte, nach Frankreich zurückbegleitet.

Zwei Tage später schloß ihr Vater sie in Paris in die Arme. »Sie ist sehr ruhig und erscheint zeitweise wie schlafend.«[82] Auf Anraten zweier Ärzte wurde sie in das Sanatorium von Madame Rivet in Saint-Mandé gebracht. »Wieder eine Pforte, die sich schließt, diese noch dunkler als die des Grabes.«[83]

Die andere Seite der Geschichte

Frances Vernor Guille, Adèle Hugos amerikanische Biografin, hat sich bemüht, auf der anderen Seite des Atlantiks den Spuren nachzugehen, die ihr Aufenthalt in Halifax und Barbados hinterlassen hat.[84] Anläßlich des Todes von Victor Hugo im Jahre 1885 und dann auch noch in den Folgejahren erschienen dort gelegentlich Zeitungsartikel, die auf persönlichen Erinnerungen einzelner an das mysteriöse »französische Fräulein« basierten. Demnach wohnte Adèle Hugo zunächst in einem wenig angemessenen Hotel, nahm dann ein Privatzimmer bei den Saunders, die sich freundlich um sie kümmerten. Sie lebte sehr zurückgezogen in ihrem unordentlichen Raum, erhielt gelegentlich kurze Besuche von Pinson, dem sie jedesmal ihr ganzes Geld gab, schrieb beständig an einem Manuskript, das sich in ihrem Zimmer türmte. Erst durch einen Zufall erfuhr Mrs. Saunders, um wen es sich bei ihrem Logiergast handelte, und schrieb daraufhin einen besorgten Brief an die Familie. Nach anderthalb Jahren hatte Adèle Hugo die Saunders verlassen, veranlaßt offensichtlich durch einen Brand in der Nachbarschaft, der sie entsetzlich erschreckt hatte. Besonders fürchtete sie um ihr Manuskript. Sie übersiedelte dann zu einer anderen Familie, den Mottons, die ihr ebenfalls sehr freundlich zugetan waren. Gelegentlich wurde sie auf einem Ball gesehen, wo sie versuchte, den Leutnant Pinson zu sprechen.

Anläßlich der geplanten Eheschließung zwischen Pinson und

Agnes Johnstone, Tochter eines Richters und ehemaligen Premier-
ministers von Neuschottland, beauftragte Adèle Hugo ihre beiden
Anwälte, dem Vater der Braut mitzuteilen, daß Pinson ihr Verlobter sei und bereits einen Ehevertrag mit ihr unterschrieben habe.
Die Verlobung mit Agnes Johnstone wurde daraufhin aufgelöst,
die unglückliche Braut nach Europa geschickt. Sie soll nie geheiratet haben.

Mr. Motton, einer der beiden Anwälte, berichtete auch, sie habe
ihm einmal ein Manuskript zur Veröffentlichung angeboten, das
wie ein Roman aussah. Er habe es abgelehnt – was er später be-
dauerte. Außerdem habe sie ein zweites geheimes Manuskript bei
sich getragen, das sie als ihre Autobiografie bezeichnete.

Alle Berichte stimmen darin überein, daß Adèle Hugo außergewöhnlich schön, wohlerzogen, vornehm und exzentrisch war in
ihrer Liebe zu Pinson, den sie anbetete wie eine Gottheit.

Albert Pinson dagegen hatte einen ausnehmend schlechten Ruf,
er galt als Frauenheld und Dandy, liebte Pferderennen und andere
kostspielige Sportarten und machte überall Schulden. Er wurde
1867 zum Hauptmann befördert, ging 1869 mit seinem Regiment
von Barbados nach Dublin, wo er im selben Jahr demissionierte
und eine offensichtlich wohlhabende Offizierstochter heiratete.

Auf Barbados hatte Adèle Hugo womöglich noch weniger Kontakte als zuvor in Halifax, sie erregte vor allem Aufsehen durch
ihre Kleidung – schwere Samtkleider, gelegentlich trug sie sogar
Pelze, die dem heißen Klima völlig unangepaßt waren. Madame
Baa, die sie aus Mitleid aufgenommen hatte und pflegte, hielt sie
für mittellos und verrückt. Erst später erfuhr sie die Wahrheit über
ihre Herkunft und ließ einen Brief an den Vater schreiben, der daraufhin umgehend die notwendigen Mittel für ihre Reise nach Europa übersandte.

Die zweite Hälfte des Lebens

»Adèle war 42 Jahre alt bei ihrer Rückkehr nach Frankreich
und hatte die Hälfte ihres Lebens noch vor sich. Sie sollte noch
43 Jahre in einem Sanatorium leben, zunächst in Saint-Mandé
und später in Suresnes.«

schreibt Frances Vernor Guille.

»Auf den ersten Blick scheint der Gegensatz zwischen diesen beiden Hälften enorm zu sein. In Paris führte das junge Mädchen das Leben der obersten Gesellschaft. Das Haus der Familie Hugo war damals das Zentrum des kulturellen Lebens der Stadt. Dann kam der Umsturz von 1848, die Gefangennahme ihrer Brüder, das Exil ihres Vaters in Brüssel, der Umzug nach Jersey, die Ausweisung von der Insel und die Niederlassung auf Guernsey, die häufigen Reisen Adèles in Begleitung ihrer Mutter nach London und Paris, dann die Flucht nach Neuschottland und Barbados. Ein Leben voller Wanderschaft und Abenteuer, könnte man annehmen.«

Und doch

»blieb Adèle die meiste Zeit außerhalb dieses Tumultes. (...) Ihr persönliches Leben war sehr monoton. Sie beobachtete, schrieb ihr Tagebuch, spielte Klavier. In der zweiten Hälfte ihres Lebens sollte sie genau dasselbe tun, beobachten, Tagebuch schreiben, Klavier spielen – bis zum Alter von 85 Jahren.«[85]

Victor Hugo besuchte seine Tochter anfangs regelmäßig – die ersten Male zusammen mit Mme. Baa, später mit Juliette Drouet und seinen Enkelkindern. Dann kehrte er nach Guernsey zurück, Hauteville-House wurde sein Alterswohnsitz und er kam nur noch in großen Abständen nach Paris.

Die Kranke wurde ausgezeichnet versorgt, körperlich ging es ihr gut, ihr Geisteszustand blieb »unverändert«. Sie hatte »Wahnvorstellungen«, hörte Stimmen, die ihr »beunruhigende Dinge« sagten, flüsterte vor sich hin, vollführte Gesten »wahrscheinlich abergläubischer Natur«.[86]

Zu Zeiten, in denen es ihr besser ging, machte sie Spaziergänge und Einkäufe und verhielt sich »ganz normal«. Gelegentlich bat sie ihren Vater um Geld und wollte von ihm aus dem Sanatorium »fortgenommen« werden.

Sie überlebte die ganze Familie – zwei Jahre nach ihrer Rückkehr war ihr Lieblingsbruder François-Victor gestorben, 1885 starb Victor Hugo (und wurde in einem pompösen Staatsbegräbnis beigesetzt, zwei Millionen Menschen säumten die Straßen von Paris).

Adèle Hugo erbte das Vermögen ihres Vaters, das von einem Vormund verwaltet wurde. Sie selbst starb erst 30 Jahre später, am

22. April 1915. Ihr Tod wurde überdeckt von den dramatischen Ereignissen des Ersten Weltkrieges und fand in den Zeitungen wenig Resonanz. Viele waren überrascht über die Nachricht, man hatte sie längst für tot gehalten – was sie ja in gewissem Sinne auch war.

»Es ist nicht Liebe, sondern Wahnsinn ...«

Wie bei allen »Wahnsinnsfrauen« stellt sich auch bei Adèle Hugo natürlich die Frage nach der Ursache ihrer Erkrankung. Sie ist – soviel sei vorweg gesagt – nicht eindeutig zu beantworten.

Frances Vernor Guille, die die mühsame Grundlagenforschung zu Schriften und Lebensweg Adèle Hugos betrieben hat, gibt einige wertvolle Hinweise. Sie verweist auf die Einsamkeit Adèle Hugos, ihren Mangel an Freundinnen, besonders in der Konfliktsituation mit Auguste Vacquerie, und den Schatten, der durch den entsetzlichen Tod Léopoldines über dem ganzen Leben der jüngeren Schwester lag.

Henri Guillemin, Autor der 1988 auch auf deutsch erschienenen Adèle-Hugo-Biografie, tappt völlig im dunkeln. »Sie ist ihm [Victor Hugo] böse, doch weshalb?«[87] fragt er angesichts ihres heimlichen Aufbruchs aus Guernsey und bemüht sich ansonsten viele Seiten lang, Madame Hugos Kampf um eine Reise für sich und ihre Tochter als böswilliges Imstichlassen der Familie darzustellen.

Bettina Klinglers[88] Nachwort zu Guillemins Biografie geht den Dingen wesentlich überzeugender auf den Grund. Sie macht vor allem zwei Faktoren für die Erkrankung verantwortlich – die genetische Veranlagung, die in der Lebensgeschichte des Onkels Eugène deutlich wird, und die Persönlichkeit des Vaters. »Besitzergreifend« und »hypervital« nennt sie ihn.

Welche Antworten lassen sich auf dem Hintergrund der feministischen Forschung der letzten zehn Jahre finden?

Adèle Hugo litt ganz offensichtlich nicht – wie so viele andere »Wahnsinnsfrauen«[89] – an einer posttraumatischen Störung infolge häuslicher Gewalterfahrung, ihre Kindheit war von Liebe, Zuwendung und Interesse an ihrer intellektuellen Entwicklung geprägt, sie bekam Bestätigung nicht nur von ihren Eltern und Geschwistern, sondern auch von Außenstehenden.

Es gibt keinen Hinweis darauf, daß ihr Vater, der sonst die Finger von keiner Frau lassen konnte, sich an ihr vergriffen hätte.[90] Ihre Mutter, die gewiß keine einfache Ehe führte, verstand es, sich den alles vereinnahmenden Ansprüchen ihres Mannes zu entziehen und zumindest in gewissem Rahmen ein selbstbestimmtes Leben zu führen.

Adèle Hugo mußte dennoch nicht, wie viele »Vater-Töchter« – etwa die 25 Jahre nach ihr geborene Eleanor Marx[91] –, in die von der Mutter gelassene Bresche springen und ihr eigenes Glück dem beruflichen und persönlichen Dienst am Vater opfern. Es scheint, im Gegenteil, daß der Vater eher zuwenig als zuviel von ihr verlangte.

Er verteilte die verschiedenen »Dienstleistungen« auf mehrere Frauen – für die offizielle Repräsentation seines Namens, teilweise auch für geschäftliche Verhandlungen, war Madame Hugo zuständig, für Haushaltsführung und Sekretärinnentätigkeiten seine Schwägerin Julie Chenay, für Begleitung auf Reisen und Unterstützung in schweren Stunden seine lebenslange Geliebte Juliette Drouet und für sexuelle Befriedigung außerdem zahlreiche andere, meist sehr viel jüngere Frauen.

Was er von seiner Tochter erwartete, war deren ständige Anwesenheit, bei guter Laune natürlich – sie sollte hübsch, gesund und fröhlich sein, mit Anmut und Charme ihn und die Brüder unterhalten, sozusagen auf ewig fortführen, was seine über alles geliebte erste Tochter als reizendes Mädchen so gut verstanden hatte – für eine erwachsene Frau ein reichlich reduziertes Programm.

Madame Hugo erkannte sehr deutlich (weil sie selbst darunter litt), was die Folge dieses väterlichen Anspruchs war – ein Leben voller »Langeweile und Melancholie«. Das Allheilmittel, das sie für sich gefunden hatte – Großstadtluft mit den entsprechenden gesellschaftlichen und kulturellen Angeboten – wirkte bei ihrer Tochter aber nicht.

»Die Reisen mit meiner Mutter wurden immer schwieriger«, schrieb Adèle Hugo im Juni 1863 kurz nach ihrer Flucht an den Bruder. »Da, wo ich hin möchte [d.h. wahrscheinlich die Orte, an denen sich Pinson aufhielt] findet sie nicht das ihr gemäße Milieu, und ich mache mir nichts aus Paris.«[92]

Das ausgeprägte, angesichts seines eigenen Lebensstils manchmal absurd wirkende Bedürfnis Hugos, all seine Lieben ständig um sich zu versammeln, richtete sich an alle Beteiligten, konnte aber von der jüngsten Tochter am wenigsten zurückgewiesen werden, da sie keine einleuchtenden Gründe für eine Abwesenheit vorzubringen hatte. Je nach Gegebenheit pflegte Hugo seinen Anspruch mit Zärtlichkeit zu formulieren – »Ich sehne mich danach, euch alle zu umarmen«[93] – oder auch offenen Druck auszuüben:

> »Die ganze Zersplitterung taugt nichts. [. . .] ohne Vorhandensein einer zwingenden Notwendigkeit ist alles, was unseren Familienzusammenhalt auflöst, von Übel.«[94]

»Der sanfte Tyrann« nannte ihn sein Sohn Charles, was er empört zurückwies – es traf die Sache genau. Madame Hugo, die durchaus Verständnis für seine politischen Motive hatte – die Familie sollte nicht den Eindruck vermitteln, als würde sie den Dichter in seinem Exil im Stich lassen – hielt ihn im Grunde für einen Egoisten. Seiner Tochter sandte er ein zweideutiges Signal – er konnte nicht ohne sie sein, aber er brauchte sie auch nicht wirklich.

Inwieweit Adèle Hugo ein Beispiel für jene genialen Frauen war, die, benachteiligt gegenüber ihren Brüdern, nicht ernst genommen von ihren Familien, an ihren »nicht auslebbaren kreativen Impulsen«[95] erstickten, läßt sich aus heutiger Sicht schwer beantworten. Da ihre Kompositionen offensichtlich nie gedruckt, ihre Schriften, mit Ausnahme des Tagebuchs, bisher nicht aufgefunden wurden, ist es nicht möglich, über deren Qualität und damit Adèle Hugos Begabung etwas auszusagen. Sicher ist, daß die kreative Arbeit für sie von großer Wichtigkeit war. Bei ihrem Aufbruch nach Halifax hoffte sie, eines Tages von ihren Kompositionen leben zu können. Außerdem wollte sie sich durch Schreiben befreien, sie plante ein Buch über die »Befreiung der Frau«, ein Buch, das sich an das 20. Jahrhundert wenden sollte, »über das man in hundert Jahren (. . .) 1954«[96] nicht mehr lachen würde. Selbst in der Zeit ihrer dunkelsten Verzweiflung und auch später in der Anstalt schrieb und musizierte sie weiter, wollte ihre Werke allerdings niemandem zeigen. Es erscheint eindeutig, daß sie trotz der anregenden Atmosphäre, in der sie aufwuchs, wenig ernsthafte Unterstützung für ihre kreative Arbeit bekam. Die Erwartungen an Genialität waren auch in dieser Familie auf die Söhne gerichtet, die sie im übrigen nicht erfüllten.

Andererseits hatte Adèle Hugo durchaus Zugang zu weiblichen Vorbildern – die provokante Schriftstellerin George Sand wurde in der Familie gelesen und diskutiert, Adèle Hugo selbst besuchte die berühmte Tiermalerin Rosa Bonheur, die von einer ganzen Generation junger Künstlerinnen bewundert wurde, während ihrer Pariser Zeit in ihrem Atelier.[97] Diese Beispiele mutiger und erfolgreicher Frauen reichten aber offensichtlich nicht, sie in ihrer künstlerischen Arbeit ausreichend zu bestätigen. Sie setzte auf andere Qualitäten.

Wie alle jungen Frauen, denen »mann« noch nicht das Gegenteil bewiesen hat, war Adèle Hugo zutiefst überzeugt von ihrer Einzigartigkeit und Unbesiegbarkeit. Leider gründete sie ihre Überzeugung aber auf zwei sehr vergängliche Besitztümer – ihre Schönheit und ihren Namen als Tochter des berühmten Vaters. Beides machte ihre Wirkung aus, ihre Unwiderstehlichkeit – schließlich lagen die Männer ihr zu Füßen.

> »Ich bin jung, schön, willensstark, von beweglichem Geist. Ich bin im Innersten die Königstochter Victor Hugos, und dies vor allem will ich sein«[98]

hatte sie 22jährig mit erfrischendem Selbstbewußtsein aufgeschrieben und alle Heiratsanträge abgewiesen, denn sie war »viel zu stolz darauf, Mlle. Hugo zu sein«. Da konnte sie noch annehmen, das Tochtersein würde ihren »beweglichen Geist« beschäftigt halten. Es war dasselbe Jahr, in dem sie begann, die Familiengespräche aufzuzeichnen. Erst im Laufe der Zeit stellte sich das Konzept als brüchig heraus – die »Großartigkeit«, die sie von ihrem Leben erwartete, war als Tochter Victor Hugos ganz offensichtlich nicht zu erlangen.

Es mag auf den ersten Blick unverständlich erscheinen, daß sie sich mit dem Leutnant Pinson – ein Unbekannter, der weder Geist noch einen großen Namen, noch Vermögen zu bieten hatte – den Mann erwählte, der sie aus ihrer inneren Zwangslage befreien sollte. Doch alles, was in den Augen der Familie Hugo gegen Pinson sprach, sprach gerade für ihn. Er war eine Provokation. Was Adèle Hugo ihrem Vater in ihrem mutigen Plädoyer von 1861 auch genüßlich unterbreitete:

> »Er war Royalist, Engländer; er war die Vergangenheit. [Also alles, was Hugo haßte.] Und wen liebte er? Eine Frau der Zukunft, eine Republikanerin, eine Französin. Was machte das schon!«[99]

Und sie betrachtete ihn aus »vielerlei Gründen« bereits als ihren Ehemann – was wohl als unausgesprochener Hinweis zu verstehen ist, daß sie schon lange seine Geliebte war. Noch eine Provokation.

Mit 26 Jahren zeigten sich bei Adèle Hugo die ersten Anzeichen einer psychosomatischen Erkrankung, die »Nervenkrise«, danach versank sie immer mehr in »Melancholie« und »Lebensüberdruß«. Daß sie trotzdem, fast sieben Jahre später, den Mut und die Kraft aufbrachte, aus ihrem Familiengefängnis auszubrechen, gegen alle Konventionen ihrem Geliebten über den Atlantik folgte, sich aus finanzieller Abhängigkeit und der festgefahrenen Situation mit ihrem Jugendfreund befreien wollte, zeugt von einer Energie, die einer Mademoiselle Hugo in jeder Hinsicht würdig war.

Bitter nur, und verhängnisvoll, daß sie diese Energie auf einen – offensichtlich unwürdigen – Liebhaber verschwendete, statt ihrem Vater auf andere Weise – etwa durch Veröffentlichung ihrer Autobiografie – die Stirn zu bieten.

»Es ist nicht Liebe, sondern Wahnsinn«,[100] befand Victor Hugo, womit er in gewissem Sinne recht hatte. Der Wahnsinn liegt im System.

Anmerkungen

Ich widme diesen Aufsatz dem Andenken an meinen Vater, Bernard Schweers.

Da ich meinen Text in Kakamega/Westkenia weitab von den Quellen europäischer Bibliotheken schrieb, gestaltete sich die Materialbeschaffung für diesen Aufsatz recht schwierig.

Ich danke meiner Freundin, Renate Rochner, den Herausgeberinnen, Luise F. Pusch und Sibylle Duda, Denise Jeanmart (Toulouse) und meiner Mutter, Ursula Schweers, für ihre Ermutigung und praktische Unterstützung.

A.S.

1 Zit. nach: »Die Geschichte der Adèle H.« (1975), Film von François Truffaut.

2 Im Vorspann des Films heißt es: »Die Geschichte der Adèle Hugo ist authentisch. Sie erzählt von Ereignissen, die stattgefunden haben, und Personen, die gelebt haben.« Der Film wurde unter der Mitarbeit von Fran-

ces Vernor Guille gedreht, die Fakten basieren auf Guilles biografischen Nachforschungen in Frankreich, Neuschottland und Barbados.

3 Zit. nach: »Die Geschichte der Adèle H.« (1975), Film von François Truffaut.

4 Klingler, Bettina: Nachwort zu Guillemin, Henri: *Adèle – die Königstochter Victor Hugos*. Frankfurt/M. 1988. S. 171.

5 Klingler 1988, S. 172.

6 Brief Mme. Hugo an Victor Hugo, 5.7.1836, zit. nach: Guillemin, Henri: Hugo. Paris. 1994. S. 67 (im folgenden Guillemin 1994).

7 Guillemin 1994, S. 72.

8 Guillemin 1988, S. 16.

9 Guille, Frances Vernor: »Fille d'Olympio«, biografisches Vorwort in: Guille, Frances Vernor: *Le Journal d'Adèle Hugo*. Premier volume: 1852. Paris 1968, S. 43 (im folgenden Guille 1968).

10 In der Familie Hugo wurden die Kinder »Didine« (Léopoldine), »Dédé« (Adèle), »Toto« (François-Victor) und »Charlot« (Charles) genannt.

11 Brief Victor Hugo an Louise Bertin, zit. nach Guille 1968, S. 43.

12 ebd.

13 Georgel, Pierre: Léopoldine Hugo: Une fille romantique. Paris 1967/ 68, S. 29.

13a Guillemin 1988, S. 18.

14 Victor Hugo:
Meine beiden Töchter
Im Abenddämmern, das
klare Kühle durchstreicht,
die eine dem Schwan, die
andere der Taube gleicht.
So seht doch nur jene beiden,
voll Freude, wie rein:
die große Schwester sitzend
beim Schwesterlein
am Tore des Gartens dort,
und hoch überspielen
sie weiße Nelken an
zerbrechlichen Stielen.
In einer Marmorvase
im Winde sie beben
und neigen sich ihnen
zu, verwurzelt voll Leben
und zittern im Schatten
und hangen am Vasenrand,
gleich einem Schmetterlingsschwarm,
verzückt und gebannt.

Übersetzung von Max Rieple

15 In sein Tagebuch hatte Victor Hugo einen Brief seiner Tochter Léopoldine geklebt und auf der gegenüberliegenden Seite ein Foto von sich selbst, »(. . .) damit die Handschrift meiner geliebten Tochter immer von meinem Kuß berührt wird«. Guillemin 1994, S. 82.

16 Georgel 1967/68, S. 46.

17 Guillemin 1988, S. 19.

18 Guillemin 1988, S. 29.

19 Guille 1968, S. 51.

20 Klingler 1988, S. 175.

21 Guillemin 1988, S. 25.

22 »Napoleon, der Kleine«.

23 Journal I, S. 246.

24 Zur Geschichte des Manuskripts vgl. Guille 1968 (Einleitung).

25 Guille, Frances Vernor: Le Journal d'Adèle Hugo, erster Band: 1852 (ersch. 1968); zweiter Band: 1853 (ersch. 1971); dritter Band: 1854 (ersch. 1984).

26 »Napoleon, der ganz Kleine«.

27 Guille 1968, S. 27.

28 Ein Auszug aus Adèle Hugos Schriften, 1892 von Octave Uzanne unter dem Titel »Les propos de table de Victor Hugo en exil« publiziert, mußte auf Betreiben der Nachkommen wieder eingestampft werden. Dieser Vorgang ist um so bemerkenswerter, als Victor Hugo in seinem Testament alle seine Schriften, einschließlich persönlicher Briefe und seines intimen Tagebuchs, zur Veröffentlichung freigegeben hatte.

29 Richardson 1976, S. 153.

30 Brief Mme. Hugo an Asseline vom 13.10.1852, zit. nach Guillemin 1988, S. 34.

31 Brief Mme. Hugo an Julie Chenay vom 16.11.1856, zit. nach Guillemin 1988, S. 39.

32 Guillemin 1994, S. 46.

33 Brief Mme. Hugo an Mme. Paul Meurice vom 17.10.1856, zit. nach Guillemin 1988, S. 39.

34 zit. nach Guillemin 1988, S. 47/48.

35 zit. nach Guillemin 1988, S. 47.

36 zit. nach Guillemin 1988, S. 44.

37 zit. nach Guillemin 1988, S. 28; die persönlichen Aufzeichnungen Adèle Hugos sind abgedruckt im Journal I

38 zit. nach Guillemin 1988, S. 30.

39 ebd. S. 31.

40 Brief Mme. Hugo an ihre Schwester Julie Chenay vom 22.5.1855, zit. nach Guillemin 1988, S. 37.

41 zit. nach Guillemin 1988, S. 36.

42 ebd. S. 30.

43 Journal III, S. 18 (Eintrag vom 27. August 1854).

44 Journal III, Einträge vom August/September 1854.

45 »Textes personnels«, abgedruckt im Journal III, Einträge vom August bis Dezember 1854, S. 17 ff.

46 Journal III, S. 16.

47 ebd. S. 31.

48 Etwa: »die unabhängige Frau, die Mutter, die Schwester, die Maitresse, die schöne Frau«, Journal III, S. 17.

49 Mme. Hugo an Victor Hugo, zit. nach Guille 1968, S. 63.

50 Guillemin 1988, S. 40.

51 Guillemin 1994, S. 34.

52 Guillemin 1988, S. 44.

53 ebd. S. 46.

54 ebd. S. 49.

55 ebd. S. 51.

56 ebd. S. 51/52.

57 ebd. S. 74.

58 ebd. S. 82.

59 ebd. S. 84.

60 ebd. S. 87.

61 ebd.

62 ebd. S. 88.

63 ebd. S. 90.

64 Diese »Unabhängigkeitserklärung« Adèle Hugos wird in den verschiedenen Quellen unterschiedlich zitiert. Meine Übersetzung folgt Guille 1968, S. 70.

65 Guillemin 1988, S. 93.

66 ebd. S. 94.

67 Die einzigen späteren Briefe von Adèle Hugo an ihren Vater stammen aus der Zeit nach ihrer Rückkehr, also Briefe, die sie ihm aus der Heilanstalt schrieb.

68 zit. nach Guillemin 1988, S. 98.

69 Adèle Hugo behauptete gegenüber ihren Eltern, »ihr« Name hätte zwei legale Schreibweisen – »Pinson« und »Penson«, eine weitere Ungereimtheit, die das Mißtrauen ihres Vaters erregte.

70 Guillemin 1988, S. 104.

71 ebd. S. 113.

72 ebd. S. 116.

73 ebd. S. 121/122.

74 ebd. S. 124.

75 ebd.

76 Victor Hugo an Mme. Hugo, Brief vom 21.2.1864, zit. nach Guillemin 1988, S. 132.

77 ebd. S. 133.

78 François-Victor an seinen Vater, Brief vom 20.3.1866, zit. nach Guillemin 1988, S. 153.

79 Guillemin 1988, S. 147.

80 ebd. S. 154.

81 Victor Hugo an François-Victor, Brief vom 10.3.1870, zit. nach Guillemin 1988, S. 156.

82 Aus dem Tagebuch Victor Hugos, 13.2.1872, zit. nach Guillemin 1988, S. 160.

83 Tagebuch Victor Hugo, 17.2.1872, zit. nach Guillemin 1988, S. 161.

84 vgl. Guille 1968, S. 117 ff.

85 Guille 1968, S. 109 (Übersetzung A.S.).

86 Guillemin 1988, S. 166.

87 ebd. S. 93.

88 in: Guillemin 1988, S. 169 ff.

89 vgl. Pusch, Luise F.: »Psychisches Trauma – Leiden der Machtlosen«, Nachwort zu Duda/Pusch (Hg.), Zweiter Band, S. 390 ff.

90 In der Victor-Hugo-Biografik gibt es eine umfangreiche Liste von Titeln, die sich mit seinem Liebesleben beschäftigen, u. a. wird darin die Frage eines sexuellen Übergriffs auf die 14jährige Julie Foucher (später verheiratete Chenay) diskutiert (vgl. Jean-Luc Mercié: *Victor Hugo et Julie Chenay*, Paris, 1967). Julie Chenay war die jüngste Schwester von Mme. Hugo, geboren im Hochzeitsjahr der Hugos, bei denen sie während ihrer Kindheit zeitweilig lebte. Später kam sie, nach der Trennung von ihrem Mann, nach Guernsey und verwaltete den Hugoschen Haushalt. Ich konnte diesen Hinweisen im Rahmen des vorliegenden Aufsatzes nicht weiter nachgehen.

91 vgl. Klaus Goch: »Eleanor Marx«, in: Pusch 1988.

92 Guillemin 1988, S. 97.

93 Guillemin 1988, S. 71.

94 ebd. S. 70.

95 vgl. Pusch, Luise, F., Hg. 1985. *Schwestern berühmter Männer.*

96 Guille 1968, S. 70.

97 Journal I, Eintrag vom 14.5.1852.

98 Guillemin 1988, S. 31.

99 ebd. S. 82.

100 ebd. S. 124.

Literatur

Duda, Sibylle, und Luise F. Pusch, Hg.: *WahnsinnsFrauen*. Frankfurt/M. 1992

Duda, Sibylle, und Luise F. Pusch, Hg.: *WahnsinnsFrauen. Zweiter Band.* Suhrkamp Verlag. Frankfurt/M. 1996

Escholier, Raymond: *Un amant de génie: Victor Hugo: Lettres d'amour et carnets inédits.* Fayard. Paris 1953

Georgel, Pierre: *L'album de Léopoldine Hugo.* Musée Victor Hugo, Villequier o. D.

Georgel, Pierre: *Léopoldine Hugo: Une jeune fille romantique.*Ville de Paris, Maison Victor Hugo Novembre 1967 – Janvier 1968

Guille, Frances Vernor, Hg.: *Le journal d'Adèle Hugo.*
Premier volume 1852. Paris 1968
Second volume 1853. Paris 1971
Troisième volume 1854. Paris 1984

Guille, Frances Vernor: »Fille d'Olympio«, in: Guille, Frances Vernor, Hg.: *Le journal d'Adèle Hugo.* Premier volume 1852. Paris 1968. S. 35-142

Guillemin, Henri: *Victor Hugo et la sexualité.* Paris 1954

Guillemin, Henri: *Adèle: Die Königstochter Victor Hugos* (= L'engloutie – Adèle, fille de Victor Hugo). Übs. aus d. Frz. Von Hild Wollenhaupt. Mit e. Nachw. von Bettina Klingler. Ullstein. Frankfurt/M. 1988 (1985)

Guillemin, Henri: *Hugo.* Seuil. Paris 1994 (1951)

Huas, Jeanine: *Juliette Drouet ou la passion romantique.* Paris 1970

Mercié, Jean-Luc: *Victor Hugo et Julie Chenay: Documents inédits.* Lettres modernes Minard. Paris 1967

Pusch, Luise F., Hg.: *Schwestern berühmter Männer. Zwölf biographische Portraits.* Frankfurt/M. Insel TB 796. 1985

Pusch, Luise F., Hg.: *Töchter berühmter Männer. Neun biographische Portraits.* Frankfurt/M. Insel TB 979. 1988

Richardson, Joanna: *Victor Hugo.* Weidenfeld & Nicolson. London 1976

Rieple, Max: *Das französische Gedicht von Chenier bis zur Gegenwart.* Zweisprachige Ausgabe. Südverlag. Stuttgart 1947

KATE CHOPIN
1850-1904
Der Wahnsinn des Literaturbetriebs

Von Evelyne Keitel

Wahnsinn hat viele Formen und Ausprägungen. Insbesondere kreative Frauen sind anfällig, intellektuelle Frauen, schreibende Frauen. Bisweilen sind sie öffentlichen Demütigungen und Schmähungen ausgesetzt, von negativen Rezensionen ganz zu schweigen. Entmutigt verzweifeln sie dann an sich selbst.

Kate Chopin ist so ein Fall. Sie traf in den Vereinigten Staaten der Jahrhundertwende auf eine geschlossene Front von Ablehnung und Entrüstung, als sie *The Awakening* (1899) veröffentlichte. In diesem Roman wird erstmals innerhalb der amerikanischen Literatur weibliche Sexualität thematisiert.

Männliche Sexualität wurde im 19. Jahrhundert in all ihren Schattierungen literarisch beleuchtet: Von James Fenimore Coopers *Leatherstocking Tales* (1823-1827, 1840-1841), in denen die homoerotische Beziehung zwischen einem Weißen und einem Indianer im Mittelpunkt steht, über Edgar Allan Poes Kurzgeschichten um nekrophile Helden, für die eine gute Frau immer eine tote Frau ist, bis hin zu Herman Melvilles Homosexuellen-Epos *Moby Dick* (1851) und seiner Inzest-Saga *Pierre* (1852) eröffnet sich ein buntes Spektrum. Und deshalb war dem amerikanischen Lesepublikum kaum eine Abart männlichen Sexualverhaltens fremd.

Wenn aber eine Autorin weibliche Sexualität aus einer differenzierten und einfühlsamen Innenperspektive heraus erforscht, so verursachte das einen Skandal. Die Rezensenten schrieben einen Verriß nach dem anderen. Ihre Kritik war vernichtend: Der Roman sei Gift, hieß es, durch die Lektüre würde man an Leib und Seele erkranken. Die Handlung sei so verwerflich, so voll von Verruchtheiten, daß man sie nicht einmal nacherzählen könne. Bald ging das Gerücht um, *The Awakening* sei auf den Index gesetzt worden (es war falsch). Die Stimmung, die sich gegen die Autorin richtete, war so intensiv negativ, daß sie keine weiteren literarischen Texte mehr publizieren konnte. Sie war durch die kollektive Ächtung des Literaturbetriebs zum Schweigen gebracht worden und starb, innerlich zerbrochen, fünf Jahre später.

Der Skandalroman

Edna Pontellier, die Heldin von *The Awakening* (deutsch: *Das Erwachen*, Insel Verlag), ist Ende zwanzig, mit einem erfolgreichen Geschäftsmann aus New Orleans verheiratet und hat zwei Söhne. Ihr Mann ist Kreole, sie selbst stammt aus Kentucky. Edna Pontellier führt ein Leben in Luxus. Aber sie fühlt sich eingeengt und verspürt ein vages Verlangen nach einem selbstbestimmteren Leben. Sie verläßt Mann und Kinder, ergründet ihre Emotionen, ihre Kreativität und ihre Sinnlichkeit. Sie hat, eher nebenbei, eine Affäre. Am Ende des Romans begeht sie Selbstmord.

Nun werden weibliche Figuren im Roman des 19. Jahrhunderts für sexuell freizügiges Verhalten immer mit einem tragischen Tod bestraft, man denke nur an Madame Bovary und Anna Karenina. Und obwohl sich Chopin in *The Awakening* dieser Konvention beugte, attackierten die männlichen Rezensenten Chopin wegen etwas, das sie »Edna Pontelliers Selbstsucht« nannten. Sie empfanden den Roman als morbid, vulgär, krankhaft introspektiv und – vor allem – als sexuell viel zu explizit.

The Awakening ist ein wundervoller Roman, poetisch, vielschichtig, rätselhaft, voll von Symbolen und Bildern. Heute gehört er zu den Klassikern der amerikanischen Literatur. Und Chopin gilt als die erste amerikanische Autorin eines ästhetisch anspruchsvollen Romans.[1] Ihr Werk markiert den Übergang vom Regionalismus zum Modernismus.[2] Gleichzeitig schreibt es bestimmte Traditionen der französischen Frauenliteratur – jene, die von Mme. de Staël (1766-1817) und George Sand (1804-76) begründet wurden – in einem fremden Kontext fort. Chopins Texte vermitteln zwischen den Literaturen der Alten und der Neuen Welt. Sie ist eine Grenzgängerin zwischen zwei Kulturen.

Kate Chopins Herkunft

Katherine O'Flaherty[3] war halb irischer, halb kreolischer Abstammung. Ihr Vater, ein irischer Immigrant, hatte in den USA sein Glück gemacht: Thomas O'Flaherty war ein Selfmademan, der versuchte, den prototypisch amerikanischen Mythos ›from rags to riches‹ [›vom Schuhputzer zum Millionär‹[4]] für sich zu verwirlichen und enormen Erfolg damit hatte. 1844 heiratete er in zweiter

Kate Chopin

Ehe Eliza Faris. Sie war gerade erst 16 geworden und ganze 23 Jahre jünger als er. Thomas' Wohlstand ermöglichte Elizas verarmter, aber vornehmer Kreolenfamilie das Überleben.[5] Und das Ansehen, das ihre Familie in St. Louis, Missouri, genoß, war für seine Ambitionen von beachtlichem Nutzen.

Die Kreolen sind Nachfahren der spanischen und französischen Eroberer der Gebiete um den Golf von Mexiko. Als französischsprachige, katholische Minderheit beanspruchen sie bis heute die politischen und gesellschaftlichen Schlüsselpositionen in dieser Region.

Jugend

Kate war lebhaft, neugierig und, als Nesthäkchen, reichlich verzogen. Sie hatte einen drei Jahre älteren Bruder, Tom, und einen wesentlich älteren Halbbruder, George.[6] In dem Haus in St. Louis, Missouri, in dem Kate aufwuchs, lebten außer den Eltern und Geschwistern auch Kates Urgroßmutter, ihre Großmutter, fünf Onkel und Tanten, mehrere Cousins und Cousinen, diverse Untermieter und etwa ein halbes Dutzend Sklaven.

Mit fünf Jahren wurde Kate in eine Klosterschule geschickt. Die St. Louis Academy of the Sacred Heart war für ihr hohes intellektuelles Niveau bekannt; die Nonnen forderten von ihren Schülerinnen Leistung und bildeten damit die absolute Ausnahme. Die Erziehung von Frauen im Amerika des 19. Jahrhunderts ließ allgemein zu wünschen übrig.[7]

1855 verunglückte Thomas O'Flaherty tödlich. Während der Einweihungsfeier für die neu gebaute Eisenbahnverbindung nach Westen, die St. Louis zum Verkehrsknotenpunkt machen sollte, brach eine Brücke unter dem ersten Zug der Pacific Railroad zusammen. In diesem Zug hatten sich die Honoratioren der Stadt befunden, unter ihnen auch Thomas O'Flaherty.

Jahrzehnte später, in »The Story of an Hour« (1894), erzählt Chopin die Geschichte einer Frau, die die Nachricht erhält, ihr Mann sei bei einem Eisenbahnunglück umgekommen. Sie jubelt: »Free! Body and soul free!« [»Frei, Leib und Seele frei!«] Als ihr Mann, der sich meilenweit vom Unglück entfernt aufgehalten hatte, durch die Tür tritt, bricht sie tot zusammen. Sie stirbt an Schock und nicht, wie ihre Umwelt glaubt, aus Freude über das unverhoffte Wiedersehen. Die Diagnose des Arztes aber lautet: »heart disease – of joy that kills« [»Herzleiden – an Freude, die tötet«].

Kates Mutter ging keine neue Ehe mehr ein. Warum sollte sie auch? Sie hatte Thomas O'Flaherty sicher nicht aufgrund irgendwelcher romantischer Anwandlungen geheiratet. Jetzt erbte sie das beträchtliche Vermögen. Und Witwen waren im Mittleren Westen noch geachtet, selbst wenn sie, wie Eliza O'Flaherty, erst 27 Jahre alt waren.

Nach dem Tod ihres Vaters wurde Kate von der Schule genommen und zwei Jahre lang zu Hause erzogen, von der Urgroßmutter und der Großmutter. Auch deren Männer waren früh verstorben. Auch sie hatten nicht wieder geheiratet. Und so wuchs Kate im Kreis von drei lebenslustigen, energiegeladenen und tatkräftigen Witwen auf. Ihre Urgroßmutter, Victoria Verdon Charleville, brachte ihr Klavierspielen, Lesen und Schreiben bei; gemeinsam lasen sie die gesamte klassische französische Literatur. Ihre Großmutter, Athénais Charleville Faris, erzählte ihr Skandalgeschichten über das Leben und Treiben der Kreolen, wahre Geschichten,[8] die von Liebe, Leid und Ehebruch handelten. Das Gesellschaftspanorama, das sich hier eröffnete, war komplex. Es basierte auf einem Normensystem, das dem *Ancien régime*, dem aristokratischen Frankreich vor der Revolution, wesentlich näher stand als den gesellschaftlichen Realitäten Amerikas. Diese waren in der zweiten Hälfte des 19. Jahrhunderts noch immer geprägt von Viktorianismus und Puritanismus.[9]

Das Normensystem der Kreolen zeichnet sich durch eine gewisse Ungleichzeitigkeit in bezug auf Frankreich und Amerika aus. In der Diaspora sind die Menschen ja immer von den politischen, linguistischen und sozialen Entwicklungen ihres Ursprungslandes abgeschottet. Deshalb verharren manche Eigentümlichkeiten häufig für längere Zeit auf einem bestimmten Stadium. Oder sie entfalten – wie bei den Kreolen – eine Eigendynamik.

Von Mutter, Großmutter und Urgroßmutter lernte Kate Französisch, nicht das harte Pariser Französisch, sondern das weiche, kreolische Patois mit seiner bunten und phantasievollen Begrifflichkeit. Kates Mutter sprach zeitlebens englisch mit einem starken französischen Akzent. Kate selbst wuchs zweisprachig auf, ihr Tagebuch schrieb sie auf französisch, ihre literarischen Texte auf englisch.

Ein Land, zwei Kulturen

Kates Herkunft und ihr Leben waren geprägt durch die vielschichtigen Spannungen zwischen zwei Sprachen und, damit verbunden, zwischen zwei Kulturen. Sie gehen bis in die Eroberungs- und Besiedlungsgeschichte Nordamerikas zurück.

Die Spanier kamen als Plünderer und Ausbeuter,[10] die Engländer als Siedler,[11] die Franzosen als Händler. Letztere mußten sich zunächst weite Gebiete der Neuen Welt verkehrstechnisch erschließen, wobei sie sich auf das Land um die zwei großen, schiffbaren Flüsse[12] konzentrierten, den Sankt-Lorenz-Strom im Nordosten[13] und den Mississippi im Süden.[14] Bereits Mitte des 18. Jahrhunderts kontrollierten die Franzosen die Mississippi-, Ohio- und Missouri-Täler, ein großes, nur spärlich besiedeltes Gebiet, wobei sie auf das Wohlwollen und die Kooperation der dort beheimateten Indianer angewiesen waren. Die Engländer hingegen siedelten auf zunächst relativ eng begrenztem Raum an der Ostküste, nahmen keinerlei Rücksicht auf die Indianer und betrieben bald eine aggressive Expansionspolitik nach Westen.

1803, im »Louisiana Purchase«, kaufte Thomas Jefferson, der dritte amerikanische Präsident, von Napoleon ein riesiges Stück Land, etwa ein Drittel der Fläche der heutigen Vereinigten Staaten. Und das ungemein billig. Napoleon brauchte Geld für seine kriegerischen Unternehmungen in Europa. Er war an dem größtenteils noch unerforschten Gebiet, das sich vom Golf von Mexiko den Mississippi entlang nach Norden und Nordwesten erstreckt, nicht sonderlich interessiert. Und so wurde Louisiana politisch Teil der Vereinigten Staaten (der heutige Bundesstaat Louisiana umfaßt nur einen Bruchteil des Gebiets, das Napoleon verschachert hatte).

Die kulturelle Eigenständigkeit Louisianas besteht bis heute fort. Die Kreolen pflegen ihr aristokratisch und archaisch anmutendes Brauchtum (wie den Carneval in New Orleans), das dem demokratischen, jungen Amerika mit seinem naiven Aufbruchsoptimismus so merkwürdig fremd ist.[15]

1861 brach der amerikanische Bürgerkrieg aus, in dem Missouri eine zwiespältige Rolle spielte, denn obwohl es ein Sklavenhalterstaat war, sagte es sich nicht von der Union los, sondern kämpfte mit den Yankees gegen die Konföderierten (die Allianz der Südstaatler).

Auch die O'Flahertys waren Sklavenhalter; sie unterstützten die Sache des Südens. Kates Halbbruder George schloß sich der Armee der Konföderierten an und fiel.

Als Kate die Nordstaaten-Flagge, die jemand, der sich einen üblen Scherz erlauben wollte, auf der Veranda der O'Flahertys aufgehängt hatte, herunterriß, entging sie nur mit knapper Not einer Verhaftung. Nach dem Sieg der Yankees bei Vicksburg wurden Nordstaatensoldaten im O'Flaherty-Haushalt einquartiert. Sie zwangen Kate mit gezücktem Bajonett, die Flagge wieder zu hissen.

Während des Bürgerkriegs wurde Kate von ihrer besten Freundin, Kitty Garesché, getrennt. Als Kinder waren die beiden gemeinsam auf Bäume geklettert, später hatten sie über denselben sentimentalen Romanen Tränen vergossen. Die Gareschés wurden, weil sie Sklavenhalter waren, während des Bürgerkriegs aus St. Louis verbannt. Als sie zurückkehrten, ging Kitty ins Kloster.

Heirat, Ehe, Kinder ...

1868, drei Jahre nach Ende des Bürgerkriegs, verließ Kate die Schule. Ihr Fleiß und ihre Begabungen waren gebührend gewürdigt worden, sie hatte Auszeichnungen und Preise gewonnen; sie durfte die Abschlußrede halten. Da aber Frauen im Amerika des 19. Jahrhunderts ihre intellektuellen Leistungen unter den Scheffel zu stellen pflegten, behauptete Kate später, sie sei eine lediglich mittelmäßige Schülerin gewesen.

Kate stürzte sich mit Eifer ins Gesellschaftsleben; sie ging zu Landpartien, Bällen, Picknicks und ins Theater. In ihren Tagebüchern klagte sie darüber, daß ihr diese Aktivitäten zu wenig Zeit zum Lesen ließen.[16] Als ›Irish Beauty‹ war sie begehrt, beliebt und umschwärmt; sie war der Inbegriff einer ›Southern Belle‹.[17] Prompt verliebte sie sich in Oscar Chopin, einen Kreolen aus dem Nordwesten des Bundesstaats Louisiana.

Oscar hatte die Kriegsjahre in Frankreich verbracht, wo er durchs *baccalauréat* fiel, weil er, wie er selbst zugab, vor allem den jungen Mädchen nachgeschaut hatte. Abgesehen davon aber schien er der ideale Partner für Kate zu sein: Er war reich, sah gut aus und war katholisch. Er hatte, wie Kate, ein Faible für Sprachspiele und Literatur. Kate heiratete ihn im Juni 1870.

Die Hochzeitsreise nach Europa erlebte sie als Befreiung. Endlich konnte sie der gesellschaftlichen Enge von St. Louis entfliehen. Sie genoß ihre neugewonnene Freiheit in vollen Zügen. Sie schwänzte ohne Schuldgefühle die Sonntagsmesse, trank Bier, rauchte in der Öffentlichkeit Zigaretten und ging alleine aus. Überall stellte sie impertinente Fragen.

Als sich die Chopins in New Orleans, Louisiana, niederließen, war Kate schwanger. In St. Louis, Missouri, war sie in einen Haushalt interessanter und intelligenter Frauen integriert gewesen, in New Orleans fühlte sie sich isoliert. Oscar ging seinen Geschäften nach; er handelte – mit mäßigem Erfolg – mit Baumwolle.

Kate erforschte die Stadt, zu Fuß oder mit der Straßenbahn, aber immer allein. Ein ungehöriges Unterfangen. Insbesondere das Vieux Carré, die Hochburg der Kreolen,[18] hatte es ihr angetan.

Die Sommer verbrachte Kate mit ihren Kindern auf Grand Isle, einer Ferieninsel im Golf von Mexiko.[19] Oscar blieb in der Stadt und besuchte seine Familie nur an den Wochenenden.

Grand Isle bildet den Raum, in dem Edna Pontellier in *The Awakening* langsam beginnt, zu sich selbst zu finden. Ihr Erwachen, das im ersten Teil des Romans geschildert wird, findet überwiegend im Freien statt. Es ist eng verknüpft mit der tropischen Schwüle, den lauen Abendlüften, dem warmen Meer und der exotischen Sinnlichkeit der Karibik. Das entgrenzende, freizügige Leben auf der paradiesisch anmutenden Insel wird im zweiten Teil des Romans mit der erstickenden Enge von Edna Pontelliers Leben in New Orleans kontrastiert. Die Handlung spielt nun vor allem in dunklen, ornamental überladenen Innenräumen, die die physische und spirituelle Begrenztheit dieser Stadt symbolisieren, die starren gesellschaftlichen Normen und Konventionen, denen Edna Pontellier auch nach ihrem Erwachen unterworfen bleibt.

Neun Jahre lang lebten Kate und Oscar in New Orleans, bis 1878/1879 die Baumwollindustrie aufgrund schwerer Unwetter in eine Krise geriet und Oscar seine Familie nicht mehr ernähren konnte. Dann zogen die Chopins mit ihren fünf Söhnen[20] nach Cloutierville in Natchitoches, einer Provinz im Nordwesten Louisianas, in der Oscars Familie mehrere Baumwollplantagen besaß. Oscar machte einen Gemischtwarenladen auf. Kurz darauf wurde ihre einzige Tochter geboren. Kate bekam in neun Jahren sechs Kinder.

Kate, die nicht nur die klassische französische Literatur kannte, sondern auch die Entwicklungen der französischen Frauenliteratur im 19. Jahrhundert von Mme. de Staël über George Sand zu Rachilde und Colette genau verfolgte, nannte ihre Tochter nach der Titelheldin von Sands zweitem großen Romanerfolg Lélia.[21]

Cloutierville bestand damals aus zwei Häuserreihen, die sich an einer staubigen Hauptstraße entlangzogen. Kate lebte nun zum erstenmal in einer Kleinstadt, sah sich dadurch aber nicht veranlaßt, ihr Verhalten zu ändern. Auch hier versuchte sie, sich den Konventionen zu entziehen. Sie trug extravagante Kleider, lavendelfarbene Reitkostüme oder aufwendige Federhüte. Sie rauchte kubanische Zigaretten. Wenn sie die Straße überqueren mußte, hob sie ihre Röcke so hoch, daß sie die Knöchel entblößte. Die Leute von Cloutierville waren entsetzt.

Im Dezember 1882 bekam Oscar Malaria und starb. Seiner Witwe hinterließ er vor allem Schulden. Kate mußte die Familiengeschäfte übernehmen. Sie war jetzt Inhaberin eines Ladens, Managerin der Baumwoll-Plantagen und Mutter von sechs halbwüchsigen Kindern. Bald schon zeigte sie ungebührlich großes Interesse an einem befreundeten Nachbarn. Er wurde ihr Geliebter. Den Anforderungen, die die diversen Rollen an sie stellten, wurde sie mit fast spielerischer Leichtigkeit gerecht.

Der betreffende Nachbar, reich und überaus charmant, teilte ihre Leidenschaft für Pferde, die Nacht und alles, was verboten war. Aber Albert Sampite hatte auch seine Schattenseiten. Er trank zuviel. Er schlug seine Frau.[22] Er war eigenbrötlerisch und machte seiner Umgebung das Leben schwer. Albert Sampite ist der Prototyp für all die zaudernden, hadernden Liebhaber in Chopins Kurzgeschichten.

1884, als Kate die Schulden abbezahlt hatte, verkaufte sie aus einem plötzlichen Impuls heraus ihren Besitz und zog mit ihren Kindern nach St. Louis, zu ihrer Mutter. Albert Sampite ließ sie bei dessen Frau zurück und fragte sich lange, ob sie richtig gehandelt habe.

Eliza O'Flaherty starb bereits ein Jahr später. Chopin war jetzt 35 und stand völlig allein da. Frederick Kolbenheyer, ihr Arzt und Geburtshelfer – sie hatte, wie damals üblich, ihre Kinder bei ihrer Mutter, in St. Louis, zur Welt gebracht –, war ihr in dieser Zeit eine wichtige Stütze. Er drängte sie, Schriftstellerin zu werden. Er meinte, dadurch würde sie ihre Energien bündeln und lernen, diese auf ein einziges Projekt zu konzentrieren. Zudem war das Verlagsgeschäft einer der wenigen Bereiche, in denen Frauen im Amerika

119

des 19. Jahrhunderts Geld verdienen konnten.[23] Und so begann Kate zu schreiben.

Schreiben wird häufig in Metaphern des Gebärens dargestellt: Durch ihre literarische Kreativität usurpieren Männer die lebensspendenden Funktionen der Frauen. Den Frauen selbst bleibt in diesem Prozeß nur die marginale Rolle einer Muse. Bei Chopin aber übernahm (ausgerechnet) ihr Geburtshelfer die Rolle einer Muse.

Literarische Karriere

Zunächst verfaßte Chopin Liebesgedichte, in denen sie den Tod ihres Mannes beklagte. Diese Gedichte waren extrem sentimental, wurden aber trotzdem in *America*, einer einflußreichen Chicagoer Literaturzeitschrift, abgedruckt.

Im Gegensatz zu ihren Vorbildern, den großen französischen Schriftstellerinnen Mme. de Staël und George Sand, hatte Chopin keine Probleme mit ihrem Namen. Sie mußte nicht, wie so viele Frauen, »unter falschem Namen«[24] schreiben, denn Chopin war zu diesem Zeitpunkt bereits ein etablierter Künstler – und deshalb auch ein brauchbarer Autorinnenname.[25]

1889 veröffentlichte Chopin ihre ersten beiden Kurzgeschichten, »Wiser Than a God«[26] und »A Point in Issue«, und von da an schrieb sie Essays, Vignetten, ein Theaterstück, Sketche, Kindergeschichten, Romane,[27] literarische Portraits und Rezensionen, vor allem aber an die hundert Kurzgeschichten. Sie sind von Guy de Maupassant (1850-1893)[28] beeinflußt, einem französischen Novellisten, der in seinen Texten die Subjektivität von Bewußtsein und Erfahrung erforscht. Seine Helden sind Provinzler, niedere Aristokraten und Beamte, Fischer und Bauern der Normandie, die ihre Langeweile in grausamen und erotischen Phantasien ersticken. Chopin übersetzte acht von Maupassants Geschichten ins Englische, konnte aber nur die drei konventionellsten auch veröffentlichen. Die anderen – darunter eine, die die innige Liebe einer Frau zu ihrem Pferd schildert, eine andere, in der ein Mann perverse Beziehungen zu Blumen unterhält – waren für den amerikanischen Literaturmarkt zu gewagt.

Chopin rezipierte aber nicht nur die französische Literatur, sondern auch die amerikanischen Autoren ihrer Zeit, insbesondere die Realisten[29] und Regionalisten,[30] die gerade *en vogue* waren.

Die meisten von Chopins Geschichten spielen in Louisiana; sie vermitteln die Exotik und die Sinnlichkeit dieser Region. Chopin schrieb über die Kreolen der Oberschicht, die Acadians der Unterschicht, über Amerikaner, Mulatten und Afroamerikaner; ihre Texte erforschen die komplexen Beziehungen zwischen den einzelnen sozialen Schichten, den unterschiedlichen Ethnien, den Männern und Frauen. Immer wieder thematisiert Chopin den Konflikt zwischen Erotik, Sehnsucht, Verlangen auf der einen Seite und den Verpflichtungen, die Ehe, Familie und Gesellschaft mit sich bringen, auf der anderen. Da für Chopin dieser Konflikt unüberwindbar war, enden ihre Geschichten für gewöhnlich in einer umfassenden Desillusion.

Ab 1893 wurden Chopins Texte nicht nur in den regionalen Literaturzeitschriften, sondern auch in denen der amerikanischen Ostküste, wo sich noch immer das kulturelle Zentrum Amerikas befand, veröffentlicht. 1894 erschien ein Band ihrer Kurzgeschichten, *Bayou Folk*. Er wurde wegen seines Lokalkolorits – Chopin schildert das Leben und Treiben der Leute von Cloutierville – von der Literaturkritik hoch gepriesen, nicht nur im Mittleren Westen, sondern in ganz Amerika. Chopins Tendenz, starke und unabhängige Frauenfiguren zu entwerfen, entging den Rezensenten (noch). Weil Chopins Geschichten überwiegend in Louisiana spielen, zählte man sie zu den Regionalisten – ein etwas zweifelhaftes, weil verniedlichendes Attribut.[31]

Chopin war jetzt eine anerkannte Autorin.[32] Es war ihr gelungen, sich innerhalb von nur fünf Jahren im Literaturgeschäft zu etablieren.

Chopin betrieb ihre Karriere mit großem Eifer. Sie studierte die Gesetze des literarischen Marktes. Sie versuchte, ihre Texte so teuer wie möglich zu verkaufen, das war für sie ein Maßstab für Qualität. Es gelang ihr aber letztendlich doch nicht, mit dem Schreiben ihren Lebensunterhalt zu bestreiten. Zeit ihres Lebens ernährte sie sich und ihre Kinder von den (eher bescheidenen) Erträgen ihres Vermögens.

1894-1896 waren Chopins produktivste Jahre. Während dieser Phase verfaßte sie ihre Texte schnell, häufig in einem Zug, und überarbeitete sie nur selten. Sie schrieb in einem Arbeitszimmer, das mit Büchern vollgestopft war. Vor ihr stand eine Statue der nackten Venus.

Die Inspiration für ihre Texte holte Chopin sich aus dem

Klatsch, den man sich so erzählte. Sie benutzte die Namen und Schicksale von Menschen, die sie kannte, in nur wenig abgeänderter Form.

Salonkultur

Als bekannte und gefeierte Autorin unterhielt Chopin in St. Louis einen Salon. Der Salon als offener Raum zwischen politischer und privater Sphäre, initiiert und geprägt von einer Frau, aber frequentiert von Männern und Frauen, ist in den aristokratischen und später in den bürgerlichen Traditionen Frankreichs verankert. Mme. Necker,[33] Mme. de Staël[34] und George Sand unterhielten alle einen Salon, der dem staatlichen Zugriff entzogen war und einen gesellschaftlich akzeptierten Spielraum darstellte, in dem sich literarische Kreativität und polyphone Gesprächskultur entfalten konnten. Den Vereinigten Staaten aber ist die Salonkultur als Gegenöffentlichkeit, als Ort der Aufklärung, als Schauraum urbaner Zivilisation fremd.

Chopins Salon wurde von der Avantgarde der Künstler, Intellektuellen und Nonkonformisten im Mittleren Westen besucht. Kolbenheyer verkehrte dort und Rosa Sonneschein, die einen Skandal auslöste, als sie sich von ihrem Mann, einem Rabbi, scheiden ließ; wenig später gründete sie *The American Jewess*, die erste amerikanische Zeitschrift von Jüdinnen für Jüdinnen. Die Journalistin Florence Hayward, die sich selbst voller Stolz eine »unabhängige alte Jungfer« nannte, gehörte ebenso zu Chopins Kreis wie Sue V. Moore, die Herausgeberin des *St. Louis Life*. Die beiden Herausgeber des *St. Louis Post-Dispatch,* John Dillon und George Johns, waren enge Freunde von Chopin. Und vielleicht mehr.

Das Amüsement, dem man in Chopins Salon nachging, bestand – neben Maskenbällen und Dinieren unter freiem Himmel – darin, umstrittene neue Autoren aus Europa zu lesen: Ibsen, Tolstoj, Swinburne etc.

Unter dem literarischen und gesellschaftlichen Erfolg veränderte sich Chopin, auch äußerlich. Sie war nun eine stattliche, weißhaarige Frau mit dem Flair einer Marquise. Einer ihrer Freunde nannte sie »a rogue in porcelain«, eine Schelmin in Porzellan. Sie frönte noch immer ihrer Schwäche für Zigaretten, Kaffee und Kartenspiele. Vom Katholizismus hatte sie sich losgesagt; jetzt begann sie, sich für fernöstliche Religionen und orientalischen Luxus zu interessieren und mit bewußtseinsverändernden Drogen zu experimentieren. Ihre Geschichte »An Egyptian Cigarette« ist davon inspiriert: Geschildert werden Visionen von Lilien und Girlanden, von heidnischen Gottheiten, Wasser, Vögeln und Tod – alles Bilder, die im Kontext der amerikanischen Literatur des ausgehenden 19. Jahrhunderts höchst ungewöhnlich sind.

Chopins zweite Kurzgeschichtensammlung, *A Night in Acadie* (1897), war nicht ganz so erfolgreich wie die erste. Chopin löste sich hier bereits von den literarischen Konventionen des Regionalismus. Ihr Hauptinteresse galt jetzt den psychischen Verfaßtheiten ihrer Protagonistinnen. Deshalb gibt sie die von den Regionalisten bevorzugte Außenperspektive auf und gestaltet die subjektive Erfahrungswelt ihrer Heldinnen aus einer Innenperspektive heraus. Der Band besteht aus Vignetten, in denen Ehefrauen ihre Männer mit Befremden betrachten und ihre Augen anschließend interessiert in die Ferne schweifen lassen. Es tun sich beglückend neue Möglichkeiten auf.[35]

Durch *A Night in Acadie* kam Chopin in den Ruf, eine Autorin der Tabubrüche zu sein. Sie thematisierte Erotik und weibliche Sexualität, verweigerte sich aber der literarischen Konvention, weibliche Figuren für sexuelle Regungen sogleich mit einem harten und grausamen Schicksal zu bestrafen.[36]

Der Skandal

Und schließlich schrieb Chopin *The Awakening*, einen Roman, in dem sie teils ihre eigenen Erfahrungen verarbeitet, teils das Schicksal einer jungen Frau aus New Orleans nacherzählt, die im Vieux Carré allgemein bekannt war – keine von Chopins Geschichten ist frei erfunden.

Die Handlung, der allmähliche Bewußtwerdungsprozeß von Edna Pontellier, erstreckt sich über neun Monate. Die erzählte Zeit fällt mit dem Verlauf einer Schwangerschaft von Adèle Ratignolle, Edna Pontelliers bester Freundin, zusammen. Ein ungewöhnlicher Zeitrahmen für einen Roman.

Zu Beginn von Bewußtwerdungsprozeß und Schwangerschaft beginnt Edna Pontellier langsam zu begreifen, daß sie trotz all ihrer Privilegien bis zum Zeitpunkt ihres Erwachens keine ihrer Bedürfnisse verwirklichen konnte, weder ihre emotionalen noch ihre sexuellen. Sie versucht zunächst, ihren Körper, ihre Kreativität und ihre Sexualität zu erforschen. Sie lernt Schwimmen. Sie nimmt ihr Malen wieder auf, muß aber erkennen, daß ihre Begabung für ein Künstlerinnendasein nicht ausreicht. Sie vernachlässigt Mann, Söhne und die Haushaltsführung. Sie läßt den Dienstboten freie Hand. Sie knüpft Freundschaften über die Klassenschranken hinweg. Sie geht allein in der Stadt spazieren. Sie verläßt an ihrem Besuchstag ohne triftigen Grund das Haus. Sie besucht mit einem Mann, aber ohne Anstandsdame, das Pferderennen. Sie gibt eine Dinnerparty, während ihr Mann auf Dienstreise ist. Sie mietet sich ein kleines Häuschen und bewohnt es ganz allein. Sie zieht sich völlig aus der Gesellschaft zurück. Sie verweigert sich der gesellschaftlichen Norm, daß man mit Männern zwar hemmungslos flirten darf, aber nur innerhalb bestimmter Grenzen, indem sie eine Affäre mit einem Mann beginnt, der ihr relativ gleichgültig ist. Einen anderen Mann glaubt sie zu lieben. Diese Tabubrüche bescheren ihr ein gewisses Maß an Freiheit. Aber sie muß erkennen, daß es keine Zukunft für sie gibt. Sie geht nackt ins Meer.

Das Ende von *The Awakening* ist ambivalent: Denn obwohl Edna Pontellier aller Wahrscheinlichkeit nach im Meer ertrinkt, beharrt sie mit ihrer Tat auf ihrem Recht auf Freiheit und Selbstbestimmung.

Seit Jahren schon hatten die Verleger Chopin gedrängt, einen Roman zu schreiben. Ein Roman, so meinten sie, würde ihr mehr Anerkennung und vor allem mehr Geld einbringen als ihre Kurzgeschichten. Darin hatten sie sich getäuscht.

The Awakening wurde von den Rezensenten buchstäblich in der Luft zerrissen. Der Roman wurde aufgrund der moralischen Werte, die in ihm zum Ausdruck kommen, mit öffentlichen Schmähungen überhäuft. Attackiert wurde die Mißachtung des amerikanischen Frauenideals, nicht etwa die ästhetische Qualität des Textes. Diese ist unbestritten.

Es waren Männer, die Rezensenten[37] und die Verleger, die Chopin verdammten. Und das mit erstaunlicher Einhelligkeit überall in den Vereinigten Staaten, nicht nur im konservativen Mittleren Westen.[38]

Die geballte Kritik, die auf Chopin einprasselte, mündete in einen umfassenden Rufmord. Eine solche Globalverurteilung eines

Romans samt seiner Autorin ist äußerst ungewöhnlich. Sie ist eigentlich nur aus dem kulturellen Kontext Amerikas im ausgehenden 19. Jahrhundert heraus zu erklären.

Der kulturelle Kontext

In Louisiana, dem Schauplatz von *The Awakening*, standen verheiratete Frauen – samt ihrer Mitgift, Kleider und Einkünfte – im Besitz ihres Ehemannes (das Zivilrecht Louisianas basierte noch immer auf dem *Code Napoléon*). Sie waren keine Rechtspersonen: Sie mußten bei ihrem Mann leben, durften keine juristischen Dokumente unterzeichnen (mit Ausnahme ihres eigenen Testaments) oder bezeugen, Gerichtsverfahren anstrengen, als Zeugin vor Gericht erscheinen, öffentliche Ämter bekleiden oder Schenkungen machen. Im Fall einer Scheidung[39] wurden die Kinder dem Mann zugesprochen.

In ganz Amerika waren die 1890er Jahre eine Dekade ökonomischen Wandels und sozialer Spannungen.[40] Die industrielle Revolution hatte in den USA vergleichsweise spät, dafür aber sehr massiv eingesetzt. Ihre Auswirkungen – Industrialisierung, Urbanisierung und, im Gegensatz zu Europa, vor allem auch Immigration – bedrohten das konventionelle und konservative Wertesystem der amerikanischen Gesellschaft. Im Süden wurde die Rassentrennung wieder eingeführt und, mit Hilfe einer besonderen Gesetzgebung, der sogenannten Jim-Crow-Laws, auch juristisch abgesichert. Es kam zu einem Wiedererstarken der Lynch-Justiz. Die Weltausstellung in Chicago (1893), ein Höhepunkt amerikanischer Selbstinszenierung, hingegen feierte den technologischen Fortschritt und proklamierte das Zeitalter der Maschine. Die neuen Philosophien (Darwinismus, Marxismus) unterminierten die herkömmlichen Vorstellungen über Ursprung und Sinn des menschlichen Daseins. Die spezifisch puritanisch-amerikanische Version des Viktorianismus samt seiner rigiden Moralvorstellungen[41] geriet ins Wanken. Es war eine Zeit des Übergangs, des nicht mehr ganz geltenden Alten und des noch nicht ganz geltenden Neuen, eine Zeit des Zweifelns und der allgemeinen Verunsicherung.

Die Frauenbewegung, die bereits seit über fünfzig Jahren existierte,[42] bekam enormen Aufwind. Vor dem Bürgerkrieg hatten

sich die politisch aktiven Frauen für die Sklavenbefreiung eingesetzt; nach dem Bürgerkrieg bekamen die Afroamerikaner das ak-
tive und passive Wahlrecht, nicht aber die Frauen.[43] Viele Frauen
gingen jetzt aufs College und ergriffen im Anschluß daran Berufe,
die ihnen bis dahin versperrt waren. Unzählige Frauenvereinigun-
gen wurden gegründet (soziale, intellektuelle, politische, philan-
thropische), manche auf lokaler, manche auf nationaler Ebene.[44]

Durch das Erstarken des Feminismus fühlten sich die amerikanischen Männer in fast allen Bereichen des öffentlichen Lebens
verunsichert und bedroht.[45] Wohl auch deshalb kam es um die
Jahrhundertwende in der amerikanischen Literatur[46] und Kultur
zu einem umfassenden Remaskulinisierungsschub.[47]

The Awakening ist ein Roman, der in diesem Kontext Furore
machen mußte. Aber er entsprach Chopins unkonventionellem
Leben. Sie fiel in allem, was sie tat, aus dem Rahmen. Da waren
zunächst ihre Zweisprachigkeit, ihre intime Vertrautheit mit dem
Normensystem eines libertinären – wenn auch lediglich imaginier-
ten – Frankreich, ihr Heranwachsen im Kreis starker Frauen, im
Haus ihrer Mutter, bei den Nonnen. Dann ihre außergewöhnlich
gute Schulbildung, die sie zu intellektuellen Leistungen ansporte,
ihre Ehe, die sie trotz der zahlreichen Kinder als Weg in die Emanzipation zu inszenieren verstand, ihre Weigerung, ihren Wit-
wenstatus aufzugeben, trotz (oder vielleicht gerade wegen) ihrer
diversen Liebschaften. Und schließlich ihr literarischer Salon, ein
Ort der Freidenker und Anarchisten, in dem mit neuen Ideen
ebenso experimentiert wurde wie mit bewußtseinserweiternden
Drogen.

Depressionen ...

Nach dem Sturm der Entrüstung und der öffentlichen Schmähungen, denen Chopin nach der Veröffentlichung von *The Awakening*
ausgesetzt war, schrieb sie nur mehr wenige Texte,[48] und die sehr
zögerlich und unter großen Schwierigkeiten. Chopins letzte Geschichten ähneln mehr den vorsichtigen, ersten Versuchen ihres
Schreibens als ihren späteren, kühnen Entwürfen. Der spontane
Fluß ihrer Kreativität war versiegt.

Eine dritte Kurzgeschichtensammlung, *A Vocation and a Voice*,
hatte Chopin zum Zeitpunkt der Veröffentlichung von *The Awa-*

kening bereits fertiggestellt. Sie war bei dem Verlag, der den Roman herausgebracht hatte, unter Vertrag. In dieser Anthologie spielen Louisiana und Lokalkolorit keine Rolle mehr, dafür aber Selbstmord, Wasser, Träume, Obsessionen und Ehebruch. Vielfältige Gerüche, komplexe Farbenspiele und diverse Gaumenfreuden rücken ins Zentrum der Darstellung, kurz: der Triumph der Sinne über den Verstand, des Eros über den Intellekt. Nach dem Skandal, den *The Awakening* ausgelöst hatte, weigerte sich der Verlag, diese Anthologie zu veröffentlichen.[49]

Das entmutigte Chopin vollends. Sie verfiel in eine schwere Depression.

Das folgende Jahr, 1900, verbrachte Chopin damit, Rückschau zu halten, einsam, melancholisch und energielos. Sie sagte all ihre gesellschaftlichen Verpflichtungen ab. Sie erschien auf keiner einzigen Feierlichkeit. Sie löste ihren literarischen Salon auf, auch ihren Besuchstag schaffte sie ab.

Ihre Gesundheit war angeschlagen; sie fühlte sich zunehmend schlechter. Ihre Krankheitssymptome legen den Verdacht auf Diabetes nahe.

Nachdem sie nun keine Tantiemen mehr bezog, hatte sie Geldprobleme. Sie sah sich gezwungen, Teile ihres Grundbesitzes zu veräußern, um sich und ihre Kinder ernähren zu können; vier ihrer Kinder wohnten noch immer bei ihr und waren finanziell von ihr abhängig. Im November 1900 verkaufte sie ein großes Stück Land in Natchitoches an ihren Schwager Lamy.

Das Jahr 1901 brachte keine wesentliche Besserung. Sie war weiterhin lustlos und suchte die Einsamkeit. Im Oktober schrieb sie drei Kindergeschichten; zwei davon konnte sie nicht einmal verkaufen. Sie verlor schnell das Interesse an diesen Texten. Nicht einmal die Manuskripte der beiden unveröffentlichten Kindergeschichten hob sie auf. Danach hörte sie ganz auf zu schreiben.

1902 war geprägt von diffusen Todesahnungen. Chopin machte ihr Testament. Ihren Schmuck, ein Stück Land in St. Louis und einen Reitstall hinterließ sie ihrer Tochter Lélia,[50] den Rest ihres Besitzes verteilte sie zu gleichen Teilen unter ihren Söhnen.

Im darauffolgenden Jahr litt Chopin noch immer unter schweren Depressionen und ihr Gesundheitszustand verschlechterte sich weiter. Sie fühlte sich schwach, elend, und ermüdete schnell. Auch ihre finanziellen Probleme verschlimmerten sich. Sie mußte weitere vier Stücke Land in Natchitoches verkaufen. Und sie sah sich gezwungen, mit ihrer Familie in ein kleineres Haus umzuziehen, das sie nicht kaufen konnte, sondern lediglich mietete.

Die Krankheiten und Todesfälle in ihrer Familie und die Probleme ihrer Kinder überwältigten sie. Die Frau ihres Sohnes Jean starb weniger als ein Jahr nach der Hochzeit im Kindbett, auch das Kind überlebte diese Geburt nicht. Jean bekam einen Nervenzusammenbruch, von dem er sich nie mehr ganz erholte. Er war ein gebrochener Mann. Nach der Beerdigung von Frau und Kind zog er zurück zu seiner Mutter.

In St. Louis hatte man seit Mitte der 1890er Jahre geplant, anläßlich der Hundertjahrfeier des »Louisiana Purchase« eine Weltausstellung auszurichten, die die Chicagoer Columbian Exposition von 1893 in den Schatten stellen sollte. Am 30. April 1904 wurde die Louisiana Purchase Exposition mit einjähriger Verspätung eröffnet. Das Thema dieser Weltausstellung war »Universal Progress« [universeller Fortschritt]. Chopin wohnte ganz in der Nähe, und sie besuchte bisweilen die Ausstellung. Fast immer allein.

Am 22. August 1904, nachdem sie einen anstrengenden Tag auf der Weltausstellung verbracht hatte, starb sie an einer Gehirnblutung.

Anmerkungen

1 Die amerikanische Literaturgeschichte charakterisiert sich – im Gegensatz etwa zur deutschen – darüber, daß es im 19. Jahrhundert zahlreiche Autorinnen gab. Das lag an den Mechanismen des amerikanischen Literaturmarkts (vgl. Anmerkung 23). Die Autorinnen schrieben vor allem *domestic novels* [häusliche Romane], die beim Publikum sehr beliebt waren. Im Zentrum einer *domestic novel* steht immer eine Frau; thematisiert werden die Wechselfälle und Gefährdungen der weiblichen Selbstbehauptungsversuche. Die *domestic novels* sind weibliche Initiationsromane. Sie zeigen, wie wichtig zum einen die moralische Selbstperfektionierung und zum anderen die Integration des individuellen Selbst in die Gemeinschaft sind. Die häusliche Sphäre wird zum idealisierten Bereich einer befreienden Spiritualität, die den desintegrierenden ökonomischen Kräften der Zeit entgegenwirkt. Gleichzeitig aber wird die Frau dem Mann untergeordnet und auf die Bereiche Küche, Kinder und Kirche reduziert. In den *domestic novels* ist das Schicksal auf Erden Metapher für ein überirdisches Geschehen, und das Thema der weiblichen Subjektkonstitution ist eng verwoben mit dem der Evangelisation

(dem Weg zum Seelenheil). Der Erfolg beider Themenstränge wird für gewöhnlich durch materielle Belohnung (Heirat mit einem reichen Mann) signalisiert. *The Wide, Wide World* (1850) von Susan Warner war der Bestseller unter den *domestic novels*, das erste amerikanische Buch, von dem mehr als eine Million Exemplare verkauft wurden.

2 Während die Realisten vor allem darstellen, auf welche Weise die soziale und ökonomische Umwelt den Menschen determiniert (vgl. Anmerkung 29), thematisiert Chopin die individuellen Kräfte, die das Handeln der Menschen motivieren. Darüber hinaus hinterfragt sie aus einer spezifisch weiblichen Perspektive heraus die Moralvorstellungen des 19. Jahrhunderts (und insbesondere das Normensystem des amerikanischen Viktorianismus, vgl. Anmerkung 9).

3 Es gibt drei wichtige Biographien über Kate Chopin. 1932 veröffentlichte Daniel S. Rankin *Kate Chopin and her Creole Stories*, ein Werk, in dem sie als regionale Autorin verharmlost wird. Der nächste Biograph, Per Seyersted (*Kate Chopin: A Critical Biography,* 1969) klassifizierte sie als eine Realistin, insbesondere wegen ihrer authentischen Beschreibungen der weiblichen Sexualität (ein Thema, vor dem der erste Biograph offensichtlich zurückgeschreckt war). 1990 publizierte Emily Toth *Kate Chopin,* ein mammutartig dickes Buch, das den Anspruch erhebt, ein Standardwerk zu sein. Es zeichnet sich durch Unlesbarkeit aus, denn Toth folgt getreu dem bewährten Grundsatz: Warum ein Beispiel anführen, wenn es fünf auch tun?

4 Diese und alle folgenden Übersetzungen aus dem Englischen stammen von mir, E. K.

5 Jede der finanziellen Unternehmungen von Elizas Vater endete im Desaster. Eines Tages verschwand er und ließ seine Frau ohne Geld und mit acht Kindern zurück. Das älteste dieser Kinder, Eliza, tat dann das einzig Mögliche: Sie heiratete.

6 George war ein Sohn aus der ersten Ehe ihres Vaters. Kate hatte auch zwei Schwestern, die aber beide bald nach der Geburt starben. George fiel im Krieg. Tom kam bei einem Verkehrsunfall um. Kate wurde als einzige der fünf O'Flaherty-Kinder älter als 25 Jahre.

7 Zahlreiche Frauen versuchten, die Schulbildung amerikanischer Frauen zu reformieren, exemplarisch etwa Catherine Beecher. Sie war die Schwester von Harriet Beecher Stowe, der Autorin von *Uncle Tom's Cabin* (1851-52). Catherine Beecher gründete mehrere Schulen für Frauen, darunter auch das Hartford Female Seminary.

8 Kates Ururgroßmutter beispielsweise (die Mutter von Madame Charleville) war die erste katholische Frau, die in St. Louis, Missouri, eine Ehescheidung durchgesetzt hatte. Die fünf Kinder wurden ihr zugesprochen – ein nach der damaligen Rechtsprechung sehr ungewöhnliches Verfahren. Nach der Scheidung baute sie ein Schiffahrtsunternehmen auf dem Missisippi auf und wurde steinreich.

9 Der amerikanische Viktorianismus ist ein System von kulturellen Grundannahmen, Überzeugungen und Verhaltensregeln, die das gesellschaftliche und geistige Leben der Vereinigten Staaten im 19. Jahrhundert prägten. Die englische Kultur galt noch immer als vorbildlich, zumindest für die Mittel- und Oberschicht. Der kulturelle Code des Viktorianismus beinhaltet den Führungsanspruch der angelsächsischen Zivilisation gegenüber den vielen ethnischen Subkulturen der Immigranten, die ins Land drängten und die Unterschicht bildeten. Der amerikanische Viktorianismus ist eine Klassenkultur, die aber weit über ihre Klassengrenzen hinaus Geltung beanspruchte und auch besaß. Viktorianismus und protestantische Ethik haben das Ideologem gemeinsam, daß der Mensch durch Selbstkontrolle und -überwindung zu einem besseren (zivilisierten) Wesen werden kann. Instrument dieser Disziplinierung ist die selbstverneinende Arbeit. Der menschliche Charakter wird dabei als ein funktionierendes und in sich stabiles System gesehen. Der Ordnungshüter ist die Ratio, die Willenskraft, die jedoch bisweilen durch die ›niederen‹ Instinkte unterminiert wird. Aus diesen kulturellen, ethnischen und psychologischen Grundannahmen leitet sich die unterschiedliche Rolle der Geschlechter in der amerikanischen Gesellschaft des 19. Jahrhunderts ab. Man glaubte, der Versuchung durch die niederen Instinkte seien insbesondere die Männer ausgesetzt, sie seien im privaten wie im öffentlichen Leben die potentiellen Barbaren. Die Frauen hingegen seien aufgrund ihres schwächeren Instinktlebens die besseren Menschen, aber eben auch extrem schutzbedürftig. Sie müssen der schmutzigen Männersphäre entrückt werden. Ihr Handlungsbereich ist das Haus, der Salon, die Familie und die Kirche. Ihre Aufgabe ist die Erziehung sowohl der Kinder als auch der Männer.

10 Die erfolgreiche Eroberung Mittel- und Südamerikas beruhte darauf, daß in Spanien Beutezüge durch bewaffnete Kriegerbanden eine lange Tradition hatten. Sie hing mit der *reconquista* (der Rückeroberung des von Mauren besetzten Territoriums durch die Christen) zusammen, ein Unternehmen, das sich über Jahrhunderte erstreckte. Die *conquista* Amerikas wurde auf dieselbe Weise durchgeführt. Bereits ein halbes Jahrhundert nach den ersten Fahrten von Kolumbus kontrollierte Spanien das größte Weltreich, das es seit der Antike gab (es umfaßte Nord-, Mittel- und Südamerika). Erst nach dem Sieg der Engländer über die spanische Armada im Jahr 1588 (ein Datum, das die Weltgeschichte veränderte, denn der Sieg eröffnete den Engländern den Zugang zur Neuen Welt) beschränkten die Spanier ihre Ansprüche auf die Gebiete um den Golf von Mexiko (das heutige Florida, Texas, New Mexico, Kalifornien und Mexiko).

11 Der erste englische Siedlungsversuch (1584 auf Roanoke, einer Insel, die dem heutigen North Carolina vorgelagert ist) scheiterte. Der zweite (1607) in Jamestown, Virginia, war von Katastrophen geprägt und ma-

növrierte jahrelang am Abgrund entlang. Aber die Siedlungen der Puritaner (ab 1620) in Massachusetts waren von sozialem und finanziellem Erfolg gekrönt. Das zog eine (von Krone und Kirche sanktionierte) Massenauswanderung englischer Puritaner, Glücksjäger und Kaufleute nach sich.

12 Die dritte wichtige Eingangsschleuse ins Innere des Landes, der Colorado, war zu Beginn des 17. Jahrhunderts noch nicht von den Europäern entdeckt worden.

13 Die Franzosen gründeten 1608 Quebec und leiteten damit die französische Inbesitznahme, verbunden mit einer katholischen Missionierung, weiter Gebiete ein.

14 Das Mississippi-Delta wurde ab 1698 von den Franzosen besiedelt. 1718 gründeten sie die Stadt New Orleans, die sich rasch zu einem wichtigen Handels- und Kommunikationszentrum entwickelte.

15 Wer sich mit spielerischer Leichtigkeit die Andersartigkeit der Kultur Louisianas erschließen möchte, sollte die Kriminalromane von Julie Smith lesen. Ihr Romanzyklus beginnt mit *New Orleans Mourning* (1990); weitere Romane dieser Reihe sind *The Axeman's Jazz* (1991), *Jazz Funeral* (1993), *New Orleans Beat* (1994) und *The Kindness of Strangers* (1996). Sarah Shankmans Roman *Now Let's Talk of Graves* (1990) spielt ebenfalls in dieser Region; er thematisiert – wie *New Orleans Mourning* – den Mardi Gras.

16 Sie schrieb weiter: »I dance with people I despise, amuse myself with men whose only talent is in their feet«. [Ich tanze mit Leuten, die ich verachte, amüsiere mich mit Männern, deren einziges Talent in ihren Füßen liegt.] Zitiert nach: Emily Toth, »A New Biographical Approach«, S. 116.

17 Die ›Southern Belle‹, eine Figur, die es nur in den amerikanischen Südstaaten gibt, ist ein Mädchen der weißen Oberschicht: Sie ist kein Kind mehr und noch keine Lady, aber sie wird einmal eine werden und ihr ganzes Leben bleiben. Sie flirtet gern, aber ist sexuell unerfahren; sie ist witzig, aber nicht zu intelligent; sie ist unterhaltend, aber nicht zu anstrengend. Heute verbindet sich dieses Image für gewöhnlich mit Scarlett O'Hara in dem Film *Vom Winde verweht* (USA 1939).

18 New Orleans besteht genau genommen aus zwei Städten. Sie sind durch eine breite Allee, Canal Street, voneinander getrennt. Canal Street verläuft von Osten nach Westen. Südlich wohnen die Amerikaner, nördlich befindet sich die Altstadt, das Vieux Carré.

19 Die Insel liegt etwa fünfzig Meilen südlich von New Orleans. Im frühen 19. Jahrhundert war sie als Pirateninsel berüchtigt, im späten 19. Jahrhundert wurde sie zu einem vornehmen Kurort der Kreolen, bis sie schließlich 1893 von einem Hurrikan verwüstet wurde.

20 Jean, der erste Sohn, kam 1871 zur Welt, Frederick, der fünfte, 1876.

21 George Sand ist das männliche Pseudonym der Autorin Amandine-Au-

rore Lucille Dupin, später Baronin Dudevant. Nach der Trennung von Baron Dudevant, einem Offizier (von dem sie sich später scheiden ließ), ging sie 1831 nach Paris, wo sie, materiell abgesichert, ein Leben als unabhängige Schriftstellerin begann, einen Salon führte und eine Reihe interessanter Liebhaber hatte (Franz Liszt, Hector Berlioz, Honoré de Balzac etc.). 1838-1846 hatte Sand ein Verhältnis mit Fryderyk Chopin; den Winter 1838 verbrachten die beiden auf Mallorca, wovon er sich Heilung von einer aufgebrochenen Lungentuberkulose erhoffte. Nach der Trennung von Chopin engagierte sich Sand im politischen und sozialen Bereich. Im Februar 1848 agitierte sie zusammen mit den Sozialisten für die Republik, die Revolution von 1848 verlief für sie enttäuschend, und während des Second Empire zog sie sich auf ihren Landsitz Schloß Nohant zurück. Sand verfaßte romantisch-idealisierende Liebesromane, in denen sie für die Emanzipation der Frau eintritt. Während im Genre Liebesroman zumeist die Überwindung aller Schwierigkeiten geschildert wird, bis das Paar sich findet (und sei es im Liebestod), schildert Sand den Kampf starker Frauen gegen soziale Bevormundung, insbesondere gegen die Widrigkeiten der Ehe: *Indiana* (1832), *Lélia* (1833) und *Jacques* (1834). *Un Hiver a Majorque* (1841) schildert eine Episode ihrer Beziehung zu Chopin; *Histoire de ma vie* (4 Bände, 1854-1855) ist Sands Autobiographie. Sands Werk hatte als Appell zur Emanzipation der Frau enorme Auswirkungen auf die gesamte europäische Literatur.

22 Sie trennte sich später von ihm, nicht deshalb, sondern weil, wie sie überall herumerzählte, Kate ihre Ehe zerstört habe.

23 Etwa ab den 1830er Jahren setzte in den Vereinigten Staaten ein Modernisierungsprozeß ein, der sich auch in einer Verbesserung der Buchherstellungs- und Distributionstechniken niederschlug. Die Einführung der mechanischen Druckerpresse ließ die Auflagenzahlen von Büchern in astronomische Höhen schießen. Aber es fehlte an Autoren. Die Verleger unterstützten deshalb die literarischen Ambitionen von Frauen, und bis Anfang der 1860er Jahre wurden etwa ein Drittel der amerikanischen Bücher von Schriftstellerinnen verfaßt. Allerdings riet man den Frauen, sich mit den sogenannten leichteren Gattungen zu begnügen; und daran hielten sie sich im allgemeinen auch. Nach dem Bürgerkrieg (1861-1865) ging der Anteil der Frauen an der Literaturproduktion dann wieder zurück.

24 Vgl. Barbara Hahn, *Unter falschem Namen: Von der schwierigen Autorschaft der Frauen*, Frankfurt: Suhrkamp, 1991.

25 Diesen Hinweis verdanke ich Brunhilde Wehinger.

26 »Wiser Than a God« ist die Geschichte einer Frau, die nach dem Tod ihrer Mutter eine erfolgreiche Autorin wird.

27 Den ersten Roman, *At Fault* (1890), publizierte Chopin auf eigene Kosten (er thematisiert eine Dreierbeziehung und die daraus resultierende

Scheidung). Der zweite, *Young Dr. Goose*, fand keinen Verleger, und Chopin vernichtete ihn. Der dritte war *The Awakening* (1899).

28 Guy de Maupassant trat 1880 mit einem Gedichtband an die Öffentlichkeit und wurde quasi über Nacht berühmt. Er schrieb klar und elegant; Gustave Flaubert war Maupassants Lehrer und wie ihm ging es auch Maupassant um kühle Objektivität in der Darstellung.

29 Der Realismus definiert das Individuum über die Gesellschaft (die Romantik hingegen sieht die Gesellschaft durch die Perspektive des Individuums). Im realistischen Roman sind die Protagonistinnen und Protagonisten in konkrete gesellschaftliche Bezüge, in Verpflichtungen und Abhängigkeiten eingebettet. Das Markenzeichen der großen realistischen Autoren ist die Darstellung übergreifender gesellschaftlicher Strukturen.

30 Die Regionalisten waren bestrebt, bestimmte geographische Regionen der USA, ihre landschaftlichen, gesellschaftlichen und linguistischen Besonderheiten, darzustellen. Sie erkundeten das, was bis dahin als nicht literaturfähig galt: das gewöhnliche Leben der armen und einfachen Leute, das außerhalb des Wahrnehmungshorizonts der amerikanischen Bildungselite lag (vgl. Anmerkung 9). Die Texte des Regionalismus waren deshalb nicht nur Sprachrohr für die unterschiedlichen Regionen des Landes, sondern auch für die diversen ethnischen und sozialen Randgruppen. Während die Realisten die soziale und ökonomische Umwelt analysieren (vgl. Anmerkung 29), schreiben die Regionalisten Texte, die regionale Eigenheiten thematisieren, zur Bewahrung von Traditionen beitragen und auf einen eng begrenzten geographischen Bereich festgelegt sind. Literarischer Regionalismus bedeutet Aufwertung der betreffenden Region durch eine lebendige, anschauliche und oft humorvolle Beschreibung der dort lebenden Menschen. Oft enthalten die Texte der Regionalisten auch Elemente von Nostalgie und Idealisierung. Die meist ländlichen Kulturen und Gesellschaften wurden nämlich genau zu dem Zeitpunkt literarisch entdeckt, als sie (aufgrund der Industrialisierung und der damit einhergehenden Urbanisierung) geschichtlich bedeutungslos wurden. Rezeptionsästhetisch betrachtet geht es im literarischen Regionalismus weniger um Aneignung als vielmehr um Konfrontation: Die fremden Welten stellen für die Leserinnen und Leser immer einen Gegenentwurf zur eigenen, vertrauten Welt dar. In diesem Sinne sind die Texte der Regionalisten Verständigungstexte, denn die Einsicht in das Funktionieren einer fremden Welt soll zur Bereicherung oder zum Hinterfragen der eigenen führen.

31 Die Literatur der Zeit nach dem Bürgerkrieg wird für gewöhnlich in zwei Gruppen unterteilt, in die der Realisten und der Regionalisten. Diejenigen, die die Macht hatten – die weißen Männer der Ostküste, allen voran William Dean Howells – werden als Realisten klassifiziert,

133

wohingegen diejenigen, die marginalisiert waren, als Regionalisten bezeichnet werden, die Autoren aus dem Süden und dem Mittleren Westen, die Schwarzen, die Immigranten und vor allem die Frauen. Vgl. auch Anmerkung 30.

32 Am 22. Mai 1894 schrieb sie in ihr Tagebuch: »If it were possible for my husband and my mother to come back to earth, I feel that I would unhesitatingly give up every thing that has come into my life since they left it and join my existence again wiht theirs. To do that, I would have to forget the past ten years of my growth – my real growth«. [Wenn es möglich wäre, daß mein Mann und meine Mutter zurück auf die Erde kämen, denke ich, daß ich ohne Zögern alles aufgeben würde, was in mein Leben getreten ist, seit sie es verlassen haben, und ich meine Existenz wieder mit der ihren vereinigen würde. Dazu müßte ich die letzten zehn Jahre meines Reifens – meines wirklichen Reifens – vergessen.] Zitiert nach: Emily Toth, »A New Biographical Approach«, S. 113.

33 Mme. Necker ist die Frau des ersten bürgerlichen und protestantischen Finanzministers unter Louis XIV.

34 »Seit 1788/89 versammelte Madame de Staël – die im Salon ihrer Mutter, Suzanne Necker, in dem u. a. Diderot, d'Alembert, Grimm, Galiani regelmäßig verkehrten, groß geworden ist – in ihrem berühmt gewordenen Pariser Salon (dessen engerer Kreis später sogar mit ins Exil nach Coppet gehen sollte) herausragende Repräsentanten jener ›société de Paris‹, die sich nicht zuletzt durch Internationalität auszeichnete. [. . .] Madame de Staël selbst kennzeichnet die Konversation oft als einen Wettstreit, bei dem es auf die Beschleunigung des Tempos und auf die unermüdlich von ihr geforderte Geistesgegenwart ankomme.« Brunhilde Wehinger, »Vielstimmigkeit in gemischter Gesellschaft«, *Neue Romania* 14 (1993): S. 416-417.

35 In »A Respectable Woman« beispielsweise überlegt eine Frau, ob sie eine Affäre mit dem besten Freund ihres Mannes anfangen soll; in »Fedora« gibt eine Frau einer anderen Frau »a long and penetrating kiss« [einen langen und eindringlichen Kuß]; in »Wiser Than a God« wählt die Ich-Erzählerin die Kunst und verschmäht die Liebe, denn »marriage doesn't enter into the purpose of my life« [Ehe gehört nicht zu meinem Lebensziel].

36 Susanna Rowsons *Charlotte Temple* (1791) und Hannah Fosters *The Coquette* (1797), beides Verführungsromane, beides Bestseller, bereiteten dieser Konvention den Weg: Hier sterben die Heldinnen, die sich auf außereheliche sexuelle Beziehungen eingelassen hatten, einen gar kläglichen Tod.

37 *The Awakening* wurde nahezu ausschließlich von Männern besprochen. Lediglich zwei Frauen, Willa Cather in Pittsburg und Frances Porcher in St. Louis, schrieben über den Roman. Beide lobten die lite-

rarischen Elemente des Textes. Beide schrieben positive Rezensionen, die aber in der Flut der Schmähschriften untergingen.

38 Nach der Welle der Entrüstung, die *The Awakening* ausgelöst hatte, wurde der Roman nicht mehr aufgelegt. Er geriet bereits kurz nach seinem Erscheinen in Vergessenheit. 1953 wurde er, mit einer langen Einleitung versehen, in einer französischen Übersetzung in Frankreich veröffentlicht. Seither gehört Chopin zum erlauchten Kreis jener Dichter (wie Edgar Allen Poe und William Faulkner), deren Werk in Europa höher geschätzt wird als in Amerika. In den Vereinigten Staaten wurde *The Awakening* zwar 1964 wieder aufgelegt, und Per Seyersted, Chopins zweiter Biograph (vgl. Anmerkung 3), brachte 1969 ihre gesammelten Werke heraus, aber erst seit den 70er Jahren werden sie gebührend beachtet, was dem Erstarken der feministischen Literaturwissenschaft zu verdanken ist. Heute gibt es eine Fülle von Publikationen über Chopin, und ihr Werk ist in der amerikanischen Literaturgeschichte fest verankert.

39 Obwohl die Scheidungsgesetze Louisianas etwas liberaler waren als die anderer amerikanischer Bundesstaaten (eine Scheidung wurde bereits aufgrund einer einjährigen Trennung ausgesprochen), waren die Scheidungsraten dort niedriger als anderswo. Louisiana war eben ein sehr katholischer Staat.

40 Die Historiker nennen diese Phase – nach einem Roman von Mark Twain – das *Gilded Age* [das vergoldete, nicht das goldene Zeitalter]: nach dem Bürgerkrieg (bedingt durch die industrielle Revolution und die Fertigstellung von vier Eisenbahnstrecken in den Westen) verdichteten sich die verstreuten, regionalen Märkte zu einem großen, nationalen, transkontinentalen Markt. Dadurch stieg die Produktivität. Trusts und Monopole wurden gebildet; der Reichtum der Bankiers, Spekulanten und Kapitalisten (Vanderbilt, Carnegie, Rockefeller) wuchs ins Unendliche. Die Elektrizität wurde eingeführt (das Telefon als Kommunikationsmedium erwies sich für die Wirtschaft bald als ebenso wichtig wie die vier transkontinentalen Eisenbahnstrecken). Der neue Reichtum bedingte aber auch das neue Elend in den Großstädten, in denen nur die Stärksten und die Rücksichtslosesten überleben konnten. Die Städte expandierten schnell und lockten immer mehr Menschen an, denn die Industrie brauchte Arbeitskräfte. Aufgrund der verstärkt einsetzenden Immigration gab es ein Überangebot an billigen Arbeitskräften. Der gesamte Kontinent war im *Gilded Age* enormen Transformationen unterworfen.

41 Vgl. Anmerkung 9.

42 1848 fand in Seneca Falls, New York, die erste »Woman's Rights Convention« statt. Im selben Jahr wurde in New York der »Married Woman's Property Act« erlassen; dieses Gesetz ermöglichte es den verheirateten Frauen im Bundesstaat New York, unabhängig von ihrem

Mann Besitz vererbt oder geschenkt zu bekommen. Ein ebenso spannender wie interessanter historischer Kriminalroman über die Anfänge der amerikanischen Frauenbewegung ist Miriam Grace Monfredos, *Seneca Falls Inheritance* (1992).

43 Damit die amerikanischen Frauen auf Bundesebene wählen konnten, mußte ein Zusatz zur Verfassung, ein *Amendment*, erlassen werden. Auf der Ebene der Einzelstaaten bekamen die Frauen teilweise schon früher das Wahlrecht. Die ersten Gebiete, in denen Frauen wählen durften, waren Wyoming Territory 1869 und Utah Territory 1870; dadurch sollte die Ansiedlung in diesen bevölkerungsarmen Gegenden attraktiver gemacht werden. Bis zum Jahr 1910 hatten aber nur vier Bundesstaaten, Idaho, Wyoming, Utah und Colorado, den Frauen das Wahlrecht gewährt. Auf Bundesebene erlangten die Frauen erst 1920, durch das 19th Amendment, das Wahlrecht.

44 Die beiden großen nationalen Frauenorganisationen waren *Women's Suffrage* und *Women's Temperance*. Nach dem Bürgerkrieg verlagerten sich die öffentlichen Diskussionen zunehmend weg vom Problem der Frauenbildung (vgl. Anmerkung 7) und hin zum Problem der juristischen Gleichstellung von Mann und Frau. Ziel der *Women's Suffrage*-Fraktion war das Erkämpfen des Frauenwahlrechts. Ziel der *Temperance*-Fraktion hingegen war der Kampf gegen den Alkoholmißbrauch und für eine Reform der häuslichen Rolle der Frau. Die *Temperance*-Bewegung war eine gemäßigte, mütterliche Form von Feminismus, die sich mit den traditionellen religiösen Lehren identifizierte. Die *Temperance*-Frauen schlossen sich in der »Women's Christian Temperance Union« zusammen; an übergreifenden strukturellen Veränderungen hatten sie kein Interesse. Aber sie waren in wichtigen öffentlichen Debatten stimmführend, beispielsweise in den Auseinandersetzungen um Prostitution, Geburtenkontrolle und sexuelle Enthaltsamkeit.

45 Bedrohungsszenarien bahnten sich insbesondere in der Medizinisierung des Frauenkörpers, in Polemiken gegen das Phänomen der *New Woman*, in der Gleichsetzung von ›hysterisch‹ und ›weiblich‹ im psychoanalytischen Diskurs und in Phantasmen wie dem einer umfassenden Homosexualisierung der Gesellschaft (*homosexual panic*) bzw. dem von der männermordenden Überfrau (der *femme fatale*) einen Weg ins öffentliche Bewußtsein.

46 In Texten wie Henry James' *The Bostonians* (1886), George Gissings *Odd Women* (1891) und Grant Allens *The Woman Who Did* (1895) beispielsweise wird die moderne Industriegesellschaft als eine Brutstätte tobender oder schwelender Geschlechterkriege dargestellt. In diesen Romanen werden Horrorszenarien von bedrängter Männlichkeit und weiblicher Machtusurpation entworfen.

47 Die Situation wurde als zweifach bedrohlich gesehen: Zum einen

schränkte ein wachsender Zivilisierungsdruck die Möglichkeiten
männlicher Selbstbehauptung ein, zum anderen fühlten sich die Männer
durch die zunehmende Präsenz von Frauen im öffentlichen Leben bedroht. All das gipfelte in einer kulturellen Reorientierung, in einer Re-
maskulinisierung des kulturellen Lebens und in einer Gleichsetzung von
Männlichkeit und nationaler bzw. imperialer Stärke: 1898 wurde ein imperialer Krieg gegen Spanien geführt. Der Remaskulinisierungsschub
läßt sich auch in einem verstärkten männlichen Körperbewußtsein, der
Entstehung des amerikanischen Universitätssports und eines neuen Ath-
letikkults (YMCA, Begeisterung für die Olympischen Spiele) nachwei-
sen. Oft gehen Maskulinisierung und Technologisierung eine Symbiose
ein, und die Maschine wird als Vorbild perfekter Männlichkeit phanta-
siert. Vgl. David Glover, »The Stuff that Dreams are Made of: Masculi-
nity, Feminity and the Thriller«, in: Derek Longhurst (Hg.), *Gender,
Genre and Narrative Pleasure*, London: Unwin Hyman, 1989, S. 67-83.

48 Während sie auf die Veröffentlichung wartete, verfaßte sie »The
Storm«, eine Geschichte, in denen sich ein reinigendes Gewitter und
die menschliche Sexualität zeitgleich entladen. »The Storm« ist Chopins sexuell explizitester Text. Die Geschichte zentriert sich um einen
spontanen Ehebruch, der keinerlei Schuldgefühle hervorruft, sondern
von allen Beteiligten, einschließlich der betrogenen Ehepartner, als be-
freiend empfunden wird. Der Text konnte erst posthum, mit der Erst-
veröffentlichung von Chopins gesammelten Werken 1969 (vgl. Anmerkung 38), publiziert werden.

49 Sie erschien erst im Jahr 1991. Und obwohl Kate Chopin heute aus dem
Kanon der amerikanischen Literaturgeschichte kaum mehr wegzuden-
ken ist, werden vor allem ihre *Bayou Folk*-Geschichten anthologisiert
und gelehrt. Ihre *A Vocation and a Voice*-Texte hingegen, die
ästhetisch wesentlich komplexer (und sexuell expliziter) sind, werden vielfach weiterhin ignoriert.

50 Lélia heiratete am 5. April 1905, acht Monate nach dem Tod ihrer
Mutter, Frederick Robert Hattersley, mit dem sie sich bereits verlobt
hatte, als ihre Mutter noch lebte. Lélia bekam einen Sohn, Robert. Wie
ihre Mutter, Großmutter, Urgroßmutter und Ururgroßmutter wurde
Lélia früh Witwe: Ihr Mann starb vier Jahre nach der Hochzeit. Auch
sie hat nicht wieder geheiratet.

Literatur

Abbot, Shirley: *Vom Winde nicht verweht: Frauen in den amerikanischen
Südstaaten*, Hamburg, 1986

Birkle, Carmen: »Kate Chopin: ›The Storm‹ – Die Geburt der ›New Woman‹ aus dem Geiste des Regionalismus«, in: Klaus Lubbers (Hg.), *Die englische und amerikanische Kurzgeschichte,* Darmstadt, 1990, S. 110-119

Culley, Margo: »Contexts of *The Awakening*«, in: Margo Culley (Hg.), Kate Chopin, *The Awakening*, New York, 1994, S. 119-136

Ewell, Barbara C.: *Kate Chopin*, New York, 1986

Fluck, Winfried: *Das kulturelle Imaginäre: Eine Funktionsgeschichte des amerikanischen Romans 1790-1900,* Frankfurt, 1997

Fluck, Winfried: »Die Frauenliteratur der Jahrhundertwende: Kate Chopin und Edith Wharton«, in: Hubert Zapf (Hg.), *Amerikanische Literaturgeschichte,* Stuttgart, 1997, S. 196-202

Martin, Wendy: »Introduction«, in: Wendy Martin (Hg.), *New Essays on the Awakening,* Cambridge, 1988, S. 1-31

Rankin, Daniel S.: *Kate Chopin and Her Creole Stories*, Philadelphia, 1932

Rein, Ingrid: »Nachwort«, in: Kate Chopin, *Das Erwachen,* Frankfurt, 1997, S. 209-222

Scott, Ann Firor: »Women in the South: History as Fiction, Fiction as History«, in: Lothar Hönnighausen und Valeria Gennaro Lerda (Hg.), *Rewriting the South: History and Fiction,* Tübingen, 1993, S. 22-34

Seyersted, Per: *Kate Chopin: A Critical Biography*, Baton Rouge, 1969

Seyersted, Per, und Emily Toth (Hg.): *A Kate Chopin Miscellany,* Natchitoches, 1979

Showalter, Elaine: *Sisters Choice: Tradition and Change in American Women's Writing,* Oxford, 1994

Showalter, Elaine: »Tradition and the Female Talent: *The Awakening* as a Solitary Book«, in: Wendy Martin (Hg.): *New Essays on The Awakening,* Cambridge, 1988, S. 33-57

Skaggs, Peggy: *Kate Chopin* , Boston, 1985

Tichi, Cecelia: »Women Writers and the New Woman«, in: Emory Elliott (Hg.): *The Columbia Literary History of the United States*, New York, 1988, S. 589-606

Toth, Emily: *Kate Chopin,* New York, 1990

Toth, Emily: »Introduction«, in: Kate Chopin, *A Vocation and a Voice*, New York, 1991, S. vii-xxxi

Toth, Emily: »A New Biographical Approach« (1988), in: Margo Culley (Hg.), Kate Chopin, *The Awakening,* New York, 1994, S. 113-119

ELFRIEDE LOHSE-WÄCHTLER
1899-1940

Das seltsame Rätselbild des Menschen zu begreifen

Von Sibylle Duda

»Die gesamte Dauer des Tötungsvorganges nach Schließung der Türen des Vergasungsraumes und Öffnung des CO-Ventils betrug etwa 20 Minuten, wie ich mich heute zu erinnern glaube. Dann wurde zunächst der Ventilator angelassen und das Gas abgesaugt unter gleichzeitiger Zufuhr von Außenluft. Bis zum Öffnen der Türen verging etwa noch eine halbe bis dreiviertel Stunde. Die Dauer der Gaszufuhr war allein abhängig von der beobachteten Wirkung. Der Zufluß des Gases wurde abgestellt, sobald der beobachtende Arzt keine Bewegung mehr in dem Vergasungsraum feststellte. Ich habe nach Öffnen der Türen des Vergasungsraumes routinemäßig keine Kontrolluntersuchungen zur genauen Feststellung des Todes vorgenommen. Das war weder üblich noch notwendig, da die Einwirkung des Gases bei einer Gesamtdauer von 20 Minuten unbedingt tödlich sein mußte.«[1] Das ist die Aussage eines Arztes 1961 vor der Generalstaatsanwaltschaft in Frankfurt am Main. Über den Tod ihrer Opfer haben die beteiligten Euthanasie-Ärzte und ihre Helfershelfer reihenweise ausgesagt, daß es sich um ein friedliches Hinüberdämmern, sozusagen um ein Entschlafen gehandelt hätte.[2] Dieser beschönigenden Aussage stehen andere gegenüber, wie die eines Angestellten einer Tötungsanstalt, der sich von dem Schlaftod überzeugen wollte: ». . . Ich habe hierbei durch das seitlich angebrachte Guckfenster die Beobachtung gemacht, daß die Menschen einen qualvollen Tod starben. Die Dauer meiner Beobachtung erstreckte sich nur auf ca. drei Minuten, da ich den Anblick längere Zeit nicht ertragen konnte.«[3] Oder die Aussage eines Transportbegleiters: »Ja, ich sah einmal durch das Guckloch. Es war ein schauriger Anblick, wenn die Kranken nach und nach zusammensackten und durcheinanderfielen. Ich werde den Anblick nie mehr verlieren oder vergessen.«[4] Es konnte auch schon vorkommen, daß Ärzte, die die Massenermordung durch das Guckloch beobachteten, sagten: »Jetzt purzeln sie schon.«[5] Dann war der Tod nicht mehr fern, das Kohlenmonoxyd konnte abgesaugt werden, der Vergasungsraum entlüftet und die »Brenner« schleiften die Leichen zum Verbrennen in die vorher schon angeheizten Brennöfen.

Die vom Sozialdarwinismus vorbereitete Euthanasie-Ideologie mündete in Deutschland nach der Machtergreifung Hitlers 1933 in die »Vernichtung unwerten Lebens«, wie die Verantwortlichen dieser Aktion es nannten, denn es wurden nicht nur »Geistes-kranke« ermordet, sondern auch jene, die keinen »Nutzen« ver-sprachen. Die Vernichtung Hunderttausender Insassen von Heil- und Pflegeanstalten war sozusagen eine Vorübung – es wurden Tötungsarten erprobt – für die spätere Ermordung von Millionen KZ-Insassen.

Höhepunkt der Massenvernichtung von sogenanntem »lebens-unwerten Leben« war die »Aktion T4«. In einer Villa in Berlin-Char-lottenburg, in der Tiergartenstraße 4 (T4), wurde die Zentraldienst-stelle im April 1940 errichtet, zahlreiche Universitätsprofessoren der Medizin für das Euthanasieprogramm gewonnen und ein effi-zienter Plan entworfen.[6] Auf Meldebögen, die an alle Leiter deut-scher Heil- und Pflegeanstalten verschickt wurden, sollten in einem Eilverfahren solche Patientinnen und Patienten erfaßt werden, an denen man spezifische psychische, körperliche oder soziale Abwei-chungen diagnostizieren konnte. Die Diagnose Schizophrenie oder ein Mindestaufenthalt von fünf Jahren in einer Anstalt waren ein sicheres Todesurteil. Die so auf Meldebögen erfaßten Menschen wurden aus den Heil- und Pflegeanstalten abgeholt und in Busse mit zugestrichenen oder verhängten Fenstern gesetzt. In Deutsch-land gab es sechs Heilanstalten, die zu Vergasungsanstalten umge-baut worden waren. Dorthin fuhren die Busse, die Menschen mußten aussteigen, ihre Identität wurde anhand der Meldebögen festgestellt, dann mußten sie sich entkleiden, in einen als Bade-raum getarnten Vergasungsraum gehen, wo sie einen qualvollen Tod starben. Die Toten wurden verbrannt, den Angehörigen wur-den Totenscheine mit fiktiven Todesursachen zugesandt.

Die Malerin Elfriede Lohse-Wächtler ist eine von diesen Toten. Erst eine 1996 erschienene umfangreiche Monographie[7] über die Künstlerin Elfriede Lohse-Wächtler gibt einen Einblick in ihr erschütterndes Leben und ihr kunsthistorisch außergewöhnlich bedeutendes Werk. Sie wird in eine Reihe mit Egon Schiele, Oskar Kokoschka, Otto Dix, Richard Ziegler und Jeanne Mammen ge-stellt. Zu Lebzeiten war sie wenig bekannt, obgleich sie bei Aus-

Elfriede Lohse-Wächtler

stellungsbeteiligungen zwischen 1928 und 1932 enthusiastische Kritiken bekam. [8] Von ihrem Werk sind ungefähr vierhundert Arbeiten erhalten, fast ausschließlich Pastelle, Aquarelle und Zeichnungen. Einige ihrer Werke, die von Museen angekauft worden waren, sind nachweislich – es existieren noch Diapositive – in der nationalsozialistischen Zeit verschwunden. Sie werden mit dem Etikett »entartete Kunst« versehen worden sein. In ihren späteren Arbeiten spiegeln sich die schmerzvollen Erfahrungen ihres eigenen Lebens ebenso wie die sozialen Umbrüche gegen Ende der Weimarer Republik wider. »Ihre bevorzugten bildkünstlerischen Themen sind Motive der hektischen Großstadt und der dort lebenden, zumeist unterprivilegierten Bevölkerungsschichten: Straßenszenen aus dem Hafen- und Arbeitermilieu, insbesondere aber Kneipen-, Nachtklub- sowie Bordellszenen. Vor allem die Menschen dieser Halbwelt, denen die Künstlerin auch . . . Zigeuner zurechnete, gehören einer Wirklichkeit an, die sich von der rationalen Normalität extrem unterscheidet . . . ihre Darstellungen von monumentaler Einfachheit werden zu ergreifenden Szenerien des eigenen wie des fremden Lebens, dessen psychische Befindlichkeit stets im Vordergrund steht. Neben diesen Milieustudien und Genrebildern stehen viele Selbstbildnisse, eindringliche Porträts von Arbeitern, Ackerbauern und Handwerkern, aber auch von gutbürgerlichen Leuten und einigen Intellektuellen sowie von Mitpatientinnen.« [9] Diese Porträts von Mitpatientinnen entstanden während eines Aufenthalts 1929 in der Staatskrankenanstalt Hamburg-Friedrichsberg und später dann in der Heil- und Pflegeanstalt Arnsdorf bei Dresden.

Anna Frieda Wächtler wurde am 4. Dezember 1899 in Dresden-Löbtau als ältestes Kind des kaufmännischen Angestellten für Buchführung, Kassa und Korrespondenz Gustav Adolf Wächtler und seiner aus Husinec in Südböhmen stammenden Ehefrau Marie Zdenka Sidonie, geb. Ostadal, geboren. [10] Fast zwölf Jahre später wurde Elfriedes Bruder Hubert geboren, der bis zu seinem Tode im Jahre 1988 ihren Nachlaß verwalten sollte.

Elfriede Wächtler wuchs in bürgerlichem Milieu auf, erhielt Geigenunterricht, und früh zeigte sich ihr Maltalent. Der Vater entdeckte bei der Tochter eine »außergewöhnliche Begabung für Malerei vom zweiten Lebensjahr ab.« [11] Frühestes noch erhaltenes

Zeugnis ihres Talents ist eine kleine Tuschzeichnung »Mädchen mit Krone und Blumen im Haar«, die die noch nicht Elfjährige vermutlich nach einem Verkleidungsspiel in wenigen sicheren Federstrichen skizzierte.[12] In dem 1958 verfaßten Erinnerungstext »Die Bekanntschaft mit meiner Schwester, der Malerin«,[13] beschreibt der Bruder Hubert Wächtler die konfliktträchtige, wenig liberale Atmosphäre des Elternhauses, die durch den eigenwilligen und temperamentvollen Lebensstil und die unbürgerlichen Zukunftsvorstellungen der Schwester starken Belastungen ausgesetzt war. Sie mündeten in heftige Auseinandersetzungen bis hin zu Tätlichkeiten, die schließlich den späteren Bruch zwischen Vater und Tochter vorbereiteten.[14]

Die Schwester, die dicke, lange, blonde Zöpfe trug, war immer beschäftigt. Hubert erinnert sich an eigenartige Bilder, die herumstanden, an Wunder aus Papierschnipseln. Komische Gefäße, fremdartige Decken, kleine Tiergeripppe, eigenartige Schuhe, einmal auch ein zum Zeichnen bestimmter menschlicher Totenkopf, das waren die Gegenstände, mit denen sich seine Schwester umgab.[15] So hatte sich Elfriede Wächtler schon als Kind und Jugendliche im Hause eine kleine atelierartige Werkstatt eingerichtet, in der sie mit Stoffen und Farben experimentierte. Sie bemalte Porzellanteller, malte Stilleben, nähte sich exzentrische Kleidungsstücke und ließ über ihre künstlerische Begabung keinen Zweifel aufkommen. Der Vater versuchte seine Tochter in halbwegs bürgerliche Bahnen zu lenken, indem er ihr vorschlug, eine Ausbildung als Bühnenbildnerin, Kostüm- und Modellschneiderin zu machen. Der Bruder berichtet in seinen Erinnerungen über lautstarke Auseinandersetzungen zwischen Tochter und Vater. Die Mutter versuchte zu vermitteln, doch die Ansichten über den künftigen Beruf ließen sich nicht vereinigen. Im Herbst 1915 beginnt Elfriede ein Studium an der Dresdner Königlichen Kunstgewerbeschule, zunächst in der Schülerinnenabteilung in der Fachklasse 6, »Mode und weibliche Handarbeiten« bei der Professorin Margarete Junge, kurze Zeit später wechselt sie in die Fachklasse 1 »Angewandte Graphik« von Professor Georg Oskar Erler, wo sie bis Februar 1918 studiert.[16]

Schließlich werden die Auseinandersetzungen mit den Eltern, besonders mit dem Vater, für Elfriede unerträglich, ihr wird »zwischen den bürgerlichen Konventionen die Luft genommen,«[17] und die kaum Siebzehnjährige mietet sich in der Dresdner Innenstadt ein Zimmer, das sie mit einer Freundin, Londa Freiin von Berg, der späteren Ehefrau des Malers Conrad Felixmüller, bewohnt. Einen kümmerlichen Lebensunterhalt verdient sich Elfriede Wächter mit dem Verkauf von Batikarbeiten, einer Kunst, die damals modern wurde, mit Entwürfen von Exlibris, gemalten Postkarten und Buchillustrationen. Ihre Batikarbeiten waren meisterhaft, besonders phantasievoll und farbenprächtig. Sie bildeten ihre beständigste Einnahmequelle.[18] Ihr Elternhaus besuchte Elfriede Wächter in dieser Zeit selten. Manchmal erschien sie, meist wenn sie wußte, daß ihr Vater abwesend war, um sich satt zu essen oder um ihre Batikarbeiten, Wandbehänge, Kissendecken und Lampenschirmbezüge zu färben, zu trocknen und zu bügeln. »Die Frieda kommt« war ein Schreckensruf, wie sich der Bruder erinnert.[19] Für die Mutter bedeutete die Anwesenheit der Tochter Umsturz und Chaos in der Wohnung. In kurzer Zeit war dann in der Küche vom Fenster zum Küchentisch das große Bügelbrett ausgelegt, die Herdplatte, auf der zwei große Färbetöpfe standen, glühte. Platz zum Kochen blieb der Mutter nur am Herdrand. Im Feuer lagen mehrere Bügeleisen, und auch die modernen Gasbügeleisen wurden herangezogen. Im Bad rauschte das Wasser; es sah dort aus wie in einer Färberei und roch auch so. Die Türen waren weit geöffnet, auch zum Wohnzimmer, wo Elfriede zugleich an der Arbeit war, bis alles Vorbereitete die richtige Temperatur hatte, denn das richtige Färben war ein komplizierter Vorgang. Die Nähmaschine ratterte, mal wurde geflucht, dann war es wieder still. Scherengeklapper lockte den fünfjährigen Bruder heran. Ohne langes Zögern schnitt sie in den Stoff, auf den sie mit Kreide Linien gezogen hatte. Wenn der doppelte Ausziehtisch zu kurz war, wurde auf dem Fußboden weitergearbeitet. Die Mutter schüttelte den Kopf. Viel Papier lag herum und Nadeln mit farbigen Köpfen ... Schnell waren die Stoffteile zusammengeheftet, und nun wurde das Kleidungsstück im Schlafzimmer der Eltern vor einem Schrank mit Spiegeltür anprobiert. Die Mutter wurde beim Anstecken zu Hilfe gerufen. Im Schlafzimmer stand eine aus einem Leiterstuhl montierte Staffelei mit einer Leinwand, auf der Elfriede ein Selbstbildnis begonnen hatte, und es roch nach Ölfarbe. Wenn in Küche und Bad der Färbeprozeß beendet war, wurde entweder die Nähmaschine in Ordnung gebracht, oder der kleine Bruder wurde zum Drehen angestellt, wenn die Fußbedienung wieder einmal streikte. Zur Erholung malte sie dann eine Weile und rauchte dazu. Gegessen wurde nebenbei – dabei kochte die Mutter immer etwas Gutes –, denn nun fing das große Bügeln an. »Wenn der Vater am Abend aus dem Geschäft kam, war Elfriede wieder fort, und wenn auch alles aufgeräumt war, roch es doch überall nach ihrer Arbeit.«[20] Eines Tages erschien Elfriede mit einem Bubikopf bei ihren Eltern: Sie hatte sich die langen blonden Zöpfe abgeschnitten. Die Mutter brach in Wehklagen aus. Der Vater, als er sie sah, bekam einen Wutanfall, schlug Türen hinter sich zu und ließ sich nicht mehr sehen, bis Elfriede gegangen war. Diese liebte es auch, sich fast männlich zu kleiden. Sie trug einen eingedrückten schwarzen Künstlerhut auf ihrem kurzgeschnittenen Haar, dazu einen kurzen Rock und eine Russenbluse, die an den Hüften von einem Ledergurt zusammengehalten wurde. Zum Entsetzen der Bürger rauchte sie auf der Straße Pfeife, wie sich ihr Malerfreund Otto Griebel erinnert.[21] Schon vom Erscheinungsbild her dokumentierte Elfriede Wächtler ihre Zugehörigkeit zur Dresdner Künstlerbohème.

Die heftigen Reaktionen der Eltern auf ihre exzentrische Tochter verwundern nicht und sind nicht nur aus Kleinmut oder Borniertheit entstanden. Auch 1916, mitten im Ersten Weltkrieg, und obgleich die Erste Frauenbewegung schon viele ihrer Ziele erreicht hatte, wie vor allem Gleichberechtigung der Frau in Beruf und Ausbildung, herrschte in den Vorstellungen der Menschen noch das klassische wilhelminische Frauen- und Männerbild vor mit seinen polaren Gegensätzen und seiner Ergänzungsideologie. In die Zorn- und Wutausbrüche des Vaters, des korrekten Buchhalters, und die schmerzlichen Klagen der Mutter mischten sich auch Sorge um die Tochter, Unsicherheit und Trauer um den Verlust einer Epoche, in der zumindest die Eltern heimisch waren. Elfriede entspricht so gar nicht dem traditionellen Frauenbild, sie ist anstößig in ihrer Aktivität, Unabhängigkeit, Sinnlichkeit und Entschlossenheit. Die Eltern müssen die Tochter, die doch eigentlich behütet werden sollte, loslassen, sie das tun lassen, wofür ihnen das Verständnis fehlt, und sie haben nur ein Scheitern der Tochter vor Augen. Gleichzeitig entzieht sich die Tochter der elterlichen Sorge, hat kein Verständnis für den in ihren Eltern aus Hilflosigkeit entstandenen Zorn und Gram.

Als die Ernährungsschwierigkeiten auch in Dresden von Kriegsjahr zu Kriegsjahr zunahmen, ab 1917 so gut wie alle Lebensmittel rationiert wurden und ihre Familie an Unterernährung zu leiden begann, entdeckte Elfriede Wächtler Auswege: sie fuhr aufs Land, versorgte Eltern und Bruder mit Kartoffeln und Gemüse und arbeitete in den letzten Kriegsjahren zeitweilig bei Bauern in einem Dorf in der Lausitz, in der Nähe von Hoyerswerda. Sie mietete sogar ein kleines halbverlassenes Bauernhaus in Neschwitz nördlich von Bautzen, in dem die Familie eine Zeitlang recht gut leben konnte. Diese Fürsorge und Umsicht Elfriedes trug wenigstens vorübergehend zu einer versöhnlichen Stimmung bei.[22] Als ihr Bruder Hubert 1918 eingeschult wurde, entwarf sie für ihn »eine außergewöhnlich interessante Zuckertüte,«[23] die bei den Mitschülern und Mitschülerinnen zur Sehenswürdigkeit wurde, ebenso wie der spätere Schulranzen des Bruders, den sie »mit ungewöhnlichen Motiven in Ölfarbe dekorativ gestaltete«.[24]

Im Sommer 1918 zog Elfriede Wächtler in das ehemals von Conrad Felixmüller bewohnte Atelierzimmer in der Rietschelstraße 7 um, das in einem bunten Geschäfts- und Kneipenviertel lag. Dieses Atelier wurde zu einem Treffpunkt der Dresdner Künstler. Die neue Bohème erstarkte nach dem Ende des Ersten Weltkriegs in Dresden, ganz ähnlich wie in München, Berlin, Prag und Wien, als Reaktion auf die Zerstörungen des Krieges und auf den Niedergang des bürgerlichen Zeitalters. Hierzu hatte Julius Bab, ein Theoretiker der Bohème, schon 1904[25] seine Gedanken niedergelegt. Er deutete eine starke, regsame Bohème als erfreuliches Kulturzeichen, sei sie doch das beste Symptom dafür, daß in der eben heranwachsenden Generation eine Überfülle starker Kräfte nach Entfaltung ringe, Kräfte, für die innerhalb der bürgerlichen Gesellschaft kein Raum wäre und die sich deshalb außerhalb der Gesellschaft bewegen und entfalten müßten. Kampf gegen die etablierte Gesellschaft sei das Lebenselement der Bohème, aber, so Bab, gleichzeitig wohne ihr ein hoher Wert für die Gesamtheit inne, wirke sie doch mahnend und aufweckend; sie zeige die Gebrechen der Gesellschaft und gebe dadurch Anregungen, die Veränderungen und Fortschritt ermöglichten.

Elfriede Wächtler gehörte zum Kreis um Franz Pfemfert, der die Zeitschrift »Die Aktion. Wochenschrift für Politik, Literatur, Kunst« herausgab. In dieser Zeitschrift erschien ihr erstes, von Conrad Felixmüller als Holzschnitt geschaffenes Porträt unter dem Namen Laus. So wurde sie von ihren Künstlerfreundinnen und -freunden genannt, weil sie ihre frühen Zeichnungen, Aquarelle und Lithographien mit »Nikolaus Wächtler« signierte. Sie war ferner Mitglied in der »Dresdner Sezession, Gruppe 1919«. Gemeinsam mit ihrem Malerfreund Otto Griebel besuchte sie Veranstaltungen des Spartakusbundes. Außerdem war sie eine begeisterte Anhängerin des von Mary Wigman in Dresden zur Blüte gebrachten »Neuen künstlerischen Tanzes«.[26] In selbstentworfenen Phantasiekleidern pflegte Elfriede Wächtler in ihrem Atelier vor einem großen Spiegel und vor ihrem Freundeskreis ausdrucksvoll zu tanzen. Otto Griebel berichtet von einem besonderen Tanz anläßlich eines Künstlerfestes im Atelier von Eugen Hofmann: »Und ich sehe es noch wie heute, plötzlich zog Laus alle Sachen herunter und tanzte splitternackt mit der Tabakpfeife zwischen den Zähnen vor uns. Laus konnte sich so etwas unbeschadet leisten; sie war exzentrisch, ihr gefiel alles Außergewöhnliche, aber nie das Gemeine, und dieser Nackttanz war großartig . . .«[27] In ihrem eigenwillig eingerichteten Atelier, in dem es in der Erinnerung des Bruders nach »Farbe, Terpentin, Wachs, Parfüm, Tabak, Kaffee, Wein, Pfefferkuchen, gekochtem Zucker und Spiritus« roch,[28] herrschte ein reges Treiben. Die Künstlerinnen und Künstler, für die es immer etwas zu trinken, zu essen und zu rauchen gab, standen oder saßen herum, diskutierten, bramarbasierten oder rezitierten Gedichte. Elfriede redete wenig, denn sie war immer mit Malen oder Zeichnen beschäftigt, hörte aber aufmerksam zu und lachte viel.

Der Malerfreund Otto Dix brachte eines Tages einen Freund mit. Es war der Sänger und spätere Maler Kurt Lohse. Dieser stellte in Elfriedes Atelier sein Grammophon auf, und so erschallte in dem Getümmel auch noch Enrico Carusos Tenor. Lohse war als Leutnant aus dem Krieg wiedergekommen, war vielseitig begabt, klug und etwas zynisch. Er sei, so Griebel,[29] ein verwöhnter Mensch gewesen, dem jeder Sinn für ernsthaftes Tun fehlte. War er in Geldnot, so versetzte er alles, was sich zu Geld machen ließ. Er steckte voll großer Projekte, studierte neben der Malerei auch Gesang und malte Bilder, von denen er kaum eines beendete. Der Freundeskreis um Elfriede Wächtler war zutiefst erstaunt, als sich Kurt Lohse an Elfriede Wächtler anschloß und beide, nachdem er seine Wohnung aufgegeben hatte, in ihrem Atelier zusammenlebten. Es bestand, fanden sie, ein zu großer Unterschied in der Lebensauffassung und im Charakter der beiden. Elfriede Wächtler war bei aller zur Schau getragenen Exzentrizität feinfühlig und in der Arbeit sehr strebsam, zugleich temperamentvoll und lebenslu-

147

stig, Lohse dagegen unzuverlässig, berechnend und träge; sie war dunkel, schmal und blaß, er war rotblond und wirkte damals gesund und rosig. Sein Teint erinnerte Griebel an »gekochten Schinken«. Aber sie liebten sich auf Gedeih und Verderb, teilten alles miteinander und kamen nicht mehr voneinander los. Das wenige Geld, das Elfriede Wächtler mit Batiken verdiente oder mit den Blättern, die ihr Dresdner Kunstsammler abkauften, gab Lohse ziemlich leichtfertig aus, ohne darüber Rechenschaft abzulegen. Aber Elfriede trug seine Schwächen »mit der Nachsicht und Geduld der echten Liebenden«.[30]

Während Elfriede Wächtler ständig arbeitete, tat Kurt Lohse eigentlich nichts oder nur sehr wenig. Manchmal sang er gegen ein kleines Honorar Baßrollen im Dresdner Residenztheater oder half, wenn er Lust hatte, beim Batiken mit. Wenn Lohse nicht singend am Klavier saß, bekrittelte er oft Elfriedes Arbeiten. »Der Lohse wußte immer alles besser als meine Schwester«,[31] so der Bruder in seinen Erinnerungen. Leider kam es auch zu Tätlichkeiten zwischen den beiden, doch Elfriede hielt ihrem Kurt unverbrüchliche Treue.

Ihre künstlerische Inspiration und intellektuelle Formung erhielt Elfriede Wächtler einerseits in den »expressionistischen Soiréen im Atelier Felixmüller,«[32] einem Diskussions- und Vortragsforum für bildende Künstler, Literaten und Wissenschaftler mit einem Themenspektrum »vom Expressionismus zum Pazifismus« und spezifischer Affinität für die revolutionären Geschehnisse in Rußland, andererseits gemeinsam mit Griebel in den politischen Diskussionen in den Versammlungen des Spartakusbundes. Sie sensibilisierte ihren Blick auf die sozialen Zustände der Gesellschaft und war genauso wie ihre Künstlerfreunde innerlich bewegt und ergriffen von der Aussicht auf Weltveränderung, von der Vision kommender Dinge, von Hoffnung auf Frieden und auf das Glück des neuen Menschen. Wie ernsthaft auch die gemeinsam geführten Gespräche waren, die um ethische, aus verzweifelter Antikriegsstimmung entstandene Probleme kreisten, Elfriede Wächtler war doch auch immer bereit, gemeinsam mit Otto Dix und Otto Griebel an Sonntagabenden auf Beutezüge durch Dresdner Straßen zu gehen, um Leinwände, die als Sonnenschutz vor den Schaufenstern hingen, mitzunehmen und anschließend in dunklen Hausfluren zu teilen.[33]

Nach einem tumultuösen Auftritt der Berliner Dadaisten Johannes A. Baader, Raoul Hausmann und Richard Huelsenbeck am 19. Januar 1920 im Dresdner »Saal der Kaufmannschaft«, bei dem es fast zu Ausschreitungen des sich provoziert fühlenden Publikums kam, nahmen Elfriede Wächtler und Kurt Lohse die Dadaisten bei sich auf. Damals wurde der Grundstein für eine langjährige Freundschaft zwischen dem »Oberdada« Johannes A. Baader, Wächtler und Lohse gelegt. Baaders Freundschaft sollte später noch große Bedeutung für Elfriede Wächtler haben.

Ungeachtet aller offenkundigen Gegensätze zwischen Elfriede Wächtler und Kurt Lohse entschlossen sich die beiden jungen Künstler zur Heirat. Am 6. Juni 1921 fand in Dresden die standesamtliche Trauung statt. »Den Heiratsvertrag sah ich viel später einmal. Er war mehrfach formatmäßig zerrissen worden und ebenso oft vielfach mit verschiedenem Papier, zuletzt mit starkem Packpapier, wieder zusammengeklebt. Er sah aus [wie] alte Makulatur.«[34] Doch wie Griebel, unbestritten einer der gründlichsten Kenner dieser schwierigen Partnerschaft, sich erinnert, konnte nichts Elfriedes Anhänglichkeit und Liebe zu Lohse erschüttern, weder seine Liederlichkeit noch seine oft zur Schau getragene Gleichgültigkeit.[35] Um billiger zu leben, zog das Paar aus Dresden weg in ein gemietetes Werkleiterhaus nahe den Schreckensteinschen Steinbrüchen oberhalb der Stadt Wehlen in der Sächsischen Schweiz. Dort scheint Elfriede exzellente Arbeitsmöglichkeiten besessen zu haben. »Das freie Leben in dem Werkleiterhaus begünstigte Elfriedes künstlerische Aktivitäten. Sie arbeitete an Ölbildern und kolorierte in Dresden gedruckte Lithographien. Zudem betätigte sie sich bildhauerisch, indem sie grobe Büsten aus herumliegenden Steinblöcken meißelte.«[36] Um die Mietkosten zu senken, wurde Griebel in die Hausgemeinschaft aufgenommen. Das wenige vorhandene Geld gab Lohse leichtfertig aus und machte zusätzlich heimlich Schulden in den umliegenden Läden,[37] mit dem Ergebnis, daß das Häuschen eines Tages vom Gerichtsvollzieher versiegelt war und das Idyll im Steinbruch ein jähes und unerfreuliches Ende nahm. Alle Anstrengungen Elfriedes, die Schulden zu tilgen, schlugen wegen Lohses Unzuverlässigkeit immer wieder fehl. Nach der erzwungenen Aufgabe des Werkleiterhauses in Wehlen bekam Lohse ein festes Engagement im Chor des Theaters von Görlitz, etwa hundert Kilometer von Dresden entfernt. Das Paar zog dahin um. Elfriede reiste gelegentlich nach Dresden zu den Eltern, um sich »eigenartige Kostüme« zu schneidern, in denen sie vermutlich am Görlitzer Theater tanzte. Zudem entwarf sie für Artisten Plakate, die auch gedruckt wurden, jedoch »den sonst bekannten Darstellungen fern« standen.[38] Das flüchtige Liebesglück ihrer jungen Ehe vermittelt Elfriede Lohse-Wächtlers Aquarell »Liebespaar« von 1922/23. »Minutiös schildert es ein Interieur mit spätbiedermeierlichem Sofa und aufgeschlagenem Bett als Bühne der Verführungsszene. Der auf der Tischkante abgelegte Hut des Liebhabers suggeriert Überraschung und Eile.«[39] Elfriede trauerte jedoch dem Haus in den Steinbrüchen nach. In einem Brief von 1934(?) an den Bruder heißt es: »Wenn uns so was wie das Haus in W. gehörte, das wäre schön, aber leider . . .«[40]

1923 trennte sich das Paar. Lohse blieb zunächst in Görlitz und wechselte 1924 an das Mecklenburgische Landestheater Neustrelitz, während Elfriede nach Dresden zurückkehrte, wo sie ein Atelier in der Kunstakademie mit Ausblick auf die Elbe bezog.[41] Lohse besuchte sie anscheinend nie in Dresden, doch trafen sich die beiden weiterhin und verbrachten gemeinsame Ferien während Lohses Spielpausen.

In der Zeit, in der Elfriede Lohse-Wächtler wieder in Dresden lebte, entstanden vornehmlich Porträts und Figurenbilder. Ihr Bruder, der seine Hausaufgaben nach der Schule mit Vorliebe im Atelier der Schwester machte, beobachtete sie beim Arbeiten und erwähnt in seinen Erinnerungen Begegnungen mit Modellen und Personen, die sich porträtieren ließen. Als auffallend empfindet er die ungewöhnliche Ruhe und Geduld der Schwester bei handwerklichen Arbeiten – ganz im Gegensatz zu ihrer Spontaneität beim Malen und Zeichnen. Das letztere »geschah rasch und mitunter wohl auch heftig. Ich mußte ihr oft Modell sitzen oder stehen. Den Vater hat sie nie gemalt oder gezeichnet, meine Mutter vielleicht dreimal.«[42] Elfriede fuhr häufig mit ihrem Bruder mit dem Fahrrad in das Elbsandsteingebirge und ins Erzgebirge, wo sie mit Aquarell- oder Pastellfarben die Landschaft malte. Um sich eine Mahlzeit oder die Unterkunft bei einer Bauernfamilie zu verdienen, zeichnete sie etwas, was zumindest mit Staunen aufgenommen wurde und stets seinen Zweck erfüllte.[43]

Kurt Lohse übersiedelte 1924 von Neustrelitz nach Hamburg, wo er von 1925 bis 1927 am Stadttheater (Oper und Schauspielhaus) ein Engagement wahrnahm. Er erkrankte an Tuberkulose. Obwohl Elfriede seit 1923 von ihm getrennt lebte, zog sie 1925 nach Hamburg nach, weil sie meinte, ihn pflegen zu müssen. Lohses Sängerkarriere war wegen seiner Erkrankung beendet. Fortan widmete er sich ausschließlich bildkünstlerischen und kunsttheoretischen Arbeiten.[44] Die Übersiedlung nach Hamburg beendet Elfriede Wächtlers erste Dresdner Lebens- und Schaffensphase. »Die Ausbildung, die Heirat mit Lohse, ihre produktive Arbeit als Kunstgewerblerin und zunächst tastende, andere Stilsprachen paraphrasierende Versuche, sodann eigenständige künstlerische Aktivitäten bestimmten diesen Lebensabschnitt.«[45] In diese Zeit fielen vor allem die dem Gelderwerb dienenden, phantasievollen, mit orientalisch-indischem Dekor bzw. in Silhouettenschnitt-Manier à la Art déco bedruckten Stoffe, auf denen exotische Tänzerinnen, maskierte Tanzpaare und auf Tigern reitende Amazonen zu sehen sind sowie eine Prinzessin, die samt ihrem Gefolge in einer Barke vorbeigleitet. Griebel lobte die tiefe Sensibilität und den starken Phantasiereichtum dieser Arbeiten. Ebenso für den Gelderwerb bestimmt waren die zahllosen lithographierten und kolorierten Glückwunschkarten für alle Festtage des Jahres. Auf ihnen sind anmutige, fragile weibliche Wesen vor teppichartigem Fond zu sehen; sie sind stilistisch den zeitgleichen Batikarbeiten verwandt. »Technisch perfekt ausgeführt, sind diese Lithographien von eleganter Schönläufigkeit und Grazie.«[46]

Die erste Zeit in Hamburg schien das Ehepaar Wächtler-Lohse recht glücklich zu verbringen. Bis vor Beendigung seiner Karriere als Chorsänger am Hamburger Stadttheater hatte Lohse immerhin ein festes Einkommen. Doch er gab weiterhin, wie zuvor in Dresden und in Wehlen, viel Geld aus, so daß das Paar in wirtschaftlichen Schwierigkeiten lebte, die Elfriede Wächtler durch den Verkauf von Bildern, Schnitzereien und bemalten Schals zu mindern suchte. Das Museum für Kunst und Gewerbe kaufte ihr die Lithographie »Umarmung« ab. Die partnerschaftlichen Probleme flammten wieder auf; sie führten zu einer erneuten Trennung im Herbst 1926.[47] Lohse war ein Verhältnis mit der Tochter des Konzertmeisters an der Staatsoper eingegangen, einer »Vollfrau«, wie Baader, der in diesen Jahren ebenfalls in Hamburg arbeitete, es ausdrückte.[48] Zuvor hatte Lohse dem Freund Baader von Mann zu Mann über Elfriede anvertraut: »Sie gibt mir nichts, ich muß mir was Weiches und Warmes haben« (sic).[49] Aus der Beziehung zwischen Lohse und seiner Geliebten Elsa Haun gingen in kurzer Zeit mehrere Kinder hervor. Elfriede Lohse-Wächtler, die sich sehnlich ein Kind wünschte, während ihrer Ehe mehrfach Abtreibungen hatte vornehmen lassen und einen Abort erlebt hatte, war zutiefst getroffen.[50] Im Oktober 1927 geriet sie in eine schwere Krise, so daß Baader erwog, sie zu sich zu nehmen. Das Zerwürfnis über die Untreue entwickelte sich zu einem irreparablen Bruch, der das Leben der Künstlerin negativ veränderte. Die Dresdner Freunde und Elfriedes Eltern verurteilten Lohse. Doch soll er zeitlebens, wie seine fünf Kinder berichten, ein zärtlicher Vater gewesen sein. Als Maler war Lohse nur bis 1935 erfolgreich. Die Geldsorgen hielten an. Seine Persönlichkeit erfuhr eine eigentümliche Veränderung. War er erst temperamentvoll und cholerisch, so verwandelte er sich später, wie sein jüngster Sohn berichtet, in einen herzkranken, schwachen, biederen und gefälligen Menschen. Hubert Wächtler, dessen »Bekanntschaft mit meiner Schwester, der Malerin«, 1924 abbricht, war zeitlebens mit Lohse befreundet und zog nach 1945 bei den Lohses in deren Hamburger Wohnung mit ein.[51]

Elfriede Wächtler blieb trotz ihrer persönlichen Probleme und ihrer Armut in Hamburg. Erste Anerkennungen ließen nicht auf sich warten. Sie wurde Mitglied des 1925 von Ida Dehmel ins Leben gerufenen »Bund Hamburgischer Künstlerinnen und Kunstfreundinnen«, der späteren GEDOK (Gemeinschaft Deutscher und Österreichischer Künstlerinnenvereine aller Kunstgattungen, die Niveau und Qualität durch strenge Aufnahmebedingungen garantierte). Elfriede Wächtler knüpfte auch Kontakte zur Hamburgischen Sezession, der seit 1919 existierenden Avantgardegruppe.[52] In ihren Geldnöten wandte sie sich an den Senat, und tatsächlich bewilligte ihr eine Senatskommission am 12. September 1928 eine einmalige Zahlung von 200 Reichsmark. Ihre in ihrer ersten nachweisbaren Ausstellungsbeteiligung präsentierten Werke erhalten höchstes Lob: »ausgezeichnete Aquarelle!« ... Aus dieser Zeit sind nur wenige Bilder erhalten, einige detailfreudige Aquarelle mit narrativen Landschaftsthemen und eine sehr feine Bleistiftarbeit. Elfriede Wächtler geriet wegen ihrer chronischen Geldnot und der zutiefst verstörenden Beziehung zu Lohse immer mehr unter Druck. Mit dem Verkauf von Aquarellen und mit Wohlfahrtsunterstützungen hielt sie sich recht und schlecht über Wasser. Doch im Januar 1929 machten sich erste Anzeichen einer psychischen Störung bemerkbar.[53] Es gelang ihr nicht, für die 9. Sezessions-Ausstellung die Bilder zu malen, die ihr vor Augen standen. Sie wollte unbedingt an der Ausstellung teilnehmen, da die Teilnahme eine große künstlerische Chance für sie bedeutet hätte. Um zu malen, stand sie morgens um vier Uhr auf. Ein zwei Jahre später, 1931, gemaltes Bild »Selbstbildnis vor leerem Blatt« dürfte ihre damalige Stimmung wiedergeben. Es zeigt ein von Schmerz und Verzweiflung fast zerstörtes Gesicht mit wild flakkernden Augen; die eine Hand liegt auf dem leeren Blatt, die andere ist fordernd und zugleich schüchtern geöffnet. Der gebeugt sitzenden Gestalt wohnt eine ungeheuer geballte, nach Ausdruck ringende Gewalt inne, meisterlich in furiose Pinselstriche gebannt. Ihr verzweifelter Zustand fiel Außenstehenden auf. »Ihr Gesicht sei blasser als sonst«, hieß es.[54] Elfriede vermittelte das Gefühl, daß sie sich gegen etwas wehrte, gegen den Druck von etwas Kommendem, als wären sie und ihre Schaffenskraft bedroht. Sie fiel wegen ihrer Scheu und ihres nervösen Rauchens auf. Der siebzehnjährige Bruder, der eben als Matrose von einer fünfmonatigen Seereise zurückkehrte, traf seine Schwester aufgelöst an. »Sie konnte zu keinem Menschen mehr vernünftig sprechen, hatte keine vernünftigen Gedanken mehr.«[55] Der Bruder und Baader – Lohse weilte zur gleichen Zeit in einer Lungenheilanstalt – besorgten sich Einweisungspapiere und brachten Elfriede Wächtler in die Staatskrankenanstalt Friedrichsberg. Elfriede, die offensichtlich einen Nervenzusammenbruch erlitten hatte, sich verfolgt fühlte und unter intensiven Träumen litt, »ging willig mit, ohne sich . . . irgendwie klar darüber dazu sein, was geschah«.[56] Der aufnehmende Arzt in Friedrichsberg notierte, Elfriede Lohse-Wächtler sei »ruhig, besonnen, geordnet und nach jeder Richtung orientiert«. Über Baader schrieb er: »geltungssüchtiger Instabler, mit Anklängen an einen Dégénéré superieur«; über Hubert Wächtler: »macht den Eindruck eines starren, fanatischen schizothymen Jünglings mit verschrobenen Ansichten.«[57]

So wurde Elfriede Wächtler, deren einfachste Grundbedürfnisse nicht gestillt werden konnten, die unter der Last der sozialen Anforderungen und Zumutungen zusammenbrach, zunächst einmal verwahrt. Baader drückt das ganz einsichtig aus in einem Brief an Otto Dix nach Dresden, nachdem er das Vorgefallene berichtet hat: »Wären Geld und Haus und Menschen, die sich ihr ausschließlich widmen konnten, vorhanden gewesen, so hätte sich die Einweisung in die Psychiatrische Klinik (vielleicht) erübrigt.«[58] Das gesamte gesellschaftliche System war am Zusammenbrechen. Die allgemeine Wirtschaftslage in Deutschland hatte sich ab 1928 erst allmählich und vom Winter 1929 auf 1930 an katastrophal verschlechtert. Wirtschafts- und Volksnot wurden durch finanzpolitische Maßnahmen wie Brünings Sanierungsprogramm und Notverordnungen, die bis 1932 dauern sollten, begleitet. Die Not der Menschen bei rapide ansteigender Arbeitslosigkeit – von zwei Millionen 1929 auf sieben Millionen – wuchs ins Außerordentliche. Damals blieb Elfriede Wächter knapp zwei Monate, vom 9. Februar bis zum 30. März 1929, in Friedrichsberg. Ihr Zustand äußerte sich, wie die Eintragungen im Krankenblatt bekunden,[59] in Phasen von Introversion, die sich mit Phasen emotionaler Ausbrüche abwechselten. Immer wieder taucht das Wort RATLOSIGKEIT als Beschreibung ihrer Verfassung auf. »Ihre Ratlosigkeit äußerte sich . . .«, ». . . bei Anrede unverändert ratlos . . .«, »starke Ambivalenz des Willens«, . . . »ein Schleier von Ratlosigkeit und Unsicherheit war noch vorhanden . . .«[60] Freilich ist Ratlosigkeit am Platze, wenn soziale Bezüge, soziale Werte und die Sicherung eines Existenzminimums nicht mehr gewährleistet sind und gleichzeitig die innere Bestimmung fast wie ein Zwang aus einer künstlerischen, einer analytisch gestaltenden und kritisch formenden Schöpferkraft besteht. Zunächst sorgten die regelmäßigen Mahlzeiten in der Klinik, die Ruhe und die Möglichkeit zu Zeichnen unverkennbar für eine gewisse Erholung, auch wenn sie, weil sie nicht rauchen durfte, an schweren Entzugserscheinungen litt; außerdem mußte sie vier Wochen gegen ihren Willen im Bett liegen. Schon drei Tage nach der Einweisung beginnt sie, obwohl psychisch labil, zu zeichnen.[61] Die Krankenakte vermerkt mehrfach, daß die Patientin mit Lesen und Zeichnen beschäftigt gewesen sei: »malt in einem fort«, »zeichnet den ganzen Morgen«, »malt unaufhörlich in einem fort«, »Pat. setzte sich vor den Spiegel und malte sich selbst. Zeichnete ihre Mitpat. und Winterlandschaft.«[62] Während dieses Krankenhausaufenthalts von nur zwei Monaten entsteht die bedeutende Werkgruppe der sogenannten »Friedrichsberger Köpfe«, etwa sechzig Zeichnungen und Pastelle in rascher Strichführung, die neben Patientinnen und Schwestern auch Motive mit Klinikgebäuden und Genreszenen des Stationsalltags umfassen.[63] Johannes A. Baader setzt sich nun für ihre Entlassung ein, führt die dazu notwendigen Verhandlungen mit dem Arzt und versichert diesem, daß Kurt Lohse, der nach Hamburg zurückgekehrt ist, sich Elfriedes annehmen werde. So wird sie am 30. März 1929 aus Friedrichsberg entlassen.

Elfriede Wächtler war nun wieder frei, aber an ihrer äußeren Situation hatte sich kaum etwas geändert. Ihre Ehe war gescheitert. Elsa Haun war wieder schwanger; ihr drittes Kind wurde im April 1930 geboren. Immerhin war Elfriede durch den Klinikaufenthalt etwas gestärkt und ruhiger geworden. Es blieb ihr nur der Schritt in die Selbständigkeit. »Dazu benötigte sie Mut, Ehrgeiz, Wut und starkes eigenes Wollen.«[64] Vor allem aber hätte sie Geld gebraucht. Sie stellte ihre »Friedrichsberger Köpfe« erstmals im Mai/Juni 1929 im Hamburger Kunstsalon Maria Kunde aus und erhielt begeisterte Kritiken. Im »Hamburger Fremdenblatt« vom 25. Mai 1929 schreibt der Kunstkritiker Maximilian Rohe: »Das Graphische Kabinett Maria Kunde, Ernst-Merck-Straße, zeigt gegenwärtig eine umfängliche Kollektion von Blei- und Farbzeichnungen von Elfriede Lohse-Wächtler ... Die künstlerische Qualität ihrer Blätter ist hoch, die tiefe seelische Erregung und innere Spannung ihrer Urheberin hat sich auch auf die künstlerische Äußerung übertragen ... Ihre Kollektion fesselt unbedingt stark und nachhaltig, die Kraft und der Gehalt vieler dieser Zeichnungen heben sich hoch über den Durchschnitt empor.«[65] Harry Reuss-Löwenstein schreibt im »Hamburger Anzeiger« vom 27. Mai 1929: »Elfriede Lohse-Wächtler ist entschieden eine Entdeckung ... Eine Künstlerin, die sicher formen kann ... es sind Schöpfungen entstanden – nicht im geringsten sensationell, gar nicht ausgefallen –, aber durch und durch beseelt und in jedem Strich empfunden ... Das Technische, die selbstverständliche Sicherheit der Zeichnung, die sensible, duftige Tönung im Pastell verschwindet hinter der geistigen und künstlerischen Gestaltung. Überhaupt ist aus der Beschränkung auf nur wenige Pastellfarben in den meisten Arbeiten eine monumentale Einfachheit erreicht, die um so eindringlicher wirkt. Mit der Empfindsamkeit impressionistischer Meister versteht sie dieses Material zu handhaben ... Ihre Porträtköpfe enthüllen zuweilen das innere Wesen der Dargestellten in einer Weise, die an den jungen Kokoschka denken läßt und die einen außerordentlichen psychologischen Instinkt verrät.«[66] In der Zeitschrift »Der Kreis. Zeitschrift für künstlerische Kultur«, 6. Jahrgang, Heft 5, Hamburg (Mai) 1929, schreibt Anna Banaschewski[67] über die noch nicht dreißigjährige Künstlerin, dieser sei mit den »Friedrichsberger Köpfen« ihr künstlerischer Durchbruch gelungen;

durch genaue Beobachtung und psychologisches Einfühlungsvermögen habe sie Herausragendes geschaffen und zeige »eminente psychologische Intuitionsgabe«. Die Hamburger Kunsthalle erwirbt einige Pastelle aus diesem Werkkomplex.

Schon im August 1929 zeigte Elfriede Wächtler im »Bund Hamburgischer Künstlerinnen und Kunstfreundinnen« »Neue Arbeiten« (Ölbilder und Aquarelle), über die im »Hamburgischen Korrespondent« vom 7. August 1929 zu lesen ist: »... Jetzt zeigt der Stadtbundklub Hamburger Frauenvereine eine neue Kollektion Aquarelle und Ölbilder, die in den letzten acht Wochen entstanden, in denen sich das Künstlertum Elfriede Lohse-Wächtlers bewahrheitet. Die Landschaften sind gestaltet aus der Freude an der Farbe des Himmels und des Wassers, den bunten Flecken großer Schuten und dem reizvollen Ineinander aller Linien. Stärker aber als diese optischen Erlebnisse rühren die Bildnisse an: Proletarierkinder, das Bild eines Unbekannten, das Bild des Bruders. Hier zwang das Objekt die Künstlerin zu einer Vertiefung in das, was hinter Augen und Mund, hinter der interessanten oder resignierten oder großfragenden Physiognomie brütet. Man spürt, wie die Malerin gepackt ist von einer mehr als malerischen Aufgabe, man spürt, wie Malen das Offenbarmachen eines geistigen Inhaltes ist. Daß diese gewaltige innere Spannung sichtbar wurde im optischen Eindruck, in der Formung und Färbung, das macht diese Bilder zu Kunstwerken von Rang und läßt von der jungen Künstlerin vieles hoffen... das Rätsel Mensch ist erfaßt und gestaltet. Das mancherlei ausgezeichnete ›Beiwerk‹ dieser Bilder, die sparsame Art, mit wenigen ›Requisiten‹ ein Milieu sichtbar zu machen, das Blau eines Tuchs, das Rot eines Kokottenmundes im Hintergrund, gibt die besondere, ganz und gar ungesuchte, naturhafte Atmosphäre der Blätter...«[68]

Auf die »Friedrichsberger Köpfe« folgte die intensivste Schaffensphase der Künstlerin. Es entstehen in den Hamburger Jahren 1929 bis 1931 überwiegend großformatige Pastelle, Männer- und Frauenbildnisse von befreundeten Personen, daneben Szenen aus dem Alltagsleben in der Großstadt sowie panoramaartige Ansichten von Hamburg und zahlreiche ausdrucksstarke Figurenstudien aus den Vergnügungsvierteln in St. Pauli und Altona, mit Szenen aus der Herbertstraße und aus Nachtlokalen. Daneben entstanden eine Anzahl schonungsloser Selbstporträts und sogenannte »Anfallsbilder«, die psychotische Zustände spiegeln, beispielsweise das Bild »Die Entsetzte« oder »Der Anfall«.[69]

Im selben Jahr hatte sie sich bereits im Juni/Juli und noch einmal im September/Oktober an Ausstellungen beteiligt. Auch hier erhielt sie wieder enthusiastische Kritiken: ».. . besonders genial .. ., großzügig, temperamentvoll, heftig gemalt, ein prachtvolles Stück .. .; reiche künstlerische Persönlichkeit, . . . eine der stärksten Hamburger Begabungen.«[70]

Trotz etlicher Verkäufe sieht sich Elfriede Wächtler gezwungen, um Unterstützung im Wohlfahrtsamt zu bitten. Im März und im Mai/Juni 1930 beteiligte sie sich wieder an Ausstellungen: ».. . unter den Beiträgen der Malerinnen . . . steht die ausgezeichnete ›Japanerin‹ von E. Lohse-Wächtler obenan«;[71] ».. . ein einzigartiges, schon fast nicht mehr weiblich anmutendes Talent«, so, leicht chauvinistisch, der Rezensent Robert Warneke im »Hamburger Echo« vom 13. Oktober 1932.[72] Wiederholter Verkäufe an Hamburger Museen und Privatsammler ungeachtet bleibt die schreckliche Armut der Künstlerin bestehen. Es ist nicht mehr in allen Einzelheiten zu eruieren, wo sie bis zum Ende ihrer Hamburger Zeit wohnte. Eine Zeitlang lebte sie in der Nähe von Lohse, doch dessen neue familiäre Situation wurde für sie unerträglich. Sie könne auch auf Straßen nächtigen, gab sie einmal Griebel zu verstehen.[73] Die Mittellosigkeit zwang sie zur Unstetigkeit, sie übernachtete häufig in Bahnhofswartehallen. Ihr künstlerisches Interesse an den Schattenseiten des Lebens, an den Menschen, die außerhalb der Gesellschaft standen, ließ sie, selbst schon Außenseiterin, im Nachtleben Zuflucht suchen. Auf ihren nächtlichen Streifzügen wagte sie sich beobachtend und zeichnend in die verschiedenen Etablissements von St. Pauli. In den Kneipen, Animierlokalen und Bordellen traf sich ein buntes Gemisch von Menschen, Randexistenzen der Gesellschaft, frei von Konventionen. Ihr Interesse galt dem Leben der Prostituierten. »Sie entlarvt nicht, verzichtet auf Moralisieren, Karikatur oder Kritik, verschweigt jedoch weder Auswüchse noch Schattenseiten. Mit den Mitteln der Komposition beleuchtet sie Gier und Lüste, um Offenlegung bemüht, aber ohne Desavouierung. Ihr Ansatz ist ein realistischer ohne soziale Anklage.« Die solidarische Nähe zu den Modellen erwuchs aus ihren persönlichen Verletzungen, die sie die Realität der Verhältnisse vorurteilsfrei sehen ließen.[74] Sie porträtierte Zigeuner, die für sie der Inbegriff der Freiheit und des Unkonventionellen waren. Eine kurze, intensive Beziehung zu einem älteren Zigeuner hat sie in einigen ausdrucksstarken Aquarellen dokumentiert.

Baader und Lohse mißbilligten den Lebenswandel der Künstlerin, und ebenso wie andere Freunde distanzierten sie sich von ihr. In einem im Mai 1931 an den Bruder geschriebenen Brief Elfriedes heißt es: ».. . Aber ich bin durch die hier wieder erfolgte Umstellung (Wohnungswechsel) wieder so an positiven Arbeiten behindert, wozu noch kommt, daß ich äußerlich schon wieder leider unmöglich herumzulaufen gezwungen bin. Was mir aber nun einfach nicht paßt. Meiner ganz besonders deprimierten Stimmung heute entspringt wieder der Wunsch & das Wollen, nun endlich bald aus dem Dreh- & Dreckloch herauszukommen und endlich ebenfalls die Reise nach dort [Dresden] antreten zu können. Die sogenannten Freunde versagen ja doch stets in der Not. Und nicht nur das, sie gehen sogar möglichst noch mit den anderen gegen mich vor .. .«[75] Die materielle und psychische Situation verschlechterte sich zunehmend, die großen künstlerischen Erfolge in Hamburg trugen nicht zur Verbesserung ihrer Situation bei, und so beschloß sie, nach Dresden zurückzukehren.

Am 11. Mai 1931 wohnte die Künstlerin wieder in Dresden bei ihren Eltern. Das Zusammenleben gestaltete sich allem Anschein nach als sehr schwierig. »Es ist davon auszugehen, daß es zwischen Vater und Tochter – wie schon in früheren Jahren – zu heftigen Auseinandersetzungen, ja Handgreiflichkeiten kam.«[76] Die kleinbürgerliche, ja spießige Atmosphäre und die geringe Toleranz gegenüber der genialen, exzentrischen Tochter waren mit Sicherheit nicht geeignet, ihre starken und für ihr Leben und Selbstbewußtsein entscheidenden Hamburger Erfahrungen verarbeiten zu helfen. Als Künstlerin hatte sie größte öffentliche Anerkennung erhalten; persönlich mußte sie das endgültige Scheitern ihrer Ehe hinnehmen. Otto Griebel, der sie in Dresden wieder traf, war erschrocken über die Veränderungen, die mit ihr vorgegangen waren. »Laus sah verstört und blasser aus als früher, ihre Augen glänzten seltsam fiebrig und irrten unstet im Raum umher. Sie erzählte verworren .. ., lachte, weinte durcheinander. Meinen Fragen nach Lohse wich sie aus, und ich merkte, daß sie in einer schlimmen Verfassung war. Als sie erfuhr, daß ich nach Berlin reisen wollte, bat sie mich inständig, sie mitzunehmen. Als ich ihr sagte, daß ich selbst ohne alle Mittel sei, erwiderte sie: Ach, egal, ich nächtige auch auf der Straße, aber fort muß ich, nur fort!«[77] In dieser Zeit wandte sich ihr Vater an Professor Wilhelm Weygandt, den ärztlichen Direktor der Staatskrankenanstalt Hamburg-Friedrichsberg, mit der Bitte, Elfriede in die Landes-Heil- und Pflegeanstalt Arnsdorf »zu vermitteln«. Weygandt lehnte dies ab.[78] Inzwischen hatte Elfriede Wächtler ihre Arbeit wiederaufgenommen: auf Streifzügen in die nähere Umgebung entstanden eindrucksvolle Landschafts- und Stadtbilder. Als sie wegen einer schweren, in den Quellen nicht näher spezifizierten Fußverletzung vom 26. März bis zum 17. Juni 1932 im Dresdner Stadtkrankenhaus stationär behandelt wurde, gelang es dem Vater, sie anschließend in die Landes-Heil- und Pflegeanstalt Arnsdorf bei Dresden einweisen zu lassen.

Der angesehene Psychiater Professor Weygandt hatte am 15. Oktober 1931 ihrem Vater geschrieben, daß die Diagnose in Friedrichsberg »bei der Entlassung noch nicht sicher feststand ... Die Beobachtungszeit war zu kurz, als daß ein abschließendes Urteil abgegeben werden konnte ...« Er hielt unter anderen Möglichkeiten einen »reaktiven seelischen Ausnahmezustand« für möglich.[79] Indirekt nahm er Bezug auf die Aufzeichnungen, die Dr. Steuder nach dem abschließenden Gespräch mit Elfriede Wächtler am 30. März 1929 gemacht hatte. Dieser hatte keine eindeutige Diagnose gestellt und statt dessen fragend vermerkt: »Schizophrenie? Transitorische Psychose einer Instablen?«[80] Das Wesen der Schizophrenie ist »eines der größten Rätsel«, so Leo Navratil, der 1965 feststellt, daß die Abschätzung des Einflusses psychisch reaktiver und psychodynamischer Einflüsse auf den Ablauf einer Psychose dem subjektiven ärztlichen Ermessen überlassen ist.[81] Den Stationsarzt in Arnsdorf, der Elfriede Wächtler aufnahm, veranlaßte sein subjektives ärztliches Ermessen dazu, ihren labilen psychischen Zustand als »Schizophrenie«[82] zu bezeichnen.

Wenn man davon ausgeht, daß »Schizophrenie« auch heute noch ein Sammelbecken diffuser Zuschreibungen ist, wenn die schizophrene Psychose so beschrieben wird, daß der Mensch von den Gefühlen, die äußere Ereignisse und innere Konstellationen in ihm auslösen, überwältigt wird, daß die Vorgänge in der Umgebung nicht mehr mit Vernunft oder Ordnungsprinzipien strukturiert werden können, noch dazu, wenn ein tiefgreifender Mangel an gefühlsmäßiger Verbundenheit mit den Mitmenschen besteht, dann denkt man bei dieser Beschreibung an »Überforderung«, »Streß«, »Nervenzusammenbruch« oder »Burn-out-Syndrom« in allgemein menschlichen Krisensituationen. Die Lebenserfahrungen von Elfriede Wächtler legen eine solche Interpretation nahe.

Sie war nun psychiatrisch etikettiert und stigmatisiert. Aber weder ihre Briefe aus Arnsdorf noch ihre sogenannten »Anfallsbilder« sind als Produkte einer schweren psychischen Störung zu deuten. Die »Anfallsbilder« nehmen im Gesamtœuvre der Künstlerin zahlenmäßig einen geringen Platz ein und sind nicht als »Art brut« (rohe, ungeschönte Kunst) zu bezeichnen,[83] sondern als phantasievoller Ausdruck starker seelischer Betroffenheit und Bedrängnis. Keineswegs können die wenigen »Anfallsbilder« Elfriede Wächtlers zur Gesamtcharakterisierung einer so komplexen Persönlichkeit herangezogen werden. Aus ihren Briefen an die Eltern wird klar, wie sich die Künstlerin gegen ihren Aufenthalt in Arnsdorf auflehnt. So schreibt sie am 4. Juli 1932 an die Mutter: ». . . Weiter hoffe ich, daß ich nun die längste Zeit hier gewesen bin und Ihr mich vielleicht schon gar am Sonntag mit nach Hause nehmen werdet, wenn Euch daran liegen sollte, mich noch lebens- und arbeitsfähig unter Euch weilen zu sehen . . . Aber ich werde durch die Notwendigkeit des Dichtaneinandergepferchtseins mit ewig schwatzenden Weibern zur Verzweiflung getrieben, und es muß unbedingt schnellstens eine Änderung erfolgen, wenn nicht alles in mir wohnende Wertvolle gänzlich zugrunde gehen soll . . .«[84] Am 7. Juli 1932 an die Eltern: ». . . wohl war ich doch betrübt, daß Ihr nicht kamt, um so mehr, als ich mich nicht sehr glücklich hier fühle . . . ehe ich davon kaputtgehe . . . dazu das oft aufsteigende Gefühl des Verlassenseins.«[85] Und noch ein Brief im Juli desselben Jahres: ». . . daß es Euch möglich sein wird . . . [mich] am besten gleich mitzunehmen. Denn das wird nun endlich wirklich Zeit . . . Es muß möglich zu machen sein. Bitte, versteht das nun endlich einmal selbst, und bringt mich nicht wieder in ähnliche Situationen wie die, welche mich ins Krankenhaus brachte. Dies ewige Dicht an Dicht mit dauernd schwatzenden Weibern ist derart nervenzerrüttend und bringt mich immer weiter von Arbeit und Lebensbewußtsein ab . . .«[86] Und am 11. September 1932: ». . . daß ich unverzüglich von hier fortkomme . . . Ich kann es hier wirklich beim besten Willen nicht mehr aushalten. Und vor allem möchte ich nicht geistig vollkommen verrotten. Wollt Ihr mich denn erst tatsächlich in Kranksein [und] Moder bringen. Ich denke, ich habe unbedingt wichtige noch verschiedene Probleme bzw. Aufgaben [sic], gestellte Ziele zu erreichen, die natürlich von hier aus und in der Konstellation, in welcher ich mich hier befinde, nicht zu bewältigen sein dürften. Die Beeinflussung Eurerseits durch die Beurteilung meines angeblichen Zustandes dürfte Euch wohl nicht dazu veranlassen, mich hier sozusagen lebend zu begraben ... Und wann kann ich dann wieder zu meiner Zwiebelfeuerfresserkunst zurückkehren?«[87] Am 14. September 1932: »Außerdem habe ich so große Sehnsucht und ich glaube auch die innere Vollkommenheit, jetzt wieder einmal mit Menschen zusammen zu sein, nach denen ich mich sehne ..., sollte ich hier noch lange Staub atmen müssen ...«[88] Ende September, Anfang Oktober 1932: »... Ich gehe zugrunde ...«[89] Ebenfalls Ende September, Anfang Oktober 1932: »... Es müssen sich nun endlich und zwar schnellstens Wege finden, die mich aus dieser Existenz hier herausbringen, denn das ist nicht mehr auszuhalten. Meine Arbeit wartet auf mich ...«[90] Am 12. Oktober 1932: »Noch lieber aber, Ihr würdet Euch wirklich entschließen können, mich nach Hause zu nehmen. Bitte tut das doch ...«[91] Doch die Eltern sind der Meinung, daß Elfriede noch in der Anstalt bleiben müsse, bringen ihr aber auf ihr Bitten Malutensilien, Papier, Bleistifte und Pastellkreiden mit. Elfriede Wächtler blieb ungeachtet der für sie so erschwerten Bedingungen in den ersten drei Arnsdorfer Jahren vielseitig künstlerisch tätig. Sie malte Porträts, schneiderte Kleider und Kostüme, schnitzte und entwarf Arabesken und Ornamente.[92] Etwa alle vierzehn Tage erhielt sie Besuch von den Eltern oder von ihrem Bruder. Diese Besuche wurden meist zu Spaziergängen in die von Wald und Hügeln geprägte schöne Umgebung Arnsdorfs genutzt, in der die Künstlerin auch zeichnete.[93] Bis etwa Mitte des Jahres 1935 hatte sie außerdem das Privileg des freien Ausgangs, das sie häufig in Anspruch nahm. Auch wurde sie von den Eltern immer wieder zu einem Urlaub abgeholt. Mit den Eltern machte sie dann Fahrradausflüge. Aus dem Jahr 1933 existieren noch Zeichnungen einer alten Dorfkirche des Dresdner Vororts Leuben und vom Schloß Weesenstein am Rande des Osterzgebirges.[94] Sichtlich schwer getroffen war Elfriede Wächtler, als sie von einer im September 1933 im Lichthof des Dresdner Neuen Rathauses gezeigten Ausstellung »Entartete Kunst« erfuhr, in der unter anderen ihre Künstlerfreunde Otto Dix und Conrad Felixmüller diffamiert wurden. Ihr war bewußt, daß auch ihr Werk von den Nationalsozialisten als »entartet« gebrandmarkt werden würde.[95]

Einige Zeit nach Hitlers Machtergreifung kam es auch in der Arnsdorfer Anstalt zu ersten sichtbaren Auswirkungen der nationalsozialistischen Gesundheitspolitik. Bereits 1933 wurden auf Anweisung des sächsischen Innenministeriums die Pflegekostensätze gesenkt.[96] Zur Aufbesserung ihrer Kost bat Elfriede Wächtler immer wieder ihre Eltern brieflich um Erdnüsse.[97] Erhaltene Arnsdorfer Krankenblätter belegen, daß im Jahre 1933 besonders chronisch Kranken, denen auch Elfriede Wächtler zugerechnet wurde, weniger Aufmerksamkeit und Fürsorge zuteil wurde.[98] Außerdem beschloß die Reichsregierung am 14. Juli 1933 »neben Gesetzen gegen Juden und politische Gegner, ein Gesetz zur zwangsweisen Sterilisation von Menschen, die in der Sprache von Politikern und Wissenschaftlern ›Minderwertige‹ hießen: das Gesetz zur ›Verhütung erbkranken Nachwuchses‹. Die amtliche Gesetzesbegründung erläuterte die Sterilisation als ein Mittel, ›biologisch minderwertiges Erbgut auszuschalten‹ – nämlich durch Verhinderung der Geburten von ›unzähligen Minderwertigen und erblich Belasteten‹, die sich ›hemmungslos fortpflanzen‹ –, und sie nannte das Ziel: ›So soll die Unfruchtbarmachung eine allmähliche Reinigung des Volkskörpers und die Ausmerzung von krankhaften Erbanlagen bewirken.‹«[99] Auf der Grundlage dieses Gesetzes, das elf Jahre wirksam war, wurden rund 400 000 Menschen sterilisiert. Eine unbekannte, aber beträchtliche Anzahl von Menschen wurde außerhalb des Gesetzes ohne ihr Wissen oder gegen ihren Willen sterilisiert.[100] Den Anstaltsdirektoren und deren Vertretern wurde durch dieses Gesetz, im Zusammenspiel mit den Erbgesundheitsgerichten, ein Freibrief zur zwangsweisen Sterilisation von Anstaltspatientinnen und -patienten erteilt. Auch die Arnsdorfer Ärzte begrüßten dieses Gesetz.[101] Im Sommer 1935 reichte der stellvertretende Arnsdorfer Anstaltsdirektor und ehrgeizige Nationalsozialist Dr. Ernst Leonhardt – er wurde 1947 im Dresdner Ärzteprozeß zum Tode verurteilt – einen Sterilisierungsantrag für Elfriede Wächtler ein.[102] Er begründete den Antrag mit der fragwürdigen Diagnose »Schizophrenie«. Die Malerin hatte kaum eine Möglichkeit, sich gegen diesen Antrag zu wehren, zumal am 10. Mai 1935 auf Antrag Kurt Lohses die Ehe mit seiner Frau Elfriede Wächtler »wegen . . . unheilbarer Geisteskrankheit« vom Preußischen Landgericht Altona/Elbe geschieden worden war.[103] Lohse berief sich auf ein Gutachten der Landesanstalt Arnsdorf und führte, laut Adolf Wächtler, die Malerei von Elfriede Wächtler als Indiz erblicher Geisteskrankheit an.[104] Die Eltern und der Bruder legten Widerspruch gegen die Sterilisierung ein, machten Eingaben und schickten Anträge an alle entsprechenden Ämter und Instanzen. Daraufhin wurde ihnen seitens der Anstaltsdirektion jeglicher Besuch bei Elfriede verboten. In einem weiteren Schritt zu ihrer völligen Entrechtung wurde Elfriede Lohse-Wächtler unter die Vormundschaft eines Dresdner Juristen gestellt.[105] Auf Anordnung des Ersten Senats des Erbgesundheitsobergerichts Dresden wurde Elfriede Lohse-Wächtler am 20. Dezember 1935 in der Frauenklinik des Stadtkrankenhauses Dresden-Friedrichstadt zwangssterilisiert.[106] Am 22. Dezember 1935 besuchte der Bruder die Schwester im Krankenhaus. Er schrieb in sein Notizbuch: »Ich bei der Frieda gewesen. Op 20.12.35, traurig.«[107] Es ist möglich, daß sich Elfriede Wächtler die Entlassung aus der Anstalt unter der Bedingung der Durchführung einer Sterilisation erhofft hatte. In der Gesetzesnovelle zur Sterilisation bei Erbkrankheiten war immerhin diese Möglichkeit enthalten.[108] Doch nach dem entwürdigenden Eingriff wurde Elfriede Wächtler umgehend wieder nach Arnsdorf gebracht. Als einzige überlieferte Reaktion der Malerin auf die Zwangssterilisation gilt die verschollene Bleistiftzeichnung »Leben«, die sie Anfang 1936 in Arnsdorf schuf. Auf ihr ist eine stark ornamentalisierte, auf dem Kopf stehende, gekreuzigte Frau zu sehen, aus deren Leib ein Kind aufsteigt.[109] Bis zur Zwangssterilisation hatte Elfriede Wächtler noch sensible Zeichnungen von Mitpatientinnen und Pflegerinnen verfertigt. Jetzt scheint ihre Schaffenskraft weitgehend zu erlöschen. Sie malt noch ein paar Glückwunschkarten mit Blumendarstellungen. Der lange Aufenthalt in Arnsdorf und der Raub ihrer Menschenwürde haben sie seelisch zugrunde gerichtet. Da Elfriede Wächtler in der unteren Verpflegungsklasse eingestuft war und keine »produktive« Arbeit im Anstaltsbetrieb verrichtete, erhielt sie von Kriegsbeginn an nur noch Suppenkost. Der Hunger wurde für sie alltäglich.[110] Die Sterblichkeitsrate in der Anstalt nahm bereits wenige Monate nach Kriegsbeginn erschreckende Ausmaße an.[111] Die Mutter bangte um das Leben der Tochter, der Vater stellte am 26. Juli 1940 bei der Arnsdorfer Anstaltsleitung einen Urlaubsantrag. Die Tochter sollte am 31. Juli für fünf Wochen nach Hause geholt werden. Als Sidonie Wächtler am 31. Juli 1940 in der Klinik eintraf, um Elfriede abzuholen, wurde ihr mitgeteilt, daß ihre Tochter auf Weisung des Reichsverteidigungskommissars in eine andere Anstalt verlegt worden sei. Vier Tage später erhielt ihr Vater von der Landes-Heil- und Pflegeanstalt Pirna-Sonnenstein ein Schreiben des Inhalts, daß die Patientin Anna Frieda Lohse geb. Wächtler sich in der dortigen Anstalt aufhalte. Am 7. August fuhr die Mutter nach Pirna, erhielt jedoch keinen Zutritt zu der Anstalt. Ihr wurde lediglich mitgeteilt, daß die Tochter schon weitertransportiert worden sei. Am 13. August 1940 erreichte die Eltern eine Benachrichtigung von der Landes-Pflegeanstalt in Brandenburg a.d. Havel, daß Elfriede Lohse-Wächtler am 12. August 1940 an einer Lungenentzündung mit Herzmuskelschwäche gestorben sei, »trotz aller Bemühungen der Ärzte, die Patientin am Leben zu erhalten«.[112] Auf polizeiliche Anordnung habe wegen Seuchengefahr eine sofortige Einäscherung erfolgen müssen.

»In Wahrheit war Elfriede Lohse-Wächtler bereits am 31. Juli 1940 in Pirna-Sonnenstein ermordet worden.«[113] Die verschiedenen Mitteilungen über die Verlegung der Tochter sollten verschleiern, daß sie in dem nur zwanzig Kilometer vom Wohnort entfernten Pirna ein Mordopfer der T4-Aktion geworden war. Boris Böhm hat anhand eingehender Archivstudien[114] den letzten Tag im Leben Elfriede Lohse-Wächtlers rekonstruiert: Am Morgen des 31. Juli 1940 fuhren in der Landesanstalt Arnsdorf einige graugrüne Busse vor. Die Stationsschwester forderte Elfriede Lohse-Wächtler auf, ihre Sachen zu packen. Sie werde aus organisatorischen Gründen mit mehreren Patientinnen in eine andere Krankenanstalt gebracht. Da die Busfenster zugestrichen waren, konnten die Frauen nicht sehen, wohin die Fahrt ging. Nach einer knappen Stunde war das Fahrtziel erreicht. Sie waren in der Anstalt Sonnenstein angelangt. Eine Krankenschwester brachte Elfriede Wächtler mit fünfundzwanzig weiteren Frauen des Transports in einen Aufnahmeraum im Erdgeschoß des Hauses C 16. Im Keller dieses um 1900 erbauten ehemaligen Männerkrankenhauses hatte die T4-Zentrale im Frühjahr 1940 eine Gaskammer sowie ein Krematorium mit zwei Koksöfen einbauen lassen. Im Aufnahmeraum wurden die Frauen gemessen, gewogen und fotografiert. Anschließend wurden sie dem Anstaltsdirektor Dr. Schumann im sogenannten Untersuchungsraum vorgeführt. Er überprüfte die Identität der Frauen und trug in die Krankenpapiere von Elfriede Wächtler die Todesursache »Lungenentzündung mit Herzmuskelschwäche« ein. Eine Schwester führte Elfriede Wächtler und die anderen Frauen in einen anderen Raum, wo sie sich bis auf das Hemd entkleiden mußten. Es wurde ihnen gesagt, daß sie zum Duschen in einen Baderaum gebracht würden, neue Anstaltskleider bekämen und dann auf die Station geführt würden. Die diensthabenden Schwestern brachten dann die Frauen in den Keller des Hauses C 16, wo sie sich im Vorraum zur Gaskammer, in dem Waschlappen, Seife und Handtücher bereitlagen, völlig ausziehen mußten. Schließlich führten die Schwestern die Frauen in die als Duschraum mit mehreren Brauseköpfen an der Decke hergerichtete Gaskammer und verriegelten die Stahltür. Dann wurden die CO-Ventile aufgedreht.

Das letzte erhaltene schriftliche Lebenszeichen von Elfriede Lohse-Wächtler ist eine Postkarte vom 5. März 1940 an die Mutter mit einem freundlichen Geburtstagsglückwunsch. Dieser endet mit den Worten: »Ängstige Dich nur nicht immer so sehr, es wird schon alles wieder gut werden.«[115]

Anmerkungen

1 Ernst Klee, »*Euthanasie*« *im NS-Staat. Die »Vernichtung lebensunwerten Lebens«*, (1985) Frankfurt am Main 1995, S. 148.

2 Vgl. Klee: ebenda.

3 Klee: ebenda.

4 Klee: a.a.O., S. 148 f.

5 Klee: a.a.O., S. 148.

6 Vgl. Klee: a.a.O., S. 166 ff., und Hans-Walter Schmuhl: *Rassenhygiene, Nationalsozialismus, Euthanasie. Von der Verhütung zur Vernichtung »lebensunwerten« Lebens 1890-1945*, Göttingen 1992, 2. Auflage, S. 190 ff.

7 Georg Reinhardt (Hg.): *Im Malstrom des Lebens versunken . . . Elfriede Lohse-Wächtler 1899-1940. Leben und Werk. Mit Beiträgen von Boris Böhm, Maike Bruhns, Georg Reinhardt, Hildegard Reinhardt*, Köln 1996. Im weiteren zitiert als: *Im Malstrom . . .*

8 Vgl. Georg Reinhardt: *Im Malstrom . . .*, S. 8 ff.

9 a.a.O., S. 9.

10 Hildegard und Georg Reinhardt: *Im Malstrom . . .*, S. 16.

11 Brieffragment Adolf Wächtler vom 7. Juni 1935, abgedruckt in: *Im Malstrom . . .*, S. 266.

12 Hildegard Reinhardt: *Im Malstrom . . .*, S. 43.

13 Abgedruckt in: *Im Malstrom . . .*, S. 270-290.

14 Hildegard Reinhardt: *Im Malstrom . . .*, S. 43, und Hubert Wächtler, »Die Bekanntschaft . . .«, S. 277 ff.

15 Vgl. Hubert Wächtler: a.a.O.

16 Vgl. Georg und Hildegard Reinhardt: *Im Malstrom* . . ., S. 18 f.

17 Vgl. Hubert Wächtler: a.a.O., S. 280 ff.

18 Vgl. Otto Griebel: *Ich war ein Mann der Straße. Lebenserinnerungen eines Dresdner Malers. Aus dem Nachlaß herausgegeben von Matthias Griebel und Hans-Peter Lühr,* Halle 1986, 2. veränderte Auflage, Altenburg 1995, S. 50.

19 Hubert Wächtler: Die Bekanntschaft . . ., S. 283.

20 Vgl. Hubert Wächtler: a.a.O., S. 284 f.

21 Otto Griebel: Erinnerungen an Laus (Elfriede Wächtler), in: *Im Malstrom* . . ., S. 291.

22 Vgl. Hubert Wächtler: a.a.O., S. 280.

23 Vgl. Hubert Wächtler: a.a.O., S. 281.

24 Vgl. Hildegard und Georg Reinhardt: *Im Malstrom* . . ., S. 20.

25 Vgl. Julius Bab, *Die Berliner Bohème. Hg. Von M. M. Schardt,* Neudruck Paderborn 1994, S. 95 f.

26 Hildegard und Georg Reinhardt: *Im Malstrom* . . ., S. 22.

27 Otto Griebel: *Erinnerungen* . . ., S. 293.

28 Vgl. Hubert Wächtler: Bekanntschaft . . ., S. 281.

29 Vgl. Otto Griebel: Erinnerungen . . ., S. 292 f.

30 Vgl. Otto Griebel: a.a.O.

31 Hubert Wächtler: Bekanntschaft . . ., S. 282.

32 Vgl. Hildegard Reinhardt: Die künstlerischen Anfänge in Dresden – 1916-1925, in: *Im Malstrom* . . ., S. 47 ff.

33 Vgl. Otto Griebel: Ich war ein Mann der Straße . . ., S. 54.

34 Hubert Wächtler: Bekanntschaft . . ., S. 287.

35 Otto Griebel: Erinnerungen . . ., S. 293.

36 Hildegard Reinhardt: Die künstlerischen Anfänge, a.a.O., S. 61.

37 Otto Griebel: Erinnerungen . . ., S. 293.

38 Hubert Wächtler: Die Bekanntschaft . . ., S. 288.

39 Hildegard Reinhardt: Die künstlerischen Anfänge, a.a.O., S. 64.

40 Korrespondenz der Künstlerin, abgedruckt in: *Im Malstrom* . . ., S. 248.

41 Hildegard Reinhardt: Die künstlerischen Anfänge, a.a.O., S. 64.

42 Hubert Wächtler: Bekanntschaft . . ., S. 289.

43 Vgl. Hildegard Reinhardt: a.a.O., S. 64.

44 Vgl. Hildegard Reinhardt: a.a.O., S. 64 f.

45 Vgl. Hildegard Reinhardt: a.a.O., S. 65.

46 a.a.O., S. 66.

47 Vgl. Maike Bruhns: Die Hamburger Jahre – 1925–1931. »Denn der Kampf ist unheimlich«, in: *Im Malstrom* . . ., S. 73 ff.

48 Vgl. Maike Bruhns: a.a.O., S. 74.

49 Vgl. Maike Bruhns: a.a.O., S. 74.

50 Ebenda.

51 Vgl. Maike Bruhns: a.a.O., S.74 und Anm. 86, in: *Im Malstrom . . .*, S.110.

52 Vgl. Maike Bruhns: a.a.O., S.75.

53 Vgl. Maike Bruhns: a.a.O., S.76.

54 Vgl. Ausspruch Adrian Dietrichs, in: Maike Bruhns: a.a.O., S.76.

55 Vgl. Ärztliche Akte Nr.64741/1929 der Staatskrankenanstalt Friedrichsberg, Hamburg. Das Archiv von Friedrichsberg, heute Allgemeines Krankenhaus Eilbek, befindet sich gegenwärtig in Teilen im Universitätskrankenhaus Eppendorf; zitiert nach Maike Bruhns: a.a.O., S.108.

56 Vgl. Anm. 55, Maike Bruhns: a.a.O., S.78.

57 Vgl. Anm. 55.

58 Brief Johannes A. Baader an Otto Dix vom 12.3.1929, abgedruckt in: Korrespondenz, in: *Im Malstrom . . .*, S.242 f.

59 Vgl. Anm. 55.

60 Vgl. Anm. 55 und Maike Bruhns: S.79.

61 Vgl. Maike Bruhns: a.a.O., S.78.

62 Vgl. Anm. 55.

63 Hildegard und Georg Reinhardt: Biographie . . ., in: *Im Malstrom . . .*, S.26.

64 Vgl. Maike Bruhns: a.a.O., S.79.

65 Vgl. Hildegard und Georg Reinhardt: Biographie . . ., in: *Im Malstrom . . .*, S.27.

66 Abgedruckt in: Hildegard und Georg Reinhardt: a.a.O., S.27 f.

67 Abgedruckt in: *Im Malstrom . . .*, Zeitgenössische Würdigung und Erinnerungsberichte, S.275 ff.

68 Vgl. a.a.O., S.28 f.

69 Vgl. a.a.O., S.29 f.

70 Vgl. a.a.O., S.30 f.

71 Vgl. a.a.O., S.31.

72 Vgl. Maike Bruhns: a.a.O., S.83 und S.109.

73 Vgl. Otto Griebel: Erinnerungen . . ., S.293.

74 Maike Bruhns, a.a.O., S.100.

75 Brief Elfriede Lohse-Wächtler an Hubert Wächtler, undatiert [Hamburg-Altona, Mai 1931], abgedruckt in: *Im Malstrom . . .*, S.247.

76 Vgl. Hildegard Reichardt in: *Im Malstrom . . .*, S.113.

77 Vgl. Otto Griebel: Erinnerungen . . .: *Im Malstrom . . .*, S.293.

78 Abgedruckt in: Georg Reinhardt, Anhang: I. Textdokumente, in: *Im Malstrom . . .*, S.251.

79 a.a.O.

80 Hamburg, Univ.-Krankenhaus Eppendorf. Bestand ausgelagerter Akten Friedrichsberg. Ak.-Nr. 64741/1919. Zitiert nach Hildegard Reinhardt, Elfriede Lohse-Wächtler (1899-1940), in: *Paula Lauenstein, Elfriede Lohse-Wächtler, Alice Sommer – drei Dresdner Künstlerinnen*

in den zwanziger Jahren. Städtische Galerie Albstadt. 24. November 1996 bis 19. Januar 1997, Albstadt 1996, S. 36.

81 Vgl. Leo Navratil: *Schizophrenie und Kunst.* Originalausgabe München 1965, überarbeitete Neuausgabe Frankfurt am Main 1996, S. 34.

82 Vgl. Boris Böhm: in: *Im Malstrom. . .*, S. 131.

83 Der Begriff »Art brut« stammt von dem französischen Künstler Jean Dubuffet, der sich mit Vehemenz für die künstlerische Anerkennung geisteskranker Künstler einsetzte. Vgl. Leo Navratil: a.a.O., S. 26 und 35 f.

84 Korrespondenz . . ., in: *Im Malstrom . . .*, S. 255.

85 a.a.O., S. 256.

86 a.a.O.

87 a.a.O., S. 257.

88 a.a.O.

89 a.a.O., S. 258.

90 a.a.O., S. 259.

91 a.a.O.

92 Boris Böhm: in: *Im Malstrom . . .*, S. 132.

93 a.a.O.

94 a.a.O.

95 Vgl. Brief Elfriede Wächtler an Hubert Wächtler, undatiert, Ende September / Anfang Oktober 1933, in: Korrespondenz . . ., in: *Im Malstrom . . .*, S. 260 f.

96 Boris Böhm: *Im Malstrom . . .*, S. 134 und Anm. 19, S. 142.

97 Vgl. Korrespondenz . . ., in: *Im Malstrom . . .*, S. 255 ff.

98 Vgl. Boris Böhm: in: *Im Malstrom . . .*, S. 134 und Anm. 19, S. 142.

99 Gisela Bock: *Zwangssterilisation im Nationalsozialismus. Studien zur Rassenpolitik und Frauenpolitik*, Opladen 1985, S. 7 und Anm. 1.

100 a.a.O., S. 28.

101 Dem Volk wurde es im Volks-Brockhaus von A-Z, *Leipzig 1939*, so präsentiert: »Unfruchtbarmachung oder Sterilisation, im Unterschied zu Entmannung die Ausschaltung der Fähigkeit, Nachkommen zu zeugen, durch Unterbrechung der Ausführungsgänge der Keimdrüsen, beim Mann des Samen-, bei der Frau des Eileiters. Im Deutschen Reich bei Erbkrankheiten zur Gesunderhaltung des Volksganzen gesetzlich vorgeschrieben.«

»Erbkrankheit, Erbleiden, erbliche Krankheiten, deren Erbgang genau bekannt und durch mehrere Generationen verfolgt ist. Ihre weitere Verbreitung wird im nationalsozialistischen Staat verhindert durch das Gesetz zur Verhütung erbkranken Nachwuchses vom 14.7.1933, das die Unfruchtbarmachung der Träger bestimmter Erbkrankheiten anordnet. Erbkrankheiten im Sinne dieses Gesetzes sind: erblicher Veitstanz, erbliche Blindheit, erbliche Taubheit, bestimmte körperliche Mißbildungen und bestimmte Geisteskrankheiten (angeborener Schwachsinn, Schizophrenie, manisch-depressives Irresein und genuine Epilepsie).«

102 Vgl. Boris Böhm: in: *Im Malstrom . . .*, S. 134.

103 Vgl. Brieffragment von Adolf Wächtler an den Reichskanzler Adolf Hitler vom 7. Juni 1935, in: Korrespondenz . . ., in: *Im Malstrom . . .*, S. 265.

104 Vgl. Brieffragment von Adolf Wächtler . . ., a.a.O., S. 266.

105 Vgl. Boris Böhm: *Im Malstrom . . .*, S. 135.

106 Vgl. Boris Böhm: a.a.O., Anm. 22, S. 142.

107 Vgl. Boris Böhm: a.a.O., Anm. 14 und 34.

108 Vgl. Gisela Bock: *Zwangssterilisation . . .*, S. 83.

109 Abbildung in: *Im Malstrom . . .*, S. 121.

110 Vgl. Boris Böhm: *Im Malstrom . . .*, S. 136 und Anm. 37 und 38, S. 142.

111 Vgl. Boris Böhm: a.a.O., S. 136.

112 Sterbeurkunde, abgedruckt bei Boris Böhm: a.a.O., S. 139 und Anm. 54, S. 143.

113 Boris Böhm: a.a.O., S. 139.

114 Boris Böhm: a.a.O., S. 138 ff. und Anm. 56, 57, 58, S. 143.

115 Postkarte Elfriede Lohse-Wächtler aus Arnsdorf vom 5. März 1940 an die Mutter Sidonie Wächtler, in: Korrespondenz . . ., in: *Im Malstrom . . .*, S. 267.

Literatur

Bab, Julius: *Die Berliner Bohème (1904), hg. von M. M. Schardt*, Paderborn 1994

Bock, Gisela: *Zwangssterilisation im Nationalsozialismus. Studien zur Rassenpolitik und Frauenpolitik*, Opladen 1985

Böhm, Boris: Elfriede Lohse-Wächtler in Arnsdorf und Pirna – 1932 bis 1940. »In Jammer und Schmerz ist sie verloschen«. In: Georg Reinhardt (Hg.): *Im Malstrom des Lebens versunken . . . Elfriede Lohse-Wächtler 1899-1940. Leben und Werk. Mit Beiträgen von Boris Böhm, Maike Bruhns, Georg Reinhardt, Hildegard Reinhardt*, Köln 1996, S. 130-143

Bruhns, Maike: Die Hamburger Jahre – 1925 bis 1931. »Denn der Kampf ist unheimlich . . .«. In: *Im Malstrom des Lebens versunken . . . Elfriede Lohse-Wächtler 1899-1940. Leben und Werk. Hg. Von Georg Reinhardt. Mit Beiträgen von Boris Böhm, Maike Bruhns, Georg Reinhardt, Hildegard Reinhardt*, Köln 1996

Griebel, Otto: *Ich war ein Mann der Straße. Lebenserinnerungen eines Dresdner Malers. Aus dem Nachlaß herausgegeben von Matthias Grie-*

bel und Hans-Peter Lühr, Halle 1986, 2. veränderte Auflage, Altenburg 1995

Griebel, Otto: Erinnerungen an Laus (Frieda Wächtler). In: *Im Malstrom des Lebens versunken . . . Elfriede Lohse-Wächtler 1899-1940. Leben und Werk. Hg. Von Georg Reinhardt. Mit Beiträgen von Boris Böhm, Maike Bruhns, Georg Reinhardt, Hildegard Reinhardt,* Köln 1996, S. 291-294

Klee, Ernst: *»Euthanasie« im NS-Staat. Die »Vernichtung lebensunwerten Lebens«.* (1985) Frankfurt am Main 1995

Klee, Ernst (Hg.): *Dokumente zur »Euthanasie«.* (1985) Frankfurt am Main 1992

Klee, Ernst: *Was sie taten – was sie wurden. Ärzte, Juristen und andere Beteiligte am Kranken- oder Judenmord.* (1986) Frankfurt am Main 1995

Koch, Peter: *Menschenversuche. Die tödlichen Experimente deutscher Ärzte,* München/Zürich 1996

Kogon, Eugen: *Der SS-Staat. Das System der deutschen Konzentrationslager* (1974), München 1997

Mitscherlich, Alexander und Fred Mielke (hg. und kommentiert): *Medizin ohne Menschlichkeit. Dokumente des Nürnberger Ärzteprozesses (1960). Mit einem neuen Vorwort zum Nachdruck 1977 von Alexander Mitscherlich,* Frankfurt am Main 1995

Navratil, Leo: *Schizophrenie und Kunst.* Originalausgabe München 1965, überarbeitete Neuausgabe Frankfurt am Main 1996

Poliakov, Léon: *Der arische Mythos. Zu den Quellen von Rassismus und Nationalismus.* (1971) Hamburg 1993

Reinhardt, Georg (Hg.): *Im Malstrom des Lebens versunken . . . Elfriede Lohse-Wächtler 1899-1940. Leben und Werk. Mit Beiträgen von Boris Böhm, Maike Bruhns, Georg Reinhardt, Hildegard Reinhardt,* Köln 1996

Reinhardt, Georg: Einleitung, S. 7-13, und Anhang: I. Textdokumente. II. Verzeichnis der Werke. III. Ausstellungen und Literatur, S. 232-312, in: Georg Reinhardt (Hg.): *Im Malstrom des Lebens versunken . . . Elfriede Lohse-Wächtler 1899-1940. Leben und Werk. Mit Beiträgen von Boris Böhm, Maike Bruhns, Georg Reinhardt, Hildegard Reinhardt,* Köln 1996

Reinhardt, Hildegard: »... fort muß ich, nur fort!« – Elfriede Lohse-Wächtler 1899-1940, in: Bernd Küster (Hg.): *Malerinnen des XX. Jahrhunderts. Dora Bromberger, Maria von Heider-Schweinitz, Elfriede Lohse-Wächtler, Erna Schmidt-Caroll, Ursula Schuh, Rose Sommer-Leypold,* Bremen 1995, S. 45-63

Reinhardt, Hildegard: Elfriede Lohse-Wächtler (1899-1940), in: *Paula Lauenstein, Elfriede Lohse-Wächtler, Alice Sommer – drei Dresdner Künstlerinnen in den zwanziger Jahren. Städtische Galerie Albstadt. 24.*

November 1996 bis 19. Januar 1997, Albstadt 1996, S. 27-36

Reinhardt, Hildegard: Die künstlerischen Anfänge in Dresden – 1916 bis 1925. »... eine ganz und gar zu uns gehörende gute Kameradin«. In: Georg Reinhardt (Hg): *Im Malstrom des Lebens versunken ... Elfriede Lohse-Wächtler 1899-1940. Leben und Werk. Mit Beiträgen von Boris Böhm, Maike Bruhns, Georg Reinhardt, Hildegard Reinhardt*, Köln 1996, S. 42-71

Reinhardt, Hildegard und Georg Reinhardt: Biographie: »Es ist schwieriger, der Namenlosen zu gedenken als der Berühmten.« In: Georg Reinhardt (Hg.): *Im Malstrom des Lebens versunken ... Elfriede Lohse-Wächtler 1899-1940. Leben und Werk. Mit Beiträgen von Boris Böhm, Maike Bruhns, Georg Reinhardt, Hildegard Reinhardt*, Köln 1996, S. 14-40

Schmuhl, Hans-Walter: *Rassenhygiene, Nationalsozialismus, Euthanasie. Von der Verhütung zur Vernichtung »lebensunwerten Lebens« 1890-1945*, 2. durchgesehene Auflage, Göttingen 1992

Volks-Brockhaus von A-Z, Leipzig 1939

Wächtler, Hubert: Die Bekanntschaft mit meiner Schwester, der Malerin. In: Georg Reinhardt (Hg.): *Im Malstrom des Lebens versunken ... Elfriede Lohse-Wächtler 1899-1940. Leben und Werk. Mit Beiträgen von Boris Böhm, Maike Bruhns, Georg Reinhardt, Hildegard Reinhardt*, Köln 1996, S. 279-290

Ich widme diesen Aufsatz
meiner Freundin Inge Brand
1941-1999

CHRISTINE LAVANT
1915-1973

Das Leiden leid

Von Esther Röhr

Tags strickte sie und las. Nachts schrieb sie. Schrieb Briefe über Briefe. Schrieb Geschichten. Und schrieb Gedichte – ja, sie dichtete, und zwar derart, daß es ganz unbegreiflich schien, wie gerade sie zu solchen Worten käme, zu solchen Visionen, solcher Wirklichkeit. Wie sie in einen Takt geraten sei, in einen solch vollkommenen Atem, und wie sie etwas wissen könne davon. So nannte man ihr Werk ein Wunder, und all der ihr doch dargebrachte Ruhm verflog im üblichen Unglauben: Wo Weiblichkeit sich Herrliches anverwandelt, geht es nicht mit rechten Dingen zu.

Christine Lavant, eigentlich Christine Thonhauser, verheiratete Habernig: Etwas »Hexisches«[1] haftet ihr schon an – und verklebt ein Menschenleben zum Klischee, erklittert sich ein böses Märchen. Ach, diese Knöchrigkeit des Körpers, diese schwarzgewandete fahle Haut, die nervösen Finger, der schwere Blick aus schlaflosen übergroßen Augen . . . Wer Christine Lavant begegnete, hat vielleicht dies oder anderes gesehen. Hat vielleicht gemeint, er sähe es: etwas Zeichenhaftes, das sie trüge, irgend etwas Auratisches, das Armut, Angst und Krankheit adle, gar auf verquere Weise heilige. Sie aber meinte, sie trüge nur sich selbst.

Am 4. Juli 1915 gebar in Groß-Edling in Kärnten Anna Thonhauser ihr neuntes Kind. Schwach war es und klein, viel Hoffnung richtete niemand auf sein Leben. Es heißt, es lag in einer Schublade, es war kein Platz mehr in einem Bett vorhanden, wie überhaupt kein Platz mehr war. Die Familie drängte sich in einem Raum: die Mutter, die für die Dorfbewohner flickte, der Vater, wenn er vom Bergwerk kam oder vom Fallenstellen in den Wäldern, ein Bube und mit dem Jüngsten jetzt sechs Mädchen. Zwei Kinder waren im Geburtsjahr gestorben, die Cölestine und nach ihr der Karl. Nun hockte der Tod bei Christine, welche die Mutter ihr »Wehkrügerl«[2] nennt.

»Und vielleicht stirbt's auch gleich wieder so wie die Cöli –?«[3] In einer ihrer ersten Erzählungen hat Christine Lavant ihr Heim

Christine Lavant

porträtiert, ihr Herkunftshaus und ihre Familie, Nachbarskinder und den Kaplan. Das »Krügerl« ist gerade geboren, und die Dichterin schaut darauf mit den Blicken der anderen, derer, die es dulden, hätscheln, meiden. Die eigene fragwürdige Existenz aus fremden Perspektiven darzustellen, von Beginn an und bis zur Neige, ist wohl typisch für Lavant-Literatur, wiederum aber nicht leicht festzuschreiben. Dieselbe Lavant hält mit stärkstem Ich all ihr Prosa-Personal gefangen und führt es ihren Zwecken zu, führt es an das schäbige Lager eines Säuglings, der nichts ist als arm und krank, dem Tod näher als dem Leben. 1949, als die Erzählung *Das Krüglein* erschien, war kommender Ruhm nicht abzusehen: Niemanden würde es interessieren, wie im Lavanttal ein Dasein begann, und wer als »die Lavant« zum Schreiben kam. Es interessierte auch niemanden, niemals.

Das Lavanttal, im östlichsten Kärnten gelegen, ist eine verschwiegene Gegend. Zwischen Saualpe und Koralpe bahnt sich die Lavant ihren Weg zur Drau, die wiederum in die Donau mündet: So gelangt Lavant-Wasser ins Schwarze Meer, in Odessas Häfen und in die Buchten nahe des Bosporus, unerkannt natürlich und nur noch mit schwacher Erinnerung an dicht bestandene Apfelgärten und an den guten Lavanttaler Most. Die Lavant: Zu Paracelsus' Zeiten wuschen die Glücksritter ihren Schlamm, Männer »von allen fremden Nationen«.[4] Gold hatte man in ihr gefunden – jetzt steigen weiße Nebel von ihr auf, ohne Glanz und Abglanz zu versprechen. Der Schaum der Holzfabriken treibt dahin. Es riecht nach Farnkraut und Spiräen, am Waldrand finden sich wilde Orchideen, weiter im Gehölz warten Schlageisen auf Iltisse, Wiesel und Hasen. Ihr Leben hat Christine Lavant hier verbracht, weder die Kreisstadt Klagenfurt noch Istanbul konnten sie verlocken, sie, die doch sagte, sie spüre etwas deutlich Türkisches in sich pulsieren, sie, die so gern im »Türkensitz« saß, auf türkischen Teppichen und Kissen.

Die Kelten, die Römer, die Türken, die Ungarn – sie alle waren einst im Lavanttal, machten Geschichte und ließen dann diese und jene Spur zurück, gingen ins Gerede ein und in Legenden. Ein unvergessenes Symbol: der Halbmond. Ein Alb: einherpreschende Pferde. Trost und Drohung: das Kruzifix. Menschen- und Tierfiguren aus Blei, gestochenes, geritztes Kupferblech, ornamentale Mosaike, in Furcht und Frömmigkeit bemaltes Glas, alles archiviert in Kärntens »Paradies«[5] – mag sein, daß manch ein Teufelsbund noch ein Kirchlein überschattet, daß Segenssprüche, Flüche sich im Geäst verfangen haben, im Dachfirst und in schiefen Zäunen. Und daß Beichtgeheimnisse – wie Regen – in den Boden drangen. Mag also sein, daß »dumpf-demütig«[6] als gerade rechtes Attribut erscheint, um den Geist dieser Gegend zu definieren. Von Reiterhorden mehrfach überrannt, von Regenten oft sich selbst überlassen, von der »europäischen Aufklärung« mutmaßlich »nie erreicht« – verhuschte Versuche der Beschönigung. Denn »schean«[7] ist das »Lavntal« schon. Das Lavntal, das jetzt träg daliegt, in Muff und Magie, weit entrückt. Ein idealer Ort für ein »Wunder«[8]?

Ein Wunder, wie es das Schreiben ist, hat Christine Lavant nicht beansprucht, auch nicht die Wunderlichkeit ihrer Welt. »Kunst wie meine ist nur verstümmeltes Leben«[9] – dieser berühmt gewordene Satz wehrt wohl Ehrungen und Komplimenten. Und er schützt die Scharfkantigkeit des Seins vor dem zarten Zugriff der Metaphern, vor den Kapriolen der Stilfiguren, vor der Lüge, vor dem Bluff, vor der Pose. In den Wäldern des Lavanttals sammelt sie Fichtenzapfen zum Heizen, in den Lavantauen gräbt sie Wurzeln aus, bitter genug für eine Suppe. Von den Sonntagsmessen hält sie sich fern, nachbarlicher Anwürfe wegen. Beinah ihr Lebtag hat die Trägerin des Großen Österreichischen Staatspreises Sorge um ihr Auskommen gehabt, war sie in Szenerien des Elends daheim und in denen der sozialen Sanktion, haßte vielleicht die Enge und Mattheit, verachtete den Gram des Dörflichen, war keineswegs mit dieser Landschaft eins oder nur einverstanden mit ihr. Entzog sich aber nicht. Und hieß ja auch allerorten: die Lavant.

Ihren Künstlernamen Lavant hat nicht Christine Thonhauser sich erdacht, auch ist er ihr nicht aufgenötigt worden, wie es, so oder so, berichtet wird. Ihr erster Verleger Viktor Kubczak, der auch *Das Krüglein* herausbrachte, schlug allerdings den Namen »Lavant« vor, doch willigte die junge Autorin nicht in eine Enteignung ein, noch griff sie nach einer Graduation. Schlicht sagte sie: »Er ruft mich nach dem Fluß.«[10] »Er ruft mich nach« heißt: »er nennt mich nach«, und wie wurde sie nicht genannt, die Lavant. »Hascherl« und »Zartele« gewiß, neben dem eigentümlichen »Krüglein«. Aber auch »Heuschreck« und vielleicht »Kröte«? Vielleicht »die Laus da«? Vielleicht »Totenkopf«? Christine Lavants literarisches Personal hat viel zu tun um seine Namen: »Totenkopf! Totenkopf!« rufen der Rosa Berchtold in einem Park

Kinder nach und vergällen einen Frühlingsabend, gerade, als er aufzublühen beginnt. Ein kleines Mädchen, sonst namenlos, nennen die Gefährten »Großmutter«, seiner Ungeschicklichkeit wegen, und weil es eben »alt« ausschaut, steinalt mit den hageren Gesichtszügen und dem unkindlichen Ernst darin, unverstandenem, unverstehbarem Unglück.

Spottnamen, ja, den Spott überhaupt hat Christine Lavant oft und oft erforscht, ruhig und ohne Parteinahme, jedoch über die Maßen aufmerksam für jede Regung des Verspotteten und für jeden Fingerzeig des Spötters. Die Dynamik der Benamung selbst pointiert explizit die Erzählung *Der Knabe*: »Hase« wird die Titel- und Hauptfigur überall im Dorf genannt, und wie in einer schlichten Akzeptanz nennt auch sie sich nicht anders. Da sie aber kein »H« sprechen kann, heißt sie in der eigenen Semantik »Ase«. So kommt der uneheliche Sohn einer Dienstmagd zu einem Heldennamen, und tatsächlich ist es das Heldentum, das ihn, einer Weisung gleich, besetzt – und ihn noch härterem Spott ausliefert: »Ase«, erwachsen, fällt vor Leningrad.

Ein Sprachfehler, eine »Hasenscharte« hier, dort Blässe, Schwäche, Kränklichkeit, wenn nicht gar ein Siechtum zum Tode: Das Unheile ist immerzu präsent. Erblindet, verstummt und nervenkrank kommt Christine Lavants Prosapersonal seinem Publikum aus einem Tal entgegen, gichtig und gelähmt hockt es herum, stolpert davon oder läßt sich in einem knarrenden Eselskarren fahren. Zerstörte Gesichtssinne und taube Glieder sind die besonderen Signa eines nahezu umfassenden Desasters. Am schlimmsten aber steht es um die Haut. Über und über ist sie verbunden – oder sie zeigt die Vernarbungen, die Wunden und Flecken geradeheraus. Die Haut, das weite Feld der Versehrtheit: ihre Entstellung ist öffentlich, unwiderruflich und total.

Noch im Säuglingsalter erkrankte Christine Lavant an einer Form der Hauttuberkulose, am sogenannten Skrophuloderm. Bis haselnußgroße Infiltrate schmelzen sich subkutan in Gewebe ein, bilden Abszesse, Fisteln und ein Netz eingezogener Narben. Zumeist folgt der Durchbruch durch die Haut. Stirn, Nase, Wangen und Kinn sind betroffen, auch die seitlichen Halspartien und die Regionen hinter den Ohren, seltener Brust, Rücken und Extremitäten. Die Krankheit übertragen Erreger vom Typus bovinus vorwiegend auf Kinder und Jugendliche mit geringer Immunität, verarmter Landbevölkerung zugehörig. Tuberkulostatika oder auch nur Antibiotika standen in den ersten Jahrzehnten des Jahrhunderts nicht zur Verfügung, bald war die zeitige Operation versäumt, »kräftigende Maßnahmen«[11] waren nicht möglich. Das Skrophuloderm, ein soziales Mal, verkam zum Charakteristikum, nahm Einfluß auf eine Identität, war ich-bildend im Hinblick auf jedes Du.

Nicht bloß Melancholie und Magerkeit: Christine Lavants Haut wurde mit Röntgenstrahlen behandelt, all das Eitern und Nässen hörte auf, die Vernarbungen aber blieben. Achtzehnjährig nahm sie die Verbände ab, eine junge Frau, die sich alt fühlte, »uralt«,[12] nämlich wie »nie jung« gewesen und »nie auch nur ein bißchen anziehend«. »Aber jedermanns (-weibs) Herz ist von Zeit zu Zeit immer wieder wie eine Blume, nur drang das bei mir leider nie bis nach außen. Da Sie klug sind, werden Sie die Folgen davon (für eine Frau) ermessen können. Jetzt ist es nicht mehr so arg. Von 14-24 war es arg ununterbrochen. (Jetzt nur mehr selten, aber dann umso ernster, dann vom Ur-Empfinden her vom unheilbaren u. völlig klar erfaßten Ausgeschlossen-sein her.)«[13] So schrieb die fünfundvierzigjährige Christine Lavant an die Dichterkollegin Hilde Domin, und so hat sie immer wieder bekannt, was sie als ihr Pariatum verstand.

Es war »arg ununterbrochen«: Eine unerkannte Mittelohrentzündung läßt sie auf einem Ohr fast ertauben, von Kind auf ist sie stark kurzsichtig, darf dazu der Haut wegen nicht ans Licht. Auch den Wind hat sie zu fürchten. Für Monate kann sie das Haus nicht verlassen: Die jährliche Lungenentzündung droht, ihr Ohr eitert und ihre Augen tränen. Lähmende Schwäche- und Schmerzzustände begleiten sie ihr Leben lang, bestätigt von schweren Depressionen. Das Zittern, die Pulsbeschleunigung, die Angst rühren noch nicht vom Morbus Basedow, der späterhin den Kropf bilden wird und den blanken Blick jetzt schon weitet. Schlafstörungen tun ein übriges, um die Unruhe weiter anzutreiben, auch hindern verkrümmte Wirbel am Liegen. Nachts, wenn es windstill und lichtleer ist, geht Christine Lavant durch ihr Dorf. Folgt der Straße. Kehrt um und schreibt.

»All meine Briefe sind Nachtbriefe«,[14] sagt Christine Lavant. Ihre Gedichte sind Nachtgedichte, ihre Geschichten Nachtgeschichten, und vielen, die Christine Lavant lesen, scheint es, als seien sie überhaupt auf die Nachtseite der Literatur geraten. Das liegt nicht an Kälte und Dunkelheit, die – vielleicht – aus den Zei-

len strömen, auch nicht, übersetzt, an Trauer und Zorn, an Bitter-
keit, Einsamkeit und Enttäuschung. Nein, Christine Lavant hat
schlicht nicht Platz genommen in der Kunst, sie hat vom Kanon
nichts wissen wollen und sich um Aufnahme nicht bemüht. »Das
Dichten« – es war ihr »peinlich«, »schamlos«[15] nannte sie ihr Tun,
als gehörte es ihr nicht zu. Im Gegenteil aber hat die Rezeption ratlos das Authentischste konstatiert: Dichtung ohne Distanz, ein Ur-
gestein aus einem Herzen, das aus Urzeiten stammt.

Aller modernen Poetologie hat Christine Lavant so widerspro-
chen. Als Repräsentantin einer Weiblichkeit, die sich aus lauter
Mängeln formt, als Ungesunde, Ungebildete, Ohnmächtige und
Unbewußte war Christine Lavant, die Dichterin, eine Art parado-
xes Paradox, mitunter als »kurioser Fall«[16] umschrieben. »Weiß
ich nicht, ich schreib einfach nach«,[17] ist eine der wenigen Antworten, die sie auf die vielen Fragen gab, wie denn nun ihr Werk
entstünde. Wem oder was schrieb sie nach? Inneren oder äußeren
Stimmen? Einflüsterungen? Der Schrift des Windes und des Wol-
kenzugs? Den Gehässigkeiten der Nachbarschaft? Dem Hundege-
bell? Dem »Schrei des Perlhuhns«?

Des Nachbars Perlhuhn schreit wie eine Uhr
so unentwegt und immer in demselben
verrückten Abstand, während sich die gelben
Blätter der Weide lösen und als Schnur
im kleinen Dorfbach schaukelnd weitergleiten.
Der schwarze Hund hebt heftig an zu streiten
wider die Schreie, die er nicht verträgt.
Ein tauber Bettler, der durch Nägel sägt,
lächelt voll Hoffnung auf das Abendbrot.
Die letzten Hängenelken blühen rot,
und wenn der Wind will, duften sie herüber.
Sehr tief im Osten steigt ein dunstig-trüber
Herbstmond herauf und äugt uns alle an.
Das Perlhuhn schweigt, – ein rostig-brauner Hahn
kommt ihm fast höflich durch die Nacht entgegen.
Der Bettler sitzt schon unterm Küchensegen,
und in der Hundehütte rauscht das Stroh.
Jetzt dürfte man vom Tage nichts mehr wissen!
Ich aber wende immerfort das Kissen;
denn unter meinem Schädel irgendwo

verbarg das Perlhuhn seine schrillen Schreie.
Der Mond tritt langsam aus der Sternenreihe
und an mein Fenster als ein gelber Hahn.
Wie eine Uhr fang ich zu beten an.[18]

Wer ein solches Gedicht schreiben kann, sagt besser nicht, »ich
schreib einfach nach«, spricht besser nicht vom Schreibenkönnen
als von einem planlosen »Zustand«,[19] von »Gehirn« und »Gemüt« unabhängig. Ohnehin schon ist das Unmoderne des Ausdrucks einen Vorwurf wert, ja, geradezu antimodern wirkt Christine Lavant zu Recht auf den, der auktoriale Brechungen sowie
sozialhistorischen Bezug als Indizien im Wort erwartet. Die »Voraussetzungslosigkeit«,[20] milder: die »Zeitlosigkeit«[21] ihres Werks
hat Christine Lavant das Urteil erbracht, sie habe »die Poesie im
Leibe«.[22] Ambivalent, wie sie ist, wirkt diese Imagination kongenial. Beglaubigt sie doch das Unglaubliche: die unmittelbare Natur der Kunst. Spricht sie also von Artifiziellem frei, dazu von jeder
Gestaltungskraft, von Verantwortung und Reflexionsvermögen.
Radiert sie also Subjekthaftes aus. Bringt eine Dichterin zum Verschwinden.

Aus einem mythischen Lepraleib, Geschwüren gleich, hervorgebrochen: Das soll Lavant-Literatur sein, und Lob und Tadel
schrieben fort und fort, wie Kunst zur Biophysik mutierte. Denn
wesentlich ist es »im Leibe« das Leid, das – im »Sprachleib«[23] wiederum abgebildet – die Union von Text und Körper suggeriert.
»Wie mit Nesseln geschlagen«[24] will Christine Lavants Förderer
Ludwig von Ficker ein Werk erscheinen, dessen eingeschlossene
Genialität er sich ungefoltert nicht vorstellen kann. Auch sprödere
Interpreten räumen ein, daß allenfalls eine »erbärmliche«[25] – auch
hier: »geschlagene« – Leiblichkeit sich in ihrer immanenten Poesie
habe »erheben« und spiegeln können. Der schöne Schmerz – ganz
mit sich allein? All das schöne Gegeißelt-Sein – Grund genug für
eine – sehr weibliche – Variante des Sujets »Weltliteratur«[26]?

»Ach, Kind!«[27] mag sie manche begrüßt haben, die sie um eine
Selbstdeutung baten. Mag auf ihrem Diwan gesessen sein, mit untergeschlagenen Beinen, rauchend, Tee trinkend und freundlich
seufzend, und vollkommen uninteressiert daran, zu welchen Erkenntnissen sie kämen: die Wissenschaftler, die Voyeure, die Fans,
die bis zu ihr ins Lavanttal fanden. Christine Lavant – zwar sprach
sie von sich, doch machte sie nicht gern von sich reden, hörte den

Laudationen nur ungern zu, empfand Kritiken – insbesondere »die guten«[28] – wiederum als »peinlich« und würdelos. Ja, assoziierte jede Exegese ihrer Dichterexistenz mit der Untersuchung ihrer nackten Haut. Um die Haut, wie gesagt, stand es am schlimmsten, und vielleicht darum hat die Künstlerin ihr Kunst-Ich früh schon vor der Tortur bewahrt, die ihr späterer Deuter andienen: Als, in der Erzählung *Das Krüglein*, der kräuterkundigen Hinterbergerin »nur mehr ein einziges Mittel«[29] einfällt, um das sterbenskranke Kind zu retten, weigert sich die Mutter, das gebotene Exerzitium zu vollziehen – die Behandlung mit Brennesseln am »›ganzen‹ ›ganz nackten‹ – Leib‹« zu inszenieren. »›Mit Brennnesseln hat sie g'sagt! . . . Mit Brennnesseln!!‹«

Der »ganze Leib« der Dichterin Lavant, ob mit Nesseln geschlagen, ob unverbrannt, dann aber sich von innen her verzehrend – als ein seltsames Unterpfand der enthusiasmierten Kunstbetrachtung zählt er zugleich den Konditionen zu, die die künstlerische Produktion erschweren, mehr noch, ihr regelrecht entgegenstehen. Krank nämlich ist der Leib der Armut gleich, macht sich gemein mit den anderen »widerliterarischen Bedingungen«[30] eines ohnehin schon widrigen Seins. Gerade sie aber sind am festesten allen Lavant-Porträts eingeprägt, die in einem verstaubten Herrgottswinkel der Literaturgeschichte hängen, selten nur besucht und ungepflegt, obskur und gestrig, fast wie vergessen. Da ist etwa die Bergmannstochter zu sehen, die bloß vier Jahre lang zur Schule ging. Dann die »bauernschlaue«[31] Provinzlerin, deren Schalk und Einfalt nicht zu scheiden sind. Die Kranke. Und schließlich die »Kräuterfrau«,[32] der »Hinterbergerin« nicht unähnlich, zuweilen wohl wundertätig, wie es heißt, und doch der Scharlatanerie verdächtig. So wird Hochgeschätztes herabgesetzt und ohne viel Aufwand ausgetrickst – und kam das der Dichterin nicht entgegen?

Es scheint wohl, sie hat sie ausgefüllt: die Rollen, die ihr angeboten waren. Das Naive und das Kauzige, das Ursprüngliche, Unverdorbene, freilich in Abseitiges involviert und in das sogenannte »Kuriose« – viele fanden es in Christine Lavant. Kaum je trat sie ohne Kopftuch auf, zu den St. Veiter Kulturtagen, ihrem persönlichen Debüt, kam sie in schwarzglänzender Tracht, ein geknotetes Stück Stoff mit sich führend, darin: die Geldbörse und den Kamm. Ja, mit den Kräutern kannte sie sich aus, auch mit dem Grasschnitt und der Ernte, mit dem Kühehüten und Zum-Jahrmarkt-Gehen. Zuweilen griff sie bei Interviews zu einer angefangenen Strickarbeit, ihre Manuskripte nähte sie sorgsam mit Nadel und Faden zusammen. Um Orthographie mühte sie sich nicht, nein, des Hochdeutschen sei sie gar nicht mächtig, belesen aber sei sie allemal, wie übrigens in ihrer Familie üblich: »Scho da Großvota is g'storbn mitm Romanbüachl in der Hand.«[33]

Einer, der sie gut kannte, meint indes, solches sei nur »Maskerade«[34] gewesen. Ein Schutz vor allzu viel Aufdringlichkeit, eine Satire auf »dumme Fragen«. Im tiefsten Sinn jedoch Mimesis: die »Gestaltwerdung«[35] einer Kunstgestalt, selbstgeschaffen aus Wirklichkeiten, Mythen und dem geheimen Material einer äußerst sensibilisierten Seele. In ihrer Erzählung *Die Rosenkugel* hat Christine Lavant einfach und exakt die Genese einer Figur geschildert, die sie selbst, wie man sagt, verkörpert hat. Ihre Heldin hier ist Theodora, kurz: Thora, ein arg zart geratenes Kind, unsicher auf zwei ungleichen Füßen, und daher sowohl häufig malträtiert als auch geschont und umhergetragen, dem Kreis ihrer Kameraden eine Last. Sie kann keine Bälle fangen, nicht wettlaufen, und weinerlich, verzweifelt und vertrotzt taugt sie beim Spiel überhaupt nur für eines: Soll sie die »Hexe im Keller«[36] sein, vor der die anderen kreischend fliehen. Zuerst: nur dahocken. Aber dann: losstürzen und recht hexenhaft ausschauen. Sukzessive Erregtheit, Stolpern, Fallen, das Sich-Verfangen in der Schürze, das entgleisende Gestikulieren, zittrig und die Gesichtszüge verzerrend: Macht sie die Hexe nicht »ganz wunderbar«?[37] Thora aber tastet ihren Körper ab, in Zweifel geraten, wer sie sei – »ganz naß von Schweiß, so sehr fürchtete sie sich vor sich selbst«.

Denkbar, es war leichter für die Lavant, in eine wie die Thora einzugehen als sich – literarisch – von ihr abzuspalten. Leichter, ein »varruckts Weibl«[38] im Tal zu sein als eine geniale »Geistverstörte«[39] auf dem Höhenweg ihrer Karriere. Denkbar aber auch, es war beides schwer, so bleischwer, daß die Dichterin unterm Gewicht ihrer »Gestalt« verstummte. Und sich nur notfalls ein Notat abrang, ostentativ artig *und* aufsässig, gelangweilt *und* bemüht zugleich, als wäre ein Examen zu bestehen. Von Hilde Domin aufgefordert, sich für eine Lyrikanthologie zu einem Beispiel ihrer Kunst zu äußern, präsentierte so Christine Lavant einen einzigen schroffen Satz: »Dies Gedicht ist, wie fast alle anderen meiner Gedichte, der Versuch, eine – für mich notwendige – Selbstanklage verschlüsselt auszusagen.«[40]

Schockiert hat sie schon, irritiert hat sie in ihrer Strenge, ihrer

Leidenschaft, im ruinösen Rebellentum ihrer Liebe, ihrer Demut, ihres Zorns, ihrer Eigenbrötelei und Sorge um menschenmögliches Zusammensein. »Maßlos in allem«[41] – so sieht sie sich, fordernd, unerbittlich, um sich schlagend, und so schildert sie sich noch im Kind Thora. Duckt sich selbst als »Hexe im Keller« hin, läßt ihr Herz klein und ihre Augen drohend groß »wie Wagenräder«[42] werden. Die Anklage, auch: die Klage überhaupt – kläglich kommt sie nicht daher, sondern rauh, vielleicht sogar vulgär, wie etwa mit den Stimmen von »Minka«, deren intriganter »Vera-Tant« und den beiden blöd dreinschauenden Alten. Wie nirgends sonst bei Christine Lavant wird in der Kriegserzählung *Maria Katharina* gegrölt, geheult, gezischt, geflucht, wird zu schlechtem Wein und »Katzerlfleisch« geprügelt und gekuppelt und versucht, sich an der »blutigen Hacke« festzuhalten – einer Art Familienwappen von jeher. Ein Elendsszenario? Ja, aber keines, das, ausstaffiert mit Moral, um Sympathien bettelt. Sondern eines, das sich selbst anklagt, indem es die eine Klage wagt: »Vergiß dein Pfuschwerk, Schöpfer!«[43]

Wie kann eine – bei Sinnen! sprachmächtig! – sagen: »alles in mir zeugt wider mich«?[44] Zu Beginn ihres Briefwechsels mit Ingeborg Teuffenbach, die, beim nahen Wolfsberg, in Zellach lebt, berichtet Christine Lavant einen Traum:

»Da geh ich unter Euch herum – denken Sie: auch Ihr Vater wär jüngst dabei, ein großer schmaler Herr der irgendwie abwesend u. doch aufgeregt wirkte als dächte er über Dinge nach die erst auf ihn zukommen ihn aber doch sehr besorgen wovon er aber möglichst wenig zu zeigen bemüht ist. Und dann Ihre Mutter! – Sie war ohne Vorbehalt gütig zu mir, bis es ihr dann zu lange dauerte. Irgendwo in einem dunkelblauen Kleid ging Ihre Schwester herum u. hatte ungeduldige Augen. Aber Sie spielten – weiß Gott mit wem? – an einem Tischchen in einer Fensternische etwas ähnliches wie Schach oder Halma. Sie trugen Ihr braunes Kleid, das mit den weißen Spitzen unten. Vergessen hatten Sie mich nicht, waren aber bemüht dies zu tun. Wenn Sie mit einem halben Aufblick hersahen so lag darin Widerwillen und Peinlichkeit. Ihr Vater verließ uns – (wir befanden uns in einem ziemlich großen hallenartigen düsteren Raum) er ging, glaube ich, in sein Sorgen-Zimmer, denn Ihre Mutter sah ihm ängstlich nach u. vergaß mich dabei völlig. Dann kamen irgendwelche Gäste u. nahmen Euch alle auf verschiedene Art in Anspruch. Ich wollte mich entfernen – längst schon, – aber wortlos wagte ich es nicht und an irgend jemanden von Euch heranzutreten um mich zu verabschieden wagte ich noch weniger. Schließlich machte ich verzweifelt einige Schritte auf Sie zu u. dachte Ihr so schimmerndes Lächeln müßte doch noch an irgendeiner Stelle in Ihnen aufbewahrt sein –; aber Sie holten es nicht hervor sondern verstärkten den Ausdruck von Belästigt-sein und Widerwillen in Ihrem Gesicht. Dann ginget Ihr alle ein wenig zerstreut u. um die Gäste bemüht – es waren einige sehr junge Mädchen – in Eure kleineren Zimmer. Da stand ich nun völlig allein in Eurer großen Halle die von dem draußen herankommenden Regen immer düsterer wurde. Die Fenster waren schmal und sehr hoch u. wäre nicht so etwas wie eine Herdstelle gewesen würde man die Vorstellung von einer Kirche gehabt haben. Ich aber hatte nur die Sorge wie ich lautlos u. ungesehen fortkäme ohne mich in einer Türe zu irren. –«[45]

Wie scharf ihre Beobachtung. Wie fein berechnet die Balance zwischen Vorwurf und Schuldbekenntnis. Zwischen Selbstanklage, Anklage und Klage. Wie wahr der Traum, wie frei dargeboten. Oder wie böse und renitent. Die Freundin Ingeborg Teuffenbach, Schriftstellerin wie Christine Lavant, Förderin der heimischen Literatur, Agentin, Jurorin, Mitveranstalterin der *Österreichischen Jugendkulturwochen*, der *Innsbrucker Wochenendgespräche* und des *kolloquium poesie* – sie hat sich nicht verstören lassen vom eingestandenen Auf und Ab einer außergewöhnlichen Beziehung. Zwei-, dreimal wöchentlich erreichen sie Zettel und einzelne Heftseiten, neue Gedichte, hingeworfene Zeilen, virtuose Brief-Prosa – Paraphrasen des Verlorenseins, in unbescheidener Bescheidenheit verfaßt. »Bin ich Ihnen zu dramatisch oder sind Sie sehend genug um zu merken worum es geht?«[46] Christine Lavants »böse Traurigkeit«,[47] die »böse Weisheit«,[48] »wie und womit« Beleidigendes zuzufügen sei, eine Enttäuschung oder gar ein Schmerz – sie hat sie der Freundin definiert als einen »zähen und bitteren Kampf« mit dem »Lachen der anderen«.[49] Hat aber nicht nachgegeben darin, hat im kirchenähnlichen Saal ihres Traums ihre Qual wie Hostien ausgeteilt und niemandem die Kumpanei erlassen. »Ich hoffe, daß ich mich bei unserer nächsten Begegnung dieses Briefes nicht zu schämen brauche, es wäre sonst eine Scham die auch Sie mit einbezöge«:[50] So konnte sie, klug und tief, formulieren. Und wiederum zu Recht bange sein, den Teuffenbachschen Familienbesitz von ihrer Dachkammer aus gleichsam zu infizieren: »(. . .) wenn ich Dir Schmutz in die schöne Wohnung bring.«[51]

> Vergiß dein Pfuschwerk, Schöpfer!
> Sonst wirst du noch zum Schröpfer
> an dem, was Leichnam ist und bleibt
> und sich der Erde einverleibt
> viel lieber als dem Himmel.
> Geh, kleide weiter Lilien ein,
> ätz' Sperlinge mit Honigseim –
> ich leb von Rost und Schimmel.
> Du meinst, das macht mich noch nicht satt,
> und faselst von der Gottesstadt,
> die viele sich erfasten.
> Ich nicht! Ich wohne gern im Lehm,
> um Stein zu werden und trotzdem
> dich niemals zu belasten.[52]

Die ersten Rhythmen, die Christine hört, sind die des Gebets, gestützt vom Klappern der Stricknadeln. Die Mutter, Anna Thonhauser, ist es, die den Silbenlauf der Lyrik prägte, das Murmeln, das Rasseln, das Psalmodieren, all die so charakteristischen akustischen Muster der Lavant. Still war es im Zimmer der Thonhausers, nur das eine jüngste Kind blieb ja daheim, im dunklen Schutz der geneigten Wände. Still war es, und Anna Thonhauser betete in einem fort, Bittgebete, Beschwörungen, Lobpreis. Oft auch betete sie der Christine vor, gab ihr das Maß für den leisen Schlag künftiger – unerhörter – Gedichte, beruhigte sie, sprach sie in den Schlaf. Gab ihr auch die Namen »Herzzartele«, »Trostschüssele« und »Wehkrügerl« – Urformen der Komposita, die späteres Lavant-Vokabular prägen. »Halbmonddorn«! »Abendspinne«! »Schuppendach«! »Fluchtwurzel« . . . »Krallenbaum« . . . »Mutterlieder« . . . Still war es, wenn Anna Thonhauser bei heruntergedrehtem Lampenlicht Hosen flickte, Röcke säumte, Umhänge und Decken strickte, und Christine sich die Nacht besah, bis Sterne aus der eigenen Netzhaut krochen, und alles, wirklich alles sichtbar war. Auch die verrückte Furcht, verrückt zu werden.

Die sogenannte »Bäcklkeusche«: Hier begann eine innere Emigration, nein, eigentlich eine Konzentration auf das Innere und Eigene, ein fast hermetischer Ausschluß der Welt, die das »Lachen der anderen« durchwehte. Und hier begann die Identifikation mit der Chiffre »Degeneration«,[53] wie Christine Lavant ein Elend nannte, das nicht zu beherrschen war, das, im Gegenteil, versklavte und Menschen seinesgleichen schuf: »klein«, »gehässig« und »erbärmlich«.[54] »Ganz u. gar zu dem Typ einer hysterischen Proletin herabzusinken«, fürchtete Christine Lavant lang, sie fürchtete das schrill tönende Gekreisch, das Eimerscheppern und das Türenschlagen, die implodierende Verzweiflungsangst in all ihren falschen Spielarten.

Versunkenheit und seltsame Ekstasen? Im stillen Thonhauser-Zimmer war es laut, wenn die Schwestern sich zerstritten, wenn die ältesten spät vom Dorftanz kamen oder von ihren Botengängen, übermüdet und gereizt. Laut war es, wenn die Nachbarn sich beschwerten und wenn der Mietzins wieder fällig war. Und wenn ihre Flick- und Strickkundschaft Anna Thonhausers Lohn herunterfeilschte, mit mißtrauischen Blicken auf das Kind. Man galt nicht viel als »Inwohner« – als eine Familie, die nichts besitzt, kein Haus, kein Feld und keinen Garten. Schon die Vorfahren – die des Vaters zumal – waren, wie es heißt, bloß Bittsteller gewesen, geduldet, abhängig und voller Scham; niemals in der Lage, der Lehrerin oder dem Pfarrer etwas Milch zu bringen, Käse oder ein Stück fette Wurst fürs Zeugnis und für die Kommunion der Kinder. Christines Vater Georg Thonhauser, Maurer im Bergwerk, dann arbeitslos, brachte ein wenig Geld vom Wildern heim – zu wenig schon für die Heilsalben, die auf Christines Haut aufzutragen waren. So daß die Mutter andere Töchter bestahl.

Wie die Ersparnisse für den Jahrmarktsgang dem kranken »Krüglein« zugute kamen, wie die Mutter vor den Kindern darum rang, Gnade und Ächtung zugleich zu erlangen, und wie nur der Vater nicht mitbetet, jetzt, da alles in Aufruhr ist, da alte und noch ältere Schuld sich verschachtelt, durcheinanderstürzt und sich schließlich neu um das ordnet, was nichts anderes ist als das Göttliche Kind, theologisches Symbol der Lösung überkommener Verstrickungen – das hat Christine Lavant schlicht erzählt, aber auch als Projektion gestaltet. Denn im Text *Das Krüglein* spiegelt sich der Motivkreis seiner eigentlichen Interpreten: der Thonhauser-Kinder, der Eltern und des ganzen kärntnerischen Dorfes. Viel Frömmigkeit und viel Aberglauben, viel Reden von Schuld und Gegenschuld, und dann ein plötzliches heikles Happy End – ohne zu bemerken, daß sie es im »Krüglein« mit einem jesusähnlichen –

wenn auch weiblichen – Säugling zu tun hatte, vernarrte sich die Rezeption in das sentimentale Fluidum, das Krippen, Wiegen, selbst Schubladen umgibt, beargwöhnte Beschaulichkeit und Kitsch, und heftete mit dem befremdlichen Frühwerk nach und nach die gesamte Prosa ab, die eine Lyrikerin verfaßte. Bloß Kalenderblätter?[55] Bloß Traktätchen? Ein »literarisches Ärgernis«,[56] wie es heute im Rückblick heißt? Es nutzte wenig, daß Elly Heuss-Knapp[57] *Das Krüglein* gleich »noch einmal« lesen wollte, da sie von der Lavant »ganz begeistert« war; es schadete nur, daß Viktor Kubczak in seiner Jung- und Starautorin den neuen »Dostojewsky«[58] sah. Längst vergessen, daß vor fünfzig Jahren manch ein vereinzelter Feuilleton-Redakteur die Lavant-Prosa der Lyrik vorzog, tastend zwar und nicht ohne spitzen Rat. »Begabung?« – »Ja.« Aber, »so will uns dünken«: »etwas mehr Selbstkritik«.[59]

Christine Lavant selbst freute es, wenn *Das Krüglein* auf Sympathien stieß, empfahl es aber nicht als »Roman«, sondern als »Milieu«-Material: »Ist natürlich verkitscht geschildert, aber im wesentlichen ganz wahr.«[60] Rettete so, was zu retten war. Verschwieg darüber nur die Bedeutungen von Motivik und Erzählverfahren. So enthält *Das Krüglein* beileibe nicht allein das Evangelium, das heißt: die basale Heilsgeschichte jüdisch-christlich geprägter Kultur. Nein, *Das Krüglein* vereint in sich Verzerrungen und Verdrehungen des tradierten religiösen Stoffs, wie er durch die Gassen des Dorfes geistert, wie er um Herdstellen und Beichtstühle streicht, und sogar über die weiten Wiesen, auf denen geschundenes Vieh wiederkäut. Ein Mikrokosmos tut sich auf, darin die Essentials des menschlichen Seins ungewohnt markant verhandelt werden. Wiederum »Scham«, dann »Angst« und »Ekel«[61] – diese drei nannte Christine Lavant entschieden als die Ecksteine nicht nur der eigenen Existenz, und setzte sie in ihr Œuvre ein wie schneidend scharfe Diamanten. Stolz nämlich, niemals etwa larmoyant, bedauernd oder Bestürzung heischend, berichtet sie vom Thonhauser-Sohn, der den Schwestern seinen geliebten Hund als ein Sonntagsrahmragout serviert, »gelb bis in die Haare hinein«[62] vor Haß, Selbsterniedrigung und Weltekel – dies *eine* Pointe der Konsequenz, der Christine Lavant sich unterwirft, wenn sie ihren Fundus betrachtet: Bibeltexte, Redensarten, Rituale, wie sie auch die Kindheiten konturieren.

Denn im Lavanttal wird »Mönch sein« gespielt oder auch »Ein Heiliger werden«. Wird viel niedergekniet: auf Friedhöfen, in kleinen versteckten Höhlen im Fels, auf mit Marterln gespickten Schulwegen. Wird, umgekehrt, der »Nachtmann« beschworen, wird verflucht, wird teuflische Rache geübt. »Schad noch um den Hund, den ihr gfressen habt!«[63] Das Hundeessen, nicht untypisch für die archaische Kantigkeit aller Lavantschen Kinderszenen – es akzentuiert nichts anderes als eine biblische Geschichte. Wie Josef von seinen Brüdern nämlich wurde der einzige Thonhauser-Sohn von den Schwestern verraten und verkauft – eben im Spiel. Und vielleicht doch im Ernst. Grund genug für ein grausiges Mittagsmahl. Insgesamt Schuld, besser: Sünde genug, um das »Krüglein« sicher umzubringen – so wenigstens scheint es diesen Kindern, die durch Brennesselwälder irren, von pfeildurchbohrten Heiligen schlecht beschützt, von »Scham«, von »Angst« und »Ekel« getrieben. Wirklich hat eine Schwester der Lavant die Mutter Gottes innig angefleht, die immer kranke Christine möge sterben, hat wohl mit ihr auszuhandeln versucht, was der Wert dieses guten Todes wäre. Eine Kerze? Drei Tage fügsam sein? Die repressive Seite der Religion, ihre Schwarzmagie und ihr Kleinglauben – waren sie das »Thema« der Christine Lavant? Daß das »Krüglein« nicht geopfert wird, sondern, bloß mit einem Säuglingslächeln, den komplexen Geschwisterzwist besiegt, scheint im Rahmen des Folkloristischen und in dem der Frömmelei zu bleiben. Minka aber – in *Maria Katharina* – überlebt ihre Erzählung nicht.

Minkas Familie – das sind »Solchene«, das heißt: Asoziale, Alkoholiker, Huren. Minkas Vater war Partisan, die Mutter hat man nicht mehr gefunden unter ihrem zerbombten Haus, nur einen ihrer Füße, den rechten. Daß Minka vor ein Auto läuft, versteht niemand als Suizid. Ist sie doch ein »Teuferl«, dazu noch ein Kind. Ihren ersten Selbstmordversuch unternimmt Christine Lavant mit achtzehn Jahren. Freiwillig geht sie ins Irrenhaus, zerquält von der Furcht, geisteskrank zu sein. Sie ist es nicht, und wird entlassen. Drei Jahre hat sie die Dorfschule besucht, ein Jahr dann eine Wolfsberger Klasse – acht Kilometer Weg aber sind zu weit, um von ihr täglich bewältigt zu werden. Sie hat gut gerechnet, ein wenig geträumt, viel gelitten unter der Peinigung durch die Lavanttaler Buben – die Mädchen hatten meist Mitleid mit ihr, Freundinnen allerdings hatte sie keine. Wenn sie daheim nicht liegen muß, strickt sie – oder Christine schreibt. Schreibt Geschichten und – zwölfjährig – einen in Indien spielenden »Seelenwanderungsroman«.[64]

All diese Texte sind nicht erhalten. Gehalten aber hat sich das

Gerücht, daß Christine bloß Groschenhefte las, bis sie – dreißig-
jährig – auf Rilke stieß – die Empfehlung einer Bibliothekarin.
Röschen, oder: Verschleppt ins Irrenhaus, Tragödien des *Edlen
Grafen* und des verlorengegangenen *Fürstenkinds:* Im *Krüglein* ist
die Lektüre benannt, die Christine in- und auswendig kennt wie
der Großvater, die Schwestern und die Mutter. Doch neunjährig
trug sie Goethe im Gepäck, als sie aus einer Klagenfurter Klinik
zurück nach Groß-Edling kam. Zwanzigjährig war sie mit dem
Buddhismus und mit der Theosophie vertraut. Las später die
christlichen Mystiker, insbesondere Meister Eckhart, studierte
Plotin, Kant und Jakob Böhme. Das Tibetanische Totenbuch,
Yoga-Literatur, die Bhagavadgita. Mochte Hesse, Hölderlin. Und
Don Quijote. Blieb selbst aber bei Erzählungen, die der Volks-
kunst nachgebildet waren: Votivtäfelchen, deren feine Verfrem-
dung die Rezeption stets übersah. Psychologische Subtilität –
versteckt unter der Schlichtheit einer Fabel. Mythen, religiöse
Kodierungen – gekleidet ins Zitat des »Schund«[65]-Romans. Blas-
phemien – mit Sanftmut vorgetragen. Und Gift und Galle hinter-
hergespuckt.

»›Laßt das Kind, sonst vertreibt ihr den Geist.‹ . . . Ja, es ist seltsam, aber mit der Zeit gewöhnten sich alle, auch die öfter kom-
menden Verwandten, daran, von dem ›Geist‹ als wie von etwas
wirklich Vorhandenem und durchaus nicht mit Spott Abzutuen-
dem zu reden. Sie verdrehten zwar das Wort ein bißchen, als ob es
ihnen sonst zu groß oder zu schwierig im Munde würde, sagten,
wenn sie mich schreibend auf der Kiste fanden: ›Ist der Guist also
wieder da?‹ . . ., aber sie traten doch etwas leiser auf, redeten bloß
flüsternd über die Neuigkeiten und gingen nicht aus der Türe,
ohne mir und dem ›Guist‹ zart und begutend auf den Rücken zu
klopfen.«[66]

Womöglich hat ihr Schreiben ausgesetzt, bis sie etwa Mitte
Zwanzig war. Wahrscheinlich aber hat sie immer geschrieben,
anders, als es die Legende will, die sich dem »Guist« anempfahl
wie die Tanten. Christine Lavant las Knut Hamsun – seine höh-
nischste Unkulturkritik im vergessenen Roman *Das letzte Kapitel.*[67] Dann Rilke, und ließ ihn »rilkoman«[68] in die eigene Lyrik
fließen. »Wirklich unerträglich« nannte sie ihren 1949 bei Viktor
Kubczak erschienenen ersten Gedichtband später. Für *Die unvoll-
endete Liebe* aber sollte sie den Trakl-Preis erhalten – die erste in
einem schweren Kranz höchster Literaturauszeichnungen. 1954:

Trakl-Preis, gemeinsam mit Christine Busta. 1964: Anton-Wild-gans-Preis und ein zweites Mal der Trakl-Preis. 1970: Großer österreichischer Staatspreis für Literatur. Dazwischen Staatliche Förderpreise, genug um Kopftücher aus Seide zu tragen und nicht mehr aus zerschlissenem Tuch. Der Erfolg seiner Ehefrau setzt dem Maler Josef Habernig wohl zu. »Im Schatten der Titanen«[69] fühlt er sich, berichtet Christine Lavant glücklich der Gattin ihres Augenarztes. Da hat sie noch nichts veröffentlicht als einige we-nige Gedichte, in regionalen Zeitschriften verstreut. Ihre Heirat aber vielleicht schon bereut.

Christine und Josef Habernig heiraten im April 1939. Christines Mutter ist seit einem Jahr tot, der Vater ein weiteres Jahr zuvor ge-storben. Längst lebte sie mit den Eltern allein, weiterhin gebrech-lich. Zart, zäh und zornig. Lebte und lebt von ihrer Strickarbeit, von den Geschwistern notfalls unterstützt, die eigene Familien ge-gründet haben. »Herrn Habernig« hat sie angesprochen, als er, wie oft jetzt, auf der Straße malt. Der um sechsunddreißig Jahre ältere ehemalige Gutsbesitzer versucht vergebens, sich zu etablie-ren. Reist ruhelos durch das Lavanttal, sucht im noch schöneren Italien die Landschaft, die ihn aus seinem Ennui und aus materiel-lem Ruin errettet. Es heißt, es sei reines Mitleid gewesen: daß ihn die Lavant geheiratet hat. Daß sie seinen Hemdkragen bügelte und den Ascheneimer hinuntertrug. Die Pflege nach dem Schlaganfall war schon Pflicht. »Herr Habernig« wurde Christine Lavant lä-stig, er starb, wohl unbetrauert von ihr, 1964. Nur kurze Zeit nannte sie ihn: »mein Mann«.

»Ich aber ertrug ihre Liebe nicht, welche mir viel zu sehr als bloß so nebenbei getan erschien. Ich wollte alles!«[70] Ihre totalitäre Lei-denschaft hat Christine Lavant nicht stillen können. Das lag nicht an Josef Habernig, und noch weniger an Werner Berg. Diesen – ganz anderen – Maler lernte sie auf den St. Veiter Kulturtagen im Jahr 1950 kennen. Werner Berg erkor sie sich zum Modell, schnitt ungezählte Porträts ins Holz, erfaßte dieses Gesicht, die Augen, die allen Lavant-Verehrern alles waren: Weltspiegel, Fegefeuer, Himmelsfenster. »Mein Gott, wie kannst Du einen anschauen«,[71] sagt in *Das Kind* eine todgeweihte Frau zu Christines kleinem Alter ego, das sich im Klagenfurter Krankenhaus eine ganz und gar neue Haut erhofft, einen neuen Körper eigentlich, aus ihm dann schlüpfend: ein neues Kind. Nur die Augen können »bleiben, wie sie sind«[72] – das weiß es, und Christine Lavant hat dieses

Selbstzeugnis fortgesetzt in ihrer überwältigenden Scharfsicht.
Mit den Berg-Porträts umgab sie sich – insbesondere in Klagenfurt, wo sie mit ihnen die Wände verhing und das Sonnenlicht aus-
sperrte: Wohlmeinende Mäzene hatten ihr ein komfortables Ap-
partement verschafft, im Hochhaus, in der elften Etage – kaum
Schlimmeres hätte ihr geschehen können. Zwei Jahre – 1966 bis
1968 – hielt sie aus, saß allein unter den eigenen Blicken, rauchte
viel und kehrte schließlich heim.

Werner Berg war verheiratet, war Vater auf seinem Rutarhof,
und zwang Christine Lavants Passion in eine langjährige Philia.
Am Rand des Erlaubten einherzugehen, war die Thonhauser-
Tochter längst gewohnt. In die Kirche ließ man sie nicht gern,
hatte sie doch einen »Geschiedenen« zum Mann, Kinder aber gebar »das Geraffel«[73] keine. Ketzerisch – das war ohnehin die bekannte Hybris der Denkerin, die keine Lauheit duldete und – »oft
wie ein Vulkan« – ausbrach. Der Wolfsberger Stadtpfarrkaplan
Johannes Pettauer bezeugt, daß »Frau Habernig« eine »aggressive, Gott-lose Person« gewesen sei – obwohl sie ihm, in der Nach-
kriegszeit, rasch einmal seine Wollweste flickte und auch mit But-
terspenden bei der Hand war: »Die Lavant war zeit ihres Lebens
eine sehr berechnende, Ruhm und Erfolg einkalkulierende Frau.
Den Präsidentschaftskandidaten Jonas paßte sie bei einer Rund-
fahrt mit ihren Werken ab, und Perkonig erzählte mir selbst, wie
ihr Anfall bei einer Dichterzusammenkunft in Seggau ein rein hysterischer war (sie fiel metertief, aber ohne sich weh zu tun).«[74]

Schaff her einen doppelten Branntweinkrug,
wir müssen uns endlich betrinken
und Du zu uns sagen von Mund zu Mund
(. . .)[75]

Die unerfüllte Liebe zu Werner Berg und die, wie Christine Lavant
deutlich sagte, »sehr ernste Freundschaft«[76] mit Ingeborg Teuffenbach – beide dokumentieren sie die delirante Sehnsucht nach
dem Du, das sich im »Weihwassertaumel«[77] nicht findet. Das nirgends ist, auch nicht *im* Ich, wie ein Mystiker wohl sagen würde.
»Nichts Mystisches«[78] aber meinte die Lavant, wenn sie »wie eine
Blume« war. »Ich brauche einen Menschen bis ich Gott habe«:[79]
Das war ihr Credo – »u. wenn Sie mich persönlich kennen würden,
wären Sie vermutlich über meinen Realismus entsetzt«.[80] Die Ver-

190

liebtheit des Kindes Christine in eine junge, hübsche Lehrerin, die für Ingeborg Teuffenbach in privater Prosa[81] geschildert ist, ähnlich endend wie der zitierte Traum – die Lavant hat sie, dies: ein Ausnahmefall, ihrem Anti-Helden »Ase« angedichtet: einem männlichen Protagonisten in einem Werk mit weiblichem Ich. Leidenschaft, die ins Absolute zielt, gefolgt von Zurückweisung, meist unter Spott; darauf Desillusion *und* Aufbegehren – das ist die Dynamik der Kränkungen, die zugleich Hohelieder sind und sich nicht mildern und nicht lindern lassen. Auch nicht gegenüber Ingeborg:

(. . .)
Denn: es wird ein großer Abend kommen
einer, dem die Nacht den Nacken biegt
wo sich Stürme in die Wolken grabend
ernstlich äußern, bis kein Stern mehr siegt . . .
Sieh, – dann wirst Du von mir eingenommen.[82]

Es ist ein starker Eros, der sich zeigt – auch wenn »der Tod und seine Tödin geigen«:[83] ein Liebeslied aus einem Brunnenschacht. »Eingenommen« hat die Lavant vielleicht mehr, als sie je zu hoffen wagte. Vielfach ist bezeugt, wie sie »in Bann«[84] zog, wie sie in ihrer sehr diskreten Präsenz niemanden neben sich duldete, wie sie dennoch vollends zugewandt war, eine gesuchte Gesprächspartnerin, hochintelligent, witzig, schlagfertig. Ihr »Böses«, ihre »hexische« Dämonie – wie die wissenschaftlichen Interpreten hat auch die dem Esoterischen zugeneigte Freundin Teuffenbach, Mutter des New-Age-Physikers und -Philosophen Fritjof Capra, diese »nicht geheure«[85] Qualität mißdeutet. Hat gemeldet, daß die Lavant »Farben sah«, Gewitter und Winde voraussagte, und nicht gern in der Nähe von Katzen war. Hat den Griff nach »Hexenfingern« nicht gescheut. Mußte sich aber korrigieren lassen, hier in der Deutung einer Fotografie: »Wegen meinem Bild mit dem ›grausamen Mund‹: – kommt nicht von Grausamkeit, sondern bloß davon daß ich kein Gebiß hatte. Daß ich aufs äußerste angestrengt und fast irr war vor Elend, durchzuhalten.«[86]

Nichts Wunderliches im Lavanttal? Die Lavant-typischen Diminutive, die, wie oft auch die Komposita, den Anschein der »Fiebrigkeit«[87] erwecken – auch sie entstammen der Nachahmung vorgefundenen Materials. Wortmagie im Märchen, im Kinderreim, in populären Zaubersprüchen: Christine Lavant hat sie kenntnisreich mit Quellen wie der Kabbala verknüpft, mit Werken der Astrologie, Alchimie und der symbolistischen Pflanzenkunde. Hat sich jedoch *ihren* Reim darauf gemacht. Hat eigensinnig die »Leerstelle«[88] besetzt, die der »aufgeklärte« Diskurs unterschätzt: als »Singsang«. Der aber ist »das Allerschwerste«:

Muß jetzt einen Singsang finden
für das bißchen Haut und Knochen
und den gelben Schierling kochen
und das Seilchen richtig winden.

Jahr war voller Schlangenschlingen,
jeder Tag ein Löwenzähnchen –.
Finger rupft das rote Hähnchen,
bald wird es im Feuer singen.

Jemand hat das aufgetragen,
kam auf schwarzem Wolf geritten,
jemand hat das Seil beschritten
und ein Zelt ist aufgeschlagen.

»Sklavin!« sagt der Augenlose,
mein Gesicht muß vor ihm knien.
Schierling, Seil und Hähnchen fliehen,
Löwenzahn und Samenrose.

»Jede Stunde ist die erste –«,
sagt, wer mundlos, sät im Winde
taubes Korn für eine Blinde,
blühen wird das Allerschwerste.[89]

Auch als 1952 der Erzählband *Baruscha* erschien, erkannte niemand den Zusammenhang zwischen Chiffrensprache und »Subversion«,[90] zwischen Hermetik und Herausforderung in der Plastizität der Texte. Geschweige denn die Verflochtenheit der Lavantschen Prosa mit der Lyrik. »Hundsschmalz, Schuhriemen und chinesische Wunderblumen!!!«[91] Insbesondere die Titelerzählung verfiel ganz der Kategorie des Märchens und war sofort für das Lavant-Werk verloren. *Baruscha* bekam schlechte Kritiken.

Wie hatte Werner Berg prophezeit? »(. . .) der Band ist so stattlich geworden, dass es sich schon fast verlohnt, ihn jemandem an den Schädel zu werfen. Bezüglich der inhaltlichen Bezüge werden bald Weisheiten in Fülle geredet und gedruckt werden, dass sich am Ende eine nicht schreibunbegabte Strickerin tiefsinnig vorkommen und hochmütig werden wird.«[92]

»Kleinchen vulgo Riesin«,[93] sprach er sie an, und hat sie vielleicht gekannt wie keiner: diese überaus zierliche Frau, zu wahrhaft Unwägbarem fähig. Sie blieb in ihrem Heimatort St. Stefan, zu dem ja auch Groß-Edling gehörte, der Flecken, in dem die »Bäcklkeusche« stand. Indes ließ sie sich gern im Auto fahren. Kam so gern herum, liebte diesen Fluß, der ihr bis zum Bosporus, wenn nicht noch viel weiter reichte. 1957 reiste sie allein nach Istanbul, der Einladung eines Klosters folgend. Sah sich dort die »alten Gesichter«[94] an – »alt«, weil sie eben türkisch waren und so dem Lavanttal entstammten: einem Gedächtnis, so subjektiv, wie es nur im Ironischen bestehen kann und in dessen zärtlichem Triumph. Von ihrer einzigen Auslandsreise brachte sie einen Teppich mit. Es freute sie, daß ein blasses Porträt sie in das Privileg einsetzte, auch im Vertrauten fremd zu sein. Ein Hochzeitsbild, neben der Mutter zu sehen: ein Mann mit türkischem Schnurrbart, stumm herabhängenden Maurerhänden und einer Menge »Waldgedanken«[95] im Kopf.

Der Vater, noch im Elend abwesend, wortkarg, nicht betend, keine Wohltat tuend, nur die erblindenden Grubenpferde in das Werk seiner Tochter führend – im Blick auf ihn hat Christine gelernt, daß nicht nur »Gott ein Mann« sein muß, sondern das Universum väterlich, das heißt ungreifbar. Wenn auch schmerzlich nah. Den größeren Schmerz aber gibt die Mutter. Ihr hat ihr Kind »das Allerböseste«[96] getan, vielleicht mit einer »abstoßenden Bewegung« oder mit einem fest verschlossenen Mund gerade, wenn es ans *Ave Maria* ging. Eine vielfach wunde Zärtlichkeit lebt in beinahe jeder Zeile, die der Anna Thonhauser gilt, einer leicht verwachsenen stillen Frau, die nur mit einer halben Lunge atmet und ißt, was von der Mahlzeit übrigbleibt. Die zweiundsechzigjährig zermürbt stirbt und – jetzt! – die Hände nicht mehr falten mag: »Betet's nur ihr.«[97] Womöglich liegt Glorifizierung vor, pathologische Parentifizierung, eine Neurose in flottierender Form – die Analyse des Leibs *und* die der Seele aber war Christine Lavant verhaßt. Wie die Unzulänglichkeit der Religion zerstörte ihr Freuds neue Psychologie die Urgründe der Liebe und des Hasses, und ihren unergründlichen Ernst. Gab Geheimnisse preis. Das Recht auf Ungesagtes. Auf Dichtung.

»Ich wohne nicht in Baruscha« – so lautet der Schlüsselsatz in einem offen daliegenden Werk. So beginnt *Baruscha*, die Erzählung, die Christine Lavant besonders mochte. Baruscha, eine phantastische Stadt mit skurrilen, irritierenden Bewohnern – und mit einem rätselhaften Gast: Baruscha mag vielleicht die Kunst darstellen. Eher aber einen jeden Ort, an dem die Rechnungen nicht aufgehen, immer noch etwas Goldstaub übrigbleibt. Der treibt ungesehen in der Lavant. Oder ist wer weiß wo angekommen. Istanbul blieb ihr auf immer ein Schatz. Reiste aber nie mehr, schrieb auch nicht mehr und sorgte sich, man würde ihr die Fördergelder streichen. Verhandelte aber mit Verlegern hart (denen sie frühere Texte gab): »(. . .) jetzt fallen mir wieder die 100 S ein. Ich dank Ihnen schön dafür. Sie sind überhaupt viel sympathischer als ich gedacht hab.«[98]

Es ist ihr schwer ergangen auch zuletzt. Im Wolfsberger Krankenheim hat sich das Personal oft zu ihr gesetzt, um zu pausieren und zu rauchen und ihre Buddhafigur anzuschauen. »Von allen *guten Geistern* mißbraucht«,[99] wie Thomas Bernhard glaubte, war sie wohl nicht. Ihre »Lästergebete«[100] – weltgültig. Ihre Frauengestalten – vorbildlich für weiblich reflektierte Literatur. Ingeborg Bachmann hat sie adaptiert, auch Elfriede Jelinek. Am nächsten vielleicht steht ihr Gertrud Kolmar . . . Aber alle diese kannte sie nicht. Kannte aber sich. Kannte das Krüglein, die Thora, die Minka, die Rosa Berchtold. Hat Wörter wie »Ängstin« und »Tödin« gewußt. Und »Widerliterarisches« nicht geschaßt. Kein Wunder also? Kein Wunder.

Anmerkungen

1 So zuletzt Kerstin Hensel in ihrem Nachwort *Die Gespenster der Lavant* zur Anthologie *Kreuzzertretung*. Christine Lavant: *Kreuzzertretung. Gedichte, Prosa, Briefe*, hg. von Kerstin Hensel, Leipzig 1995, S. 113 ff.

2 Ingeborg Teuffenbach: *Christine Lavant – »Gerufen nach dem Fluß«. Zeugnis einer Freundschaft*, Zürich 1989, S. 25.

3 Christine Lavant: *Das Krüglein*, Stuttgart 1949, S. 15.

4 Paracelsus in seinen *Kärntner Schriften*, zit. nach Siegfried Obermeier: *Kärnten*, München 1975, S. 147.

5 Obermeier, S. 147.

6 Harald Weinrich: *Christine Lavant oder Die Poesie im Leibe*, in: *Über Christine Lavant. Leseerfahrungen, Interpretationen, Selbstdeutungen*, hg. von Grete Lübbe-Grothues, Salzburg 1984, S. 64.

7 »Lavntal, scheanes Tal sagn's überall« beginnt eine alte Volksweise, zit. nach Obermeier, S. 148.

8 Weinrich, S. 67.

9 Christine Lavant an Gerhard Deesen am 27.3.1962, in: Christine Lavant: *Kunst wie meine ist nur verstümmeltes Leben. Nachgelassene und verstreut veröffentlichte Gedichte, Prosa, Briefe*, hg. von Armin Wigotschnig und Johann Strutz, Salzburg 1978, S. 234.

10 Zit. nach Teuffenbach, S. 71.

11 Zu Diagnose und Therapie der Tuberculosis cutis colliquativa vgl. Th. Nasemann, W. Sauerbrey: *Lehrbuch der Hautkrankheiten und venerischen Infektionen für Studierende und Ärzte*, Berlin – Heidelberg – New York 1981, S. 102 f.

12 Christine Lavant an Gerhard Deesen am 10.4.1962, in: Christine Lavant: *Kunst wie meine*, S. 235.

13 Christine Lavant an Hilde Domin am 6.7.1960, in: Christine Lavant: *Kreuzzertretung*, S. 109.

14 Christine Lavant an Gerhard Deesen am 10.4.1962, in: *Kunst wie meine*, S. 235.

15 Christine Lavant an Gerhard Deesen am 27.3.1962, in: Christine Lavant: *Kunst wie meine*, S. 234.

16 Werner Roß, zit. nach Grete Lübbe-Grothues: *Ein kurioser Fall*, in: *Steige, steige, verwunschene Kraft. Erinnerungen an Christine Lavant*, hg. vom Verlag Ernst Ploetz, Wolfsberg 1978, S. 55.

17 Teuffenbach, S. 94.

18 Christine Lavants Gedichte tragen keine Titel. Deshalb hier und im folgenden nur Seitenangaben. Christine Lavant: *Die Bettlerschale*, Salzburg 1956, S. 37.

19 Christine Lavant, zit. nach Wolfgang Nehring: *Zur Wandlung des lyrischen Bildes bei Christine Lavant*, in: *Über Christine Lavant*, S. 19.

20 Weinrich, S. 66.

21 Cordula Drossel-Brown: *Zeit und Zeiterfahrung in der deutschsprachigen Lyrik der Fünfziger Jahre. Marie Luise Kaschnitz, Ingeborg Bachmann und Christine Lavant*. Studies in Modern German Literature, Vol. 66, New York – Berlin – Paris 1995, S. 127 f.

22 Weinrich, S. 67 f.

23 Ludwig von Ficker: *Lobrede auf eine Dichterin*, in: *Für Christine Lavant*, hg. von Heimo Kuchling, Wien 1965, ohne Seitenzählung.

24 Ficker.

25 Weinrich, S. 67.

26 Daß zumindest Teile des Lyrikwerks der Kategorie »Weltliteratur« genügen, ist unstrittig. Vgl. etwa Hensel in *Kreuzzertretung*, S. 122.

27 Lübbe-Grothues, S. 55.

28 Christine Lavant an Gerhard Deesen am 27.3.1962, in: *Kunst wie meine*, S. 234.

29 *Das Krüglein*, S. 141.

30 Weinrich, S. 67.

31 Teuffenbach, S. 120.

32 Vgl. etwa Drossel-Brown, S. 128.

33 Lee Springschitz: *Eine Dichterin tritt aus der Verborgenheit*, in: *Steige, steige*, S. 12.

34 Wieland Schmied in seiner Einleitung zu: Christine Lavant: *Wirf ab den Lehm*, hg. von Wieland Schmied, Graz – Wien 1961, S. 7.

35 Schmied, S. 14.

36 Christine Lavant: *Die Rosenkugel*, Stuttgart 1956, S. 34.

37 *Die Rosenkugel*, S. 35.

38 Grete Lübbe-Grothues, S. 56.

39 Ficker.

40 Christine Lavant über ihr Gedicht mit der Anfangszeile »Die Stadt ist oben auferbaut«, in: *Doppelinterpretationen. Das zeitgenössische deutsche Gedicht zwischen Autor und Leser*, hg. von Hilde Domin, Frankfurt am Main – Bonn 1966, S. 150.

41 Christine Lavant an Ingeborg Teuffenbach am 29.10.1948, in: Christine Lavant: *Herz auf dem Sprung. Die Briefe an Ingeborg Teuffenbach*, hg. von Annette Steinsiek, Salzburg – Wien 1997, S. 41.

42 *Die Rosenkugel*, S. 10.

43 Vgl. Christine Lavants Gedicht mit dieser Anfangszeile, in: *Kunst wie meine*, S. 83.

44 Christine Lavant an Ingeborg Teuffenbach am 6.8.1948, in: *Herz auf dem Sprung*, S. 24.

45 Christine Lavant an Ingeborg Teuffenbach, in: *Herz auf dem Sprung*, S. 24 ff.

46 Christine Lavant an Ingeborg Teuffenbach, undatiert, wohl zwischen dem 13. und dem 20.1.1948, in: *Herz auf dem Sprung*, S. 15.

47 Christine Lavant: *Die Schöne im Mohnkleid*, hg. von Annette Steinsiek, Salzburg – Wien 1996, S. 35.

48 *Die Schöne im Mohnkleid*, S. 26.

49 *Die Schöne im Mohnkleid*, S. 35 f.

50 *Herz auf dem Sprung*, S. 15.

51 Christine Lavant an Ingeborg Teuffenbach, undatiert, zit. nach Teuffenbach, S. 132.

52 *Kunst wie meine*, S. 83.

53 Christine Lavant an Gerhard Deesen am 27.3.1962, in: *Kunst wie meine*, S. 233.

54 Christine Lavant an Paula Purtscher am 15.12.1945, zit. nach Springschitz, S. 17.

55 Im *Kritischen Lexikon zur deutschsprachigen Gegenwartsliteratur* ist in Bezug auf Christine Lavants Prosa von »unbekümmert naivem Erzählen« die Rede. Auch heißt es: »Der jeweils versöhnliche Schluß erinnert an die Erbaulichkeit von Kalendergeschichten.« Wolfgang Wiesmüller: *Christine Lavant*, in: *KLG*, 1987.

56 Weinrich, S. 64.

57 Die erste deutsche Präsidentengattin wurde im Klappentext zu *Die Rosenkugel* zitiert.

58 Christine Lavant an Paula Purtscher am 15.3.1946, zit. nach Springschitz, S. 18.

59 Rudolf Bayr: *Auch Kritiker irren*, in: *Steige, steige*, S. 22.

60 Christine Lavant an Gerhard Deesen am 27.3.1962, in: *Kunst wie meine*, S. 234 f.

61 Christine Lavant an Gerhard Deesen am 18.4.1962, zit. nach *Steige, steige*, S. 103.

62 *Das Krüglein*, S. 74.

63 *Das Krüglein*, S. 73.

64 Vgl. etwa Christine Wigotschnig in ihrem Nachwort zur Erzählung *Das Kind*. Christine Lavant: *Das Kind*, Frankfurt am Main 1989, S. 73.

65 Als »Schundheftln« bezeichnete Christine Lavant ihre früheste Lektüre, im spontanen Rückblick aber auch eigene Dichtungen: »Ich kann den Schund halt nimmer anschauen!« Siehe Springschitz, S. 12, und Wolfram Egger: *Christine Lavant auf der Spur*, Klagenfurt 1994, S. 21.

66 *Die Schöne im Mohnkleid*, S. 81.

67 Knut Hamsun, *Das letzte Kapitel*, Leipzig 1924.

68 Vgl. Johannes Pettauer: *Begegnung mit Christine Lavant*, in: *Steige, steige*, S. 23.

69 Christine Lavant an Paula Purtscher am 15.3.1946, zit. nach Springschitz, S. 18.

70 *Die Schöne im Mohnkleid*, S. 35 f.

71 Christine Lavant: *Das Kind*, S. 56.

72 *Das Kind*, S. 19.

73 *Die Rosenkugel*, S. 35.

74 Pettauer, S. 23.

75 Zit. nach Helmut Scharf: *Bewahrtes und Versäumtes*, in: *Steige, steige*, S. 42.

76 Christine Lavant an Ingeborg Teuffenbach am 22.6.1948, in: *Die Schöne im Mohnkleid*, S. 7.

77 Christine Lavant im zitierten Gedicht.

78 Christine Lavant an Helmut Scharf Anfang 1959, in: *Kunst wie meine,* S. 230.

79 Christine Lavant an Ludwig von Ficker im Juli 1955, in: *Kunst wie meine,* S. 224.

80 Christine Lavant an Helmut Scharf Anfang 1959, in: *Kunst wie meine,* S. 230.

81 Gemeint ist *Die Schöne im Mohnkleid,* ein Text, der sich an Ingeborg Teuffenbach richtet und erst posthum – fälschlich als »Erzählung« untertitelt – veröffentlicht wurde.

82 Christine Lavant an Ingeborg Teuffenbach am 6.6.1948, in: *Herz auf dem Sprung,* S. 17.

83 Aus dem Gedicht mit der Anfangszeile »Wenn der Abend fällt«, zit. nach Teuffenbach, S. 100.

84 Lorenz Mack: *Sie schlug alle in ihren Bann,* in: *Steige, steige,* S. 25.

85 Ficker.

86 Christine Lavant an Ingeborg Teuffenbach, undatiert, zit. nach Teuffenbach, S. 102 f.

87 »Fiebergedichte« nennt Ingeborg Teuffenbach einen Großteil der Lavantschen Lyrik. Siehe Teuffenbach, S. 100.

88 Waltraud Anna Mitgutsch: *Christine Lavants hermetische Bildsprache als Instrument subversiven Denkens,* in: Österreichische Dichterinnen, hg. von Elisabeth Reichart, Salzburg – Wien 1993, S. 89.

89 *Die Bettlerschale,* S. 60.

90 Vgl. Mitgutsch.

91 Christine Lavant: *Baruscha,* in: *Baruscha* (Drei Erzählungen), Graz 1952, S. 57.

92 Werner Berg an Christine Lavant am 3.12.1952, zit. nach Arno Russegger: *»Baruscha« und die Tradition des Kunstmärchens bei Christine Lavant,* in: *Die Bilderschrift Christine Lavants,* hg. von Arno Russegger und Johann Strutz, Salzburg–Wien 1995, S. 127 f.

93 Ebd.

94 Dieses Motiv ist verarbeitet in der Erzählung *Die goldene Braue,* in: *Baruscha.*

95 *Das Krüglein,* S. 138.

96 *Die Schöne im Mohnkleid,* S. 26.

97 *Erinnerungen an Gespräche mit Christine Lavant,* in: *Kunst wie meine,* S. 13. Zum Tod der Mutter vgl. die Erzählung *Die Verschüttete,* in: *Kunst wie meine,* S. 199-216. Dort heißt es: »Betet allein.«

98 Christine Lavant an Otto Müller am 1. Oktober 1955, zit. nach Christa Gürtler: *»Fluchtwurzel« oder »Spindel im Mond«? Anmerkungen zum Briefwechsel zwischen Christine Lavant und dem Otto Müller Verlag,* in: *Die Bilderschrift Christine Lavants,* S. 189.

99 Thomas Bernhard in einer nachgestellten »Notiz« zu seiner Lavant-Ly-

rik-Anthologie: Christine Lavant: *Gedichte,* hg. von Thomas Bernhard, Frankfurt am Main 1995[3].

100 Diesen oft zitierten Begriff prägte Ludwig von Ficker. Siehe Ficker.

Literatur

Christine Lavant:

Das Kind. Erzählung, Stuttgart 1948 (Frankfurt am Main 1989)

Das Krüglein. Erzählung, Stuttgart 1949

Baruscha. Drei Erzählungen, Graz 1952

Die Rosenkugel. Erzählung, Stuttgart 1956

Die Bettlerschale. Gedichte, Salzburg 1956

Spindel im Mond. Gedichte, Salzburg 1959

Wirf ab den Lehm (Gedichte und Prosa), hg. von Wieland Schmied, Graz– Wien 1961

Der Pfauenschrei. Gedichte, Salzburg 1962

Nell. Vier Erzählungen, Salzburg 1969

Kunst wie meine ist nur verstümmeltes Leben. Nachgelassene und verstreut veröffentlichte Gedichte, Prosa, Briefe, hg. von Armin Wigotschnig und Johann Strutz, Salzburg 1978

Versuchung der Sterne. Erzählungen und Briefe, hg. von F. Israel, Leipzig 1984

Gedichte, hg. von Thomas Bernhard, Frankfurt am Main 1995[3]

Kreuzzertretung. Gedichte, Prosa, Briefe, hg. von Kerstin Hensel, Leipzig 1995

Die Schöne im Mohnkleid, hg. von Annette Steinsiek, Salzburg – Wien 1996

Herz auf dem Sprung. Die Briefe an Ingeborg Teuffenbach, hg. von Annette Steinsiek, Salzburg – Wien 1997

Das Wechselbälgchen. Erzählung (1948), hg. von Annette Steinsiek, Salzburg 1998

Die Bilderschrift Christine Lavants, hg. von Arno Russegger und Johann Strutz, Salzburg – Wien 1995

Doppelinterpretationen. Das zeitgenössische deutsche Gedicht zwischen Autor und Leser, hg. von Hilde Domin, Frankfurt am Main – Bonn 1966

Drossel-Brown, Cordula: *Zeit und Zeiterfahrung in der deutschsprachigen Lyrik der fünfziger Jahre. Marie Luise Kaschnitz, Ingeborg Bachmann und Christine Lavant,* Studies in Modern German Literature, Vol. 66, New York – Berlin – Paris 1995

Für Christine Lavant, hg. von Heimo Kuchling, Wien 1965

Egger, Wolfram: *Christine Lavant auf der Spur,* Klagenfurt 1994

Fleischmann, Kornelius: *Mystisches und Magisches bei Christine Lavant. Versuch einer Deutung der Sammlung »Die Bettlerschale«,* in: *Literatur und Kritik,* Salzburg, 109 (1976)

Granati, Herta K.: *Josef Benedikt Habernig. 1879 – 1964,* Klagenfurt 1985

Hamsun, Knut: *Das letzte Kapitel,* Leipzig 1924

Nasemann, Th. / Sauerbrey, W.: *Lehrbuch der Hautkrankheiten und venerischen Infektionen für Studierende und Ärzte,* Berlin–Heidelberg– New York 1981

Obermeier, Siegfried: *Kärnten,* München 1975

Österreichische Dichterinnen, hg. von Elisabeth Reichart, Salzburg – Wien 1993

Sotriffer, Kristian: *Werner Berg,* Wien 1973

Steige, steige, verwunschene Kraft. Erinnerungen an Christine Lavant, hg. vom Verlag Ernst Ploetz, Wolfsberg 1978

Steinsiek, Annette: *Nachläßlich Ingeborg Teuffenbach,* in: *INN. Zeitschrift für Literatur,* Innsbruck, 12. Jg., Nr. 34, Mai 1995

Teuffenbach, Ingeborg: *Christine Lavant – »Gerufen nach dem Fluß«. Zeugnis einer Freundschaft,* Zürich 1989

Über Christine Lavant. Leseerfahrungen, Interpretationen, Selbstdeutungen, hg. von Grete Lübbe-Grothues, Salzburg 1984

Wiesmüller, Wolfgang: *Zur Adaptierung der Bibel in den Gedichten Christine Lavants,* in: *Die Bibel im Verständnis der Gegenwartsliteratur,* hg. von Johann Holzner und Udo Zeilinger, St. Pölten – Wien 1988

UNICA ZÜRN
1916-1970

»ernst ist der Name ICH – es ist Rache«

Von Eva-Maria Alves

Zürn! – das heißt, sei heftig, unwillig, aufwallend, ärgernd. Deine Zorn- und Rachader sei immer geschwollen. Und also stilisiert sie ihr ICH: ernst und rächend.

Unica Zürn setzt ihren Ernst gegen die Schlampigkeit der Mutter, gegen die Nonchalance des Vaters, gegen die jungenhaften Einfälle des Bruders in den kleinen Körper der Schwester. Zürn! Der Name ist Befehl, der Name ist Programm, Vorschrift vor der schriftlichen Darlegung in ihren Dichtungen, die Offenlegungen sind. Durch die Eröffnung sehen wir in eine tiefgequälte Kinderseele, in Überwältigungen und Vergewaltigungen, in den sich entwickelnden Schmerz der Lust und die Lust und Überlust des Nicht-zu-Verschmerzenden.

Indem ich Unica Zürn zu beschreiben versuche, bleibt mir nichts anderes, als ihrem Schreiben, ihrem wunderwahnsinnig-schönen Schreiben nachzufahren. Den Spuren der Zürnschen Dichtung zu folgen, ist dasselbe, wie dem Leben dieser Dichterin auf die Spur zu kommen; Leben heißt in ihrem Falle immer Innenleben. Sie hat es, angetrieben von ihrem Genie, ihrem feurigen Schöpfergeist, zur Sprache gebracht in allen ihren Schriften. Alle sind somit autobiografisch zu lesen, gerade auch die bizarren, im ersten Lesen sich nicht erschließenden:

Der eingebildete Wahnsinn
Deine Wege ins Hinterland B.
Da regnet es blind hinein. We-
Weh! Deliria sind Gebete. N-N-N-
Der Wind blaest. Eingehen in
wahnsinnige Bilder endete
in Leid. Eng ist der Wahn. Eben
Steigen, dann Leiden. Hib! Wer?
Er! Wann? Nie! Eingebildet-H-D-S?
Was? Rien! Elend beginnt: DEHI-

DEHI, bewegtes Deliria-N-N-N-N-
Endet das nie? Nein! G-B-L-I-H! Wer?
Der eingebildete Wahnsinn.[1]

Der *eingebildete* Wahnsinn ist, gemäß dem Sprachgebrauch der Dichterin, nicht als Vorstellung von Wahnsinn zu deuten, die ohne realen Gegenstand, als grundlose Annahme existierte. Auch ist dieser eingebildete Wahnsinn nicht mit der Selbstüberschätzung oder Wichtigtuerei des sprichwörtlichen eingebildeten Kranken abzutun. Unica Zürn nimmt die Wörter ernst und wörtlich; und also heißt bei ihr Einbildung wieder, was es früher, vor unserer Zeit, bedeutete, nämlich ›in die Seele hineinbilden‹. Es ist gerade die Einbildungskraft, die vis imaginationis, die Zürns innere Bilder zum Leuchten bringt. Diese Bilder sind nicht weit hergeholt, diese Bilder sind nur heraufgeholt. Diese Bilder sind einleuchtende Belichtungen der Kindheitsnegative, die Zürn nach und nach entwickelt und den Lesenden zeigt. Zürn vergegenwärtigt auf diese Weise das Vergangene, auf daß es unvergänglich werde.

1967, drei Jahre vor ihrem Selbstmord, schreibt Unica Zürn die Geschichte ihrer Kindheit; und sie schreibt sie rückwärts zu lesen; der Tiefpunkt ihrer Krankheiten ist der Höhepunkt, von dem aus sie zu ihren Anfängen – Berlin-Grunewald 1916 – zurückschaut auf die kleine Ruth. »Dunkler Frühling«[2] nennt die Dichterin ihre Biografie, die, wie nicht anders bei dieser Dichterin zu erwarten, mehr ist als einfache Lebensbeschreibung. Erlebnisbeschwörung ist »dunkler Frühling«, Unsägliches ist Sprache geworden, Unerhörtes schreit auf.

Vater, Mutter, Bruder sind der kleinen Ruth, die sich später den Dichterinnennamen ›Unica‹ zulegt – vielleicht, um zu sagen, daß sie ein ›Unikum‹, ein Einzelexemplar, nicht zu sein vermag, wird die Pluralform ›Unica‹ gewählt? – von allem Anfang an nicht vertrauenswürdig. Dennoch, die Tochter liebt ihren Vater:

»Ihr Vater ist der erste Mann, den sie kennenlernt: eine tiefe Stimme, buschige Augenbrauen, schön geschwungen über lächelnden schwarzen Augen. Ein Bart, der sie sticht, wenn er sie küßt. Ein Geruch nach Zigarettenrauch, Leder und Kölnischem Wasser. Seine Stiefel knarren, seine Stimme ist dunkel und warm. Seine Zärtlichkeit ist stürmisch und komisch zugleich. Er macht seine Späße mit dem kleinen Ding in der Wiege. Sie liebt ihn vom ersten Augenblick an.«[3]

Unica Zürn

Dem ›ersten Mann‹ widmet die Dichterin die allerersten Zeilen ihres Familienromans »Dunkler Frühling«. Dem Vater, wie er im Buche steht, gilt der aufnahmegierige, zu jeder Schönfärberei bereite Blick des nachträglich konstruierten Kleinkindes. Offensichtlich liegt in diesem Blick schon Begehren, Begehren nach dem Begehren, nach dem Angeblicktwerden. Aber Papa, sosehr ihn die 1967 schon sterbensmüde Dichterin ins Genrebild zu setzen versucht, Papa ist ein Wegseher und Weggeher und Weghörer. Nach genau 15 Zeilen der ersten Buchseite der Zürn-Autobiografie verschwindet der Vater schon wieder aus dem idealtypisch konturierten und konstruierten Bild:

»Aber bald, mit dem Größerwerden, merkt sie schmerzlich überrascht, daß er kaum zu Hause ist. Sie sehnt sich nach ihm. Er macht sich rar, und wer sich rar macht, der wird vermißt . . . Sie weiß nicht, womit er seine Zeit verbringt. Sie erkennt die Anziehungskraft, die derjenige ausströmt, der sich rar und geheimnisvoll macht. Das ist ihre erste Belehrung . . . Aber der Krieg geht zu Ende und der Vater kommt wieder. Ernst und mager geworden, sitzt er an seinem Schreibtisch. Ein riesiger Tisch, beladen mit Papieren. Eine Lampe mit einem grünen Schirm bescheint sein schönes, trauriges Gesicht. Er sieht krank aus. Sie weiß nicht, daß er fast an Typhus gestorben wäre, in der Zeit, als sie so nach ihm geschrien hatte.

Sie setzt sich unter seinen Schreibtisch ins Dunkle und streichelt seine blanken Schuhe. Sie beobachtet ihn, wie sie alle Menschen im Hause beobachtet. Es gibt also Männer und Frauen.« Früh also lernt Unica Zürn das Versteck, aus welchem heraus sie beobachten kann, zu schätzen. Und statt eines lebendigen Vaters Zuneigung zu erwerben, beginnt sie, sein Substitut oder Surrogat zu lieben. Und also heißt es später, 1959, in einem Anagrammgedicht: »Ich weiß nicht, wie man die Liebe macht.«[4]

Wie ich weiß, ›macht‹ man die Liebe nicht.
Sie weint bei einem Wachslicht im Dach.
Ach, sie waechst im Lichten, im Winde bei
Nacht. Sie wacht im weichen Bilde, im Eis
des Niemals, im Bitten: wache, wie ich. Ich
weiss, wie ich macht man die Liebe nicht.

Denn Liebe, wie das Kind sie im Elternhaus der Zürns leibhaftig kennenlernt, ist Überwältigung. Wieder bleibt dem Kind, das später Dichterin und »schizophrene Dichterin« werden wird, nichts anderes, als sich fremd dem Fremden zu nähern. Obwohl ganz jung, findet das Kind ein uraltes Symbol, das Kreuz, das Leben und Tod repräsentieren kann.

»Wenn sie in ihrem Zimmer liegt und einschlafen soll, betrachtet sie das Fensterkreuz. Bei der Form des Kreuzes muß sie an Mann und Frau denken: die senkrechte Linie ist der Mann, die waagerechte Linie ist die Frau. Der Punkt, an dem sich die Linien treffen, bedeutet ein Geheimnis. (Sie weiß nichts von der Liebe.) Die Männer tragen Hosen, die Frauen Röcke. Was sich unter den Hosen verbirgt, erfährt sie durch Beobachtung ihres Bruders. Was sie zwischen seinen Beinen sieht, wenn er sich entkleidet, erinnert sie an einen Schlüssel, und sie selbst trägt das Schloß in ihrem Schoß.«[5]

Wieder findet Unica Zürn das Symbol eher als das Symbolisierte, wieder verrätselt sie vor sich und für sich das Rätsel. Statt das Geheimnis des Geschlechtlichen zu enthüllen, macht sie es sich erst recht unheimlich, gemäß den Worten aus der unheimlichen Spukgeschichte »Der Sandmann« von E.T.A. Hoffmann: »Sei überzeugt, daß diese fremden Gestalten nichts über Dich vermögen; nur der Glaube an ihre feindliche Gewalt kann sie Dir in der Tat feindlich machen . . .«

Aber kein guter Vater oder guter Geist spricht so zu Unica Zürn. Also vermögen die realen und die phantasierten Schreckgestalten so viel Herrschaft über sie zu gewinnen, daß der französische Psychiater, als sie sich nicht mehr retten kann vor Angst und Irrsinn, die Diagnose stellen muß: »Visionen; optische und akustische Geruchs- und Geschmackshalluzinationen; Beeinflussungswahn; Wahn der Ausbreitung des Eigenen auf Andere; Gedankenlautwerden; rauschhafte Glücksgefühle mit Größenwahn; depressive Verstimmung. Insgesamt ist am ehesten eine Psychose vom schizophrenen Typ anzunehmen.«[6]

Statt sich selbst und seinen Körper, findet und erfindet dieses Kind konkret und konkretistisch erlebte Ursymbole: Kreuz, Schlüssel, Schloß. Diese früh, zu früh gefundenen Symbole bleiben der Widersprüchlichkeit ihres Bedeutungsgehalts zu eng verbunden, als daß sie Ordnung stiften könnten, um die Anspannung des Körperlich-Seelischen zu lösen. Statt der gesuchten einfachen Bedeutung der Lebensgeheimnisse, die jedem Kind Rätsel sind, findet Ruth Zürn immer die Mehrfachbedeutungen. Was uns anmutet wie Metaphern, wie Worte, die anderswohin tragen, sind für sie Wirklichkeiten. Und also änigmatisiert sich das Kind immer mehr. Jede Benennung ist zugleich Überdeterminierung und Überdimensionierung. Das Kind Ruth, auf der Suche nach Ergänzung und Kommunikation, findet den Vater nicht. Das gleiche Kind, auf der Suche nach Identifizierung und Versicherung ihres Geschlechts, sucht die Mutter.

»Sie . . . ist von einer heillosen Neugierde geplagt. An einem langen Sonntagmorgen kriecht sie zu ihrer Mutter ins Bett und erschreckt sich vor diesem großen, dicken Körper, der seine Schönheit längst verloren hat. Die unbefriedigte Frau überfällt das kleine Mädchen mit offenem, feuchtem Mund, aus dem sich eine nackte Zunge herausbewegt, lang wie das Objekt, das ihr Bruder mit seiner Hose verhüllt. Entsetzt stürzt sie aus dem Bett und fühlt sich tief gekränkt. Eine tiefe und unüberwindliche Abneigung vor der Mutter und der Frau entsteht in ihr.«[7] »Die . . . dicken nackten Frauen erinnern sie an ihre Mutter und erregen ihren Abscheu . . . Sie bedauert es, ein Mädchen zu sein.«[8]

Ganz folgerichtig wird das Mädchen keine Frau, sondern bleibt ein »kleines Es«. 1955 – Unica Zürn ist 39 Jahre alt – schreibt sie folgendes Anagramm-Gedicht, das, bei aller Hermetik, doch die Autorin kenntlich macht:

> Es war einmal ein kleines
> warmes Eisen allein. Kein'
> Laerm, kein Wein' lasse ein.
> Leis' am See rann, weil kein
> Eis war, Amselnelke in ein
> Samen-Ei. Alle winken: reis'
> wie alle Samen. Sinke rein,
> Wasserkeim, nein, alleine –
> in ein Kissen. Alle Waerme
> war einmal ein kleines Es.[9]

Als das kleine Mädchen in seinem dunklen Frühling rastlos und gierig nach sich und den anderen sucht, schenkt man ihm, was man einem Mädchen gern zur Einübung in seine Rolle schenkt, eine Puppe. Die Puppe ist, als »Übergangsobjekt« wie die Psychologen sagen, unbestimmt genug, um das Mädchen selbst darzustellen und um sein zukünftiges Kind zu repräsentieren, welches das Mädchen so traktiert, wie es es selbst erlebt hat.

»Sie weiß nicht, daß die Ehe der Eltern ein Versagen ist, sie ahnt es jedoch, als der Vater eine fremde, schöne und elegante Dame ins Haus bringt, die ihr eine große kostbare Puppe schenkt. Rachsüchtig und verzweifelt wegen der unglücklichen Zustände im Hause nimmt sie ein Messer und bohrt damit der Puppe die Augen aus. Sie schneidet ihr den Bauch auf und zerfetzt ihre kostbaren Kleider. Keiner der Erwachsenen verliert ein Wort über diese Zerstörung.«[10]

Da die Erwachsenen kein Wort verlieren, kann das Kind Ruth eine objektivierende Wahrheit nicht finden. Also erfindet und erdichtet und verdichtet sie sie bis zum Wahn. Denn daß im Wahn mehr Wahrheit als phantastische Dichtung liegt, gilt heute psychologisch als gesichert. Anläßlich einer ersten Zusammenschau von Wahn und Träumen und Wirklichkeit und Dichtung formuliert Sigmund Freud: »Wenn der Kranke so fest an seinen Wahn glaubt, so geschieht das nicht durch Verkehrung seines Urteilsvermögens und rührt nicht von dem her, was am Wahn irrig ist. Sondern in jedem Wahn steckt auch ... Wahrheit, es ist etwas an ihm, was wirklich den Glauben verdient, und dieses ist die Quelle der also soweit berechtigten Überzeugung des Kranken. Aber dieses Wahre war lange Zeit verdrängt; wenn es ihm endlich gelingt, diesmal in entstellter Form, zum Bewußtsein durchzudringen, so ist das ihm anhaftende Überzeugungsgefühl wie zur Entschädigung überstark, haftet nun am Entstellungsersatz des verdrängten Wahren und schützt denselben gegen jede kritische Anfechtung. Die Überzeugung verschiebt sich gleichsam von dem unbewußten Wahren auf das mit ihm verknüpfte, bewußte Irrige und bleibt infolge dieser Verschiebung dort fixiert ... Wir alle heften unsere Überzeugung an Denkinhalte, in denen Wahres mit Falschem vereint ist, und lassen sie vom ersteren aus sich über das letztere erstrecken. Sie diffundiert gleichsam vom Wahren her ...«[11]

Die kleine Ruth Zürn, die Puppenmörderin, deren Tat unkommentiert bleibt und darum keine Einordnung in ein kommunikatives Gefüge erfährt, ist diejenige, die der Dichterin Unica Zürn sowohl die dichterischen als auch die wahnverhafteten entstellten, mehr oder weniger verrückten Wortbilder eingibt. Verzweiflung und Rache und Zerstörungswut toben sich aus im gleichzeitig schöpferischen und erschöpfenden Akt der Poesie, denn »das Leben ist ein schlechter Traum« und gibt die Buchstaben für das folgende Anagramm:

Der Mensch ist Rauch. Alle beten,
sterbend um Rache. Alle! Nichts
als Nacht. Ich Elender sterbe um
all' diese Scherben. Nacht! Mut! Er,
der Nebel lacht mich aus. Sterne
ernste Sterne, bald lache ich um
den Irrtum, lache! Lache bestens!
Breche alles mitten durch: Nase,
Bauch, rechten Arm. Elende List
des Liebens! Marter! Ach, Leuchten
des bleichen Traums – er lachte
mich an, der Lebenstauscher
und brachte nichts. Arme Seele.[12]

Da der Tag mit einem lichten Wort dem Kinde nie gegeben wird,
verbündet sich die Dichterin mit der Nacht, dem Traum, dem
dunklen Wort. Aus Ruth wird Unica, Austritt aus dem eigenen
Namen in einen Nom de plume. Einsamkeit, nie Übereinstim-
mung mit sich, das ist es, was Unica Zürn spürt. Sie ist ein Möbel-
stück im verlorenen Lebensraum, sie ist »Der einsame Tisch«:

Ich, der einsamste
mischt seine Ader
mit Aschen. Sei der
reisende Mast – ich
reise Nachts. Meid'
ach meid' sie, ernst
ist der Name ICH –
es ist Rache. Mein des
Samtes Reich, Dein
der einsame Tisch
Im Dache. Erst Eins?
Stein, ich rede: Sam-
Simae-Strich. Ende
ich, endet es. Simar,
Simae, streich' den
Strich am Ende. Eis
im Tisch. Rasende,
Einsamste ich der
Erde. Ein Mast sich

208

richte im Seesand:
der einsame Tisch.[13]

Tisch und Mast ergeben wieder das schreckende Kreuz des Geschlechtlichen. Die Balken streben auseinander und ineinander.
Das Kreuz gehört zu den Alt- oder Ursymbolen der Menschheit.
Dieserart Symbole werden, wie der Psychiater, Schizophrenie-
und Kunstforscher Leo Navratil belegt, besonders häufig von
schizophrenen Künstlerinnen und Künstlern verwendet: »Die
Paradoxie des ursprünglichen Symbols läßt vermuten, daß es als
ein Versuch, im Innern des Menschen vorhandene Gegensätze zu
bewältigen, entstand. Die Erfindung des Symbols diente offenbar
dazu, die zwischen bestimmten Trieben und Ängsten bestehende
Spannung zu mildern. Sexuell-erotisches und religiöses Erleben
sind ja in der Seele des Primitiven enger als bei den heutigen
Menschen vereint. Die Tatsache, daß den Alt-Symbolen ein sexueller und gleichzeitig numinoser Charakter innewohnt, beruht
darauf, daß der Primitive auch den Gegensatz dieser beiden
Seinssphären noch stärker empfand. Das Symbol sollte ihm helfen, diesen Widerspruch zu überwinden. In seiner schillernden
Zweideutigkeit bringt das ursprüngliche Symbol den nicht ganz
zu beseitigenden Zwiespalt zwischen Trieb und Intellekt, Natur
und Geist zum Ausdruck. Es verliert diesen Charakter erst, sobald es seine Paradoxie verliert und mit rationalem Sinn erfüllt
wird.«[14] Für Dichterinnen und Dichter, für diese Teilnehmenden
am Ursprünglichen, Mystischen und Ewig-Gegenwärtigen, am
Ekstatischen, verliert sich Paradoxie, Wider- oder Gegensinnig-
keit, nie. Sie sind Schwarmgeister, offen für Lug- und Trugbilder,
die zusammengelesen die ganze Wahrheit offenbaren. Unica
Zürns Wahrheit ist, daß sie für sich, von Kindheit an, keine Ergänzung finden kann, daß sie immer wieder auf sich selbst und
den Lust-Schrecken ihrer eifrigen und zornigen Selbst-Erkundun-
gen zurückgeworfen wird.

»Um das kleine neugierige Mädchen aus dem Wege zu schaffen,
befiehlt ihm die Mutter, sich nach dem Mittagessen ins Bett zu legen. Unmöglich, in dem verdunkelten Zimmer zu schlafen. Sie
denkt nach, um auch für sich eine Ergänzung zu finden. Alle läng-
lichen und harten Gegenstände, die sie in ihrem Zimmer findet,
holt sie in ihr Bett und schiebt sie zwischen ihre Beine: eine kalte,
blanke Schere, ein Lineal, einen Kamm und den Stiel einer Bürste.

Den Blick auf das Fensterkreuz gerichtet, sucht sie nach einer männlichen Ergänzung für sich.«[15]

Wie ihre Puppe, zerfetzt Ruth-Unica nun sich selbst, macht sich selbst zum entstellten und verrenkten und verrückten Angst-Lust-Spielzeug. Denn immer wieder passiert es: das Sexuelle ist das Horrible, schwärzt die Kindheit immer wieder, verfinstert grell, winterkalt ist der dunkle Frühling auch im Sommer:

»An einem Mittag im Sommer, als sie mit ihrer Freundin von der Schule nach Hause kommt – die Straßen sind leer um die Mittagszeit – begegnen sie dem Mann mit dem Fahrrad. Eine schreckliche, abstoßende Nacktheit strahlt blendend und erschütternd von seiner offenen Hose den Kindern entgegen. Er ruft sie zu sich heran und fordert sie auf, sein monströses Objekt, das ihnen in der Länge von mindestens einem halben Meter erscheint, zu berühren. In tödlichem Schrecken fassen sie sich an den Händen und rennen mit aller Kraft nach Hause. Als klebten ihre Füße mit Leim am Boden fest, haben sie den traumhaften, beängstigenden Eindruck, nicht von der Stelle zu kommen.«[16]

Traum und Wahn, sagt Freud im schon erwähnten Aufsatz über Dichtung, Traum und Wahn[17] stammen aus derselben Quelle, »vom Verdrängten her.« Das Unbewußte, so Freud, gewinne Boden, der normalerweise im Wachen wieder geräumt werde. Aber nichts ist normal, alles ist enorm an Unica Zürns Leben und Erleben. Sie wird angeleimt bleiben am Grunde des Unergründlichen, das alles Geschlechtliche ihr bleibt. Zwischen Unterkühlung und Überhitzung wird sie lebenslang kein warmes Plätzchen finden, keine Kuschelecke, nicht einmal eine Position. »Indem ich alle Hoffnung auf Wärme aufgebe, morde ich die Kälte.« Das schreibt die Dichterin, lebensmüde, sterbenskrank »in großer Angst am 24. Februar 1959«:

»Wie wohl wäre mir, könnte ich etwas sein, das weder Mann noch Frau sich nennen würde . . . Ich habe meines Wissens weder vom Mann noch von der Frau zuviel bekommen, jedoch genug um es als hinderlich zu empfinden. Meine zeitweisen Bemühungen, weder das eine noch das andere zu sein, führten zu keinem Ergebnis. Warum? Weil ich mich allein mit diesem Problem beschäftigt habe . . . Niemand, mit dem ich darüber sprechen kann . . . Und das ist meine Verzweiflung. Das männliche Wesen ist mir so unbegreiflich wie das weibliche Wesen. Kein Weg dorthin, keine Möglichkeit für mich. Ich kann und kann mich dort nicht befreunden.

Welche schreckliche Scham mich ergreift, wenn ich das Männliche oder das Weibliche in mir selbst entdecke! Ich habe geglaubt, daß die Begegnung mit einem menschlichen Wesen – und jetzt spreche ich von der Begegnung mit einem Mann – unsere Vorhänge zum Verschwinden bringen könnte. Mehr noch: daß dieser Vorgang das wesentliche Ergebnis einer solchen Begegnung sei.

Und das ist mein Glauben und meine Täuschung!

Indessen – ich werde alt. Fester wickle ich mich in meine staubig gewordene Samtportiere und mir ist kalt.

Hoffnungslos! Ohne Hoffnung!

Um so strahlender wird der Traum! Durchsichtig! Helligkeit! O wie hell!

Und das ist mein Trost.

Aus einem frühen Instinkt, den ich früh schon betrog – daß es nämlich die Distanz und nichts anderes als die Distanz ist, die das Wunderbare für mich bedeutet, träumte ich als Kind von der Ehe mit einem weißen, gelähmten Mann ...«[18]

Statt auf den erträumten gelähmten Mann trifft sie – real und surreal zugleich – auf den Grafiker Hans Bellmer, mit dem sie eine 17 Jahre währende Liaison haben wird. Was schon in der Kindheit und jungen Erwachsenheit sich zu stilisieren begonnen hatte, wird nun immer mehr in die Realität umgesetzt: Unica Zürn wird zu der Puppe, zu dem Objekt, dem sie alles antun kann, antun muß, was vorher ihr selbst angetan worden war.[19]

Vorhersehend hat Unica Zürn in dem zu erscheinenden Gesicht Hans Bellmers die dringend gesuchte Ähnlichkeit mit sich selbst halluziniert: »Die Besessenheit von einem bestimmten Gesicht begleitet sie seit Tagen. Plötzlich sieht sie sich einer großen Ähnlichkeit mit diesem Gesicht gegenüber, ... das Gesicht Bellmer. Sie schneidet sich die Haare, um dem Gesicht noch mehr zu gleichen.«[20] Bellmer wird Zürn in die Gruppierungen der Surrealisten einführen, wird sie mit dem automatischen Zeichnen und dem Verfassen von Anagrammen, buchstabenverliebten Dichtungen, bekannt machen. Unica Zürn findet eine Fülle von Beziehungen und Bezügen an der Seite Hans Bellmers. Es ist und wird gewesen sein Liebe auf den ersten Blick oder nach vorhergesehenen Einbildungen. Amour fou, folie à deux. Vorbilder, Nachbilder, Spiegelbilder, das Kabinett der inneren und äußeren Objekte füllt, erfüllt, überfüllt sich.

Schon beim zweiten Treffen bringt Hans Bellmer sein Buch

›Jeux de la poupée‹ mit. Ein Buch mit seinen Puppen, den Verrenkungsgenies, voll. Hier hat Unica Zürn vor ihren eigenen Augen, wie sie erschaut wurde von diesem anderen. Es scheint, als habe er das Innenportrait von Ruth-Unica aufgezeichnet: das Negativ ist als Negativ-Negativ sichtbar.

»Bellmer sagt ihr mit einem leichten Lächeln: ›Ich habe schreckliche Angst, daß Sie sich vor meiner Arbeit entsetzen.‹ Sie betrachtet lange und fasziniert die Variationen der Körperzusammenstellungen seiner Puppe und glaubt, nie etwas so Erstaunliches gesehen zu haben . . . Es ist nur ein einziges Foto, vor dem sie sich erschreckt. Der Kopf und der Mund der Puppe nähern sich ihrem Sex, als wollte sie sich selbst mit der Zunge befriedigen. Bellmer hat selbst das Vorwort zur Puppe geschrieben: ein ausgezeichneter und präziser Schriftsteller, der aus dem Erotismus eine logische Philosophie macht.«[21]

In Bellmers Fotografien und Zeichnungen findet Zürn, was sie immerzu gesucht hatte: die wahnwitzige Mißgestalt, die sie, leer von Hoffnung, als ihre Erfüllung oder Ausfüllung vor-gesehen hatte. Die sadistische Ausformung der Lust, die sich als groteske Verformung, als zerstochene, ausgeräumte Puppe des dunklen Frühlings präsentiert. Auf Bellmers Bildern sieht sie alle die verrenkten Figuren, deren Gesamt Unica Zürn in sich weiß, wenn sie außer sich ist. Leben in der Paradoxie, im Gegensinnigen: Männliches und Weibliches kreuzen sich zum Hermaphroditischen; sie, Unica Zürn, die sich zu ihrer Erlösung aus der Geschlechtlichkeit und Ipsationsbesessenheit das Ungeschlecht ersehnte, trifft in Bellmer und Bellmers Darstellungen auf das vervielfachte überunmögliche Jenseitsgeschlecht. Immer wieder gestaltet Hans Bellmer falsche und vielfach verfälschte Frauenleiber, zeigt damit seiner Geliebten Unica Zürn die aufgelöste, irrsinnig wieder zusammengesetzte Puppe von einst, von immer. »Die für Bellmer, den Künstler, fündige erotische Mimesis ist offensichtlich allein ihre sadistische Seite, welche die Projektionen der Frau zu denen des Mannes dressiert,« schreibt Peter Gorsen.[22] Ähnlich kommentiert Gisela von Wysocki:

»Hans Bellmer in Paris sieht in ihr das Modell seiner ›Puppe‹: diese Konstruktion ist die idée fixe seines Werkes. Die ›Puppe‹, aus verschiedenen Materialien montiert – aus Gips, Stoff, Öl, Holz und künstlichen Haaren – kann tanzen, sich strecken, sich verbeugen und sich aufrichten. Bellmers collagiertes, endlos umkehrba-

res Bild der Frau ist für Unica Zürn wie ein neuer Spiegel. Der
männliche Blick erfaßt ihren Körper und gibt ihm Kontur und Bedeutung . . . Ein vielgliedriges Monstrum, eine verrenkte Körper-
maschine. Gequält, gepfählt, ans Kreuz geschlagen. Bellmers
›Anatomie‹ zerlegt den menschlichen Körper – es ist der Körper
der Frau – nach den Regeln einer geduldigen Folterung.«[23]

Der Sadismus des Künstlers und der Masochismus der Künstlerin verbinden, verbünden, vermählen sich und zeugen Werke von
bizarrer Höhe und Tiefe. Während Bellmer, der Kunstleibzeich-
ner, seine Augen schärft, gerät Unica Zürn in die Fänge und Ge-
fängnisse der Anagramme. Sie spießt Sätze auf und verrenkt ihre
Buchstaben, fügt sie falsch-neu. Aus »Les chants de Maldoror«
wird:

Tal des Moloch, Narr des
Alls. Rote Mordschande
der Scham – o rasend toll
des roten Dolchs Alarm.[24]

Während Bellmer Gelegenheiten und Frauen am Schopfe packt,
um sie auf dem Papier zu enthaupten und wie nie neu zu behaupten, sticht Zürn mit spitzer und unter ihrer Lastlust gespreizter Feder den Wörtern ihre Mehrfach- und Vielfachbedeutungen aus.
Aus dem Satz »In meinem Herzen waechst ein Huehnerauge« entsteht:

Wenn ruhige Traeume nahen, zeichne es heim
im Herzen. Meine Ahnen husten. Graue, weiche
Hechte naehen ihre zween Ringe aus Mumien.
In meinem Huehnerherzen waechst ein Auge.[25]

Immer besessener, zielbewußter, macht Unica Zürn sich zum Wort
unter Wörtern. Sie hat das Anagrammieren von Bellmer gelernt
und es schnellstens als die ihr angemessene Dichtweise erkannt.
Beim Arbeiten löst Unica Zürn sich nicht vom Papier; sie schreibt
ihren Ausgangssatz, eine Trouvaille, die vom Unbewußten herauf-
geschickt wird in den Kopf der Produzentin. Und dann streicht sie
die einzelnen Buchstaben aus. Zürns Arbeitskalender wird zum
Strichheft. Die Freiheitsgrade bezüglich des Dichtens schränken
sich drastisch ein. Aber in der größeren Gefangenschaft wächst

Zürns Rach- und Raumsucht erst recht. Es entstehen Wunder-werke des Hintersinns und Eigensinns. Wo gewöhnliche Men-schen nichts sehen als Vordergrund und Oberfläche, schaut und erschaut Zürn die vielfältigen Muster. Was steckt »hinter dieser reinen Stirne«? Dies, wenn sie genau hinsieht:

> Hinter dieser reinen Stirne
> redet ein Herr, reist ein Sinn,
> irrt ein Stern in seine Herde,
> rennt ein seidner Stier. Hier
> der Reiter Hintersinn, seine
> Nester hinter Indien, Irrsee,
> Irrsinn, heiter sein – Ente der
> drei Tintenherrn, reisen sie –
> ein Hindernis – Retter seiner
> Dintenherrn – ist es eine Irre?[26]

Diese berechtigte Frage stellt sich Unica Zürn im Verlaufe ihres Anagramm-Dichterinnen-Lebens immer öfter. Einerseits ist ja das Anagramm nur das Umstellen und Neulesen oder Neuschreiben eines Wortes oder Satzes. Sieht aber Hans Bellmer das Anagramm-Schaffen an, so mutet seine Beschreibung wie eine Beschreibung von Unica Zürn an:

»Das Anagramm entsteht, bei nahem Zusehen, aus einem hefti-gen, paradoxalen Zwiespalt. Es vermutet Höchstspannung des ge-staltenden Willens und zugleich die Ausschaltung vorbedachter Gestaltungsabsicht, weil sie unsichtbar ist. Das Ergebnis bekennt, ein wenig unheimlich, mehr dem Zutun eines ›anderen‹ als dem ei-genen Bewußtsein verdankt zu sein. Das Gefühl einer fremden Ver-antwortlichkeit und der eigenen, technischen Beschränkung – nur die gegebenen Buchstaben sind verwendbar und keine anderen können zur Hilfe gerufen werden – führt zu gesteigertem Spürsinn, zur hemmungslosen, fieberhaften Bereitschaft des Entdeckens; es läuft auf einen gewissen Automatismus hinaus. An der Lösung scheint der Zufall großen Anteil zu haben, als wäre ohne ihn keine sprachliche Wirklichkeit echt, denn am Ende erst, hinterher, wird überraschend deutlich, daß dieses Ergebnis notwendig war, daß es kein anderes hätte sein können. – Wer täglich ein Anagramm in sei-nen Kalender schreiben wollte, besäße am Jahresende einen ge-nauen poetischen Wetterbericht von seinem Ich.«[27]

Als einen solchen »poetischen Wetterbericht« lassen sich alle Dichtungen Zürns lesen. Ihr ICH steht und fällt mit dem Ernst ihrer Poesie und der Rachsucht, die von ihren psychischen Lebensbedingungen sich herschreibt. Die Lebensbedingungen, das erkennt Unica Zürn immer klarer, aber auch wahnhafter, sind ihre Sterbensbedingungen. Aufs Sterben, auf Selbstmord laufen Leben und Schreiben hinaus. In ihrem Vorlauf zum Tode ist sich Unica Zürn kein Rätsel mehr; sogar das Anagramm demaskiert sich:

Ohne noch gelebt zu haben werde ich sterben
ohne Erben, weich zu Bett den Hals gebrochen
nach zehn gelben Herbstwochen – o die Truebe . . .[28]

Denn das geschah, »als Du ein Kind warst«:

Als Du ein Kind warst,
warst Du ein Kind als
kalter Wind. Aus sind
Wald und Stern. Asiki
Kidnar alt und weiss.
Dunkel ist das WAR in
Wind und Kreis. Atlas,
Kunstsaal, Dreiwind –
weisst Du, Kind? Alnar
warst Du, als ein Kind
Du warst. Links an die
Wand das Knie! Ir-Lust
Rast ins dunk'le Wi. Da
warst Du als Kind ein
Wunderkind. Lasst A I
sein. Lastak wird UND.
Du wirst ein Dank als
Stein und Wald. Askir,
trink' das wilde N. Aus
ist das Lied. Warnunk:
Dunkel ist das WAR in
Atlas, Wind und Kreis.[29]

Obwohl düster, werfen Zürns Zeilen doch auch wieder und immer wieder Licht auf den dunklen Frühling, in dem alles begann.

In ihren »Notizen einer Blutarmen«, dem Tagebuch ihrer körperlichen und seelischen Anämie, sieht sie dem Jahresende 1957 entgegen wie dem Lebensende; wieder einmal, noch nicht zum letzten Mal. Unica Zürn ruft nun außer den Worten auch die Zahlen – die 9 und die 6 – zur Hilfe. Zahlen sind zusammen mit der Sprache als Mittel der menschlichen Kommunikation entstanden. Ihnen wurde schon früh metaphysische Bedeutung beigelegt. Eins, Unikum-Einzelwesen, ist die reine, die Gotteszahl; zwei – Unika – ist schon als erste gerade Zahl, die teilbar ist, die auch die Paarung der Geschlechter darstellt, mit der Symbolbedeutung ›Unreinheit‹ belegt worden. Die Sechs, Unica Zürns Wahl-Zahl Nummer eins, ist die Zahl der Schöpfung. Die Neun ist – nachdem die vorchristliche Zeit die Acht als Vollendungszeichen angesehen hatte – in christlicher Zeit zur Zahl der Engel geworden. Der Zahlenwert der griechischen Buchstaben des Amen beträgt 99.

Auf der Suche nach Kommunikation verschwindet Unica Zürn in den Zeiten ihrer Krankheiten aus derselben. »29. Dezember 1957, In zwei Tagen ist dieses Jahr zuende und mit ihm, so glaube ich, das Zeichen der 99. Wie kindlich, wie eigensinnig ich in den Orakeln gefangen bin und gar nicht mehr befreit werden will. Das gleicht den Aufgaben, die ich mir an Sonnabendnachmittagen im Grunewald stellte. Mutproben waren zu überstehen: 3 mal von der höchsten Mauer springen, 3 mal auf den höchsten Ast klettern, 3 mal um das Haus rasen, so schnell es geht – (und ich war nie ein guter Läufer) – bis fast das Herz bricht. 3 mal 3 ist 9! Aber ich kann nicht aufhören, mit der 9 – mit der 99 – nicht jetzt – vielleicht im Frühling – aber nicht jetzt! Ich sehne mich, ich dürste nach dem Wunder. Wie es auch immer aussehen mag.«[30] Das Wunder sieht aus wie 99. Denn, so schreibt Zürn ein Jahr später:

Die Neunundneunzig ist unsere Schicksalszahl.
Nun sucht Dich sein sinnendes Auge als Ziel. Kurz
sind unsere Tage und sinken zu schnell zu Eis. Ach,
unsere Schicksalszahl ist die Neunundneunzig.[31]

Unica Zürn jongliert mit ihren Zahlen, zählt und erzählt. Einfache Buchführung unmöglich, doppelte verdoppelt sich, das, was Bellmer einst als »ein bißchen unheimlich« bezeichnete, der wörtliche Wahnsinn der Anagramme, wird zum total Unheimlichen:
»Die 9, Eure Schicksalszahl stellt sich langsam auf den Kopf und

wird zur 6, zur Zahl des Todes, die mit Euch zusammen kopfüber hinunter ins Grab sinkt. Wo regnet es zwischen neun und drei? Es regnet zwischen uns so neu. Der Winde Neun ist zur sechs geworden. Wenn die Wege rot sind, komme zu uns gerannt und alles wird wieder weiss.«[32]

Nein, es wird nicht mehr gut, es wird nur noch immer unerträglicher in Unica Zürns Leben. Ruth Henry, eine Pariser Freundin, erinnert sich:

»Es war eine veränderte, eine gealterte Unica, der ich 1965 – noch einmal waren drei Jahre vergangen – wiederbegegnete. Ihre ›Krisen‹, wie sie ihre Krankheitsperioden nannte, hatten die körperlichen Kräfte aufgebraucht und alles Strahlende gelöscht. Tagelang konnte sie das Haus nicht verlassen, zumal sich auch Bellmer immer mehr von der Welt zurückzog. Erstarrt (und in der Tat durch ein katatonisches Syndrom ›gelähmt‹, unfähig zum Beispiel, Treppenstufen allein zu gehen), saß Unica auf dem Sofa, die ewige ›Gauloise‹ zwischen den Fingern: verlangsamt in allen Gesten, gebrochen durch die fortan auferlegte chemische Zwangsjacke (eine nie mehr unterbrochene medikamentöse Behandlung), war sie nur noch Geist. Sie legte mir ein umfangreiches Manuskript vor, das sie in monatelanger Anstrengung selbst auf der Maschine getippt hatte. Es waren ihre ›Eindrücke aus einer Geisteskrankheit‹, sie gab ihm den Titel: ›Der Mann im Jasmin‹.«[33]

In diesem Buch faßt Unica Zürn alles, was ihr Leben zum Tode war, noch einmal zusammen: ihre Visionen und Träume, die Wunderwaffen des Wahnsinns, der sie trieb und in dem sie sich suchend verlor. »Einige Tage später erlebt sie in ihrem Leben das erste Wunder: In einem Pariser Zimmer steht sie dem Mann im Jasmin gegenüber. Der Schock dieser Begegnung ist für sie so gewaltig, daß sie ihn nicht überwinden kann.«

Sehr, sehr langsam beginnt sie von diesem Tage an, ihren Verstand zu verlieren.

Das Bild ihrer kindlichen Vision und die Erscheinung dieses Mannes sind identisch.

Mit dem Wunsch, sich in ihre Gedanken einzuschließen, um die Realität zu vergessen, vertieft sie sich plötzlich in ein Manuskript ›zu Ehren der Zahl 9‹ . . . »Was sagt der Mann, der im Jahr 99 geboren ist – am Morgen des Jahres 66 erwacht? Seine schöne 99 hat sich im Laufe der Zeit auf den Kopf gestellt, und was das bedeutet, das weiß er am besten selbst. Die 66 ist bereit, mit ihm zusammen –

217

Hals über Kopf – in die Ewigkeit hinabzustürzen.«[34] Sie muß endlich mit dem Verstand auch ihren Kopf verlieren. Wieder hat Unica Zürn einer Vision aus der Kindheit zur Wirklichkeit verholfen, zunächst zur Wirklichkeit der Schrift, dann – denn die Schriften sind alle Vorschriften auf den Tod hin, auf den Selbstmord – zur Wirklichkeit der Wirklichkeit. So nämlich stand es schon in der autobiografischen und programmatischen Textwelt »Dunkler Frühling«:

»... ihr Vater ist wie immer verreist ... Sie haßt ihren Bruder von ganzem Herzen... Sie wünscht ihm das größte Unglück. Sie wäre zufrieden, wenn er unter den schlimmsten Qualen zu ihren Füßen sterben würde. Und sie haßt ihre Mutter ... Sie schreit vor Weinen. Erschrocken stopft sie sich ein Taschentuch in den Mund, aus Angst, daß man sie hören könnte. Sie will niemanden sehen. Selbst, wenn jetzt ihre Mutter und ihr Bruder kommen würden, um sich bei ihr zu entschuldigen, für das Leid, das sie ihr angetan haben – sie würde nicht die Türe öffnen. Sie würde ihnen nicht verzeihen ... Sind zwei Etagen hoch genug, um sich zu Tode zu stürzen?«[35] Es wird das Fenster eines sechsten Stockwerks sein, das Fenster von Hans Bellmers Wohnung, von dem herunter sich Unica Zürn, ganz wie vor-gesehen, zu Tode stürzt. Es ist der 16. Oktober 1970, Unica Zürn ist 54 Jahre alt, Quersumme 9. 6 und 9 – Schöpfungszahl und Engelszahl stürzen ineins.

> Ruh' also, armes Pendel,
> mordpralle Sehne aus
> Leder – o Spuren am Hals.
> Der Ruhe Psalm-Oel ans
> Ohr des Alarmes. Lupen
> aus Palmrohr, elendes
> Rasen der Pulse – o Halm
> Am Ur-Pass der Hoellen.[36]

– »ernst ist der Name des ICH«, das auf diesem Hintergrund sich bildete, zu dem die folgenden Lebensdaten gehören:

1916 – Geburt in Berlin.

Die Nazi-Zeit erlebt sie fern vom Politischen. Heirat 1942, 2 Kinder, Scheidung 1949 – die Kinder bleiben bei dem Vater.

1949 Kurzgeschichten, Märchen für Radiosender.

1953 Begegnung mit Hans Bellmer, Paris.

1954 Anagramm-Gedichte und Zeichnungen werden in Berlin publiziert.

1953, 1957 Ausstellungen in Paris, Begegnung mit Surrealisten.

1957/1958 Anämie, Texte: »Notizen einer Blutarmen«, »Das Haus der Krankheiten« – Besessenheit von den Zahlen 6 und 9.

1958 Abtreibung in Berlin.

1959 »Das Weisse mit dem roten Punkt«.

1959 Teilnahme an der großen Surrealismus-Ausstellung in der Galerie Cordier, Paris.

1960 Psychiatrie-Aufenthalt, Diagnose: Schizophrenie. Anagramm-Gedichte und Zeichnungen – es folgt 2jähriger Psychiatrie-Aufenthalt.

1962 Einzelausstellung der Bilder.

1963 Entlassung aus der psychiatrischen Anstalt.

1963-1964 »Orakel und Spektakel«, gelegentliche Trennungen von Hans Bellmer.

1964 Ausstellungen in Paris und Frankfurt a. M.

1965 Beginn der Niederschrift: »Der Mann im Jasmin«, das 1971 auf französisch erscheint, weil sich kein deutscher Verlag findet. Gute Einsichten in ihre Krankheit.

Am 6.6.66 »Notizen zur letzten Krise«.

1967 Ausstellung mit Bellmer, Galerie Brusberg Hannover.

1967 »Dunkler Frühling«.

1968 »Die Trompeten von Jericho«.

1970 »Aufzeichnungen einer Geisteskranken.« Zwangseinlieferung in eine psychiatrische Klinik. Kurze Texte, Zeichnungen. Entlassung am 16. Oktober. Selbstmord am 19. Oktober.

»MISTAKE« ist einer der allerletzten Zürn-Texte:

»Der nächste Satz des Arztes aus Essen: ›Um jeden Preis möchte sie ihr Leben ändern. Aber schauen Sie sich doch einmal die Irrenanstalten an – die Männer und Frauen – Tausende – sind alle auf Wolken dorthin gekommen. Es ist sicher schön für sie, verrückt zu sein. Aber danach? Dann kommt der Zusammenbruch. Jetzt fliegt sie, alles geht gut für sie. Ihr Unglück beginnt mit dem Abklingen. Schluss mit der ganzen Poesie.«[37]

Anmerkungen

1 Band 1 *Anagramme* der Unica-Zürn-Gesamtausgabe in fünf Bänden, hg. von Günter Bose und Erich Brinkmann im Brinkmann und Bose Verlag, Berlin 1988 (im folgenden Bd. 1), S. 119.

2 Unica Zürn: *Dunkler Frühling.* Erzählung, Giftkendorf, 1995 (im folgenden DF).

3 DF, S. 5.

4 Bd. 1, S. 69.

5 DF, S. 8.

6 Gisela von Wysocki: *Die Fröste der Freiheit*, Frankfurt a.M. 1981, S. 50.

7 DF, S. 8.

8 a.a.O., S. 16.

9 Bd. 1, S. 30.

10 DF, S. 9.

11 Sigmund Freud, Werkausgabe Bd. 2, Frankfurt a. Main, 1978, »Der Wahn und die Träume in W. Jensens ›Gradiva‹«, S. 117.

12 Bd. 1, S. 124.

13 a.a.O., S. 121.

14 Leo Navratil: »Schizophrenie und Kunst«, Frankfurt a.M. 1996, S. 113.

15 DF, S. 9f.

16 a.a.O., S. 12.

17 a.a.O., S. 27.

18 Unica Zürn: *Der Mann im Jasmin*, Frankfurt a. M. und Berlin 1977/ 1992, S. 132f.

19 Eva-Maria Alves, NDR-Rundfunkmanuskript: »Die Frau, die eine Puppe wurde«, Sdg. 30.8.1995 NDR 4.

20 Unica Zürn: *Das Weisse mit dem roten Punkt*, Frankfurt a.M. und Berlin 1988, S. 199.

21 Unica Zürn zitiert bei Gudrun Laue, *Deutsches Allgemeines Sonntagsblatt*, Nr. 33, 16.8.1991.

22 *Der Körper und seine Sprachen*, Hg. Hans-Jürgen Heinrichs, Frankfurt a.M./Paris 1984, S. 129.

23 Gisela von Wysocki: *Die Fröste . . .*, S. 44.

24 Bd. 1, S. 73.

25 a.a.O., S. 72.

26 a.a.O., S. 96.

27 Unica Zürn: *Das Weisse . . .*, S. 223.

28 Bd. 1, S. 81.

29 a.a.O., S. 113.

30 Unica Zürn: *Das Weisse . . .*, S. 63 f.

31 Bd. 1, S. 59.

32 Unica Zürn: *Das Weisse . . .*, S. 158.
33 Unica Zürn: *Der Mann . . .*, Anhang, S. 172 f.
34 a. a. O., S. 10 f.
35 DF, S. 55-59.
36 Bd. 1, S. 76.
37 Unica Zürn: *Das Weisse . . .*, S. 189/190.

Literatur

Unica Zürn. Gesamtausgabe in fünf Bänden. Hg. von Günter Bose und
  Erich Brinkmann im Brinkmann und Bose Verlag, Berlin, 1988
  Bd. 1: Anagramme, 172 S. mit 1 Zeichnung von Hans Bellmer, acht
  Zeichn. von Unica Zürn. 5 Faksimiles, 1 Foto u. weitere Abb.
  Bd. 2: Prosa 1
  Bd. 3: Prosa 2
  Bd. 4.1: Prosa 3
  Bd. 4.2: Prosa 3
  Bd. 5: Aufzeichnungen
Unica Zürn: *Dunkler Frühling*. Gifkendorf 1995
Unica Zürn: *Das Weisse mit dem roten Punkt*. Frankfurt a. M./Berlin 1988
Unica Zürn: *Der Mann im Jasmin*. Frankfurt a. M./Berlin 1992

Leo Navratil: *Schizophrenie und Kunst*. Frankfurt a. M. 1996
Leo Navratil: *Schizophrene Dichter*. Frankfurt a. M. 1994
Leo Navratil: *Schizophrenie und Religion*. Berlin 1992
Gaetano Benedetti: *Todeslandschaften der Seele*. Göttingen/Zürich 1994
Gisela von Wysocki: *Die Fröste der Freiheit. Aufbruchsphantasien*.
  Frankfurt a. M. 1981
Schreibende Frauen. Hg. Hiltrud Gnüg und Renate Möhrmann, Frankfurt
  a. M. 1989
Weiblichkeit und Tod in der Literatur. Hg. Renate Berger/Inge Stephan.
  Köln/Wien 1987
Frauen-Weiblichkeit-Schrift. Hg. Berger u. a., Argument-Sonderband AS
  134. Berlin 1984

MARILYN MONROE
1926-1962

»Ich hatte immer das Gefühl, ich sei ein Nichts.
Der einzige Weg für mich, etwas zu sein,
war der, daß ich – nun, jemand anderer war.
Wahrscheinlich wollte ich deshalb
Schauspielerin werden.«[1]

Von Sylke Niemann

5. August 1997: aus dem ganzen Land sind wie jedes Jahr Hunderte von Fans nach Los Angeles gereist, um am Grabe ihres Idols Marilyn Monroe eine Gedenkfeier abzuhalten. Auch hierzulande wurden anläßlich ihres 35. Todestages zahlreiche »MM-Filme« und Dokumentationen über den Star der 50er Jahre ausgestrahlt. Die Kult-Gestalt Marilyn Monroe hat bis heute nichts von ihrer Faszination verloren. Vom Pin-up-Girl zum Filmstar wurde sie als »fleischgewordener Männertraum« zum klassischen Sexsymbol, das sie bis heute geblieben ist. Als solches wurde sie von Hollywood vermarktet, ewig festgelegt auf die Rolle der dummen, liebenswerten Blondine. Marilyn, die sich durchaus bewußt war, daß ihre Karriere wesentlich mit ihrem Körper zusammenhing, äußerte sich kurz vor ihrem Tod zu ihrem Objektstatus folgendermaßen: »Als Sexsymbol wird man zu einer Sache, und ich hasse es einfach, eine Sache zu sein. Man kollidiert andauernd mit den unbewußten Wünschen der Menschen. Es ist nett, wenn die Leute einen in ihre Phantasien miteinbeziehen, aber man möchte auch um seiner selbst willen akzeptiert werden. Ich betrachte mich nicht als Ware, aber ich bin sicher, daß das viele Leute getan haben. . .«[2]
Wer weiß schon, daß die »Sexgöttin« Gedichte schrieb, sich mit der Traumdeutung Sigmund Freuds beschäftigte, daß sie die Stücke Tschechows und die Romane Dostojewskijs liebte und leidenschaftlich gerne die Kompositionen Tschaikowskis, Skrijabins und Prokofjews hörte. Wer weiß, daß sie ein Portrait der Duse an der Wand hängen hatte, für die sie Bewunderung und Zärtlichkeit empfand, daß sie Ella Fitzgerald als Gesangsvorbild zutiefst verehrte? Ihr Wunsch, die »Gruschenka« in Dostojewskijs »Brüdern

222

Marilyn Monroe

Karamasow« zu spielen, brachte ihr nur Hohngelächter ein. »Kopf oder Arsch, eines von beiden. Da hat eine richtige Frau sich zu entscheiden. Die mit dem Kopf, die begehrt mann nicht. Und denen mit dem Arsch, denen spricht man den Kopf ab«, so Alice Schwarzer über die anderen Seiten der Monroe, die den Phantasmen der Männer zuwiderliefen.[3]

Die Vermarktung des einträglichen Objekts »Marilyn Monroe« hielt weit über ihren frühen und tragischen Tod hinaus an. Jeder-(M)ann versuchte irgendwie, das schnelle Geld mit ihr zu verdienen. Exemplarisch sei hier nur die Anfang der 70er Jahre erschienene romanhafte Marilyn-Biographie des amerikanischen Schriftstellers Norman Mailer genannt, mit der er einen Bestseller landete. Wegen seiner nebulösen Mutmaßungen um Marilyns Tod von der Kritik heftig angegriffen, gab er zu: »Ich brauchte dringend Geld.«[4] Mailers Ausführungen sind aber noch aus anderen Gründen interessant. Einleitend schreibt er: »Also gedenken wir Marilyns, die jedermanns Liebschaft mit Amerika war ... Auf allen fünf Kontinenten begehrten sie die Männer, die am meisten von der Liebe verstanden, und der klassische Pickeljüngling, der zum erstenmal den Benzinschlauch in den Tank seines Wagens steckte, verzehrte sich danach, auch in sie etwas reinzustecken; denn Marilyn – das war die Erlösung, eine wahre Stradivari des Sex ...«[5] Diese Worte entlarven vor allem eines: primitivste männliche Phantasien. Es gibt heute eine Flut von Monroe-Geschichten auf dem Markt, voll von Indiskretionen und abenteuerlichsten Spekulationen.[6] Doch wie verlief das Leben des Mythos »Marilyn Monroe« tatsächlich?

Marilyn Monroe kam als Norma Jeane[7] Baker am 1. Juni 1926 im General Hospital der Stadt Los Angeles als drittes Kind von Gladys Pearl Baker zur Welt. Wer Norma Jeanes Vater war, ist unbekannt. Gladys war bereits zweimal geschieden, die beiden Kinder aus erster Ehe lebten bei ihrem Vater. Sie arbeitete zum Zeitpunkt von Norma Jeanes Geburt als Filmcutterin in einem Spielfilmstudio von Hollywood. Da sie sich und ihr Kind allein ernähren mußte, gab sie ihre kleine Tochter bereits zwei Wochen nach deren Geburt in eine Pflegefamilie. Norma Jeane wurde dem Ehepaar Bolender anvertraut, die sich mit der Pflege von Kindern ein Zubrot verdienten. Gladys besuchte ihre Tochter meist an Samstagen, um mit ihr Ausflüge zu machen. Für die kleine Norma Jeane war sie schlicht »die Frau mit den roten Haaren«, und es fiel ihr schwer, diese seltene Besucherin Mutter zu nennen.[8]

Das Kind wurde von den Bolenders nach strengen religiösen Grundsätzen erzogen; jedes weltliche Vergnügen wurde abgelehnt. »Jeden Abend mußte ich beten, damit ich nicht in die Hölle komme. Ich mußte sagen: ›Ich verspreche, daß ich mit Gottes Hilfe mein ganzes Leben lang keinen Alkohol kaufen, trinken, verkaufen oder verschenken werde. Ich werde mich des Tabaks enthalten und Gottes Namen nie mißbrauchen.‹«[9] Kinderstreiche, Wutanfälle, Ausgelassenheit – für die gesunde Entwicklung eines Kindes völlig normale Verhaltensweisen – galten als Sünde. Selbst für ein ruhiges und liebes Kind wie Norma Jeane war es nahezu unmöglich, es den Pflegeeltern recht zu machen. Sie hatte immer das Gefühl, deren Erwartungen nicht erfüllen zu können und war sich ihrer Zuneigung nie sicher. In dieser Zeit wurde sicherlich ein erster Grundstein für ihr Gefühl des Ungenügens und für die sie quälende Unsicherheit gelegt, die Norma Jeane zeitlebens nicht verlassen sollten. Das kleine Mädchen flüchtete sich aus dieser trostlosen, erdrückenden Atmosphäre in eine Traum- und Phantasiewelt. Als Erwachsene wird sie von einem immer wiederkehrenden Traum berichten, der sie damals verfolgte: »Ich träumte, daß ich völlig unbekleidet in der Kirche stand, und alle Leute lagen mir auf dem Boden der Kirche zu Füßen, und ich stieg nackt, erfüllt von einem Gefühl der Freiheit, über die Gestalten hinweg, die ausgestreckt am Boden lagen, und gab acht, dabei auf niemanden zu treten.«[10] Im September 1932 kam die Sechsjährige zur Schule. Die nun von ihr im Klassenzimmer geforderte Disziplin war ihr bereits von zu Hause vertraut, doch in den Pausen hat sie leidenschaftlich gerne gespielt. »Wie alle Kinder haben wir oft kleine Dramen nachgespielt und Geschichten übertrieben. Aber es hat mir viel Spaß gemacht, Sachen zu erfinden, mehr als den anderen, denke ich, vielleicht weil das Leben bei meinen Pflegeeltern immer nach dem gleichen Schema ablief.«[11] Mit Phantasie und Kreativität tröstete sich das Kind über den monotonen und freudlosen Alltag hinweg. Kurz nach ihrem siebten Geburtstag ereignete sich für Norma Jeane ein Drama: ihr liebster Spielkamerad, ein Hund namens Tippy, wurde von einem Nachbarn erschossen. Sie war so verzweifelt, daß die hilflosen Bolenders ihre Mutter verständigten. Gladys reiste daraufhin mit ihrer besten Freundin Grace McKee an und nahm das Mädchen mit zu sich nach Hollywood.

Von nun an änderte sich das Leben des jungen Mädchens grundlegend. Der Lebenswandel ihrer Mutter und Grace McKees, die ebenfalls als Filmcutterin arbeitete, konnte in keinem krasseren Gegensatz zu dem stehen, was Norma Jeane bei den Bolenders erlebt hatte. Gladys und Grace waren alleinstehende, hart arbeitende, aber auch sehr lebenslustige Frauen, die sich gerne amüsierten. An den Wochenenden führten sie das begeisterte kleine Mädchen durch Hollywood. Sie zeigten ihr die gigantischen Filmpaläste und schwärmten von den großen Stars. Norma Jeane durfte nun plötzlich das Kino besuchen, was bei den Bolenders strengstens verboten gewesen war. Die strahlende Blondine Jean Harlow wurde Norma Jeanes großes Vorbild. Das Mädchen war einerseits fasziniert von diesem gänzlich anderen, aufregenden Leben in ihrer neuen »Familie«, andererseits aber auch verunsichert: »Das Leben war auf einmal ziemlich zwanglos und aufregend, völlig anders als bei der ersten Familie. [. . .] Irgendwie war ich schockiert, weil ich so religiös erzogen worden war – ich dachte, sie würden alle in die Hölle kommen. Ich habe stundenlang um ihr Seelenheil gebetet.«[12] [13]

Bereits ein halbes Jahr später ereignete sich die nächste Katastrophe für Norma Jeane: ihre Mutter Gladys fiel in eine tiefe Depression und verschwand Anfang 1934 mit kaum 32 Jahren hinter den Mauern eines Sanatoriums in Santa Monica. Sie wurde sehr schnell für »verrückt« erklärt und mit Medikamenten ruhiggestellt. Für die Hintergründe ihrer Depression interessierte sich niemand, denn psychotherapeutische Betreuung war zu dieser Zeit kaum üblich. Die »im Wahn gestorbene Mutter« wurde später Bestandteil des Mythos vom märchenhaften Aufstieg der berühmtesten Blondine aller Zeiten.[14]

Die vierzigjährige Grace McKee übernahm nun bereitwillig die Erziehung Norma Jeanes. Sie wurde somit zur dritten Mutterfigur des nun achtjährigen Mädchens. Für Grace war es beschlossene Sache, daß aus Norma Jeane ein Filmstar werden sollte. Sie wollte aus ihr eine zukünftige Jean Harlow machen. Hatten Grace und Gladys ihre Träume von einer Filmkarriere nicht verwirklichen können, so projizierte Grace nun ihre Wünsche auf die kleine Norma Jeane. Sie sagte immer wieder zu ihr: »Es gibt absolut keinen Grund, warum du nicht wie sie [Jean Harlow, S. N.] sein kannst, Norma Jeane. Mit der richtigen Haarfarbe und einer anderen Nase . . .«[15]

Im Sommer 1935 heiratete Grace, die bereits einige Ehen hinter sich hatte, erneut. Ihr Ehemann bedrängte Grace immer wieder, das Mädchen ins Waisenhaus zu geben. Obwohl sie die Vormundschaft für Norma Jeane übernehmen wollte und große Pläne mit ihr hatte, willigte sie schließlich ein. Im September 1935 wurde die neunjährige Norma Jeane in ein Waisenhaus abgeschoben, in dem sie bis zu ihrem 11. Lebensjahr bleiben sollte. Laut Aktennotiz aus dem Jahre 1935 war sie »ein normales, gesundes Mädchen, das gut ißt und schläft, zufrieden scheint, sich nicht beschwert und laut eigener Aussage gerne zur Schule geht«.[16] An den Samstagen bekam sie Besuch von Grace, die mit ihr ins Kino ging. Norma Jeane wurde aber auch in Schönheitssalons geführt, wo Grace ihr die Haare in geordnete Locken legen ließ. Sie erhielt erste Lektionen im Auftragen von Rouge, Eyeliner und Lippenstift. Marilyn berichtet später: »Immer wieder berührte Grace eine Stelle auf meiner Nase. ›Du bist perfekt, bis auf diesen kleinen Huppel, Herzchen‹, sagte sie dann. ›Aber eines Tages wirst du perfekt sein – wie Jean Harlow.‹«[17] Hatte Norma Jeane bei den Bolenders das Gefühl des Ungenügens in bezug auf Anstand und Moral erfahren, so wird dem neunjährigen [!] Mädchen nun vermittelt, ihr Aussehen sei so, wie es ist, nicht in Ordnung, nicht perfekt. Retrospektiv stellte die Monroe resigniert fest: »Aber ich wußte, daß ich nie im Leben perfekt sein würde – nicht als jemand anders, und schon gar nicht als ich selbst.«[18]

Auch während der Zeit im Heim flüchtete sich Norma Jeane wieder in eine Traumwelt und versuchte, ihre Einsamkeit und Verlassenheit durch Wunschphantasien zu kompensieren: »Manchmal erzählte ich den anderen Waisen, daß ich wunderbare Eltern hätte, die eine weite Reise machten und jederzeit wiederkommen könnten, um mich abzuholen, und einmal schrieb ich mir sogar selbst eine Postkarte, die ich mit ›von Mutter und Papi‹ unterschrieb. Natürlich hat mir niemand geglaubt. Aber das hat mir nichts ausgemacht. Ich wollte glauben, daß es stimmt. Und vielleicht, wenn ich es für wahr hielt, würde es auch wahr werden.«[19] Ein weiterer Fluchtpunkt für ihre Sehnsüchte war die Glamourwelt des Films. Immer wieder stellte sie sich vor, ihr männliches Leinwandidol Clark Gable sei ihr Vater. Vierundzwanzig Jahre später sollte er ihr Leinwandpartner in *The Misfits* werden. Oft stieg sie auf das Dach des Waisenhauses, um den Turm der Filmstudios zu sehen, wo ihre Mutter einmal gearbeitet hatte. Sie weinte dann, weil sie sich so einsam fühlte, und begann zu träumen, dort zu arbeiten, wo Filme gemacht wurden.[20]

Im Juni 1937 nahm Grace das Mädchen wieder zu sich. Im Frühjahr desselben Jahres war ihr die Vormundschaft zugesprochen worden. Doch der Aufenthalt in der so ersehnten »Familie« sollte nicht von langer Dauer sein, denn es kam zu einem für Norma Jeane traumatisierenden Ereignis: ihr »Stiefvater« versuchte die Elfjährige zu vergewaltigen. Das Mädchen war zutiefst erschrocken und verstört, weinend und zitternd berichtete sie Grace von diesem Vorfall. Diese quittierte das Ereignis bestürzt mit einem »man kann nichts und niemandem trauen«. Sie warf jedoch nicht ihren skrupellosen Ehemann hinaus, sondern beschloß, Norma Jeane fortzuschicken, zum zweitenmal wegen desselben Mannes.[21] Neben der traumatischen Erfahrung, die ein sexueller Mißbrauch für ein Mädchen in der Pubertät bedeutet – Marilyn wird von diesem schockierenden Ereignis ihr Leben lang erzählen –, erfuhr sie einen irreparablen Vertrauensbruch durch ihre Bezugsperson Grace. Schuld- und Schamgefühle, die bekanntermaßen nach einer sexuellen Mißbrauchserfahrung beim Opfer auftreten, müssen bei Norma Jeane ins Unermeßliche gewachsen sein, als sie auch noch fortgeschickt wurde.

Norma Jeane wurde nun weitergereicht an eine entfernte Verwandte namens Ida Martin. Wieder mußte sie sich an eine neue Ersatzmutter gewöhnen, wieder besuchte sie eine neue Schule. Außer ihr lebten zwei Cousinen und ein Cousin bei Ida Martin. Als kaum Zwölfjährige erfuhr Norma Jeane zum zweiten Mal sexuelle Gewalt: ihr dreizehnjähriger Cousin Jack zwang sie zu sexuellen Handlungen. Ihre Cousine Ida Mae erinnerte sich später, daß Norma Jeane daraufhin tagelang fast zwanghaft badete. Diese zweite Mißbrauchserfahrung muß in ihr das Gefühl verstärkt haben, »ein Objekt zu sein, und als solches letztlich mißbraucht zu werden«.[22]

Als Zwölfjährige wurde Norma Jeane dann bei einer Tante von Grace untergebracht. Die nunmehr vierte Pflegemutter, »Tante Ana« genannt, war ebenfalls sehr religiös, aber sie traktierte das Mädchen nicht mit einem strengen Moralkodex wie ihre erste Pflegefamilie, sondern ging liebevoll und großzügig mit ihr um. Erstmals in ihrem Leben hatte Norma Jeane das Gefühl, von einem Menschen wirklich angenommen zu werden: »Sie veränderte mein ganzes Leben. Sie war der erste Mensch in der Welt, den ich wirklich liebte, und sie liebte mich. Sie war ein wunderbarer Mensch. . . . Sie hat mir nie weh getan, kein einziges Mal. Dazu war sie nicht in der Lage. Sie war die Güte und Liebe in Person.«[23] Sie besuchte mittlerweile die siebte Klasse der High School und galt als »nettes Kind«, das aber »etwas schüchtern«, »zurückhaltend«, »in sich gekehrt« war und »ein bißchen vernachlässigt« aussah. Marilyn selbst sagte zwanzig Jahre später über ihre Schulzeit: »Ich war sehr still, und einige der anderen nannten mich oft ›die Maus‹. [. . .] und ich glaube, daß ich nicht sehr beliebt war.«[24]

Doch Ende 1939 veränderte sich Norma Jeanes Leben. Sie war mittlerweile zu ihrer vollen Größe von 1,65 Meter herangewachsen und bekam allmählich den Körper einer jungen Frau. Da sie kein Geld für teure Kleider hatte, kaufte sie sich Männerjeans, damals für ein junges Mädchen revolutionär. Dazu zog sie eine Strickjacke verkehrt herum an, was sehr reizvoll aussah. Sie erregte in diesem Aufzug ein solches Aufsehen, daß sie zweimal von der Schule nach Hause geschickt wurde. Plötzlich bekam sie das, wonach sie sich so lange gesehnt hatte: Aufmerksamkeit und Beachtung. »Plötzlich schien sich mir die ganze Welt zu öffnen«, erinnert sie sich später an diese Zeit.[25] Norma Jeane wurde sich ihrer körperlichen Attraktivität bewußt und verwandte nun viel Zeit und Kreativität auf die Gestaltung ihres Äußeren. Sie kreierte quasi eine neue Norma Jeane, es war ein Akt der Befreiung für sie, ein Abschütteln der irritierenden Vergangenheit, derer sie sich immer geschämt hatte.

Faktisch erfuhr sie jedoch eine frühe Sexualisierung ihres Körpers. Mit früher körperlicher Entwicklung geht nicht unbedingt psychische Reife einher und schon gar nicht Bereitschaft zur Sexualität. Aber genau diese wird Mädchen, die früh weibliche Formen entwickeln, per se unterstellt. Auch Marilyn berichtet, daß ihr schon sehr früh Männer hinterhergepfiffen und hinterhergehupt hatten, daß die Jungen in der Schule »Mmmm« summten, wenn sie auftauchte. Mädchen in der Adoleszenz empfinden solche typisch männlichen Verhaltensweisen oft als tief beschämend und verunsichernd. Norma Jeane jedoch, die schon früh erfahren hatte, daß sie nur über ihr Aussehen Anerkennung und Zuwendung finden konnte, wertete diese Reaktionen als freundlich und aufmerksam. Ihr Versuch, durch figurbetonende, originelle Kleidung und Make-up Aufmerksamkeit auf sich zu ziehen, war Ausdruck ihrer Sehnsucht, als wertvoll und liebenswert anerkannt zu werden. Sie erlag damit schon früh einem Irrglauben des Schönheitsmythos, der besagt »wenn ich nur schön genug bin, wird man mich auch als Person wichtig nehmen«, und gab sich damit, wie viele junge Mädchen und Frauen, der Illusion hin, daß Angeschaut-Werden auch menschlich Gewürdigt-Werden bedeutet.[26]

Ende des Jahres 1940 mußte Norma Jeane wieder zu Grace und deren Mann ziehen, da Tante Ana erkrankte. Im Juni 1941 beendete sie nach der neunten Klasse die High School. Ihre Abschlußnoten waren eher durchschnittlich. Im Fach Sprecherziehung fiel sie beinahe durch, weil sie ängstlich war, wenn sie vor einer größeren Gruppe sprechen mußte, was sich in plötzlichem Stottern äußerte. Obwohl sie an Beliebtheit gewonnen hatte, war sie doch innerlich sehr unsicher. Diese Unsicherheit, wie auch ihre vielzitierte Schüchternheit, überwand sie nie. Selbst als Star fing sie bei großer Aufregung bei Film- und Theaterarbeiten oder bei Auftritten vor der Presse häufig an zu stottern.[27]

Die fünfzehnjährige Norma Jeane besuchte nun die nächste High School, wo sie den zwanzigjährigen James E. Dougherty, Jim genannt, kennenlernte. Sie war beeindruckt von Jim, der sonst nur mit älteren Mädchen ausging. Vor allem faszinierte sie sein gepflegter Schnurrbart, der sie an Clark Gable erinnerte. »Was für ein Daddy«, äußerte sie sich gegenüber einer Freundin. Auch später bezeichnete sie Ehemänner wie auch Filmpartner häufig als »Daddy«. Anfang 1942 teilte Grace ihrer Pflegetochter Norma Jeane mit, daß man wegen einer neuen Stellung ihres Mannes nach East Virginia ziehen müsse, für sie aber leider kein Platz sei. Norma Jeane war furchtbar verzweifelt, zum dritten Mal sollte sie nun von Grace verlassen werden. Um sie vor dem drohenden Waisenhaus zu bewahren, kamen Grace und Jims Mutter überein, daß es die beste Lösung wäre, wenn Norma Jeane und Jim heiraten würden. Jim, der eigentlich noch nicht ans Heiraten gedacht hatte, willigte ein, weil er wußte, daß er bald zum Militär gehen würde und daß Norma Jeane dann bei seiner Mutter ein Zuhause hätte. Auch Norma Jeane, die während ihrer Kindheit viele gescheiterte Ehen und desolate Familienverhältnisse erlebt hatte, stimmte dieser Entscheidung aus Angst vor dem verhaßten Waisenhaus zu. Vor der Hochzeit fragte sie Grace in beinahe kindlicher Naivität, ob sie Jim denn auch heiraten könne, ohne Sex mit ihm zu haben, woraufhin Grace ihr antwortete: »Keine Angst. Du wirst es schon lernen.« Und so verließ Norma Jeane im März 1942 mitten im

Schuljahr die High School, um zu heiraten. Wenige Tage nach ihrem 16. Geburtstag zogen sie und Jim in einen winzigen Bungalow.[28]

Die Trauung fand am 19. Juni 1942 statt, Grace nahm nicht daran teil. James E. Dougherty erinnert sich später, daß Norma Jeane während der Zeremonie so stark zitterte, daß sie kaum stehen konnte. »Sie klammerte sich den ganzen Nachmittag an meinen Arm, und selbst dann sah sie mich ständig an, als ob sie Angst hätte, ich könnte verschwinden, sobald sie den Raum verließ.«[29]

Dougherty hatte sehr traditionelle Vorstellungen von der Ehe, und Norma Jeane versuchte zunächst, sie zu erfüllen. Ihr Mann traf sich weiterhin nach der Arbeit mit Freunden, Norma Jeane blieb allein zu Hause. Sie hat sich Jahre später folgendermaßen über ihre erste Ehe geäußert: »Meine Ehe machte mich nicht traurig, aber sie machte mich auch nicht glücklich. Mein Mann und ich redeten kaum miteinander. Aber nicht, weil wir ärgerlich aufeinander waren. Wir hatten uns einfach nichts zu sagen. Ich kam um vor Langeweile.«[30]

1943 mußte Jim seine militärische Grundausbildung absolvieren. Im Frühjahr 1944 wurde er in den Krieg im Pazifik geschickt. Norma Jeane lebte während dieser Zeit bei ihrer Schwiegermutter, die ihr eine Stellung in ihrer Firma vermittelte. Im Herbst 1944 wurde der Fotograf David Conover auf die junge, attraktive Norma Jeane aufmerksam. Begeistert ließ sie sich an ihrem Arbeitsplatz ablichten. Diese Entdeckung des späteren Stars wird in allen Biographien und Bildbänden immer wieder zitiert und wie die Geschichte vom Aschenputtel verkauft. Bis zu ihrem endgültigen Durchbruch 1952 sollten jedoch noch einige harte Jahre vergehen. Im Sommer 1945 machte Conover auf einer Reise durch Kalifornien weitere Aufnahmen von der begabten Neunzehnjährigen, die damals noch kastanienbraunes Haar hatte. Diese Fotos erschienen auch in Armeeheften, sehr zum Ärger ihres Ehemannes. Die Karriere der späteren Schauspielerin begann also als Pin-up.[31] »Ihr Flirt mit der Kamera, von dem viele Fotografen hymnisch berichten, war eine perfekte Art der Selbstinszenierung, eine erotische, exhibitionistische Kommunikation, bei der die Fotografen nicht selten sich selbst mit dem Objektiv verwechselten, annahmen, die Hingabebereitschaft gelte ihnen.«[32]

Im August 1945 bewarb sich Norma Jeane bei einer Agentur für Fotomodelle und Mannequins. In den Akten wurde das neue hoffnungsvolle Talent unter folgenden Angaben geführt: »Größe (1,65 m), Gewicht (107 Pfund), Maße 91 – 61 – 86, Konfektionsgröße 38, Haarfarbe (mittelblond: ›zu lockig; Bleichen und Dauerwellen empfohlen‹)«. Ihr Haar wurde gefärbt und geglättet, die Locken wurden in goldblonde Wellen gelegt. Sie erhielt Unterricht im Posieren, in Make-up und Körperpflege. In der Folgezeit warb sie für alles mögliche: Bier, Zahnpasta, Shampoo etc. Auf zahlreichen Titelblättern erschienen Fotos von ihr. Norma Jeane avancierte allmählich zum begehrten Modell. Sie präsentierte ihren Körper mit einer unverwechselbaren Naivität und Unschuld, so fragte sie einen Fotografen bei Werbeaufnahmen verdutzt, warum sie denn für eine Zahnpastawerbung einen Badeanzug tragen müsse. Der sah sie daraufhin nur an, als ob sie verrückt sei![33]

Ende des Jahres war ihr Mann aus Übersee zurückgekehrt und forderte von ihr, sich nun endlich zwischen ihm und ihrer Karriere zu entscheiden. Norma Jeane, die durch ihren Erfolg als Fotomodell an Selbstbewußtsein gewonnen hatte, entschied sich für ihre Karriere und verließ ihren Mann, damals ein emanzipatorischer Schritt.

Im März 1946 wurde sie in schmerzlicher Weise mit ihrer Vergangenheit konfrontiert. Ihre Mutter war ein Jahr zuvor aus der Klinik entlassen worden und stand nun nahezu mittellos da. Nachdem sie ihre Tochter in Briefen immer wieder um Aufnahme gebeten hatte, machte Norma Jeane den Versuch, gemeinsam mit ihrer Mutter in einer Zweizimmerwohnung zu leben. Dies stellte sich jedoch als unmöglich heraus, denn Gladys war mittlerweile durch die jahrelange Verwahrung in psychiatrischen Kliniken geprägt. Sie war oft unansprechbar, wanderte umher und war unberechenbar. Bereits im April mußte Norma Jeane ihre Mutter wieder in eine Klinik einweisen lassen, da sie die Verantwortung nicht übernehmen konnte. Sie kümmerte sich jedoch fortan bis zu ihrem Tode um das materielle Wohlergehen von Gladys.[34]

Wie fast alle Fotostarlets damals träumte auch die zwanzigjährige Norma Jeane von einer Karriere als Filmstar. Anfang 1946 sprach sie erstmals mit ihrer Agentin über Filmmöglichkeiten. Diese arrangierte daraufhin ein Treffen mit einem Talentsucher der Twentieth-Century-Fox-Studios. Im Juli 1946 posierte sie für Probeaufnahmen. Sie war entsetzlich nervös, stotterte, und war vor Aufregung halb krank. Doch als die Kamera lief, fand jene Verwandlung statt, die später immer wieder an ihr beobachtet wurde. Plötzlich zeigte sie keine Spur von Nervosität mehr, ihre Bewegungen wurden sicher und gelassen und sie schien die selbstbewußteste Frau schlechthin zu sein. Am eindrucksvollsten war ihr strahlendes Lächeln, das alle Anwesenden ebenfalls lächeln ließ. Der damalige Kameramann beschrieb seinen Eindruck später folgendermaßen: ».. . Ihre natürliche Schönheit zusammen mit ihrem Minderwertigkeitskomplex gab ihr etwas Geheimnisvolles . . . Sie besaß eine Art phantastischer Schönheit, wie Gloria Swanson . . . und auf dem Filmstreifen brachte sie Sex rüber wie Jean Harlow. Jedes einzelne Bild der Probeaufnahmen strahlte Sex aus. Sie brauchte keine Tonspur, sie wirkte rein optisch [. . .].«[35]

Im Juli 1946 unterzeichnete Norma Jeane ihren ersten Filmvertrag. Sie erhielt eine Fixgage von 75 Dollar pro Woche, ob sie nun eingesetzt wurde oder nicht. Ihr Name mußte jedoch geändert werden, denn Dougherty, so Ben Lyon, der sie dem Studio vermittelt hatte, könne sich schließlich niemand merken. Norma Jeane schlug Monroe vor, den Namen ihrer Familie mütterlicherseits. Mit diesem Namen war Lyon einverstanden, aber Jeane Monroe gefiel ihm nicht, es war außerdem Jean Harlow zu ähnlich. Er schlug Marilyn vor. Marilyn Monroe war geboren. Bei Besetzungsfragen wurde sie jedoch zunächst übersehen, als Kassenmagnet erkannte man sie erst viel später. Dennoch fuhr sie jeden Tag mit Bus oder Fahrrad zum Studiogelände, lernbegierig und interessiert an allem, was um sie herum geschah. Sie schritt gut geschminkt mit ihrem berühmten, unnachahmlichen Gang über das Studiogelände und posierte gerne für die hocherfreuten Standfotografen der Fox. Marilyn war froh, ein regelmäßiges, wenn auch geringes Einkommen zu haben. Sie war aber auch enttäuscht, während des gesamten Jahres nicht ein einziges Mal eingesetzt worden zu sein. Nachdem ihr Vertrag um ein halbes Jahr verlängert worden war, bekam sie endlich zwei winzige Rollen in eher unbedeutenden Filmen.[36] Im August 1947 wurde sie entlassen.[37]

Marilyn ließ sich aber nicht entmutigen. Das ganze Jahr hindurch besuchte sie das berühmte *Actors' Laboratory* und kam so mit dem Theater in Berührung. Sie las Stücke, studierte Szenen ein und wurde erstmals mit politischen und sozialen Themen ihrer Zeit konfrontiert. Sie wollte lernen und arbeiten, um als Schauspielerin Anerkennung zu finden. Den Schauspielunterricht hätte sie jedoch nicht lange bezahlen können, wenn sie nicht zufällig das großzügige Ehepaar Carroll kennengelernt hätte. Lucille Carroll war von Marilyns kindlicher Naivität, ihrem »Gesichtsausdruck eines verlorenen Kindes« angerührt, und nahm sich der jungen Schauspielerin an. Marilyn hatte ihr anvertraut, daß sie sich prostituiert habe, um nicht wieder in einer Fabrik arbeiten zu müssen, sondern weiter Unterricht nehmen zu können. Die Carrolls unterstützten die einundzwanzigjährige Schauspielerin vorübergehend.[38]

Durch die Carrolls lernte Marilyn auch den einflußreichen Fox-Produzenten Joseph Schenck kennen. Der neunundsechzigjährige Schenck war entzückt von der jungen, schönen und vitalen Marilyn. Sie ließ sich auf ein Verhältnis mit dem um achtundvierzig Jahre älteren Mann ein. Der Weg Marilyn Monroes zum Star führte, wie der vieler junger, begabter Schauspielerinnen, über die berüchtigte »Besetzungscouch«. Durch Schenck erhielt sie einen Halbjahresvertrag bei den Columbia Studios unter folgender Bedingung: sie mußte sich ihre Haare am Ansatz durch Elektrolyse dauerhaft entfernen lassen, damit ihre Stirn höher wirkte. Außerdem sollte sie ihr Haar mit Wasserstoffsuperoxid bleichen. Dies war bereits die zweite Veränderung an ihrem Körper, die Marilyn, eine junge und bildschöne Frau, auf dem »Weg zum Ruhm« über sich ergehen lassen mußte. Nun wurden Probeaufnahmen von ihr gemacht, Informationen über das Leben des Starlets veröffentlicht und schließlich eine Schauspiellehrerin gesucht.[39] Marilyn hatte dank ihrer enormen Energie, ihres Ehrgeizes und dem richtigen Auftreten, zu dem auch ihre vielzitierte, reizend wirkende Hilflosigkeit gehörte, ihr Ziel erreicht: sie wurde nun endlich wahrgenommen, wenn auch vielleicht nicht so, wie sie es sich wünschte.

Die Columbia engagierte die fünfunddreißigjährige Natasha Lytess[40] als Lehrerin für Marilyn. Marilyn, die sich zu gebildeten Frauen und Männern hingezogen fühlte, war sehr beeindruckt von dieser selbstbewußten und hochgebildeten Frau. Lytess empfand ihre neue Schülerin zunächst als »gehemmt und verkrampft«. Sie versuchte, Marilyn eine deutlichere Artikulation beizubringen, machte zahlreiche Atem-, Stimm- und Sprechübungen mit ihr, um eine bühnenreife Aussprache zu erarbeiten. Sie brachte ihrer Schülerin die Werke bekannter Dichter und Komponisten nahe. Marilyn wußte, daß sie von dieser Frau viel lernen konnte und nahm alles dankbar an. Lytess wurde unterstellt, sie, eine »knochige, eher farblose Erscheinung« mit »herrischem Wesen« und »schroffem

Auftreten«, würde sich für Marilyn unersetzlich machen, sich die junge, strahlende und erfolgreiche Schönheit sozusagen aus Neid einverleiben, da sie selbst als Schauspielerin erfolglos geblieben war. Diese Einschätzung entspringt jedoch eher einer männlichen Phantasie, innerhalb derer Frauen ausschließlich als Konkurrentinnen vorstellbar sind. Tatsächlich war Natasha Lytess über Jahre Marilyns Mentorin und Freundin. Dabei war die Situation für Lytess nicht ganz unkompliziert, denn mit der Zeit verliebte sie sich in ihre anmutige Schülerin, wurde aber von ihr zurückgewiesen.[41]

Marilyn ließ sich während der Dreharbeiten zu *Ladies of the Chorus*[42] auf eine Affäre mit dem musikalischen Arrangeur und Stimmbildner Fred Karger ein, der jedoch nicht mehr als eine erotische Verbindung wollte. Er überzeugte sie, eine weitere »Korrektur« an ihrem Körper vornehmen zu lassen: er ließ ihren Überbiß richten und ihre Zähne bleichen. Der nächste Mann in ihrem Leben war der dreiundfünfzigjährige, einflußreiche Agent Johnny Hyde, der Stars wie Lana Turner, Bob Hope, Rita Hayworth betreut hatte. Ab 1949 managte er nur noch Marilyn und führte sie in die wichtigsten Kreise Hollywoods ein. Marilyn äußerte sich im nachhinein offen über den Zweck dieser Beziehung: »Ich wußte, daß mir niemand so viel helfen konnte wie Johnny Hyde. [. . .] ich glaube nicht, daß es falsch war, mich von ihm so sehr lieben zu lassen. Sexualität bedeutete ihm so viel und mir nicht.«[43] Hyde war jedoch keinesfalls nur der ergebene Liebhaber. Er, der Frauen allgemein für »Flittchen« hielt, behandelte Marilyn oft abfällig, bezeichnete sie beispielsweise als »dumme Nuß«. Auch er hielt ihr Aussehen, von dem er doch so entzückt war, für verbesserungswürdig und überredete sie, einen weiteren kosmetischen Eingriff vornehmen zu lassen: sie unterzog sich einer Operation, um den »Huppel« auf ihrer Nasenspitze zu korrigieren, den schon ihre Pflegemutter Grace an ihr bemängelt hatte. Außerdem wurde eine »halbmondförmige Silikonprothese« in ihren Unterkiefer eingesetzt, um ihrem Gesicht weichere, weiblichere (!) Konturen zu verleihen. Doch damit nicht genug, versuchte Hyde, die dreiundzwanzigjährige Marilyn zu überzeugen, sich sterilisieren zu lassen, da ein Kind das Ende ihrer Pläne bedeutet hätte.[44]

Da es mit ihrer Karriere trotz der Protektion Hydes nicht so recht voranging, arbeitete die ehrgeizige Marilyn wieder als Fotomodell. Für Nacktaufnahmen für einen Kalender erhielt Marilyn von dem Fotografen Tom Kelly 50 Dollar. Die Aufnahmen brachten Kelly viel Geld ein, ihr jedoch eine Menge Probleme. Sie posierte für diese Fotos in anmutiger Nacktheit auf einem roten Samtstoff und wirkte dabei kindlich naiv, beinahe unschuldig. Genau das machte ihren besonderen Reiz aus: ihr unglaublicher Sexappeal hatte nichts Provozierendes, nichts Gefährliches. Sie scheint auf den Bildern beinahe erschrocken über die Phantasien, die sie auslösen könnte. Diese spezifische Mischung aus erotischer Verheißung, anrührender Schwäche und fragiler Abhängigkeit suggerierte Verfügbarkeit, was Marilyn Monroe zum idealen Objekt männlicher Phantasien werden ließ.[45]

Marilyn war in dieser Zeit eifrig darum bemüht, einflußreiche Leute kennenzulernen. Sie besuchte den legendären Schwab's Drugstore am Sunset Boulevard, wo sie den Filmjournalisten Sidney Skolsky kennenlernte. Im Schwab's Drugstore versorgten sich viele Künstler dieser Zeit mit Tabletten,[46] so auch Skolsky. Marilyns Tablettenkonsum nahm sicherlich hier seinen Anfang und sollte sich in den folgenden Jahren zu einer bedrohlichen Abhängigkeit steigern. Skolsky sagte über sie: »Marilyn wollte immer Rat haben, [obwohl] sie klüger war, als sie vorgab. Sie war nicht das gewöhnliche blonde Sternchen, das man in jedem größeren Studio antreffen konnte. . . . Sie wirkte freundlich und weich und hilflos. Praktisch jeder wollte ihr helfen. Marilyns angebliche Hilflosigkeit war ihre größte Stärke.«[47]

Im Herbst 1950 schrieb sich Marilyn an der Universität für einen Abendkurs über Weltliteratur ein. In einem Interview von 1960 berichtete sie über diese Zeit, in der sie tagsüber drehte und abends die Uni besuchte: »Ich hörte Geschichts- und Literaturvorlesungen. Ich las viel, die großen Dichter. Ich entdeckte eine Menge Dinge. Es war schwierig, rechtzeitig in die Vorlesungen zu kommen. [. . .] Oft war ich todmüde, manchmal schlief ich sogar im Hörsaal ein. Aber ich zwang mich, aufrecht sitzen zu bleiben und zuzuhören.« Marilyn, inzwischen als Schauspielerin einigermaßen bekannt, erschien dort ungeschminkt und in Jeans. Als die Dozentin hörte, daß Marilyn Schauspielerin war, soll sie überrascht erklärt haben: »Und ich hielt Sie für ein Mädchen, das frisch aus der Klosterschule kommt!« Marilyn erklärte, dies sei eines der größten Komplimente gewesen, das man ihr je gemacht habe![48]

Im März 1951 erhielt Marilyn von der Twentieth Century Fox einen recht üblichen Knebelvertrag: ihre Gage betrug 500 Dollar pro Woche unabhängig vom Erfolg eines Films, und die Filmgesellschaft hatte das Recht, ihr zum Ende jeden Jahres zu kündigen, sie aber verpflichtete sich, sieben Jahre lang ausschließlich für die Fox zu arbeiten. Als einziges Privileg konnte sich Marilyn das Engagement von Natasha Lytess sichern, die eine höhere Gage als sie selbst bekam, was der Schauspielerin aber nichts ausmachte: »Ich bin nicht an Geld interessiert«, sagte sie einmal. »Ich möchte nur wunderbar sein.«[49] Marilyn nahm in diesem Jahr neben ihrer Arbeit mit Lytess zusätzlich Schauspielunterricht bei Michael Tschechow.[50] Der Unterricht bei Lytess und Tschechow, die mit völlig gegensätzlichen Methoden arbeiteten, hatte zur Folge, daß ihre Angst, zu enttäuschen, immer größer wurde. Ihr Perfektionismus und ihr Gefühl, nicht gut genug für ihre Lehrerin/ihre Lehrer und ihre Regisseure zu sein, hemmten sie mehr und mehr, unabhängig davon, wie erfolgreich sie war. Stand ein Studiotermin bevor, mußte sie sich häufig nach dem Frühstück übergeben und bekam rote Flecken im Gesicht und auf den Händen. Auch ihre legendären Verspätungen am Set begannen zu dieser Zeit.[51] Marilyns damaliges Lebensgefühl kommt in folgender Aussage zum Ausdruck: »Ich kannte eine ganze Menge Leute, die ich gar nicht mochte, aber ich hatte keine Freunde. Ich hatte Lehrer und Menschen um mich, zu denen ich aufschauen konnte – aber niemanden, den ich als gleichwertig hätte ansehen können.«[52] Hier zeigt sich nicht nur ihre Einsamkeit, sondern auch ihr großes Minderwertigkeitsgefühl, das sie nie verlassen sollte.

In ihrem nächsten, mittlerweile zwölften Film *Love Nest* (1951) spielt Marilyn wieder eine aufreizende Blondine. Wenngleich sie in diesem Film wieder nur eine kleine Rolle hatte, war das Publikum mittlerweile derart begeistert von ihr, daß man die Monroe nun zur Kenntnis nehmen mußte. Sie erhielt bereits zwei- bis dreitausend Fanbriefe wöchentlich.[53] Im Frühjahr 1952 hatte die fünfundzwanzigjährige Marilyn endlich den Durchbruch geschafft, nicht nur beim Publikum, sondern auch bei den Produzenten. Zwei weitere Filme wurden mit ihr gedreht: In der Komödie *Monkeys Business* (»Liebling, ich werde jünger«) tritt sie als dümmliche, blonde, aber reizende Sekretärin auf. Ihr Filmpartner ist Cary Grant, der als Wissenschaftler ein Verjüngungsmittel erfindet. In der Episodenkomödie *We're Not Married* (»Wir sind gar nicht verheiratet«) spielt sie eine kleine Rolle, die nur hineingeschrieben wurde, um Marilyn zweimal im Badeanzug zu zeigen. Man verglich sie immer wieder mit ihrem großen Vorbild Jean

Harlow und stufte sie als gleichrangig mit Lana Turner, Betty Grable und Rita Hayworth ein, den weiblichen Stars dieser Zeit.[54]

Im Winter 1951/52 lernte die Schauspielerin den siebenunddreißigjährigen, bekannten Baseballspieler Joe DiMaggio kennen. Marilyn mochte Joe, da er sie »als etwas Besonderes« behandelte. Joe war hingerissen von ihr. Presse und Nation erklärten beide zum Traumpaar Amerikas. Die Beziehung war schwierig, denn DiMaggio war ausgesprochen eifersüchtig. Er wollte Marilyn lieber als »Nur-Hausfrau«. Als im März 1952 die Nacktfotos[55] aufgrund der großen Nachfrage erneut gedruckt wurden, meldete er sich wochenlang nicht bei ihr.[56]

Derartig freizügige Fotos waren im puritanischen Amerika alles andere als üblich. Marilyn konnte nur durch eine geschickt inszenierte Pressekampagne einen Skandal verhindern. Sie bekannte sich in einem Interview zu den Nacktfotos und erzählte die Geschichte von der jungen, ambitionierten Schauspielerin, die kein Geld hatte, um die Miete zu zahlen. So gelang es ihr, sich zu rehabilitieren, gleichzeitig wurde sie zum Tagesgespräch der gesamten Presse. Die Öffentlichkeit, vorher schockiert, brachte ihr nun Bewunderung, Verständnis und Mitleid entgegen. Von nun an wurde systematisch am Mythos Marilyn Monroe gearbeitet. Jedes Interview und jede Geschichte über Marilyn wurden von ihr und der Fox sorgfältig durchdacht und geplant. Auch verlangte Marilyn von nun an, daß ihr sämtliche Fotoabzüge vor der Veröffentlichung vorgelegt wurden.[57]

Doch schon bald wurde der Star erneut zum Opfer der Presse, denn man hatte herausgefunden, daß Marilyns Mutter keineswegs »im Wahn« gestorben, wie in Berichten über die trostlose Kindheit des Stars behauptet worden war, sondern gerade aus einem Krankenhaus entlassen worden war. Die Fox war äußerst beunruhigt, denn der publicityschädigende Vorwurf, Marilyn sei eine Lügnerin und »Rabentochter« dazu, stand nun im Raum. Abermals stellte sich Marilyn der Situation in einem Interview: sie erklärte, daß ihre Mutter ohne ihr Wissen viele Jahre in einer staatlichen Krankenanstalt verbracht hatte, während sie selbst als Kind in einer Reihe von Pflegeheimen aufgewachsen sei, so daß sie selbst ihre Mutter niemals richtig kennengelernt habe. Seit sie jedoch erwachsen und dazu in der Lage sei, sich um ihre Mutter zu kümmern, stehe sie mit ihr in Verbindung und würde ihr helfen. Tatsächlich unterstützte Marilyn ihre Mutter seit geraumer Zeit finanziell und hatte inzwischen eine Betreuerin eingestellt, die sie regelmäßig besuchte.[58] Sie selbst wollte mit diesem für sie sehr schmerzlichen Abschnitt ihres Lebens nicht mehr konfrontiert werden, wollte nicht mehr an das verlassene Kind erinnert werden, wenngleich ihr das nie gelang. »Ich möchte nichts anderes, als das ganze Unglück und das ganze Leid vergessen, das sie in ihrem Leben ertragen mußte und das auch mich betraf. Ich kann es nicht vergessen, aber ich möchte es gerne. Wenn ich Marilyn Monroe bin und nicht an Norma Jeane denke, dann funktioniert es manchmal«,[59] teilte sie in dem Interview mit.[60] Es ist schon ungeheuerlich, daß von Marilyn eine derartige Rechtfertigung verlangt wurde. Einem männlichen Filmstar in dieser Situation wären vermutlich von vornherein nichts als Wogen des Mitgefühls entgegengeschlagen.

Im Juni 1952 reiste sie zu den Dreharbeiten des Films *Niagara*, der sie endgültig zum Star machte. Marilyn spielt hier eine Frau, die mit Hilfe ihres Liebhabers den Ehemann, gespielt von Joseph Cotten, ermorden will. Diese Rolle bot ihr endlich einmal Entfaltungsmöglichkeiten, die über das Klischee des »dummen Blondchens« hinausgingen. Es sollte jedoch ihre einzige »Vamp-Rolle« bleiben.[61] Ebenfalls 1952 wurde ihr nächster Film *Gentlemen Prefer Blondes* (»Blondinen bevorzugt«) gedreht. Es war bereits der sechste Film, den sie in diesem Erfolgsjahr drehte: als Lorelei Lee, eine kurvenreiche, scheinbar naive Blondine, versucht sie auf einem Schiff zielstrebig an Millionäre heranzukommen. Durch diesen Film ist Marilyn der Nachwelt als »üppiges, heiratswilliges Luxusweib« im Gedächtnis geblieben. Eine Filmszene scheint besonders erwähnenswert: »Ich dachte, Sie seien dumm!« bemerkt ihr Schwiegervater in spe, als sie ihm vorgestellt wird. »Ich kann schlau sein, wenn es darauf ankommt, aber die meisten Männer mögen das nicht«, entgegnet sie schlagfertig. Es ist schon köstlich, wie Marilyn mit dieser auf ihren Vorschlag hin eingeführten Dialogpassage und mit ihrem noch heute berühmten Song *Diamonds Are a Girls Best Friends* auf ihre Weise das Frauenbild der fünfziger Jahre ironisiert und somit männliche Phantasien entlarvt. Ihr großes komödiantisches Talent kommt in diesem Film vortrefflich zur Geltung.[62]

Während der Dreharbeiten litt Marilyn wieder furchtbar unter Ängsten und Nervosität. Zusätzlich kam es zu Konflikten wegen der dominanten Art von Natasha Lytess. Marilyn hatte durchgesetzt, daß ihre Lehrerin ständig mit am Set zu sein habe, sehr zum Ärger der Produzenten und Regisseure, die nicht unbedingt erfreut waren über den großen Einfluß der Bühnenlehrerin auf den Kinostar und von Marilyn etwas ganz anderes wollten als Lytess. Legte diese Wert auf Körperbeherrschung und Erweiterung der Ausdrucksmöglichkeiten, so waren die Produzenten eher auf Marilyns Sexappeal aus. Lytess hatte mit Marilyn sogar eine eigene Zeichensprache für die Dreharbeiten vereinbart. Der Regisseur Howard Hawks, der es als Mann im Filmgeschäft nicht gewohnt war, sich von einer Frau ins Handwerk pfuschen zu lassen, hatte ihre Einmischung schließlich satt und warf Natasha Lytess kurzerhand aus dem Studio.[63] Marylins Angstzustände, die Konflikte um ihre Lehrerin und DiMaggios kontrollierende Besuche am Set verursachten bei ihr eine entsetzliche Anspannung. Hinzu kam die zunehmende Festlegung auf komische Rollen als verführerische Blondine, die ihr nicht zusagte. So erklärte sie einem Reporter während der Dreharbeiten: »Ich bin wirklich sehr daran interessiert, etwas anderes zu versuchen. Den letzten Rest verführerischen Verhaltens aus sich herauszupressen ist verdammt schwer. Ich würde viel lieber ... das Gretchen in Faust ... spielen. Ich möchte nicht als Komikerin enden.«[64]

1953 spielte Marilyn Monroe neben Betty Grable und Lauren Bacall in der Filmposse *How to Marry a Millionaire* (»Wie angelt man sich einen Milllionär?«). Der Film hatte enormen Erfolg, denn das Publikum liebte Marilyn in der Rolle des »blonden, heiratsversessenen Girls«, das, für eine Brille zu eitel, ständig gegen Türen und Wände läuft. Marilyn selbst schien bei einer ersten Pressevorführung des Films nur die Szenen zu genießen, in denen sie nicht auftrat, mit ihrer eigenen Erscheinung auf der Leinwand war sie unzufrieden. Doch genoß sie es, am 26. Juni desselben Jahres gemeinsam mit Jane Russell am Hollywood Boulevard die Abdrücke ihrer Hände und Füße zu verewigen. An diesem legendären Ort hatte sie zwanzig Jahre zuvor als kleines Mädchen die Abdrücke berühmter Filmstars bewundert. Nun war die 27jährige Marilyn ebenfalls ein Star.[65]

Am 14. Januar 1954 heiratete Marilyn schließlich Joe DiMaggio, der zwei Jahre lang um sie geworben hatte. Sie erklärte vor ca. zweihundert Reportern und Hunderten von Fans: »Ich werde meine Karriere fortsetzen« und fügte mit einem Seitenblick auf Joe hinzu: »aber ich freue mich auch darauf, Hausfrau zu sein.«[66] Am

29. Januar flog das Ehepaar nach Japan, DiMaggio hatte dort eine Baseball-Werbetour geplant. Marilyns Daumen war verbunden, und sie reagierte sehr verlegen auf die Fragen der Reporter. Für Freunde und Journalisten war dies das erste Anzeichen für die Gewalttätigkeit DiMaggios, der Marilyn mit erschreckender Regelmäßigkeit mißhandelte, wenn er eifersüchtig war. Marilyn stahl ihm in Japan wieder einmal die Show: die Menschen hatten nur Augen für sie und jubelten ihr zu. Man fragte sie, ob sie bereit wäre, vor amerikanischen Soldaten in Korea aufzutreten. Sie sagte zu. Die legendäre Show wurde in Fotos und Filmaufnahmen festgehalten. Marilyn sang bei klirrender Kälte im Showkostüm vor Tausenden von Soldaten. Es war ihr erster Live-Gesangsauftritt. Einige Monate später erzählte sie einem Journalisten begeistert von diesem Ereignis: »[. . .] Ich habe eigentlich immer Angst vor dem Publikum – egal vor welchem. Mein Magen krampft sich zusammen, mein Kopf ist wie benebelt, und ich habe Angst, daß mir die Stimme versagt. Aber als ich dort vor den johlenden Soldaten stand und die Schneeflocken mich umtanzten, hatte ich zum ersten Mal in meinem Leben vor nichts Angst. [. . .] Ich hatte das Gefühl, dazuzugehören. Zum ersten Mal in meinem Leben spürte ich, daß die Menschen, die mir zusahen, mich akzeptierten und mich liebten. Das ist es, was ich mir immer gewünscht habe, glaube ich.«[67]

DiMaggio, dessen »große Zeit« bereits Vergangenheit war, war eifersüchtig auf den enormen Erfolg seiner Frau. Marilyn versuchte nun zunächst, in der Familie ihres Mannes zu leben, sie sehnte sich nach Halt und Geborgenheit. Es schien ihr aber grotesk, ausschließlich die Rolle der Hausfrau zu übernehmen, wie Joe es von ihr erwartete. Im Mai desselben Jahres nahm sie ihre Arbeit bei der Fox wieder auf. Um den ständigen Auseinandersetzungen mit DiMaggio aus dem Weg zu gehen und um schlafen zu können, nahm Marilyn immer mehr Beruhigungsmittel.[68]

In ihrem nächsten großen Film, Billy Wilders *The Seven Year Itch* (»Das verflixte siebte Jahr«) ist Marilyn in der Rolle einer jungen, attraktiven Frau zu sehen, deren Reize einen verheirateten Nachbarn in Versuchung führen. Weltberühmt wurde sie durch ihren Auftritt im naturfarbenen Plisseekleid, das für Sekunden über einem U-Bahn-Belüftungsschacht hochfliegt. Diese Szene wurde »schlichtweg *das* bildliche Marilyn-Zitat« und ist es bis heute geblieben, vielfach kopiert und nie wieder erreicht. DiMaggio, der ebenfalls zu diesen Aufnahmen erschien, tobte förmlich vor Eifersucht. Billy Wilder erinnert sich an seinen »Todesblick«. In dieser Nacht soll er Marilyn grün und blau geschlagen haben. Zwei Wochen später reichte Marilyn die Scheidung ein.[69] Sie sagte später folgendes über ihre zweite Ehe: »Eigentlich lehnte er alles an mir und in meinen Filmen ab, und er haßte meine Kleidung. Als ich ihm erklärte, ich müsse mich so kleiden, es gehöre zu meinem Job, verlangte er von mir, daß ich diesen Job an den Nagel hänge.« Zu Recht merkt Marilyn an: »Aber wen glaubte er denn zu heiraten, als wir uns das Jawort gaben?«[70]

Marilyn war während des ersten Abschnitts ihrer Filmkarriere, von 1947-1954, bereits in 24 Produktionen aufgetreten, zumeist in der Rolle der »naiven, dummen, aber liebenswerten Blondine«, in der das Publikum sie liebte. Die Kehrseite des Erfolges war, daß sie von Produzenten auf eben diese Rolle immer wieder festgelegt wurde. Sie hatte an der Kreation der »Kunstfigur Marilyn Monroe« aktiv mitgewirkt, denn nur in dieser Rolle glaubte sie das zu finden, wonach sie sich so sehr sehnte: Anerkennung und Liebe. Doch nun war sie es endgültig leid, dieses Klischee zu bedienen. Sie brauchte eine Pause. Sie wollte nach New York gehen, um dort professionellen Schauspielunterricht zu nehmen, in der Hoffnung, durch verfeinertes schauspielerisches Können endlich anspruchsvollere Rollen zu bekommen. Sie war zu dieser Zeit der erfolgreichste Star Amerikas. Dennoch war es ihr bitterernst mit der Abkehr von Marilyn Monroe, dem Sexidol: »Wenn ich Hollywood verlasse und nach New York gehe, kann ich, davon bin ich überzeugt, mehr ich selbst sein. Und wenn ich nicht ich selbst sein kann, was nützt es dann, jemand anderes zu sein?«[71] [72]

1955, während ihrer »Auszeit« in New York, verbrachte Marilyn viel Zeit im Hause des bekannten Portraitfotografen Milton Greene und seiner Frau. Sie hatte kurz zuvor gemeinsam mit Greene den Schritt zur Gründung einer eigenen Produktionsfirma (Marilyn Monroe Productions) gewagt, um endlich Mitspracherecht bei den Drehbüchern und damit Einfluß auf ihre Rollen zu haben. Die Greenes führten sie nun in das interessante und bunte New Yorker Gesellschaftsleben ein. Die kulturell vielseitig interessierte Marilyn las viel, besuchte Museen und Theatervorstellungen. Sie nahm Unterricht bei Lee Strasberg, dem seinerzeit wohl berühmtesten und umstrittensten Schauspiellehrer Amerikas. Seit 1951 war er Leiter des *Actors' Studios*, aus dem zahlreiche bekannte DarstellerInnen[73] hervorgegangen sind. Die von ihm entwickelte Schauspieltechnik wurde später *The Method*[74] genannt. Strasberg betonte die »Macht des wahren Gefühls«, das sich aus der jeweils persönlichen Lebensgeschichte entwickelt. Er verlangte von seinen SchülerInnen, grundsätzlich alles aufzudecken, was den Zugang zum eigenen Innenleben versperrte, und er ermutigte sie, parallel zum Unterricht in einer Psychoanalyse eventuelle Gefühlsblockaden zu beseitigen. Für die neunundzwanzigjährige Marilyn war diese Methode, die eine Aufwertung ihrer persönlichen Lebensgeschichte bedeutete, zunächst eine Offenbarung. Strasberg wurde zu ihrer neuen Autoritätsfigur. Lytess, ihre frühere Lehrerin, verschwand nun aus ihrem Leben und ihrer Karriere. Strasberg integrierte die berühmte Schauspielerin sogar in seine Familie, in der sich alles um den dominanten Mann drehte. Seine Frau, Paula Strasberg, hatte zugunsten ihres Mannes auf ihre Karriere als Schauspielerin verzichtet. Marilyn vertraute ihm blind und begab sich damit in eine neue Abhängigkeit.[75]

Auf Wunsch von Strasberg begann Marilyn eine Psychoanalyse bei Dr. Margaret Hohenberg. Marilyns Wunsch, sich selbst besser kennenzulernen, um eine ernsthafte und glaubwürdige Schauspielerin zu werden, verstärkte ihre Anspannung, denn wieder wollte sie es allen recht machen. Mit neunundzwanzig Jahren sagte sie: »Mein Problem ist, daß ich mich selbst unter Druck setze. Aber ich möchte nun mal wunderbar sein. [. . .] Ich versuche eine Künstlerin und ehrlich und echt zu sein, und manchmal habe ich das Gefühl, daß ich am Rande des Wahnsinns stehe. [. . .] Mich verläßt nie das Gefühl, daß ich eine Schwindlerin oder so etwas bin.«[76] Marilyn litt nach wie vor unter Schlaflosigkeit und Angstzuständen, denen sie mit Tabletten beizukommen versuchte. Ihr Hausarzt sah seine Aufgabe lediglich darin, dem berühmten Star Beruhigungsspritzen zu setzen und ihr Tabletten zu besorgen, wann immer sie danach verlangte. Auch ihre Psychoanalytikerin erkannte ihre Medikamentensucht nicht, was erstaunlich anmutet, denn die Auswirkungen eines solch exzessiven Tablettenmißbrauchs, wie Marilyn ihn mittlerweile betrieb, hätten ihr auffallen müssen.[77]

Im Sommer 1955 traf Marilyn in New York Arthur Miller, den sie bereits 1951 kennengelernt hatte. Sie fühlte sich erneut sehr zu ihm hingezogen. Miller symbolisierte für sie Intellekt, Bildung und Ernsthaftigkeit, Attribute, die dem Sexsymbol Marilyn kaum zugestanden wurden. Auch Miller zeigte sich hingerissen von Marilyn: »Sie war einfach überwältigend. Sie war auf ihre Art so verhei-

ßungsvoll, sie war so vielversprechend. [. . .] sie war unendlich fas-
zinierend, steckte voller origineller Gedanken, und an ihrem ganzen Körper gab es nichts, was durchschnittlich gewesen wäre.«[78]
Eine leidenschaftliche Liebesaffäre entwickelte sich zwischen beiden. Miller lud Marilyn zu seinen Eltern nach Brooklyn ein und
stellte sie als die Frau vor, die er heiraten werde. Es gab jedoch ein
Problem: er war bereits seit fünfzehn Jahren verheiratet und hatte
zwei Kinder. Miller hatte seiner politik- und geschichtsinteressier-
ten Frau Mary Grace Slattery einiges zu verdanken, kreative Anregungen und konkrete materielle Unterstützung, denn sie hatte
während der ersten Ehejahre die Familie ernährt. Marilyn, selbst
bereits zweimal geschieden, drängte ihn, seine Ehe fortzuführen.
Beide befanden sich zu dieser Zeit an sehr unterschiedlichen Punkten ihrer Karriere: Miller war in einer Schaffenskrise und wurde
zudem von reaktionären Kreisen angegriffen, die ihn für einen
Sympathisanten[79] der Kommunistischen Partei hielten. Marilyn
bereitete sich auf einen neuen Abschnitt ihrer schauspielerischen
Laufbahn vor. Sie konzentrierte sich auf ihre Arbeit mit Strasberg
und auf ihre Analyse und war in dieser Zeit selten in der Öffentlichkeit zu sehen.[80]

Ende des Jahres 1955 wurde ein Vertrag zwischen der Marilyn
Monroe Productions (MMP) und der Fox geschlossen. Die Fox si-
cherte ihrem »Kassenmagneten« endlich eine angemessene Gage
zu. Auch versicherte man ihr, daß sie während der nächsten sieben
Jahre nur vier Filme drehen müßte. Darüber hinaus wurde ihr nun
ein Mitspracherecht hinsichtlich Drehbuch, Regisseur und Kameramann gewährt.[81]

Im zweiten Abschnitt ihrer Filmkarriere, in den Jahren 1956-
1962, sollte sie nur noch in fünf Filmen auftreten. Viele Jahre
wurde diese nachlassende schauspielerische Aktivität einer allgemeinen Arbeitsunlust, psychischen Problemen und besonders ihrem Alkohol- und Tablettenkonsum zugeschrieben. Wenngleich
ihre weltweite Popularität unangetastet blieb, stürzten sich die
Medien in den folgenden Jahren fast ausschließlich auf diesen
»dunklen Fleck« im Leben der weiblichen Verkörperung des
»Amerikanischen Traumes«. Marilyn war in den ersten Jahren ihrer Filmkarriere von den Studios ausgenutzt worden. Wenn sie in
den letzten acht Jahren ihres kurzen Lebens weniger Filme drehte,
dann nicht deshalb, weil sie ausgebrannt war, sondern weil sie ihr
schauspielerisches Können verbessert hatte und dies auch in ent-

sprechenden Rollen umgesetzt wissen wollte. Sie mußte sich gegen enorme Widerstände durchsetzen, denn Hollywood war an einträglichen Geschäften mit dem Superstar interessiert und nicht an ihren Qualitäten als ernsthafte Schauspielerin.[82]

Anfang Februar 1956 fand eine Pressekonferenz anläßlich der bevorstehenden Dreharbeiten zu *The Prince and the Showgirl* (»Der Prinz und die Tänzerin«) mit der Monroe und keinem geringeren als Sir Laurence Olivier statt. Marilyn tauchte wie üblich mit erheblicher Verspätung auf, was den pflichtbewußten Olivier verärgerte. Doch als er sie sah, geriet er geradezu in Verzückung: »Binnen eines Augenblicks lagen wir ihr zu Füßen. [...] Bei Tagesende war mir klar: Ich würde mich wahnsinnig in Marilyn verlieben. [...] Sie war so bewundernswert, so geistreich, so unglaublich lustig und physisch reizvoller als jede andere Frau, an die ich denken konnte – ausgenommen ihr Ebenbild auf der Leinwand. Ich ging heim wie ein Lamm, dessen Schlachtung für dieses eine Mal noch aufgeschoben war, beim nächsten Mal jedoch ... Du meine Güte!«[83]

Doch zunächst kehrte Marilyn im Februar 1956, nach gut einem Jahr Aufenthalt in New York, für ihr Filmprojekt *Bus Stop* nach Hollywood zurück. Paula Strasberg war nun ihre neue Beraterin, mit der sie intensiv am Drehbuch des neuen Films arbeitete.[84] Während der Dreharbeiten in der Wüste von Phoenix erkrankte Marilyn so schwer, daß sie in ein Krankenhaus mußte. Weinend und erschöpft rief sie Miller an, der sich für zwei Monate in Reno aufhielt, um nun doch eine schnelle Scheidung zu erwirken. Verzweifelt schilderte sie ihm ihre Unsicherheit im Hinblick auf ihre schauspielerischen Qualitäten und sagte, daß sie das alles nicht mehr wollte und sich nur noch Ruhe wünsche. Miller nahm ihre »ein bißchen nach hysterischem Schauspielergerede« klingenden Worte nicht so ernst, spürte aber ihre Verzweiflung und fühlte sich in der Rolle des Erlösers recht wohl: »Zum ersten Mal lag in ihrer Stimme ein so unverhülltes Entsetzen, und ich spürte, wie sehr sie mir vertraute. Bis jetzt hatte sie ihre Abhängigkeit getarnt, und ich begriff plötzlich, daß sie niemanden außer mir hatte. [...] Wir würden heiraten und ein neues und wirkliches Leben beginnen ... Ich liebte sie, als hätte ich sie mein ganzes Leben lang geliebt; ihr Schmerz war mein Schmerz. Mein Blut schien gesprochen zu haben«,[85] schreibt Miller pathetisch in seinen Lebenserinnerungen. Er besuchte sie während der Dreharbeiten heimlich an den Wochenenden, denn er wollte seine Scheidung nicht gefährden. Marilyn, ohnehin unter äußerstem Druck, war nach seinen Besuchen völlig durcheinander, voller Schuldgefühle, nervös, verunsichert. Sie liebte Miller, wollte aber nicht, daß er ihretwegen seine Familie verließ.[86]

Im Juni 1956 wurde Miller in Washington vor den Ausschuß für »Unamerikanische Umtriebe« zitiert. Man versuchte über ihn an andere Intellektuelle heranzukommen. Er weigerte sich jedoch, Aussagen über die eigene Person hinaus zu machen, woraufhin man ihn wegen Aussageverweigerung belangen wollte. Miller rettete sich geschickt aus dieser für ihn mißlichen Lage: während der Anhörung erbat er seinen Paß zurück, da er mit seiner zukünftigen Frau, Marilyn Monroe, nach England zu reisen beabsichtige. Diese Nachricht war eine Sensation für die Medien und natürlich wichtiger als Millers politische Haltung. Sein Plan, die Berühmtheit Marilyns für seine Zwecke auszunutzen, ging auf. Unverzüglich erhielt er seinen Paß zurück. Marilyn erfuhr von diesem ungewöhnlichen Heiratsantrag über das Fernsehen. »Es war wahnsinnig nett von ihm, mir seine Pläne mitzuteilen«,[87] äußerte sie sich sarkastisch gegenüber Freunden.[88]

Marilyn Monroe und Arthur Miller wurden am 29. Juni 1956 in New York getraut. Die Verbindung Miller – Monroe wurde in der Presse immer wieder anzüglich als Liaison von Geist und Körper bezeichnet. Marilyn bewunderte Millers Wissen, und seine politische Haltung beeindruckte sie tief. Aber sie war die Erfolgreichere, und welcher Mann kann das schon ertragen? Freunden des Paares fiel schon bald auf, »daß Arthur Miller Marilyn auf unterschwellige Weise Mißachtung spüren ließ, indem er seine [scheinbare, S. N.] moralische und intellektuelle Überlegenheit ausspielte«.[89] Miller fühlte sich bemüßigt, ihr Vorlesungen zu halten und sie zu belehren, was ihren Ängsten und Selbstzweifeln neue Nahrung gab. Miller, selbst in einer »Schaffenskrise«, wertete sich und seine Bedeutung dadurch auf.

Im Juli reiste das Ehepaar zu den Filmaufnahmen mit Laurence Olivier nach London. Schwierige Verhandlungen waren diesem neuen Projekt vorausgegangen: Lee Strasberg hatte selbstverständlich eingefordert, daß seine Frau Paula für zehn Wochen Arbeit 25 000 Dollar erhalten sollte, eine Gage, die die der meisten SchauspielerInnen in New York und Hollywood überstieg. Als Druckmittel hatte er immer wieder auf Marilyns emotionale

Schwäche hingewiesen. Immer wieder wurde ihre sogenannte »emotionale Schwäche« von ihr angeblich nahestehenden Menschen benutzt, um daraus Profit zu schlagen. Auch Miller suchte nach lukrativen Möglichkeiten, am Erfolg beteiligt zu werden. Er schlug den Rechtsanwälten von Marilyns Firma vor, Rechte von seinen Bühnenstücken anzukaufen oder ihm Drehbuchaufträge zu erteilen. Das Buhlen um die Marilyn Monroe Productions nahm seinen Anfang. Marilyn saß zwischen allen Stühlen und wollte niemanden verletzen. Knapp ein Jahr später sollte es zum großen Streit zwischen Marilyn und Greene über die gemeinsame Filmfirma kommen, was ganz im Sinne Millers war, der nun Greenes Anteile aufkaufte und dessen Freunde in der Geschäftsleitung durch seine Freunde ersetzte.[90] In »Der Prinz und die Tänzerin« spielt Marilyn eine ihrer besten Rollen: als Tänzerin Elsie Marina erobert sie durch ihre Menschlichkeit und Hartnäckigkeit einen zynischen Balkanfürsten, gespielt von Laurence Olivier. Es ist ihr nicht anzumerken, unter welch entsetzlicher Anspannung sie während dieser für sie so wichtigen Dreharbeiten stand: zum einen verhielt sich Sir Laurence ihr gegenüber abscheulich. »Er wollte freundlich sein, kam mir aber vor wie einer, der herablassend gerade ein Elendsviertel besuchte«,[91] kommentierte Marilyn sein Verhalten. Auch gegenüber der Presse äußerte er sich nicht sehr freundlich über sie. Olivier fürchtete wohl um seine Vorrangstellung. Hinzu kam, daß Marilyn vermutlich gewagt hatte, ihn, *den* britischen Theaterstar, zurückzuweisen! Eine weitere große Kränkung und Erschütterung ihres Selbstvertrauens erfuhr sie durch ihren Mann. Als sie zufällig einen Blick auf Millers offen liegengelassenes Notizbuch warf, mußte sie dort lesen, daß er die Heirat bereute und sie für eine »unberechenbare, hilflose Kindfrau« hielt, mit der er nur Mitleid empfand. Er fürchtete, seine eigene Kreativität werde durch ihre »unaufhörlichen emotionalen Ansprüche« bedroht. Er habe geglaubt, sie sei »eine Art Engel«, doch nun fühle er sich getäuscht. Seine erste Frau habe ihn fallengelassen, doch sie habe ihm noch Schlimmeres angetan.[92] Miller, der »nach einer Göttin« Ausschau gehalten hatte, war wohl enttäuscht, daß Marilyn ihn weder retten noch seine Probleme lösen konnte, sondern selbst hilfsbedürftig war. Dennoch war sie es, wie zuvor seine erste Frau, die seine »Schaffenskrisen« finanziell überbrückte! Marilyn war einem Nervenzusammenbruch nahe.

In ihrer Verzweiflung suchte sie die in London lebende Kinder-

Analytikerin Anna Freud, die Tochter Sigmund Freuds, auf, und bat sie um Hilfe. Eine Woche lang fuhr sie nun täglich zur Analyse. Paula Fichtl, die über lange Jahre Haushälterin im Hause Freud war, erinnert sich: »Die Misses Monroe war sehr schlicht, gar nicht eingebildet, ein wenig ängstlich hat s' ausg'schaut, aber wenn sie gelächelt hat, konnt' man sie schon gern haben.«[93] Einmal nahm Anna Freud ihre berühmte Patientin in den Kindergarten der Hampstead Clinic mit. Marilyn spielte ausgelassen mit den Kindern und zeigte sich tief beeindruckt von der Arbeit Anna Freuds. Nach einer Woche Schnelltherapie kehrte sie zu den Dreharbeiten zurück. Einige Monate später erhielt Anna Freud einen Scheck in beträchtlicher Höhe, ausgestellt von Marilyn Monroe.[94]

Während der zweiten Augusthälfte erfuhr Marilyn, daß sie schwanger war, doch Anfang September erlitt sie eine Fehlgeburt. Ende November waren die strapaziösen Dreharbeiten endlich beendet. Die Schauspielerin wurde von der Presse hymnisch gefeiert und von der gleichaltrigen Queen Elizabeth zu einem Empfang eingeladen.[95] Wieder in New York, richtete sie eine Wohnung ein und versuchte, für den immer noch untätigen Miller die Hausfrau zu spielen. Sie sehnte sich vor allem nach Ruhe. Während dieser zweiten, einjährigen Arbeitspause nahm sie wieder Unterricht bei Strasberg. Außerdem setzte sie ihre Analyse bei der in New York lebenden Psychotherapeutin Marianne Kris fort, die ihr von Anna Freud empfohlen worden war.[96]

Für die streng freudianisch ausgerichtete Kris hatte die Kindheit absolute Schlüsselfunktion. Marilyn wurde fünfmal [!] die Woche dazu angehalten, sich mit einer Beziehung zu Mutter und Vater auseinanderzusetzen, die es faktisch nicht gegeben hatte. Die fortwährende Konfrontation mit der schmerzhaften Vergangenheit lähmte und blockierte sie eher, als daß sie ihr nützte. Sie hatte das Gefühl, sich im Kreise zu drehen: »Es war immer dasselbe, wie empfand ich dieses, und warum dachte ich, daß meine Mutter jenes tat – es ging nicht darum, welchen Weg ich einschlagen sollte, sondern woher ich komme. Aber woher ich kam, wußte ich ja. Ich wollte wissen, ob ich irgend etwas davon gebrauchen konnte für das, was mir vorschwebte!«[97] Marilyn war in dieser Zeit viel mehr an einer zukunftsorientierten Selbstsuche gelegen, und hierin wünschte sie sich Unterstützung. Keine/r ihrer TherapeutInnen hatte in seiner/ihrer Selbstherrlichkeit jemals einen Gedanken daran verschwendet, ob in Marilyns Fall eine Therapie, zumal eine

Psychoanalyse, tatsächlich hilfreich war. Marilyn geriet durch die extreme Innenschau in der Analyse und im Unterricht bei Strasberg mehr und mehr in einen Lähmungszustand und in Depressionen, die sie mit Tabletten zu bekämpfen versuchte.[98]

Im Juli 1958 reiste Marilyn mit Paula Strasberg zu den Dreharbeiten des Films *Some Like It Hot,* einer wilden Komödie aus der Zeit der Roaring Twenties. Billy Wilder führte Regie. »Manche mögen's heiß« ist heute ein Kultfilm. Marilyn spielt Sugar Kane, die liebenswerte, blonde Ukulele-Spielerin und Sängerin einer Frauenband, und beweist in dieser Rolle einmal mehr ihr großes komödiantisches Talent. Sie wollte derartige, klischeehafte Rollen eigentlich nicht mehr spielen, hatte aber aufgrund ihres großen Vertrauens zu Billy Wilder zugesagt. Während der Dreharbeiten kam es zu Konflikten zwischen den Hauptdarstellern. Jack Lemmon und Tony Curtis ärgerten sich über Marilyns Unpünktlichkeit und waren entnervt, da sie einzelne Szenen ständig wiederholen wollte. Mit ihrem Perfektionismus gefährdete sie das für den Film angesetzte Budget. Miller besuchte sie im September am Set und mischte sich ständig ein, was Marilyn zusätzlich verunsicherte. Aufgrund ihrer Anspannung und der permanenten Angst zu versagen konnte sie wieder nur mit hohen Dosen von Barbituraten schlafen.[99]

Nach Abschluß der Dreharbeiten war Marilyn erneut schwanger. Doch sie erlitt erneut eine Fehlgeburt.[100] Wochenlang hatte sie furchtbare Schuldgefühle und litt unter Depressionen. Ihre Analytikerin Kris verschrieb ihr zusätzlich zu den Schlafmitteln Beruhigungsmittel gegen die Depression, ohne die Gesamtmenge der Tabletten zu kontrollieren.[101] Wegen der Tabletten litt Marilyn an chronischer Verstopfung, die sie durch Klistiers[102] zu mildern versuchte.[103]

Anfang 1960, während der Dreharbeiten zu ihrem nächsten Film *Let's Make Love* (»Machen wir's in Liebe«) mit Yves Montand, erfuhr Marilyn durch ihren Mann eine bittere Enttäuschung. Während eines Streiks der Skriptautoren schrieb der doch stets auf sein kämpferisches Image bedachte Miller das Drehbuch für die Fox um, kassierte einen Scheck und beklagte sich noch, daß er seine Kunst prostituiere. Miller hatte in Marilyns Augen seine eigenen Prinzipien verraten, sie verlor endgültig ihre Achtung vor ihm.[104] Nach Abschluß der Dreharbeiten war sie entsetzlich einsam und traurig. Auf Empfehlung ihrer Analytikerin wandte sie sich an einen Psychiater in Los Angeles, einen gewissen Dr. Ralph Greenson, zu dessen KlientInnen fast ausschließlich Hollywood-Stars zählten.[105]

Im Juli 1960 begannen die Dreharbeiten zu *The Misfits* (»Nicht gesellschaftsfähig«) in der Wüste von Nevada. Miller hatte das Drehbuch nach einer gleichnamigen Kurzgeschichte geschrieben. Marilyn hoffte, mit dieser für sie geschriebenen großen Frauenrolle in einem ernsten Film einen Neuanfang in Hollywood machen zu können. Trotz dreijähriger Arbeit hatte Miller das Skript noch immer nicht fertiggestellt. Er schrieb also während der laufenden Dreharbeiten weiter, für die DarstellerInnen eine Zumutung, denn sie mußten ihre Rollen immer wieder neu einstudieren. Für Marilyn mit ihrer notorischen Unsicherheit war diese Methode Gift. Miller scheute sich nicht, Einzelheiten aus Marilyns persönlicher Lebensgeschichte in das Skript einzuarbeiten. Auch ein sehr anrührendes Gespräch über Marilyns Traurigkeit, das der damals noch verliebte Miller mit ihr geführt hatte, wurde im Drehbuch verarbeitet. Miller betrieb eine öffentliche Zurschaustellung äußerst privater und kummervoller Erfahrungen Marilyns[106] und begann während der Dreharbeiten eine Beziehung mit der damaligen Standfotografin Inge Morath, die seine dritte Frau werden sollte.[107]

Für Marilyn wurden jeden zweiten Tag Tabletten eingeflogen, die ihr ihre Ärzte in immer höheren Dosen verordneten. Ihr Psychoanalytiker Greenson verschrieb ihr sorglos 300 Milligramm des Barbiturats Nembutal[108] für die Nacht. Die Normaldosis liegt bis heute in den USA bei 100 Milligramm für die Höchstdauer von einer Woche. Ärzte am Drehort sorgten für zusätzliche Dosen. Marilyn sprach oft unzusammenhängend, ging schwankend, erlitt plötzliche Stimmungseinbrüche und bekam Hautausschläge. Dies sind die klassischen Symptome bei überdosiertem Gebrauch von Barbituraten.[109] Es grenzt fast an ein Wunder, daß es ihr trotz dieses massiven Tablettenmißbrauchs gelang, ihre Szenen abzudrehen. Im Oktober waren die nervenaufreibenden Dreharbeiten in der Hitze von Nevada beendet. Es sollte der letzte fertiggestellte Film der Monroe sein und das Ende ihrer Ehe mit Miller. Ende Januar 1961 wurde das Ehepaar geschieden.[110]

Marilyn war enttäuscht und traurig: »Mein ganzes Leben lang habe ich Marilyn Monroe gespielt, Marilyn Monroe, Marilyn Monroe. Immer habe ich versucht, alles besser zu machen, und was ist das Ergebnis: Ich spiele doch nur die Imitation meiner selbst. Ich möchte so gerne etwas anderes tun. Das war es, was mich so zu Arthur hinzog ... Als ich ihn heiratete, hatte ich die Vorstellung, daß ich es schaffen würde, durch ihn von Marilyn Monroe wegzukommen, und nun bin ich wieder da und mache dasselbe ... Ich konnte den Gedanken nicht mehr ertragen, eine weitere Szene mit Marilyn Monroe zu spielen.«[111] Marilyn war inzwischen 34 Jahre und hatte in 29 Filmen mitgewirkt. Nach dreizehn Jahren harter Arbeit konnte sie noch immer nicht ihre eigenen Vorstellungen von Filmrollen durchsetzen. Ihre dritte Scheidung lag hinter ihr, und der Film, in den sie ihre Hoffnungen gesetzt hatte, war nicht sonderlich erfolgreich. Wieder in New York, versank sie mehr und mehr in Trauer und war durch nichts mehr zu trösten.

Ihre Analytikerin Kris fühlte sich in dieser Situation hilflos und wies ihre ahnungslose Klientin, der gegenüber sie die Einweisung als Erholungsaufenthalt ausgegeben hatte, am 5. Februar 1961 mit der Diagnose »psychotischer Fall« in die psychiatrische Abteilung des New York Hospitals ein. Marilyn, die seit ihrer Kindheit verschlossene Türen haßte, geriet dort in einen extremen Schockzustand. »Sie brach weinend und schluchzend zusammen, schrie, daß man sie freilassen solle, und hämmerte an die abgeschlossene Stahltür, bis ihre Hände aufgerissen waren und bluteten.«[112] Sie wurde daraufhin von den Ärzten als »äußerst gestört« eingestuft. Wer würde unter diesen Umständen nicht »äußerst gestört« reagieren? Außerdem galt sie als »potentiell selbstmordgefährdet«, nachdem sie das Fenster einer Badezimmertür eingeschlagen hatte, um auf die Toilette zu gelangen. Man drohte ihr mit einer Zwangsjacke, falls sie sich nicht beruhige. Mariyln fühlte sich hilflos, gedemütigt und verraten. Schließlich erbarmte sich eine Schwesternhelferin und überbrachte eine Nachricht Marilyns an Paula und Lee Strasberg mit folgendem Inhalt: »Dr. Kris hat mich ins Krankenhaus gesteckt. Ich stehe unter der Aufsicht zweier idiotischer Ärzte ... Ich bin zusammen mit einigen armen Verrückten hier eingesperrt und werde am Ende selbst noch verrückt, wenn ich weiter in diesem Alptraum aushalten muß. Bitte helft mir. Es ist wirklich der letzte Ort, wo ich mich aufhalten möchte. Ich liebe euch beide. Marilyn. P.S. ich bin im Stockwerk, wo die Gemeingefährlichen sind. Es ist wie eine Zelle. [. . .]«[113] Doch die Strasbergs konnten als Freunde Marilyns Entlassung nicht bewirken. Schließ-

lich durfte sie telefonieren und erreichte Joe DiMaggio, den sie
sechs Jahre nicht gesehen hatte. DiMaggio machte sich sofort auf
den Weg und holte Marilyn unter Androhung von Gewalt aus der
Klinik. Zwei Tage und Nächte hatte diese Verwahrung gedauert.
Marilyn willigte ein, sich nach diesem schrecklichen Erlebnis in
eine richtige Erholungsklinik zu begeben. DiMaggio besuchte sie
dort jeden Tag. Anfang März verließ sie erholt und schön die Kur-
klinik, begleitet von sechs Sicherheitsbeamten, die sie durch die
Menge geleiteten.[114]

Anfang August desselben Jahres entschied sich Marilyn, nach
Los Angeles zurückzukehren, um ihre Therapie bei Dr. Greenson
wiederaufzunehmen. Zu ihrer New Yorker Analytikerin hatte sie
jeden Kontakt abgebrochen. Dennoch erhielt Kris nach Marilyns
Tod eine Geldsumme, die sie der Klinik Anna Freuds stiftete.[115]
Von nun an ging Marilyn fünfmal, später sogar siebenmal die Woche, zu dem Prominenten-Analytiker. Greenson faszinierten (und
finanzierten!) die Probleme der Prominenten. Er war ein ruhm-
süchtiger, zwielichtiger Therapeut mit einem gewissen Showta-
lent. Seine Überzeugung, daß PsychiaterInnen sich bei ihren
KlientInnen emotional engagieren müssen, wenn sie eine verläß-
liche therapeutische Beziehung aufbauen wollen, widerspricht einem der wichtigsten Grundsätze der Psychoanalyse und sollte für
Marilyn Monroe verheerende Folgen haben. Greenson war außerordentlich stolz auf seine berühmte Klientin und zögerte nicht, sie
in sein Haus einzuführen und im weiteren Verlauf zu einem Mitglied seiner Familie zu machen. Es kam immer öfter vor, daß er
ihretwegen Termine mit anderen Patienten absagte. Auch ermun-
terte er sie, ihn zu jeder Tages- und Nachtzeit anzurufen. Doch
damit nicht genug, engagierte er die Witwe Eunice Murray, eine an-
gelernte Krankenschwester und Haushälterin, als ständige Beglei-
terin seiner Klientin. Sie wurde beauftragt, dem Psychiater ohne
Marilyns Wissen regelmäßig Bericht zu erstatten. Greenson übernahm zunehmend die Kontrolle über das Leben Marilyn Monroes.
Er war der Ansicht, nur er könne ihr helfen. Selbst Kollegen sahen
seine Ambitionen kritisch, denn er überschritt damit bei weitem
die Grenzen eines Therapeuten. Er hätte mit seinem »Rettersyn-
drom« und seinem Machtbedürfnis dringend selbst eine Therapie
benötigt. Anstatt seine Klientin in die Unabhängigkeit und Selbständigkeit zu führen, was doch vorrangiges Ziel einer Therapie
sein sollte, erzeugte Greenson ein extremes Abhängigkeitsverhält-

nis. Hinzu kam, daß er wie viele seiner Kollegen zu jener Zeit ungehemmt Barbiturate und Tranquilizer[116] verschrieb. Auch mit dem Grundsatz der Diskretion und Schweigepflicht nahm er es nicht so ernst: in seinem Aufsatz »Besondere Probleme bei der Psychotherapie reicher und berühmter Menschen« beschrieb er seine Erfahrungen mit dem Filmstar Monroe, ohne ihren Namen zu nennen, aber dennoch so, daß sie für alle sofort erkennbar war.[117]

Im Frühjahr 1962 verdichteten sich die Gerüchte um eine intensive Liebesbeziehung Marilyns mit John F. Kennedy. Laut Marilyn-Biograph Spoto fehlen stichhaltige Beweise für eine solche Behauptung. Mit Sicherheit weiß man nur, daß Monroe und John F. Kennedy sich in der Zeit zwischen Oktober 1961 und August 1962 viermal trafen und daß es zu einer intimen Begegnung zwischen beiden kam, der einzigen, so Marilyns Aussage gegenüber engen Freunden. John F. Kennedy lud sie zu seiner bevorstehenden, legendär gewordenen Geburtstags-Gala im Madison Square Garden ein. Dies sollte die letzte Begegnung beider sein. Die Gerüchte über eine länger dauernde und folgenreiche Affäre rissen jedoch nicht mehr ab. Sie kursieren bis heute und sind Teil der Mythen um Marilyn Monroe und John F. Kennedy. Nach ihrem Tode wurde immer wieder behauptet, sie habe auch eine Beziehung mit dem Bruder des Präsidenten, dem Justizminister Robert Kennedy, gehabt. Nachweisbar ist allerdings lediglich, daß sie sich einige Male begegnet sind.[118]

Im März 1962 wurde Marilyn Monroe zum zweiten Mal der Golden Globe Award als »beliebtester internationalen Schauspielerin« verliehen. Bei der anschließenden Galaveranstaltung kam es zu einem peinlichen Auftritt der Künstlerin: sie wirkte betrunken, sprach undeutlich und trug ein Kleid, das so eng war, daß sie sich kaum darin bewegen konnte. Sonst bewundert und umjubelt, löste sie nun eine beklemmende Stimmung und Entsetzen aus. Für ihr ungewöhnliches Verhalten gab es jedoch eine einfache Erklärung: Marilyn stand unter Hochspannung wegen des bevorstehenden Filmprojekts *Something's Got to Give* und war vollgepumpt mit einer Kombination starker Beruhigungsmittel. Tief niedergeschlagen verkroch sie sich einige Tage bei Dr. Greenson, der ihren Zustand als Nervenzusammenbruch wertete und sie mit weiteren Medikamenten ruhigstellte. Kurz darauf bezog sie mit der unvermeidlichen Eunice Murray ihr neues Haus am Helena Drive, das sie auf Greensons Wunsch hin gekauft hatte. Marilyns Freunde

empfanden Murray als eine »auffällig negative Person«, eine »sehr
sonderbare Frau«, die furchtbar eifersüchtig auf Marilyn war, sie
als gestrenge Mutter in gütig-herablassender Weise wie ein wider-
spenstiges Kind behandelte und versuchte, sie von ihren Freunden
abzusondern.[119]

Ende April 1962 begannen die Dreharbeiten zu *Something's Got
to Give*, Marilyns letztem Film, der nie fertiggestellt wurde. Wieder
einmal lag ein schwaches, klischeehaftes Drehbuch zugrunde. Sie
selbst wollte diesen Film nicht machen, aber Greenson, der von der
Fox als Marilyns Ratgeber engagiert werden sollte, sagte ihr, der
Film sei gut für sie. Für den Analytiker war das Filmprojekt, zusätzlich zu den Honoraren für die Analyse, ein einträgliches Geschäft.
Marilyn, gewohnt, gefällig zu sein, willigte ein. Sie hatte wie immer
schreckliche Panik während der Dreharbeiten, probierte aus Unsicherheit ihre Rolle immer und immer wieder, überraschte dann
aber wie gewöhnlich vor laufender Kamera durch ihre Souveräni-
tät und ihr Können. Aus Angst, nicht genug Schlaf zu bekommen,
schluckte sie wieder gigantische Mengen von Tabletten.[120] »Wenn
man in einem Film mitwirkt, muß man morgens früh gut aussehen,
deshalb braucht man vorher seinen Schlaf. Und darum nehme ich
die Tabletten«,[121] hat sie einmal gegenüber besorgten Freunden geäußert. Hier wird der immense Druck deutlich, der auf Marilyn
Monroe, dem Schönheitsideal der fünfziger Jahre, lastete. Hinzu
kam, daß Dr. Greenson, trotz seines Engagements als persönlicher
Berater, zu einer fünfwöchigen Reise aufbrach. Marilyn, für die er
mittlerweile zum wichtigsten Menschen geworden war, reagierte
zutiefst verstört. Der Analytiker verschrieb ihr »als Ersatz für sich«
Dexamyl:[122] »Ich hatte ... das Gefühl, daß sie das Alleinsein und
die damit verbundenen Ängste nicht würde ertragen können. Daß
ich ihr die Pillen gab, stellte einen Versuch dar, ihr etwas von mir zu
geben, das sie schlucken, einnehmen konnte, so daß sie das Gefühl
der schrecklichen Leere überwinden konnte, das sie deprimieren
und in Wut versetzen würde.« In diesen Worten kommen aufs deut-
lichste Greensons »Gegenübertragung«, seine Abhängigkeit von
der Abhängigkeit Marilyns wie auch seine »erotische Obsession«
zum Ausdruck.[123]

Durch eine akute Nebenhöhlenentzündung Marilyns gerieten
die Dreharbeiten in Verzug. Am 17. Mai mußte wieder unterbrochen werden, weil sie trotz ihrer schlechten körperlichen Verfassung zur Geburtstagsfeier des Präsidenten nach New York fliegen

wollte. Die Fox hatte ihr dies bereits im April genehmigt. Marilyn hatte im Madison Square Garden neben anderen berühmten Künstlerinnen wie Maria Callas und Ella Fitzgerald einen Auftritt und sang vor über 15 000 Menschen ihr berühmtes »Happy-Birthday to you«. Während sie am 17. Mai nichtsahnend nach New York flog, erwog die Fox, die am Rande des Bankrotts stand, Marilyn bei Gericht wegen Vertragsbruchs zu verklagen, um auf diese Art zu Geld zu kommen. Marilyn war außer sich, als sie davon erfuhr.[124]

Als sie am 21. Mai wieder am Set erschien, herrschte eine äußerst gespannte Atmosphäre, denn die Dreharbeiten hätten jederzeit abgebrochen und Marilyn entlassen werden können. Am 1. Juni 1962, Marilyns 36. Geburtstag, gab es nach Drehschluß eine kleine Geburtstagsfeier. Die vorher abgedrehte Szene sollte der letzte Filmauftritt Marilyn Monroes sein. Am Abend war sie allein, und ihr wurde endgültig klar, daß man den Film sterben lassen wollte und sie von Beginn an benutzt hatte. Sie fühlte sich unsagbar einsam und verraten. Am nächsten Morgen fand man sie schwindelig und desorientiert vor, mit den klassischen Anzeichen für eine Dexamyl-Überdosis. Am folgenden Tag verweigerte Marilyn die Arbeit im Studio mit der Begründung, sie könne unter dem Kündigungsdruck nicht arbeiten. Daraufhin wurden die Dreharbeiten eingestellt. Greenson reiste sofort an und suchte als erstes Marilyn auf. Er war ausgesprochen wütend; die Situation war ihm außer Kontrolle geraten. Zwei Wochen darauf ließ er sich in einem Brief an eine Freundin über seine »ihn mit Beschlag belegende Klientin« aus, die ihn um seine Ferien gebracht habe . . . Er sähe nur noch »diese Schizophrene« und müsse all seinen übrigen Patient-Innen absagen.[125] Nach Walter Bernstein, dem Drehbuchautor von *Something's Got to Give,* hatte Greenson Marilyns hilflose Haltung selbst zu verantworten, denn »alle wußten, daß Greenson Marilyn in eine Art Kokon eingesponnen hatte. Ich hatte immer das Gefühl, daß sie für die Leute wie zu einer Investition geworden war – nicht nur im finanziellen Sinne, indem er sich um sie kümmerte, sondern sogar in der Erzeugung ihrer Krankheit. Es war für ihn und auch für andere zu einer Notwendigkeit geworden, sie als krank, abhängig und bedürftig zu sehen.«[126] Greenson, wie auch andere Menschen, insbesondere Männer, fühlten sich durch Marilyns »Hilflosigkeit« aufgewertet und mächtig.

Am 7. Juni erschien Marilyn in Begleitung von Greenson mit

Blutergüssen auf den Augenlidern und dem Verdacht auf eine gebrochene Nase bei einem bekannten Schönheitschirurgen. Der Analytiker erklärte ihren Zustand mit einem Sturz. Es ist jedoch durchaus möglich, daß Greenson, der zu irrationalen Wutausbrüchen neigte, sie geschlagen hatte. Er meldete seine Klientin krank und übernahm die Verhandlungsgespräche mit der Fox. Er versicherte vergeblich, Marilyn werde den Film in der vorgesehenen Zeit beenden; das Studio hatte die Klage gegen Marilyn wegen wiederholtem mutwilligem Vertragsbruch bereits eingeleitet. Man war der »kapriziösen« und anspruchsvollen Monroe überdrüssig. Marilyn Monroe, der Superstar der Fox, wurde also von heute auf morgen fallengelassen, nachdem man Millionen an ihr verdient hatte.[127]

Die Filmbosse konnten ihr verzweifeltes Ringen um Perfektion und anspruchsvollere Rollen weder verstehen noch tolerieren. Sie schrieb kurze Zeit nach ihrem Rausschmiß in einem Telegramm an Robert Kennedy: »Leider mache ich gerade eine Freiheitskampagne, um gegen den Verlust von Minderheitenrechten der noch verbliebenen irdischen Sterne zu protestieren. Alles was wir verlangt haben, war unser Recht zu funkeln.«[128]

Marilyn war in der folgenden Zeit dennoch keineswegs untätig. Durch den Wirbel mit der Fox baten sämtliche Illustrierten Amerikas um Interviews und Fototermine. Auch neue Filmprojekte wurden ihr vorgeschlagen, so eine Jean-Harlow-Biographie, ein Projekt, von dem sie schon immer geträumt hatte. Die mittlerweile sechsunddreißigjährige Marilyn war zuversichtlich. Wie schon oft versuchte sie, Enttäuschungen mit neuen Vorhaben zu verarbeiten. Es entstand u. a. die berühmte Foto-Serie mit dem Fotografen Bert Stern, die später als *The Last Sitting* veröffentlicht wurde. Stern erinnert sich: »Marilyn war sehr natürlich, ohne Affektiertheit, ohne Staralüren. . . . Sie kam mir wirklich überhaupt nicht deprimiert oder ängstlich vor: Sie nippte an ihrem Dom Perignon und war froh, das tun zu können, was ihr am meisten Spaß machte.«[129]

Ihrem Therapeuten stand sie inzwischen skeptisch gegenüber. Dennoch blieb sie seine Klientin. Greenson schickte ihr im Juli fast täglich einen Arzt namens Engelberg ins Haus, der ihr Injektionen verabreichte. Marilyn gab diese Spritzen als Leber- und Vitaminpräparate aus, nannte sie ihre »Jungspritzen«. Ihr Verhalten und ihre Stimmung sollen sich nach den Injektionen jedoch auffällig rasch verändert haben.[130]

256

Anfang Juli interviewte der Reporter Richard Meryman Marilyn an vier aufeinanderfolgenden Tagen in ihrem Haus. Befragt zu dem Klatsch, der über sie im Umlauf war, antwortete sie: »Ich ärgere mich wirklich, wenn es in der Presse heißt, ich litte an Depressionen und wäre versackt, als ob ich am Ende wäre. Ich lasse mich nicht unterkriegen, auch wenn es eine gewisse Erleichterung wäre, mit der Filmerei aufzuhören. Diese Arbeit ist wie ein 100-m-Lauf, du rennst und dann bist du an der Ziellinie und denkst, du hast es geschafft. Aber das hast du nie. Es gibt noch eine Szene und noch einen Film, und du fängst wieder ganz von vorne an.«[131] Als Meryman ihr abschließend die Tonbandabschrift vorlegte, wollte sie nur eine Stelle gestrichen haben, eine Bemerkung, die besagte, daß sie bedürftigen Menschen insgeheim Geld gab. Auffällig an diesem Interview ist ihr grelles, oft seltsam deplaziert wirkendes Lachen, das zumeist gerade dann einsetzt, wenn sie über Dinge spricht, die sie besonders verletzen oder erzürnen. Man gewinnt fast den Eindruck, als wollte sie, »Everybody's Darling«, ihren Kummer und ihre berechtigte Wut dadurch entschärfen. Beim Abschied sagte Marilyn zu dem Reporter: »Bitte, stellen Sie mich nicht als Witzfigur dar.«[132] Es sollte ihr letztes Interview sein. Am 5. August war sie tot.

Marilyn Monroe starb in der Nacht vom 4. auf den 5. August 1962 in ihrem Haus am Helena Drive. Die Haushälterin und Greenson waren die ersten, die die Tote fanden. Eunice Murray machte gegenüber der Polizei folgende Aussage: sie sei um drei Uhr aufgestanden und habe unter der Tür von Marilyns Schlafzimmer Licht gesehen, habe aber die Tür nicht aufbekommen. Als Marilyn auf ihr Rufen nicht reagierte, habe sie Greenson verständigt, der sie beauftragte, von außen mit einem Schürhaken die Vorhänge des offenen, mit einem Gitter gesicherten Flügelfensters auseinanderzuschieben. Sie sah Marilyn nackt und bewegungslos auf dem Bett liegen. Sie alarmierte Greenson, der dann sofort gekommen sei. Dieser habe dann ein zweites unvergittertes Fenster eingeschlagen und sei auf diese Weise in das Zimmer gelangt. »Wir haben sie verloren«, soll er leise zur Haushälterin gesagt haben. Um 3.50 Uhr rief Greenson Engelberg an, der sofort kam und Marilyn für tot erklärte. Um 4.25 Uhr benachrichtigten beide Ärzte die Polizei, die zehn Minuten später eintraf.[133]

Die offiziellen Berichterstatter der Kommission zur Aufklärung der Todesumstände kamen Ende August 1962 zu dem Ergebnis, daß Miss Monroe, die schon lange nervenkrank war, an einer »akuten Barbituratvergiftung – Einnahme einer Überdosis« gestorben sei. Ein Mitglied der Kommission äußerte sich folgendermaßen: »Nachdem wir mit Dr. Greenson über Marilyns psychiatrische Vorgeschichte gesprochen hatten, war für uns klar, daß die einzige mögliche Schlußfolgerung, zu der wir gelangen konnten, Selbstmord oder wenigstens ein Spiel mit dem Tod war.«[134] An der Selbstmordthese gab es jedoch von Beginn an Zweifel. Darüber, wie Marilyn wirklich starb, gibt es bis heute die abenteuerlichsten Spekulationen. Schon bald hieß es, Marilyn Monroe sei ermordet worden. Hierzu sind im Laufe der Zeit verschiedene Theorien konstruiert worden, die die Medien bis heute beschäftigen. Im wesentlichen kreisen sie um eine Verwicklung der Kennedy-Brüder in den offenkundigen Medikamententod der Monroe. Es sollte ein Mordverdacht auf John F. Kennedy/Robert Kennedy gelenkt werden, um ihnen politisch zu schaden. Keine dieser Spekulationen konnte bis heute bewiesen werden. Aber auch die offizielle Selbstmordtheorie, die auf den Aussagen von Eunice Murray und Dr. Greenson basiert, weist viele Ungereimtheiten und Widersprüche auf und stimmt nach Spotos Recherchen nicht. Spoto beschreibt den Todesfall Monroe als eine »Verquickung von Pannen, Verschleierungen und unglücklichen Umständen«.[135]

Die Obduktion von Marilyns Leiche erbrachte merkwürdige Befunde: man fand im Blut »acht Milligramm Chloralhydrat[136] und viereinhalb Milligramm Nembutal, in der Leber jedoch 13 Milligramm Nembutal, einen sehr viel höheren Wert also.«[137] Dies läßt auf einen Nembutalkonsum über mehrere Stunden schließen. Angenommen, Marilyn hätte die Absicht gehabt, Selbstmord zu begehen, so hätte sie zweifellos sehr viele Tabletten auf einmal genommen und nicht viele Tabletten über den gesamten Tag verteilt, wie die Obduktion ergeben hatte. Einen noch weiterreichenden Hinweis gab jedoch eine sonderbare Entdeckung an der Leiche, der die untersuchenden Gerichtsmediziner schon damals zu einem ganz anderen Ergebnis kommen ließ als die offiziell eingesetzte Untersuchungskommission: »Ein großer Teil von Marilyns Dickdarm wies eine ›markante Blutstauung und eine violette Verfärbung auf‹, was nur auf eine rektale Zufuhr von Beruhigungs- und Schlafmitteln (Chloralhydrat) schließen läßt.«[138] [139]

Das Geschehen um Marilyns Tod könnte sich laut Marilyn-Bio-graph Spoto folgendermaßen abgespielt haben: Marilyn war die Tage vor ihrem Tod keineswegs depressiv. Sie führte viele Tele-fonate, u. a. wegen der neuen Filmprojekte, sprach Termine ab. Ihre beruflichen Aussichten waren vielseitig und erfolgverspre-chend.[140] Außerdem war sie im Begriff, sich von Greenson zu emanzipieren. Greenson spürte dies, er war wütend und ent-täuscht.[141] Er schrieb später: »Reiche und berühmte Leute brau-chen den Therapeuten 24 Stunden am Tag, und sie sind unersätt-lich. Sie sind auch fähig, dich völlig aufzugeben in dem Sinne, daß sie dir das antun, was ihre Eltern oder ihre Bediensteten ihnen an-getan haben. Du bist ihr Bediensteter und kannst fristlos entlassen werden.«[142]

Am 3. August gab Dr. Engelberg Marilyn wie üblich ihre tägli-che Injektion, beauftragt von Greenson. Er ließ ihr an diesem Tag jedoch zusätzlich ein Rezept über 25 Nembutal-Kapseln da. Außerdem hatte Marilyn noch einen Vorrat von Chloralhydrat-Tabletten, die Greenson ihr verschrieben hatte, um sie von den Barbituraten (Nembutal) zu entwöhnen, wie er später erklärte.[143]

Am 4. August kam Dr. Greenson um ein Uhr zu Marilyn und blieb mit einer Unterbrechung bis zum Abend bei ihr. Es gab einen Streit zwischen beiden, und Marilyn soll sehr wütend gewesen sein, so schrieb Greenson später in einem Brief an Marianne Kris, der früheren Therapeutin Marilyns. Sie hatte ihm gegenüber wohl geäußert, die Therapie beenden zu wollen.[144] Greenson versuchte daraufhin vergeblich, Engelberg zu erreichen, der Marilyn eine Be-ruhigungsspritze verabreichen sollte. Er übte wieder einmal seine Macht aus, um einen Bruch der Beziehung zu verhindern.[145] Laut Spotos Recherchen ist es wahrscheinlich, daß Greenson ein Kli-stier mit einer Chloralhydratlösung vorbereitete und das Haus daraufhin verließ. Eunice Murray verabreichte Marilyn, von Greenson beauftragt, bald darauf das Klistier. Als Beleg für die Wirkung des Klistiers führt Spoto die rapide psychische Verände-rung an, die zwei Telefonpartner kurz nacheinander an Marilyn beobachteten: um 19.15 Uhr wirkte sie noch ansprechbar, aufge-weckt und gut gelaunt. Um 19.40 Uhr hörte man sie »mit schwerer Stimme murmeln und lallen, ihre Stimme war undeutlich und fast nicht zu verstehen«.[146] Sie befand sich jedoch nicht in dem ihr ver-trauten Zustand einer medikamentös herbeigeführten Schläfrig-keit. Sie war dabei, in den Tod zu gleiten.

259

Wie kam es dazu? Die über das Klistier verabreichte Chloralhydratlösung traf im Blut auf die Nembutal-Tabletten, die Marilyn bereits tagsüber eingenommen hatte. Das Zusammenwirken beider Medikamente verursachte höchstwahrscheinlich ihren Tod, denn »Chloralhydrat beeinträchtigt die Produktion von Enzymen im Körper, die für den Abbau des Nembutals wichtig sind. So kam es, daß gerade das Chloralhydrat Marilyn Monroe tötete.«[147]

Marilyns Anwalt Milton Rudin, ein Schwager von Greenson, wurde in besagter Nacht ebenfalls gerufen. Er erinnerte sich, daß Greenson noch in der Todesnacht sagte: »Verdammt! Hyman [Engelberg, S. N.] hat ihr etwas verschrieben, wovon ich nichts wußte!«[148] Greenson gab später vor, von dem Nembutal-Rezept Dr. Engelbergs nichts gewußt zu haben. Faktisch haben beide Ärzte in spektakulärer Weise versagt, denn Marilyns Tod geht letztlich auf die unkontrollierte großzügige Verschreibung und Verabreichung gefährlicher und suchtbildender Medikamente und fehlende Absprache zwischen Greenson und Engelberg zurück.[149]

Auch den Zeitpunkt ihres Todes betreffend gibt es Ungereimtheiten. Nach Spoto muß die Haushälterin die tote Marilyn sehr viel früher entdeckt haben, als sie später aussagte. Er führt mehrere Zeugen an, die angaben, schon vor Mitternacht vom Tod Marilyns gewußt zu haben, und zwar durch Greenson.[150] Murray hatte Marilyn auf ihrem Bett gefunden, sie reagierte nicht mehr, und der Inhalt des Klistiers war im Koma ausgestoßen worden. Murray begriff die Situation sofort und alarmierte Greenson, der noch vor Mitternacht eintraf und von Marilyns Haus aus seinen Schwager Rudin und Dr. Engelberg anrief. Erst um 4.25 Uhr benachrichtigte man die Polizei. Warum erst viereinhalb Stunden später? Für Greenson, Engelberg und Murray ging es darum, die eigene Verwicklung in den tragischen und unschönen Tod Marilyn Monroes zu kaschieren, es galt eine Geschichte zu inszenieren. Greenson hatte zunächst vermutlich versucht, die Tote wiederzubeleben. Ein Rettungswagen wurde gerufen und wieder weggeschickt, denn Marilyn war tot.[151] Dann wurde mit dem Schürhaken das Fenster eingeschlagen und der schwarze Vorhangstoff abgenommen und verstaut, damit es so aussah, als habe man sich mit Gewalt Zutritt zu ihrem Zimmer verschaffen müssen. Das durch das ausgestoßene Klistier verschmutzte Bettzeug wurde abgezogen und gewaschen. So fand der erste Polizist, der das Haus betrat, Eunice Murray zu seinem Erstaunen mit der Waschmaschine beschäftigt.[152]

Greenson und Murray inszenierten die Geschichte des Todes von Marilyn Monroe im gegenseitigen Einvernehmen und stimmten ihre Aussagen aufeinander ab. Auch Engelberg hatte allen Grund, dieser Vertuschungsaktion zuzustimmen. Eunice Murray kann jedoch lediglich als abhängige Handlangerin des hauptverantwortlichen Greenson gesehen werden. Die letzte von Murray 1987 dokumentierte Äußerung lautet: »Ich würde meine Version keinesfalls beschwören.«[153] Dr. Greenson hingegen blieb immer bei seiner Aussage. Als er einmal von einem Fotografen auf die hohen Dosen Chloralhydrat angesprochen wurde, die er Marilyn verschrieben hatte, soll er erwidert haben: »Nun ja, ich habe einige Fehler in meinem Leben gemacht.«[154] Dieser Fehler Greensons, der im übrigen nie belangt wurde, kostete Marilyn Monroe vermutlich das Leben. Der Psychiater ist wegen seiner geachteten Position und seines geschickten Rückzugs hinter den Vorhang der ärztlichen Schweigepflicht einer Prüfung immer entgangen. 1985 druckte die Schweizer Zeitung »Blick« den Vorwurf, Greenson habe Marilyn Monroe umgebracht, und zahlte dafür eine hohe Geldstrafe.[155]

Marilyn Monroe wurde am 8. August 1962 in Los Angeles beigesetzt. Die Bestattungsfeierlichkeiten wurden mit folgendem Kommentar unterlegt: »Marilyn Monroe, Hollywoods extravaganteste Blondine seit Jean Harlow, wird heute beerdigt. Nur eine Handvoll Freunde und Verwandte begleiten sie. Marilyn trägt ein einfaches lichtgrünes Kleid, das sie in Florenz erworben hatte. Sie liegt in einem Sarg aus Bronze auf champagnerfarbenem Samt...«[156] Als Marilyn 1956 ein Testament machte, wurde sie gefragt, ob sie schon eine Idee für die Inschrift ihres Grabsteins habe. Sie erwiderte: »Marilyn Monroe, Blondine«.[157]

Es gibt heute an die fünfzig Biographien und Scheinbiographien über die Monroe sowie unzählige Fotobände. Auf der ganzen Welt gibt es MM-Doubles und Fan-Clubs. Sie ist zum Kunstobjekt geworden, zum Thema von Theaterstücken und Revuen, sogar eine Oper wurde komponiert: »Das Aschenputtel-Märchen mit dem tragischen Schluß lebt fort.«[158] Der Kult, der bis heute um die Glamour-Gestalt Marilyn getrieben wird, verschleiert jedoch das, was ihr Leben auch, und vor allem, war: ein tragisches Frauenschicksal. Dennoch wäre es falsch, in Marilyn Monroe ausschließlich ein

261

Opfer des Patriarchats zu sehen: »Daß Marilyn, die Sensible, die Sinnliche, die Lustige, trotz alledem nie nur Opfer war, sondern immer auch Handelnde, daß sie eine mitreißende Stärke und Ausstrahlung hatte – dafür liebe ich sie. Noch heute.«[159]

Anmerkungen

1 Zit. nach Spoto, Donald: Marilyn Monroe. Die Biographie. (Titel der Originalausgabe: Marilyn Monroe: The Biography, New York 1993) Aus dem Amerikanischen übertr. von Michael Kubiak, Dirk Muelder, Marcus Würmli, Ursula Wulfekamp. München 1994, S. 185.

2 Ebd., S. 528.

3 Schwarzer, Alice: Von Liebe und Haß, Frankfurt/Main 1993, S. 24.

4 Vgl. Spoto, S. 582 f.

5 Mailer, Norman: Marilyn Monroe. Eine Biographie. (Titel der Originalausgabe: »Marilyn«, erschienen bei Grosset & Dunlap und als Taschenbuchausgabe bei Warner Paperback Library, 1973/1975 by Alskog, Inc. and Norman Mailer) Aus dem Amerikanischen übertr. von Werner Peterich, München; Zürich 1993[16], S. 14.

6 Als die am sorgfältigsten recherchierte gilt die 1993 erschienene, von Donald Spoto geschriebene Monroe-Biographie, der sich, auch ihren Tod betreffend, auf gesicherte Fakten beschränkt.

7 Die Schreibweise ihres Namens wird unterschiedlich gehandhabt: in einigen Quellen heißt es Norma Jean, mehrheitlich jedoch Norma Jeane. Die Verfasserin bezieht sich diesbezüglich auf folgende Quellen: Who was who on screen, Evelyn Mack Truitt, 2. Aufl., New York u.a.: Bowker Company 1977; Gloria Steinem: Marilyn: Norma Jeane, London 1992 (1986).

8 Vgl. Spoto, S. 25 ff.

9 Zit. nach Spoto, S. 29.

10 Ebd., S. 31-32.

11 Ebd., S. 33.

12 Zit. nach Spoto, S. 36.

13 Vgl. Spoto, S. 33 ff.

14 Vgl. Spoto, S. 40 f.

15 Zit. nach Spoto, S. 45.

16 Ebd., S. 51

17 Ebd., S. 52

18 Ebd.

19 Ebd., S. 54.

20 Vgl. Spoto, S. 49 ff.

21 Ebd., S. 55 f.

22 Ebd., S. 57 ff.

23 Zit. nach Spoto, S. 63.

24 Ebd., S. 66 f.

25 Vgl. Spoto, S. 68 f.

26 Vgl. Freedman, Rita: Die Opfer der Venus. Vom Zwang schön zu sein, Zürich 1989, S. 72.

27 Vgl. Spoto, S. 73 f.

28 Ebd., S. 74 ff.

29 Zit. nach Spoto, S. 80.

30 Ebd., S. 82.

31 Vgl. Spoto, S. 87 ff.

32 Zit. nach Geiger: Marilyn Monroe, Hamburg 1995, S. 23.

33 Vgl. Spoto, S. 97 ff.

34 Ebd., S. 108 f.

35 Zit. nach Spoto, S. 114.

36 1. Film (1947): »Scudda-Hoo! Scudda-Hay!«; 2. Film (1948): »Dangerous Years«. Im ersten Film ist sie in einer kurzen Szene zu sehen und zu hören, wie sie »Hi, Rad!« ruft; im zweiten Film spielt sie eine Kellnerin in einem trübsinnigen Melodram über Jugendkriminalität.

37 Vgl. Spoto, S. 119 f.

38 Ebd., S. 122 ff.

39 Ebd., S. 131 ff.

40 Lytess hatte als junge Frau bei Max Reinhardt in Berlin studiert, bis sie 1933 ins Exil nach Amerika ging (vgl. Spoto, S. 135).

41 Vgl. Spoto, S. 135 ff.

42 Marilyn gibt in diesem Film als Chormädchen »Peggy Martin« mit den Songs »Anyone Can See I Love You« und »Everybody Needs a Da-da-daddy« erstmals eine Kostprobe ihres Gesangstalents.

43 Zit. nach Spoto, S. 146.

44 Vgl. Spoto, S. 141 ff.

45 Ebd., S. 149 f.

46 Die Einnahme von Tabletten, wie Barbiturate für ungestörten Schlaf, Amphetamine zum Wachbleiben, Narkotika zur Entspannung, war zu dieser Zeit völlig üblich. Medikamentensucht wurde bis Ende der sechziger Jahre nicht als Krankheit angesehen. Folglich war es gesellschaftlich nicht anrüchig, Tabletten zu nehmen. Besonders in Hollywood war es leicht, an diese Mittel heranzukommen. Es fehlte nicht an Ärzten, die den Stars beschafften, was sie brauchten, um einsatzfähig und bei Laune zu bleiben.

47 Zit. nach Spoto, S. 172.

48 Vgl. Interview mit Georges Belmont von 1960, in: Marilyn Monroe und die Kamera. München/Paris/London 1992, S. 19-20.

49 Zit. nach Spoto, S. 180.

50 Michael Tschechow, Neffe des russischen Dramatikers Anton Tschechow, hatte früher als Kollege von Stanislawskij am Moskauer Künstlertheater unterrichtet und genoß als Schauspiellehrer in Europa großes Ansehen.

51 Vgl. Geiger: a.a.O., S. 49.

52 Zit. nach Spoto, S. 185.

53 Vgl. Spoto, S. 184 f.

54 Ebd., S. 198.

55 Heute sind nur zwei der berühmten Nacktfotos erhalten, die zu wahren Ikonen geworden sind: »A New Wrinkel« (Eine neue Falte) und »Golden Dreams« (Goldene Träume).

56 Spoto, S. 200 ff.

57 Vgl. Spoto, S. 207 ff.
Nach Ihrem Tode hielten sich die Fotografen nicht mehr daran, so sind z.B. in »The Last Sitting« einige mit rotem Stift durchgestrichene Fotos zu sehen.

58 Gladys starb im März 1984 mit 82 Jahren an Herzversagen, 22 Jahre nach dem Tod ihrer Tochter.

59 Zit. nach Spoto, S. 213.

60 Vgl. Spoto, S. 213 f.

61 Ebd., S. 217 f.

62 Ebd., S. 227 f.

63 Ebd., S. 230 f.

64 Zit. nach Spoto, S. 231.

65 Vgl. Spoto, S. 236 ff., und Geiger: a.a.O., S. 63.

66 Zit. nach Spoto, S. 254.

67 Zit. nach Spoto, S. 258/259.

68 Vgl. Spoto, S. 265 f.

69 Vgl. Spoto, S. 275 ff.; Geiger: a.a.O., S. 70.

70 Zit. nach Spoto, S. 284.

71 Zit. nach Spoto, S. 291 f.

72 Vgl. Spoto, S. 290 ff.

73 Folgende SchauspielerInnen waren unterschiedlich lange Mitglieder des Studios: Anne Bancroft, Marlon Brando, James Dean, Robert De Niro, Sally Field, Dustin Hoffman, Paul Newman, Al Pacino, Geraldine Page, Sidney Poitier u.a.m. (vgl. Spoto, Anmerkung S. 301).

74 Kurz zusammengefaßt basiert Strasbergs Methode auf folgendem Grundsatz: die Aufgabe eines Schauspielers / einer Schauspielerin liegt nicht darin, ein Gefühl lediglich zu imitieren, es muß aktiv nachempfunden werden. Die Frage der ureigensten Gefühle, den eigenen Erinnerungen und der persönlichen Lebensgeschichte stand im Vordergrund seiner schauspielerischen Arbeit, was einen gewissen »Hyperemotionalismus« zur Folge hatte (vgl. Spoto, S. 300 ff.).

75 Vgl. Spoto, S. 299 ff.; Geiger: a.a.O., S. 78 f.

76 Zit. nach Spoto, S. 307.

77 Vgl. Spoto, S. 306 f.

78 Zit. nach Spoto, S. 310.

79 Besonders durch sein berühmtes Bühnenstück »Die Hexenjagd«, in dem Miller hintergründig die antikommunistische Hysterie der fünfziger Jahre thematisiert, hatte er sich den Zorn der Regierung zugezogen.

80 Vgl. Spoto, S. 309 ff.

81 Ebd., S. 329.

82 Ebd., S. 250 f.

83 Olivier, Laurence: Bekenntnisse eines Schauspielers, München 1985, S. 203 f.

84 Vgl. Spoto, S. 338 ff.

85 Miller, Arthur: Zeitkurven. Ein Leben, Frankfurt/Main 1994, S. 500 ff.

86 Vgl. Spoto, S. 345 f.

87 Zit. nach Spoto, S. 352.

88 Vgl. Spoto, S. 350 ff.

89 Zit. nach Spoto, S. 353.

90 Vgl. Spoto, S. 356 ff.; Geiger: a. a. O., S. 90 ff.

91 Zit. nach Spoto, S. 360.

92 Vgl. Spoto, S. 361.

93 Zit. in: Berthelsen, Detlef: Alltag bei Familie Freud. Die Erinnerungen der Paula Fichtl, Wien 1994, S. 140.

94 Vgl. Berthelsen: a. a. O., S. 139 ff.

95 Vgl. Spoto, S. 365 ff.

96 Vgl. Spoto, S. 371 ff.

97 Zit. nach Spoto, S. 379.

98 Vgl. Spoto, S. 374 ff.

99 Ebd., S. 387 ff.

100 Es gibt zahlreiche Spekulationen über die Anzahl der Fehlgeburten und angeblichen Abtreibungen, die Marilyn hat vornehmen lassen. Ihr Gynäkologe Dr. Leon Krohn dementierte dies: »All diese Gerüchte über ihre vielen Abtreibungen sind lächerlich. Sie hat nie abgetrieben. Später hatte sie zwei Fehlgeburten und eine Eileiterschwangerschaft, die abgebrochen werden mußte ...« (zit. nach: Spoto, S. 145)

101 Vgl. Spoto, S. 388 ff.

102 Der Gebrauch von Klistieren war Marilyn seit langen vertraut, denn sie hatte diese als drastische und nicht ungefährliche Methode der Gewichtsreduzierung häufiger benutzt, um die hautengen Kleider tragen zu können, in die sie teilweise von Hand eingenäht werden mußte.

103 Vgl. Spoto, S. 394 ff.

104 Ebd., S. 402 f.

105 Vgl. Spoto, S. 408 f.

106 Mit seinem 1964 nach Marilyns Tod veröffentlichten Schauspiel »Nach dem Sündenfall« trug Miller noch einmal seine Eheprobleme postum in der Öffentlichkeit aus.

107 Vgl. Spoto, S. 416 ff.; Geiger: a.a.O., S. 99 f.

108 Nembutal, Wirkstoff: Pentobarbital, gehört zur Gruppe der Barbiturate.

109 »Barbiturate . . . entspannen die Muskeln und führen bei kleinen Dosen zu einem leicht euphorischen Zustand. Bei hohen Dosen wird die Sprache undeutlich und verschwommen und der Gang unsicher. Urteilskraft, Konzentration und Arbeitsfähigkeit können stark beeinträchtigt werden. Der Betroffene verliert die emotionale Kontrolle, wird reizbar und aggressiv und fällt dann in tiefen Schlaf.« (Davison, Gerald C./Neale, John M.: Klinische Psychologie. Ein Lehrbuch, 3. neubearbeitete und erweiterte Aufl., München/Weinheim 1988, S. 345)

110 Vgl. Spoto, S. 427 ff.

111 Zit. nach Spoto, S. 432.

112 Spoto, S. 441.

113 Zit. nach Spoto, S. 442.

114 Vgl. Spoto, S. 440 ff.

115 Vgl. Appignanesi, Lisa/Forrester, John: a.a.O., S. 522.

116 Tranquilizer zählen zur Gruppe der Psychopharmaka, die mäßige bis geringe Angstniveaus reduzieren. Sie werden häufig bei neurotischen Störungen verschrieben. Bekannteste Vertreter sind Librium und Valium. Tranquilizer, auch »happy pills« genannt, sind zum festen Bestandteil amerikanischer Kultur geworden. Hochdosiert haben sie Nebenwirkungen wie Benommenheit und Lethargie und können zur körperlichen Abhängigkeit führen. (Vgl. Davison, Gerald C./Neale, John M.: a.a.O., S. 707-708.)

117 Vgl. Spoto, S. 412 ff.; 453 f.

118 Ebd., S. 469 ff.

119 Ebd., S. 478 f.

120 Ebd., S. 459; S. 491 f.

121 Zit. nach Geiger: a.a.O., S. 80.

122 Dexamyl ist ein Amphetamin, kombiniert mit einem rasch wirkenden Barbiturat, also ein Aufputsch- und ein Beruhigungsmittel in einem, das schließlich aus dem Verkehr gezogen wurde (vgl. Spoto, S. 499).

123 Vgl. Spoto, S. 498 f.

124 Ebd., S. 502 ff.

125 Ebd., S. 512 f.

126 Zit. nach Spoto, S. 513.

127 Vgl. Spoto, S. 514 ff.

128 Zit. aus: Marilyn: Ihr letzter Film. Dokumentarfilm, USA 1990, ausgestrahlt am 20.9.1996 auf SuperRTL.

129 Zit. nach Spoto, S. 523.
130 Vgl. Spoto, S. 524 f.
131 Zit. nach Spoto, S. 527.
132 Vgl. Marilyn: Das letzte Interview, ausgestrahlt im Mai 1996 auf MDR.
133 Vgl. Spoto, S. 557.
134 Zit. nach Spoto, S. 563.
135 Vgl. Geiger: a.a.O., S. 121.
136 Chloralhydrat wird bei Schlaflosigkeit, Erregungszuständen, Wundstarrkrampf und Eklampsie angewendet, es ist das älteste, künstlich hergestellte Schlafmittel. (Vgl. dtv-Lexikon, Bd. 3, Mannheim/München 1997, S. 253).
137 Spoto, S. 563.
138 Ebd., S. 565.
139 Vgl. Spoto, S. 563 ff.
140 Ebd., S. 548 f.
141 Ebd., S. 573.
142 Zit. nach Spoto, S. 543.
143 Vgl. Spoto, S. 547; S. 566.
144 Ebd., S. 550 f.
145 Ebd., S. 572.
146 Ebd., S. 553.
147 Ebd., S. 567.
148 Zit. nach ebd.
149 Vgl. Spoto, S. 547.
150 Ebd., S. 555 ff.
151 In Kalifornien ist der Transport einer Leiche im Rettungswagen nicht erlaubt (vgl. Spoto, S. 570).
152 Vgl. Spoto, S. 569 f.
153 Zit. nach Spoto, S. 571.
154 Ebd.
155 Zehntausend Schweizer Franken davon gingen an das Anna-Freud-Centre in London. Vgl. Berthelsen: a.a.O., S. 141-142.
156 Zit. nach: Marilyn: Das letzte Interview, ausgetrahlt im Mai 1996 auf MDR.
157 Zit. nach Spoto, S. 336.
158 Vgl. Karasek, Hellmuth: Die unsterbliche Tote, in: Der Spiegel Nr. 31/1982, S. 128.
159 Schwarzer, Alice: a.a.O., S. 25.

Literatur

Appignanesi, Lisa/Forrester, John: *Die Frauen Sigmund Freuds.* Aus dem Englischen übertr. von Brigitte Rapp und Uta Szyszkowitz, München 1994

Berthelsen, Detlef: *Alltag bei Familie Freud. Die Erinnerungen der Paula Fichtl,* Wien 1994 [1987]

Freedman, Rita J.: *Die Opfer der Venus. Vom Zwang schön zu sein.* Aus dem Amerikanischen übertr. von Olga Rinne, 1. Aufl., Zürich 1989

Geiger, Ruth-Esther: *Marilyn Monroe,* Reinbek bei Hamburg 1995

Gregory, Adela/Speriglio, Milo: *Der Fall Marilyn Monroe.* Aus dem Amerikanischen übertr. von Maurus Pacher und Brita Baumgärtel, München 1996

Jhehring, Barbara von: *Erst Hexe, dann Heilige,* in: Der Spiegel Nr. 31/1982

Karasek, Hellmuth: *Die unsterbliche Tote,* in: Der Spiegel Nr. 31/1982

Maerker, Christa: *Marilyn Monroe und Arthur Miller. Eine Nahaufnahme,* Berlin 1997

Mailer, Norman: *Marilyn Monroe. Eine Biographie.* Aus dem Amerikanischen übertr. von Werner Peterich, München; Zürich 1993[16]

Mailer, Norman: *Ich, Marilyn M. Meine Autobiographie.* Mit Photos von Milton H. Greene. Aus dem Amerikanischen übertr. von Hedda und Rolf Soellner, München 1981

Marilyn Monroe. Meine Story. Mit dem Gedicht »Gebet für Marilyn Monroe« von Ernesto Cardenal. Aus dem Amerikanischen übertr. von Manfred Ohl und Hans Sartorius, Frankfurt/Main 1980

Marilyn Monroe und die Kamera. 152 Photographien aus den Jahren 1945-1962 und das berühmte Interview Marilyn Monroe – Georges Belmont 1960. Vorwort von Jane Russell, München/Paris/London 1992

Miller, Arthur: *Nach dem Sündenfall.* Schauspiel. Aus dem Amerikanischen übertr. von Hans Sahl, Frankfurt/Main 1964

Miller, Arthur: *Zeitkurven. Ein Leben.* Aus dem Amerikanischen übertr. von Manfred Ohl und Hans Sartorius, Frankfurt/Main 1994

Olivier, Laurence: *Bekenntnisse eines Schauspielers.* Aus dem Englischen übertr. von Gerhard Beckmann und Irene Rumler, München 1985

Schwarzer, Alice: *Von Liebe und Haß,* Frankfurt/Main 1993

Spoto, Donald: *Marilyn Monroe. Die Biographie.* Aus dem Amerikanischen übertr. von Michael Kubiak, Dirk Muelder, Marcus Würmli, Ursula Wulfekamp, München 1994

Summers, Anthony: *Marilyn Monroe. Die Wahrheit über ihr Leben und Sterben.* Aus dem Englischen übertr. von Hans M. Herzog, Frankfurt/Main 1992 [1988]

Stern, Bert/Marilyn Monroe: *The Last Sitting.* 101 ausgewählte Photographien. Mit einer Einleitung von Daniel Dreier, München; Paris/London 1993

Adelheid Duvanel
1936-1996

»Es gibt aber Menschen, die sich nicht an das Hiersein gewöhnen können«

Von Liliane Studer

Solothurn 1996. Die Stühle im Saal sind alle besetzt, den Wänden entlang stehen die Leute dicht gedrängt. Vorne sitzt Adelheid Duvanel an einem Tisch, vor ihr liegt ein Stapel Manuskripte, neben ihr erzählt Friderike Kretzen von der Fassungslosigkeit, die sie ergriff, als sie die Schriftstellerin das erste Mal in einer KollegInnenrunde lesen hörte. »Und wie fassungslos ich die anderen Kollegen angeschaut habe, aber die wirkten ganz ruhig, denn sie wußten schon, daß diese Fassungslosigkeit zu den Texten von Adelheid Duvanel gehört.«[1] Nach der Einführung beginnt Adelheid Duvanel zu lesen, mit monotoner Stimme, ohne je aufzublicken. Und sie liest weiter, bis kein Blatt mehr vor ihr liegt, jenseits von Ort und Zeit. Sie hätte stundenlang weitergelesen, wären da weitere Geschichten gewesen – auch ohne Publikum. Sie wendet die letzte Seite, sammelt die Blätter ein, steckt sie in ihre Tasche, hängt die Tasche über die Schulter und steigt vom Podium hinunter. Daß es keine Diskussion gibt, wie bereits zu Beginn der Lesung angekündigt wurde, versteht sich von selbst.

Die ZuhörerInnen sind begeistert, die Presse des Lobes voll. Als »große Dichterin«[2] bezeichnet Erika Achermann Adelheid Duvanel in der *Solothurner Zeitung*, Charles Linsmayer rühmt »Adelheid Duvanels bildkräftige, von einem satirischen Humor geprägte Botschaften aus einer Welt der Krankheit und der Angst«[3] *(Der Bund)*, das *Aargauer Tagblatt* zählt Duvanels Lesung zu den denkwürdigen Grenzüberschreitungen, sie öffne den Grenzraum zwischen Normalität und abgründigem Irrsinn[4] (Gertrud Raeber). Und Felix Epper faßt im *Vorwärts* treffend zusammen: »Märchenhafte Traurigkeit umgibt Duvanels Figuren, und ein aberwitziger Humor, – wenn das Publikum zu einem befreienden Lachen ansetzt, kann das in der Geschichte nur das Schlimmste bedeuten.«[5]

Doch die Frau mit dem müden Gang und dem leeren Blick scheint sich nicht um solches Lob zu kümmern. Sie bewegt sich, als wären da keine Leute, als würde sie nur für diejenigen lesen, von denen ihre Geschichten handeln. Draußen dann, und damit versetzt sie uns, die wir dieses statische Bild von der unnahbaren Schriftstellerin aus Basel haben, wieder in Erstaunen, sitzt sie mit Menschen, die ihr vertraut sind, an einem der langen Tische in der Sonne, in ein Gespräch vertieft, dazwischen lacht sie auch. So habe ich sie schon lange nicht mehr gesehen. Sie wirkt fast munter, wenn sich ein solches Wort überhaupt auf sie beziehen läßt, sie, die immer so zurückhaltend, ja fast steif ist, sich nur schleppend bewegt und mit ihrem Gegenüber kaum in Kontakt tritt, in Augenkontakt schon gar nicht.

Knapp zwei Monate später dann die Nachricht ihres Todes. Sie wurde von einem Reiter aufgefunden, im Wald, in der Nacht vom 7. auf den 8. Juli 1996. Erfroren sei sie. Im Juli. Die Zeitungsnotiz scheint absurd. Und erstaunt nicht. Kälte ist allgegenwärtig in den Texten und Bildern von Adelheid Duvanel. Daß sie vor dem letzten Schritt nicht zurückschrecken würde, war längst bekannt, denn hatte sie nicht schon unzählige Selbstmordversuche unternommen, den ersten mit 17 Jahren? Nur gelungen sind sie ihr bis im Juli 1996 nie, aus welchen Gründen auch immer, obwohl sie keinen Aufwand gescheut hat. Wie damals etwa, als sie sich den Stoff für den Goldenen Schuß beschaffen wollte.

Eine Annäherung an die Basler Schriftstellerin und Malerin muß über ihre Texte und Bilder erfolgen. Über sich selber hat sie sich kaum geäußert, auch ihren nächsten Vertrauten ist sie letztlich fremd geblieben. Hinerlassen hat sie ihr Werk, in dem sie von ihrer Welt schreibt, sehr persönlich, gewiß, doch es sind Geschichten, Fiktion. Adelheid Duvanel hat keine Interviews gegeben, in denen sie auf Fragen nach ihrem Leben geantwortet hätte. Und nach Lesungen verweigerte sie die Diskussion. Sie legt uns die knappen Texte vor, was wir daraus lesen, überläßt sie uns. Auch aus ihren Bildern lassen sich Schlüsse ziehen, doch dürfte es zu einseitig sein, in ihnen nur »immer wieder die gleiche Frau in immer wieder neuer Bedrängnis«[6] zu sehen, nämlich die Künstlerin selber. So soll denn im nachfolgenden Text auf Erklärungen für dieses Leben verzichtet werden. Denn die Scheu, einer Frau auch nach ihrem Tod zu nahe zu treten und Kausalzusammenhänge festzumachen, mit denen sie sich nie hätte einverstanden erklären können, ist seit meiner ersten Begegnung mit Adelheid Duvanel eher noch gewachsen.

Adelheid Duvanel

Das zweite Ich

Adelheid Duvanel hat sich mit sechzig Jahren das Leben genommen. Vielleicht war ihr Tod bei diesem Versuch eher ein Zufall, es hätte ebensogut auch erst bei einem späteren Mal gelingen können. Über Selbstmord hat sie immer wieder geschrieben, etwa in der Erzählung »Ein zweites Ich«: Die elfjährige Margrit hat gelernt, daß die größte Sünde diejenige wider das sechste Gebot ist. »Du sollst nicht Unkeuschheit treiben«,[7] antwortet sie sofort auf die entsprechende Frage. Noch schlimmer aber ist, »wenn wir unwürdig kommunizieren«,[8] da kann nur noch der Papst den Menschen lossprechen. Am Abend, dem »Künder der Schwärze«,[9] spielt Margrit mit dem Ball, als ein Mann auf sie zukommt und ihr ein Kätzchen verspricht, wenn sie mit ihm geht. Niemand schaut aus einem der Fenster der Häuser; das Haus, in dem Margrit mit ihrer Mutter lebt, ist nicht zu sehen. Sie folgt dem Mann, er führt sie in ein Haus, in dem es ganz dunkel ist, sie spürt, daß er neben ihr steht, und sie weiß nicht, was er mit ihr machen will, was er tut. Als er plötzlich davonrennt, wundert sich Margrit, daß sie überhaupt noch gehen kann. Der Mutter wird sie nichts erzählen.

»Am Sonntag geht sie mit den andern Kinder zur Kommunion; nachher fällt der Gedanke über sie, daß sie nun von Gott verdammt sei; nur der Papst könnte sie lossprechen. Ihr Ich steht wie eine ausgeblasene Kerze im Dunkel. Sie muß ein zweites Ich erfinden, um weiterleben zu können; ein Ich, das lachen und spielen und Hausaufgaben machen kann. Im Alter von neunzehn Jahren begeht Margrit Selbstmord.«[10]

»Selbstmord« heißt eine Geschichte aus dem Band *Das verschwundene Haus,* in der die Frau ohne Namen – was erstaunt, denn Duvanels Personen haben meist einen Namen, der gleich zu Beginn bekanntgegeben wird – mit ihrer Vergangenheit abschließt, sich in den Zug setzt, um sich in der fremden Stadt von der Brücke zu stürzen. »Als um Mitternacht die Glocken der Kirchtürme schlugen, sprang die Frau von einer Brücke ins Wasser, in dem sich die runden, kleeblattförmig angeordneten Lampen eines Restaurants spiegelten. Mit Blättern schwer beladene Kastanienbäume glänzten, und die Menschen im Garten des Restaurants wandten ihre Gesichter dem Fluß zu, ohne zu wissen, was vorgefallen war.«[11] Der Selbstmord geschieht gleich nebenan, ohne bemerkt zu werden. Die Frau führt ihre Tat so aus, daß sie niemanden stört, sie bleibt die Unbekannte ohne Namen.

Auch Erich, der Selbstmörder in der gleichnamigen Erzählung, die erstmals 1972 veröffentlicht wurde und erneut in Duvanels postum erschienenem Erzählband *Der letzte Frühlingstag* abgedruckt ist, hat die Absicht, sich hinunterzustürzen, aus dem Fenster diesmal. Doch immer wieder schreckt er zurück. Vielleicht ist es die Hoffnung, Rebekka, die Geliebte, die ihn verlassen hat, »weil er zu wenig verdiente, um einer schönen Frau zu imponieren«,[12] nicht nur im Jenseits wiederzufinden oder in den Träumen. Vielleicht aber ist es auch nur das Wissen, daß die Straße hart ist, die ihn immer wieder von seinem Vorhaben abhält.

Dunkel ist auch die Wohnung

An einem kalten grauen Januarnachmittag 1988 besuche ich Adelheid Duvanel in ihrer Wohnung in Basel. Ein kleiner Tisch muß zuerst abgeräumt werden, damit wir unsere Teetassen abstellen können, aber auch, wenn sie schreiben will auf ihrer alten Schreibmaschine. Eine Mörderschreibmaschine sei es, von einem Mörder habe sie sie erstanden und jedes Mal, wenn sie den Buchstaben e tippt, sticht die Maschine ein Loch ins Papier. Kaum Bücher im Zimmer, am Boden verstreut Mappen mit Geschichten und Bildern, selbstgemalten. Neben dem Schrank eine Schachtel mit Pampers. Sie hütet regelmäßig das Kind ihrer Tochter. Es ist fast nicht vorstellbar, wie es sich hier leben läßt, zu zweit, zu dritt manchmal. Alles scheint ein bißchen schräg, wacklig der Stuhl, knarrend wahrscheinlich das Bett mit dem hohen Metallgestell. Doch Zimmer und Bewohnerin passen gut zueinander, nur Adelheid Duvanel kann hier leben, in einem Raum, der einer anderen Welt und Zeit zu entstammen scheint. In ihrem einzigen autobiographischen Text »Innen und Außen« schreibt sie 1981: »Mein Bett, in dem ich schlief, träumte, spielte und Krankheiten wie gefährliche Schluchten durchquerte, um daraufhin – wunderbar erhöht – gesunden, neuen Tagen entgegenzudämmern, betrachtete ich als Gefährten. Es bedeutete für mich eine Zuflucht, war oft gar ein Mutterersatz. Im

Bett liegend, wähnte ich mich geborgen, getröstet und sicher vor allen Gefahren. Ich träumte oft, meine Mutter verliesse mich mitten in einer beängstigend belebten Stadt . . .«[13]

Das Gespräch verläuft stockend, mit langen Pausen. Groß ist meine Angst, ihr zu nahe zu treten, unvorsichtige Fragen zu stellen, die Grenze, die unsichtbare, zu überschreiten. »Zart und ohne Zukunft« umschreibt sie eine ihrer Figuren. So zu leben ist schwierig, die Verletzlichkeit groß, die Reaktion auf Verwundungen häufig nach innen, gegen sie selber gerichtet. Doch als ich sie zwei Stunden später verlasse, trage ich ein großes Geschenk mit mir. Auch wenn Adelheid Duvanel wenig geredet hat, hat sie mich Einblick nehmen lassen in ihre Welt. Wie sie in ihren Geschichten aus den knappen Sätzen Welten entstehen läßt, jede Erzählung ein Kosmos wird, so kann auch ich nun die Gesprächsteile zusammensetzen. Nicht daß ich das Leben von Adelheid Duvanel chronologisch darstellen könnte, doch von einzelnen Momenten, Erfahrungen, Enttäuschungen und Verletzungen hat sie gesprochen. Und auch davon, wie wichtig ihr schon immer das Schreiben und in den letzten Jahren vermehrt das Malen ist.

Große Enttäuschung – große Freude

Mit sieben Jahren hat Adelheid Feigenwinter ihre erste Geschichte geschrieben. Dieses Weihnachtsmärchen schenkt sie ihrer Lehrerin, die es in den folgenden Jahren jeweils in der Klasse vorliest. Mit Lesen und Schreiben schafft sich das Kind Adelheid den Kontakt zur Welt, den die Eltern nicht bieten können. Der Vater, ein hochangesehener Jurist und strenggläubiger Katholik, und die Mutter, aus gutem Hause, haben wenig Verständnis für ihre hochsensible, mehrfach begabte Tochter. In der Familie herrschen Ruhe und Ordnung, es gibt klare Regeln, die einzuhalten den Alltag vereinfachen. Wer sich nicht daran hält, ist selber schuld, wenn sie oder er dann in Schwierigkeiten gerät. Adelheid, geboren 1936 als ältestes Kind von vier Kindern – zwei Töchter, zwei Söhne –, erlebt schon früh die Leere und Kälte im geordneten Elternhaus, und sie hungert nach Wärme und Geborgenheit. Über ihre Mutter schreibt sie, daß sie sie damals, als sie von der Stange fiel und glaubte, sie müsse sterben, wie »eine fremde Frau auf dem Balkon stehen sah; ich hatte in jenem Augenblick – wie im vorherigen

Winter auch schon, als ich von einem Schlitten überfahren worden war – den Eindruck, sie hasse mich«.[14] Den Vater erwähnte sie in einem sehr sachlichen Zusammenhang: »Im Schulalter zeige ich dann zum Ärger meines Vaters auf Wanderungen, die er mit uns im Baselgebiet unternahm, kein Interesse an den Namen der Hügel, die er uns einprägen wollte; ich begriff nicht, daß sie, die schlafend unter dem sorglosen Himmel lagen, wie wir rastlosen Menschen Namen tragen mußten. Ich wollte sie, die so still waren, still bewundern und nicht benennen, denn ich fand es unverschämt, sie anzurufen, als riefe man Tote in unsere enge Welt zurück.«[15] Der Vater tritt auch als strafende Instanz auf: »Als ich mich einmal weigerte, einem Bekannten meines Vaters das Händchen zum Gruß zu reichen, fand es mein Vater angebracht, mich hart zu bestrafen.«[16]

Schon früh faßt das Mädchen zwei Grundsätze, an die sie sich ein Leben lang halten wird: »Ich verriet meine Gefühle nie, denn ich wollte mich nicht ausliefern; wahrscheinlich wußte ich aus Erfahrung, daß derjenige, der sich ausliefert, in die Fremde gerät, in das unbekannte AUSSEN.« Und: »Tapfer zu sein, war mir erstes Gebot.«[17]

In der Familie wird Adelheid zur Geschichtenerzählerin. Gebannt lauschen die Geschwister den Fortsetzungen, die die Schwester laufend erfindet. Sie schreibt auch Hörspiele und mit elf Jahren ein Theaterstück. Den Texten stellt sie jeweils ein Vorwort voran: »Liebe Kinder . . .« – die gleichaltrige Adelheid betrachtet sich als Erwachsene. Ebenso erstaunlich ist, daß sie in der Schriftsprache schreibt, nicht in Mundart. Zuerst will sie Lehrerin werden, dann sehr bald schon Schriftstellerin. Die in den vierziger Jahren bekannte Jugendbuchautorin Toni Schumacher wird ihr Vorbild.

Adelheid hat schon als Kind die hohe Sensibilität, die alle Zwischentöne erahnen läßt. »Ich versuchte als Kind, mit Hilfe von kleinen Gesten, von andeutenden Worten mit Menschen in Kontakt zu treten, doch sie liebten das Laute, das Deutliche, das ich verabscheute.«[18] Ihr kann nichts vorgespielt werden – sie sieht, was anderen verborgen bleibt, was andere zu verstecken sich abmühen. Ihre Fähigkeit zur genauen Beobachtung und Wahrnehmung jeder Einzelheit, die andere gerne übersehen, drückt sich in ihren Erzählungen – Kürzestromanen – aus. Solche Begabungen erschweren oft das Leben. Genaues Hinsehen schmerzt. Erkennen, daß das Idyll zerbricht, läßt Zweifeln und Verzweiflung Raum. Die Geschichten können nur Ersatz sein für menschliche Zuwendung.

»Ich war ein leidenschaftliches Kind, denn schreiben ist meine Leidenschaft, und ich begann damit, als ich sieben war. Ich füllte Schulhefte mit Geschichten, die ich illustrierte. Nebenbei erzählte ich den Geschwistern und Nachbarkindern selbsterfundene Fabeln, führte im Schopf neben dem Haus ganz allein Hörspiele auf (die Kinder im Geräteschuppen unter dem Schopf hörten meinen Schritten, dem Klopfen mit dem Besenstiel, dem Türeschlagen mit Spannung zu), erfand Spiele und schrieb ein Theaterstück, das ich mit meinen Schulkameraden aufführen wollte. Am ersten schulfreien Mittwoch erschienen alle vorgesehenen Darsteller, am zweiten kam nur ungefähr die Hälfte, am dritten meldeten sich noch vier oder fünf Unverzagte. Ich mußte das Stück absetzen. Das war die erste große Enttäuschung meines Lebens. Als ich neunzehn war, wurde eine Geschichte von mir mit dem Titel: ›Im Schatten des Irrenhauses‹ in den *Basler Nachrichten* veröffentlicht; das war die erste große Freude meines Lebens.«[19]

»Ich quäle mich sehr . . .«

Der erste Band mit Erzählungen erscheint 1976, er enthält neben den Geschichten von Adelheid Duvanel Gedichte von Hanni Salfinger. Auf dem Umschlag ist ein Foto der Autorinnen, trostlos nur kann es bezeichnet werden. Die beiden Frauen stehen völlig verloren da, Duvanel, in einer hochgeschlossenen weißen Bluse, schaut verängstigt am Gegenüber vorbei, Salfinger hat die Hände auf dem Rücken und blickt auf den Boden. Nirgendwo hinzugehörend, schon damals. 1980, als bei Luchterhand die *Windgeschichten* herauskommen, erregt Adelheid Duvanel als sprach- und formbewußte, präzis beobachtende Autorin Aufsehen. Da Schreiben nicht Beruf und Erwerbsarbeit sein kann, in den Augen der Eltern schon gar nicht, soll sie einen richtigen Beruf erlernen. Eine Lehre als Textilzeichnerin muß sie aus gesundheitlichen Gründen abbrechen. Sie besucht Kurse in Malerei und Grafik an der Kunstgewerbeschule – neben dem Schreiben ist auch das Malen wichtig gewesen, bis sie es in der Ehe mit einem Maler aufgibt und erst später wiederaufnehmen wird.

An ihre schriftstellerische Arbeit stellt Adelheid Duvanel immer höhere Ansprüche. Schreiben ist mühsame Feinarbeit. Sie feilt lange an den Texten, Überflüssiges wird schonungslos entfernt. Jeder Satz, jedes Wort ist gesetzt – eine genaue Konstruktion, die zu einer eindeutigen Zuspitzung führt. Am Schluß darf kein Wort mehr geändert werden, sonst würde alles zusammenfallen – wie es in den Geschichten oft passiert. Nicht selten geschieht, daß der Lektor viele stilistische, kaum inhaltliche Änderungen vorschlägt, die sie aber alle rückgängig machen will und muß. Beharrlich begründet sie, warum alles genau so sein muß.

»Liebe WoZ«, schreibt Adelheid Duvanel in einem Brief an die Redaktion der Zürcher *WochenZeitung*, die gerne von ihr einen Text für ihre Serie »Schreibweisen. Autorinnen und Autoren aus der Schweiz über ihre Arbeit« abdrucken würde, »es ist Samstag morgen, drei Uhr. Ich kann nicht schlafen, weil ein Freund mich darauf aufmerksam gemacht hat, von mir erscheine in Ihrer Zeitung ein Beitrag – und es vielleicht schon zu spät dafür ist. Die beiden Briefe, die Sie mir geschrieben haben, kann ich nicht finden. Ich schaffte es nicht, von meinen beiden letzten Erzählungen Entwürfe zu schicken. Ich quäle mich sehr mit den Texten, streiche mehr durch, als ich stehenlasse; es wimmelt von Korrekturen, Sternchen, Kreuzen, vollen und leeren kleinen Kreisen, kleinen Quadraten – daß es aus diesem ›Salat‹ zuletzt eine mehr oder weniger verständliche Erzählung gibt, erstaunt mich immer wieder.«[20]

In der düsteren Wohnung frage ich sie nach einer ihr wichtigen Geschichte, sie nennt »Jan«,[21] einen Kurzroman, bestehend aus 44 Kapiteln, die nie länger als eine halbe Seite sind. Der kleine Jan lebt mit seiner Mutter in einer Wohnung, »deren Wände dünn sind wie eine Haut; jeden Stoß und jeden Ton von außen empfindet Jan als Angriff«.[22] Papa wohnt nicht bei ihnen, er kommt ab und zu auf Besuch. Seit er eine Freundin hat, erscheint er seltener. Jan ist viel allein, die Mutter arbeitet. Zu anderen Kindern hat er wenig Kontakt. Auf Fragen erhält er kaum Antworten. Er gibt sie sich selber. Jans Erklärungen sind rührend. Sie stammen aus einer Welt, die er sich aufgebaut hat, in die er sich zurückziehen kann. »Er liebt es, die Welt von unten herauf zu betrachten.«[23]

Auch wenn Jan wenig direkte Zuwendung von seiner Mutter erfährt, besteht zwischen Mutter und Kind ein Vertrauensverhältnis, das Bestand hat. Die gemeinsamen Aktivitäten geben Schutz und Geborgenheit. Daß beide vom Vater verlassen worden sind, bindet

sie aneinander. Doch die Bedrohung von außen bleibt bestehen –
Jan und die Mutter stehen gegen den Rest der Welt.

»Am Abend gehen die Mutter und Jan vors Haus. Das Gesicht
der Sonne schwimmt auf dem Fluß. Sie füttern die Schwäne und
Enten mit altem Brot und auch die Möwen, die wie mager und
spitz gewordene Tauben aussehen, die sich als Bräute verkleidet
haben. Der Wind bläst. Jan fällt ein, daß die Mutter gesagt hat,
Papa gehöre ›nirgendwohin‹. Auch Jan hat das Empfinden, nirgendwo hinzugehören, doch die Mutter ist wie leihweise hier; als
würde sie nach einiger Zeit zurückkehren an einen Ort, wo man
sie erwartet. Jan denkt, alle Tage begännen für die Mutter wie ein
trauriges Lied; der Himmel läßt sich langsam sinken und schläft
auf den Dächern ein. Ein Schiff schaukelt träge von einer Brücke
zur anderen. Auch wenn die Mutter davongeht oder Treppen
hochsteigt, ist es, als ob sie in einem Lift abwärts gleite; manchmal
bewegt sich die Schiebetür zögernd, und sie möchte aussteigen,
doch schon fällt der Lift tiefer.«[24]

Kein Schutz in der Kleinfamilie

»Jan« erscheint 1979 im Band *Wände, dünn wie Haut*, der auch
neun Bleistiftzeichnungen von Joseph Duvanel enthält. Mit dem
Kunstmaler ist sie seit 1963 verheiratet, sie haben ein gemeinsames
Kind (Jahrgang 1964). Die Ehe ist schwierig. Der Mann fasziniert
sie. Endlich wähnt sich auch die bis anhin behütete Adelheid am
Puls des Lebens, im Hause Duvanel geht die Basler Bohème der
siebziger Jahre aus und ein. Doch sehr schnell muß sie erfahren,
daß ihr, den Frauen allgemein, in diesem Milieu kein gleichberech-
tigter Platz angeboten wird. Schon gar nicht einer Frau, die eigene
Begabungen hat. Mit seinem Verhalten verletzt Joseph Duvanel sie
ständig zutiefst. Von Hörigkeit muß gesprochen werden, kann er
doch von ihr verlangen, was er will, sie ist zu allem bereit. Sie akzeptiert, daß er immer Freundinnen hat, sie ist einverstanden, ein
weiteres Kind von ihm, einen Sohn, und dessen Mutter bei sich
aufzunehmen. Letztlich hat sie keine Wahl, sieht keine andere
Möglichkeit zu handeln.

»Jan weiß, daß Papas neue Freundin ein Kind erwartet. Vielleicht hat Papa in ihrem Bett keinen Platz mehr, weil ihr Bauch
schon dick ist, und hat deshalb die Nacht bei der Mutter ver-

bracht. Die Mutter raucht Zigarette um Zigarette und ihr Gesicht wird immer undeutlicher, als verschwinde es im Raum; nur ihre Augen flimmern silbrig. Manchmal gleichen ihre Augen kleinen, von einem Raubtier bedrohten Tieren, die vor Angst erstarrt in der Dämmerung sitzen.«[25]

Bis 1982 muß Adelheid Duvanel einer Erwerbsarbeit nachgehen, um die Familie überhaupt durchzubringen. Sie arbeitet als Büroangestellte, Journalistin, Rezensentin. Unter schwierigsten Bedingungen schreibt sie die Erzählungen für den Band *Windgeschichten*. Jan erwähnt: »Die Mutter tippt fast Tag und Nacht auf der Maschine.«[26] Später dann wird ihr die Unabhängigkeit, die sie als freie Schriftstellerin hat, zunehmend wichtig – auch wenn ihre Mittel sehr beschränkt bleiben. Seit 1983 ist es ihr möglich, dank Preisen und Stipendien – bescheiden zwar – durchzukommen. 1981 wird sie mit dem Kleinen Basler Kunstpreis, 1984 mit dem Kranichsteiner Literaturpreis ausgezeichnet, 1991 folgt der Basler Literaturpreis und 1995 ein Preis des Kantons Bern für den Erzählband *Die Brieffreundin*.

Die Scheidung von Joseph Duvanel im Jahre 1985, die zwar nirgends erwähnt wird – noch im *Kritischen Lexikon zur deutschsprachigen Gegenwartsliteratur*, Stand 1.1.97, steht in den kurzen biographischen Angaben »verheiratet« –, ist für sie ein wichtiger Schritt, obwohl der Eindruck entsteht, sie hätte sie geheimhalten wollen. Sie wird denn auch bis zu seinem Tod im Dezember 1986 nie von ihm loskommen – auch wenn sie es noch so gerne möchte. Jahrelang hat sie mit sich gerungen und sich immer wieder außerstande gesehen, den Schritt zu tun. Sie hat genau erkannt, daß sie sich lösen sollte, doch sie läßt sich ausnutzen, sie ist zu allem bereit, auch noch nach der Scheidung. Nie läßt sie den Wohnungsschlüssel abends innen im Schlüsselloch stecken. Es könnte ja sein. Über ihre Gefühle schweigt sie sich aus. Nur die Figuren in den Texten und auf den Bildern sprechen eine deutliche Sprache. Trotz der Verletzungen, Demütigungen und Kränkungen bleibt sie ihm ein Leben lang eng verbunden, an ihn gebunden auch. Daß er sich das Leben nimmt, trifft sie nicht unvorbereitet, aber es trifft sie tief. An den Wänden ihrer dunklen Einzimmerwohnung hängen Bilder von ihm, ihre eigenen Zeichnungen liegen, verdeckt, auf dem Boden in großen Kartonmappen.

Auf der Schattenseite des Lebens

»Es gibt Menschen, denen man einen weißen Stock in die Hand drückt und sie mitten hinein in die Finsternis stellt.«[27] Beharrlich und manchmal fast trotzig schreibt Adelheid Duvanel von den Menschen auf der Schattenseite des Lebens, den Kindern, den psychisch Kranken, den Drogenabhängigen und AlkoholikerInnen. Und sie weiß, wovon sie schreibt. Sie kennt die Hölle einer Ehe zu dritt, sie hat sich unzählige Male in einer psychiatrischen Klinik aufgehalten, sie weiß um den verführerischen Trost, den Drogen geben können. Sie braucht ihre Geschichten nicht zu erfinden, denn die Realität, die sie erlebt, geht weit über das Vorstellbare hinaus. Eine Grenzgängerin ist sie, die immer zwischen Leben und Tod steht, zwischen Krankheit und Gesundheit, Realität und Traum. Dort zu sein ist gefährlich, Adelheid Duvanel lebt vom Absturz bedroht und kann sich doch nicht in Sicherheit begeben. »Äußerlich bescheiden, diskret, ja ängstlich-zurückgezogen und vielfach in geschützten Bereichen lebend, gab Adelheid Duvanel in ihren zumeist kurzen Texten wie kaum eine andere dem Schrecken des Isoliertseins, den Qualen der Verlorenheit, der Angst vor dem Wahnsinn sprachlichen Ausdruck und beklemmende Wirkung«, schreibt Charles Linsmayer in seinem Nachruf.[28]

Nicht nur die psychischen Schwierigkeiten machen ihr zu schaffen. Ganz existentielle kommen hinzu. Adelheid Duvanel lebt meist unter dem Existenzminimum. Als freie Schriftstellerin erzielt sie kein regelmäßiges Einkommen. Ihre Bücher waren zwar mehrheitlich positiv aufgenommen und regelmäßig in den wichtigen Feuilletons auch in deutschen Zeitungen besprochen, doch auf die Verkaufszahlen hat das nur wenig Auswirkungen. Denn sie schreibt keine leichten Texte. Ihre Literatur ist und bleibt aufrüttelnd, sie fordert zur Stellungnahme heraus, sie eignet sich schlecht zur Identifikation.

Die Werkbeiträge und Unterstützungsgelder, mit denen Adelheid Duvanel ihren Lebensunterhalt zu bestreiten hat, sind immer wieder rasch aufgebraucht. Die Mutter Adelheid Duvanel kann ihrer Tochter Adelheid Duvanel gegenüber keine Strenge an den Tag legen. Denn der Tochter geht es schlecht. Drogenabhängig und aidskrank seit vielen Jahren, rechnen alle schon lange damit, daß sie nicht mehr lange leben wird. Oftmals stand der Tod unmittelbar bevor, immer ist sie wieder aufgestanden, auf die Gasse gegangen.

Wenn gar kein Geld mehr da ist, findet die Schriftstellerin verschiedentlich Unterkunft in der Psychiatrischen Klinik. Dort hat sie wenigstens zu essen. So schreibt sie denn im Juni 1991 in der Antwort auf einen ihr zugesprochenen Beitrag: »Ich fühle mich sehr geehrt und danke tausendmal für die Gabe ... Ich bin seit 11. Februar wegen Geldmangels in der Psychiatrischen Klinik Basel-Stadt. Nun werde ich austreten können. Ich werde mit meiner Aids-kranken Tochter eine gute Zeit in Formentera, Spanien, verbringen können. Mein Enkelkind wird auch dabei sein.«[29]

In Spanien, wo die junge Familie Duvanel bereits 1968/69 lebte, wie auf dem Klappentext jedes ihrer Bücher zu lesen ist – und dabei bleibt unklar, warum gerade dieser Aufenthalt so wichtig gewesen ist –, findet Adelheid auch später immer wieder eine gewisse Ruhe. Dorthin, so entsteht der Eindruck, in den Süden, zu Sonne und Wärme, hat es sie immer wieder gezogen. Daß es nicht die Erinnerungen an eine bessere Zeit sind, die sie an diesen Ort zurückführen, meint Maja Beutler, denn Adelheid Duvanel ist damals mit dem Kind dem Ehemann nachgereist, der dort mit einer anderen Frau lebte. In Basel hatte sie buchstäblich nichts mehr zu essen. Sie akzeptierte die Freundin, um überleben und in der Nähe des geliebten Mannes bleiben zu können.

Adelheid Duvanel hat außer diesen zwei Jahren in Formentera immer in Basel gelebt. Das Dorf in Spanien ist trotz der schwierigen Umstände zu einem Zufluchtsort geworden, weg vom Elternhaus, weg von der Schweiz, den sie sich bis zum Schluß bewahrt hat. Auch im Juli 1996 hätte sie mit der Tochter und dem 11jährigen Enkelkind fahren wollen, was jedoch nicht möglich ist – das Mädchen hätte nicht mitkommen können, da es mit den Pflegeeltern in die Ferien fährt. Adelheid Duvanel ist zutiefst enttäuscht.

Schutzlose Kinder

Zur Enkelin hat Adelheid Duvanel ein inniges Verhältnis. Viele Jahre findet das Kind bei der Großmutter immer wieder eine Zuflucht, bietet sie ihr einen Unterschlupf – vielleicht in der Hoffnung, daß es dem Mädchen nicht so ergehe wie vielen Kindern in ihren Geschichten. In Duvanels literarischen Texten gehören Kinder zu den Ausgestoßenen dieser Gesellschaft. Es sind oftmals subtile Gewaltformen, denen sie ausgesetzt sind. »Überall in der Wohnung waren Altäre aufgebaut: Kerzenständer, getrocknete Blumen in chinesischen Vasen, ausgestopfte Tiere, mit Früchten beladene Schalen und drapierte Tücher. Am Nachmittag legte sich der Großvater immer auf Dominiks Bett, um zu schlafen. Er hatte die Tür zu Dominiks Zimmer ausgehängt, so daß der Junge nie ungestört war.«[30]

Sie schreibe, so führt Ingeborg Kaiser in ihrer Laudatio anläßlich der Verleihung des Basler Literaturpreises an Adelheid Duvanel 1987 aus, vom »Blickwinkel des Kindes aus oder der Frau oder allgemein der Bedrohten, Abseitigen, der Glücklosen, dort ereignen sich die meisten Erzählungen. Die Figuren sind machtlos, aber nicht wehrlos, denn die Dichterin holt sie in phantasievolle Gegenwelten, schützt sie ›vor der Nähe der unverständlichen Frage‹. Anna, in der Erzählung ›Schritte‹, bewohnt zwei Leben zur gleichen Zeit, die Welt ihrer Vorstellungen und die harte, graue Welt, außerhalb. Im Spiegel jeder Geschichte das Gesicht der Erzählenden, ebenso drinnen wie draußen.«[31]

Dominik seinerseits lernt, sich dem Gefängnis zu entziehen, er streift herum und beschließt, bis zum Ende der Stadt zu gehen, wohin sich sein Großvater und dessen zweite Frau, die Dominik »Witwe Bolte« nannte, bestimmt nie verirren würden.

Julia lebt vor allem mit ihrem Vater, ihre Mutter sei krank, wird sachlich im Text informiert, sie hat sich gänzlich in ihr Zimmer zurückgezogen, wo sie liest, strickt, vor dem Fernseher sitzt. Im Kindergarten muß Julia nicht bleiben, der Vater nimmt sie wieder mit nach Hause, da sie so schrecklich weint. In die Schule schickt er sie nur unwillig, in weißem Kleid und weißen Schuhen sieht sie aus wie eine kleine Braut. Der Vater hat keine Freunde, »eine eigenartige Beziehung bestand zwischen ihm und seinem Onkel Max, der Inhaber einer Geschenkboutique war und die Holztiere seines Neffen verkaufte. Onkel Max, der wegen ›Unzucht mit Minderjährigen‹ im Gefängnis gesessen war, hatte seinen Neffen im Kindesalter sexuell mißbraucht. (. . .) Julias Schuleintritt erfolgte verspätet: Sie war zwei Wochen lang krank gewesen. In dieser Zeit haben sich die Kinder der Klasse schon miteinander befreundet; Julia war ein Eindringling, ein fremdes Wesen. Sie wurde neben ein schwerhöriges Mädchen auf die vorderste Bank neben der Tür gesetzt. In der Zeichenstunde mußte sie sich selbst darstellen: Sie zeichnete einen kleinen, leeren Kreis.«[32]

Bei ihren Müttern finden die Kinder nicht unbedingt Geborgenheit, da bleibt Jan eine Ausnahme. Manchmal ist es eine körperliche Distanz, die die Mutter zu ihrer Tochter aufrechterhält, wie etwa Vera in »Die Prinzessin«, die sich von ihrer kleinen Tochter in den Hintergrund gedrängt fühlt: »Vera hatte Kindern gegenüber immer Unbehagen empfunden; bevor sie selber Mutter wurde, konnte sie die kleinen Geschöpfe nicht an sich drücken wie andere Frauen, sowenig wie sie es über sich brachte, ein Tier zu kraulen; das fremde, ungewohnt riechende Fleisch flößte ihr Abscheu ein.«[33] Für Frau Merkofer ist es peinlich und unerfreulich, daß ihre Tochter unter einer geheimnisvollen Krankheit leidet, obschon sie doch ein Kind zum Vorzeigen gewesen ist – ganz im Unterschied zu den bereits erwachsenen Söhnen aus erster Ehe. Frau Merkofer spricht mit niemandem. »Sie besucht ihr Kind wie jeden Tag im Spital, das heißt, sie bleibt unter der Tür des Kindersaals stehen und betrachtet ihre kleine Tochter, die beim Fenster in einem weißen Bett liegt. Nie tritt sie ins Zimmer, und die Kranke, die ihre Mutter von weitem erkennt, ruft nie nach ihr.«[34]

Die Mutter kann dem Kind oft auch nicht das Lebensnotwendige mitgeben. »Rosanna hat das Kind nie gelehrt, um Hilfe zu bitten, da sie selber nichts von Hilfe weiß. Ihr Inneres ist wüst und leer, wie konnte das Kind darin wachsen. Vor einiger Zeit bat die Tochter ihre Mutter zum erstenmal, sie solle ihr ›ein Gefies erwillen‹, doch Rosanna weiß erst jetzt, daß die Tochter wünschte, sie möge ihr ›einen Gefallen erweisen‹. Es ist zu spät, die Tochter kann vielleicht kein Guttun mehr spüren, aber Rosanna verhüllt ihre Beine, die oben so dünn wie unten sind, mit einer Wolldecke.«[35]

Andere Kinder werden von ihrer Mutter heftig geschlagen. Hannes ist dem Freund der Mutter ein Dorn im Auge, dieser setzt sie unter massiven Druck, den sie ihrerseits an das Kind weitergibt. Die Schläge der Mutter prasseln völlig unvorbereitet nieder, etwa an seinem Geburtstag, wenn er die Schuhe der Mutter reinigt, diese sich aber darüber ärgert, daß ihre Schuhe auf dem Tisch stehen. »Zitternd vor Wut steht sie unter der Tür; ihre rechte Hand, mit welcher sie sich leicht gegen den Türrahmen lehnt, zuckt. Dann starrt sie auf seinen mit Schuhwichse verschmierten Pullover, sieht die geöffnete, fast leere Dose am Boden, kommt näher und packt das Kind, das sich duckt und schützend die Arme über den Kopf hält. Ohne den Blick zu heben, weiß Hannes, daß ihre Augen zustechen wie zwei Messer.«[36] Andere Kinder werden von ihrer Mutter verlassen und verlieren jede Geborgenheit, nachdem diese schon sehr gefährdet war. »Ich würde nie mehr nach Hause zurückkehren, Mutter von der ›Party‹ erzählen und spüren, daß sie um meine Angst wußte«,[37] erkennt dieses achtjährige Mädchen die bittere Realität, nachdem seine Mutter bei einer Operation gestorben ist; es mußte während dieser Zeit bei seinen Großeltern leben.

Auf den nicht gangbaren Wegen

»Ich erzähle, weil ich nur so leben kann, und ich lebe, weil ich nur so erzählen kann«,[38] faßt Adelheid Duvanel im Tagebuch »März 1981« ihren Lebensinhalt und Lebenssinn zusammen. In diesem Text, den sie während eines Aufenthalts in der Psychiatrischen Universitätsklinik in Basel schreibt, schildert sie den Alltag in der Klinik. Sie erzählt von den Begegnungen mit Mitpatientinnen und Mitpatienten, sie stellt ihre Werke vor – die fünf Köpfe aus Ton, die sie modelliert hat, »sie sind nutzlos, deshalb habe ich Freude an ihnen«[39] –, und sie spricht von der schwierigen Arbeitssuche. »Ich lese auch heute den Baslerstab, um eine Stelle für mich zu finden. Wie immer schrecke ich zurück. Da wartet man auf eine ›tüchtige‹ Hilfskraft. ›Flinke‹ Leute werden gesucht. Leute mit verschiedenen ›Kenntnissen‹ werden bevorzugt. Ich sehe: Flott, gewandt, jung, aufstrebend, mit ›Freude am rechnen‹, ›technischem Flair‹ und ›Teamgeist‹ muß man sein, um existieren zu können.«[40]

Adelheid Duvanel weiß – und sie will die andern von ihrer Auffassung überzeugen –, »daß niemand von uns *verrückt* ist. Wir haben es nur schwer, die gangbaren Wege zu finden. Wir mühen uns ab auf den nicht gangbaren.«[41] Daß genau diese Wege zu gehen nicht einfach ist, führt sie ebenfalls aus, wenn sie weiter schreibt, daß sie die Medikamente brauche, den Arzt auch, denn ohne sie könne sie draußen nicht leben. Denn im Grunde sei es unmöglich, auf den nicht richtigen Wegen zu gehen, ohne in einer Anstalt, welcher Art auch immer, zu landen, dementsprechend müsse sie den Lebenslauf eines jeden von ihnen als verhängnisvoll betrachten. »Zuerst habe ich mich geweigert, Pillen zu schlucken, doch dann merkte ich, daß ich ohne Medikamente ausrutschte, abwärts glitt, fiel. Auf den nicht gangbaren Wegen verliert man sich immer, weil niemand dort rodet, Brücken baut oder Stufen in die hohen Wände schlägt.«[42] Unter den Nebenwirkungen der Medikamente leidet sie, »die eine (Droge) bewirkte, daß ich nicht mehr lesen konnte und unruhig war, die Gegendroge, die mir daraufhin verschrieben wurde, verunmöglichte mir das Schreiben«,[43] beides Tätigkeiten, die für sie existentiell wichtig sind.

Wie beiläufig erwähnt Adelheid Duvanel im Gespräch, sie habe es halt schwer im Leben. Im Schreiben, als einer dieser nicht gangbaren Wege, findet sie eine Möglichkeit der Auseinandersetzung. Denn »können nicht Worte über der großen Leere, über dem Abgrund, in den mein Leben gefallen ist, eine neue Welt schaffen«,[44] fragt sich der Dichter in der gleichnamigen Erzählung. So sind denn die Texte Ausdruck von Duvanels künstlerischer Fähigkeit, ihrer Begabung, Leben in Wort-Bildern zu fassen, sprachlich zu gestalten. Es entsteht eine dichte, intensive Atmosphäre, die Leserinnen und Leser ver-rückt. Die Grenzen zwischen Normalität und Abweichen von der Norm sind fließend, denn es ist immer eine Frage, welcher Blickwinkel und welche Perspektive eingenommen werden.

Nur selten nimmt Adelheid Duvanel explizit Stellung, äußert ihre Kritik direkt. Dies geschieht in der Erzählung »Das Brillenmuseum«:

»Wie sich doch die psychiatrische Klinik dieser Stadt vergrößert; es wird ständig gebaut. Die Klinik wirbt mit Plakaten: ›Kommen Sie zu uns! Werden Sie Patient! 1000 Psychiater erwarten Sie!‹ Ich wollte einmal über diese Klinik eine Erzählung schreiben. Ich wollte zum Beispiel den Satz: ›Die Patientin warf ihrem Arzt einen fetten Traum vor‹, verwenden. Die Ärzte hätten es aber nicht geschätzt, mit gierigen Tieren verglichen zu werden, mit entthronten Löwen, denen nicht der Löwenanteil zusteht, sondern die froh sein müssen über jeden Happen Traum, den ihnen die Patienten hinwerfen. Wenn die Patienten dies nicht täten, müßten die Psychiater hungern an ihrer Seele und an ihrem Geist. Sie ziehen den Patienten eine Haut nach der andern ab und verzehren diese Häute. Ich wollte über eine Patientin schreiben, die den größten Teil ihrer Häute für sich behält; die Ärzte dürfen an ihren Häuten zwar riechen und lecken, aber nur selten und wenig davon fressen. Oft lassen die Ärzte einen Patienten mit nur noch einer Haut austreten; sie erklären ihn für gesund, doch nach einigen Wochen ist er wieder in der Klinik. In Wirklichkeit können sie niemanden für immer gesund machen; diese Tatsache wollte ich in meinem Text nicht verschweigen.«[45]

»Einmal ergriff sie eine Wut«

Im Lauf der Jahre sind die Texte knapper, verschlüsselter, in gewissem Sinne unzugänglicher geworden. Sie fordern zunehmend, sich in unvertrauter Denklogik zu verirren. Die heimatlosen Figuren suchen weniger den Zugang zur Normalität, sondern finden sich zurecht, wo sie sind. »Ich bin immer in der Fremde«, stellt Laura in der Erzählung »Die Brieffreundin« lakonisch fest und fährt fort: »Denn dort, wo man daheim ist, muß man nie umherirren, nie schlägt man sich den Kopf an oder klemmt die Finger ein; man weiß genau, wo die Gefahren, die Ecken und Kanten sind.«[46] In irgendeiner Form fremd sind wohl alle Figuren in den kurzen Prosatexten. Dies gilt insbesondere auch für die Personen in den Geschichten des letzten noch vor Duvanels Tod erschienenen Bandes von 1995 – egal, ob sie Gertrud heißen und eine Kindheit ohne Farbe, ohne Form, ohne Musik und ohne Duft gehabt haben, oder ob ihnen, wie dem Untermieter in der Erzählung »Die Verletzung«, als Kind vom Onkel der Teufel ausgetrieben wurde. Im Mittelpunkt stehen auch hier die vom Schicksal Vernachlässigten, die Beschädigten, die Verletzten und Verstoßenen, ihnen wendet sich Adelheid Duvanel zu, beleuchtet sie kurz und geht gleich weiter, denn allzuviel Aufmerksamkeit ertragen diese Menschen nicht. Das Leben spielt sich im Versteckten ab, so wenn Marita sich in den Pianisten im gegenüberliegenden Haus verliebt und ihm einen langen Schal strickt. Es bedeutet schon fast übermenschlichen Mut, daß sie sich getraut, ihm das Geschenk persönlich zu überreichen. Daß er ihre Gefühle erwidern könnte, hat auch Marita nicht erwartet. Verletzt ist sie dennoch.[47]

In diesem Erzählband ist eine Veränderung festzustellen, die Mut macht. In die alles umschlingende, erstickende Ausweglosigkeit hat sich ein Quentchen Widerstand gemischt. Bisweilen wird die Auflehnung so stark, daß eine Geschichte sogar den Titel »Wut« erhält. Emma nimmt die verschriebenen Tabletten ein, sie arbeitet, sie liest Romane in der Freizeit, doch als ihr Sohn tödlich erkrankt, »fühlte sie einen großen Schmerz. Die Scheibe, hinter der sie lebte, bekam einen Sprung. Ihr Sohn hatte sich trotz seiner Reißzähne nicht wehren können, aber er trug seinen Vornamen ›Wolf‹ mit Tapferkeit. Emma beabsichtigte, ihn bei sich aufzunehmen. Der Vater hatte den Jungen, als er fünfzehn Jahre zählte, mit milder Stimme aus dem Haus gewiesen und war inzwischen tot.

Emma konnte nicht zu einem guten Ende bringen, was so schief gelaufen war. Einmal ergriff sie eine Wut, die sich gegen ihren Mann, gegen den Sohn, gegen sich selbst richtete – die Wut dauerte nur einen kurzen Augenblick.«[48]

Auch wenn Wut nur kurz aufflackert, Widerstand sofort wieder aufgegeben wird, bleibt der nachhaltige Eindruck nach der Lektüre dieser Texte, daß nicht alles nur trostlos und ausweglos ist. Zwar bleibt der Rahmen eng gesteckt, doch die Menschen kämpfen, lassen sich nicht mehr alles bieten, wehren sich. Solcher Mut zum Ausbruch benötigt des Schutzes. Adelheid Duvanel gelingt es in diesen Erzählungen in unvergleichbarer Weise, die Balance zwischen Herausforderung und beschützender Zuwendung zu wahren. Daß sie kennt, wovon sie schreibt, läßt sich in jeder Zeile, jedem Wort nachlesen. Und auch, daß sie zu den Menschen, die oftmals am Abgrund der Gesellschaft leben, steht, ja eine von ihnen ist. Sie kennt die Süchtigen, Obdachlosen, die psychisch Kranken. Gerade weil sie nie analysiert oder anklagt, sondern mit genauen Sätzen beschreibt, was sie sieht, haben ihre Texte diese unvergleichliche Kraft.

Einer der eindrücklichsten Texte, der nur einen kurzen blitzlichtartigen Blick auf das Leben der Süchtigen zuläßt, ist »Renés erster starker Auftritt«, den sie auch bei ihrer letzten Lesung in Solothurn im Mai 1996 noch gelesen hat. René wohnt in einem Parterrezimmer eines kleinen Hauses, seine Mutter bewohnt die Mitte des Häuschens mit der Tochter, die ein Kind bleibt. Sie »schreit fast den ganzen Tag; wenn René ihr das Kokain bringt, wird sie friedlich. Der Vater, der von seiner Frau gerichtlich getrennt ist, aber von ihr versorgt wird, fährt im obersten Zimmer in seinem Rollstuhl ruhelos hin und her.«[49] René ist verantwortlich für den Stoff. Er kennt sich aus bei den Händlern, junge Schwarze, die »untadelig arbeiten«.[50] Trotzdem, manche betrügen, René haßt sie. Bei den nur wenig älteren Jungen lernt er ein bißchen Französisch oder Englisch sprechen, und manchmal verkauft er auch für sie. Das Klappmesser, das er von ihnen geschenkt bekommen hat, trägt er immer bei sich.

»Kürzlich bemerkte die Mutter einige Minuten, nachdem sie das Kokain geschnupft hatte, sie leide unter den gleichen Gebresten wie Luther und sie besäße nicht nur ein Gehirn im Kopf, sondern auch eins im Darm wie Napoleon. Da zückte René sein Messer, bedrohte sie damit und schrie, wenn schon jemand in diesem verfluchten Haus Luther und Napoleon sei, dann er. Das war sein erster, starker Auftritt. Immer, wenn er Kokain geschnupft hat und seine Mundwinkel sich listig nach oben biegen, denkt er mit Genugtuung daran zurück.«[51]

Solche Geschichten finden sich bei Duvanel immer wieder, manchmal unerträglich in ihrer Skurrilität und dem Entsetzen, das sich gleichzeitig festmacht und jedes Lachen erstarren läßt, auch wenn das Lachen nicht fehl am Platz ist. Nur worüber gelacht wird, ist so abgrundtief traurig und ausweglos auch.

Der Schrecken in den Bildern

Schreiben kann Adelheid Duvanel nur, wenn es ihr einigermaßen gutgeht. Im Frühsommer 1996 leidet sie zunehmend darunter, daß das Schreiben ihr unmöglich geworden ist. Seit Wochen keine Zeile mehr, gesteht sie der Schriftstellerin und Freundin Maja Beutler, mit der sie über Jahre hinweg ein sehr persönlicher Briefwechsel verbindet. So weiterzuleben wird unvorstellbar. Schon früher hat sie während Aufenthalten in der Psychiatrischen Klinik nicht geschrieben. Hier hat sie gemalt, hier sind die Bilder entstanden, von denen lange nur enge Vertraute wissen. Ihre Malerei hat etwas Vergängliches. Die Bilder, meist Farb- oder Filzstiftzeichnungen, verblassen, je älter sie werden. Sie sind nicht schön hinter Glas aufbewahrt und also geschützt, sie sind auch nicht sicher in den Händen eines Lektors wie die Texte. Maja Beutler und andere Personen aus Duvanels Bekanntenkreis haben viele dieser Zeichnungen gekauft und sie damit vor dem unprofessionellen Verkauf oder sogar vor der Vernichtung gerettet. Maja Beutler erinnert sich an früher, wenn Adelheid Duvanel mit den Bildern in der Mappe von Tür zu Tür ging, um sie zu verkaufen und so etwas Geld für den täglichen Lebensbedarf zu bekommen.

Von den Bildern geht eine ungeheure Bedrohung aus. Da sind zuerst einmal die starken Farben, die den Blick schonungslos auf sich ziehen. Doch vor allem offene Kindermünder, stumme Schreie, Tiere in Angriffsposition gehen unter die Haut. Ein Ausweichen ist nicht möglich. Gewalt ist überall, der Schrecken der gezeichneten und gemalten Frauen und Kinder fährt in die Knochen. Allein mit diesen Bildern, möchte man nur noch davonrennen. Noch direkter als in den Texten gibt Adelheid Duvanel der

Hoffnungslosigkeit, Trostlosigkeit Ausdruck. Auf einigen Zeichnungen steht, in dicken Lettern, ›Verzweiflung‹, ›Aids‹, ›Finanzielle Not‹, ›Die Ermordung der Blume‹, ›Totenvogel‹. Das sind die Realitäten, in denen Adelheid Duvanel lebt. Von ihr schreibt sie und diese malt sie.

Das Mädchen blickt trostlos ins Nichts oder in die Unendlichkeit, die Augen groß, rund, die Haare straff in Zöpfen zusammengebunden, die Hände schützend vor den Oberkörper gelegt oder aber weit von sich wegweisend.

Das Mädchen kauert in Embryostellung auf dem viel zu großen Bett, mit riesigen dunklen Augen und offenem Mund. Das Bett steht in einem leeren Raum, niemand wird jemals kommen.

Über die Verbindung von Mutter und Tochter droht ein Unheil einzustürzen: Vögel greifen mit langen, schwarzen Krallen erbarmungslos nach dem Kind, Hände packen unerbittlich zu. Die seltsam starren Figuren werden nicht die Kraft haben, sich zur Wehr zu setzen.

In den Zeichnungen sind die Menschen – auch hier fallen die vielen Kinder, vor allem Mädchen, und Frauen auf – noch schutzloser ausgeliefert als in den Texten. Die kräftigen Farben verschärfen die Gewalttätigkeit; die starre Haltung, die Unbeweglichkeit verhindern einen Anflug von Widerstand, der sich doch manchmal noch in den Texten finden läßt. Über eines der Bilder schreibt Elsbeth Pulver: »Seit Jahren begleitet eine Zeichnung von Adelheid Duvanel mein Leben; fast täglich fällt mein Blick auf sie. Sie zeigt eine männliche Figur, durch große Flügel als Engel ausgewiesen (und: ›Rettung‹ steht, gleich zweimal, über dem Bild), aber sonst dem Aussehen nach ein korrekt gekleideter, streng bebrillter Intellektueller, ein Arzt vielleicht, mit schwarz verfärbtem Mundschutz (die Biographie der Autorin legt eine solche Deutung nahe) – oder gar ein maskierter Einbrecher? Ein Engel auf jeden Fall, der statt zu schützen plötzlich bedrohlich wird, den Wunsch nach umfassender Geborgenheit zunichte macht. Hoffnung, die in Gefahr umschlägt, mit Angst eng verknotet ist.«[52]

Als Malerin ist Adelheid Duvanel zu Lebzeiten nicht an die Öffentlichkeit getreten, die Konkurrenz mit ihrem Ehemann, dem Maler Joseph Duvanel, hätte allenfalls sehr unangenehme Folgen haben können. Es gibt eine Geschichte, die darauf hinweist. In »Ein Mord« lebt ein Mädchen mit einem jungen Mann zusammen, der Poet ist. Das Mädchen findet sich häßlich und »kann es

289

nicht fassen, daß der junge Mann, ein Prinz im wahrsten Sinne des Wortes, sie an seiner Seite leben läßt – sie spielen oft Schach, und er gewinnt«.[53] Dieser Frau fliegen nun »plötzlich Gedichte zu, die dem Poeten zufliegen sollten«.[54] Ohne viel zu denken schickt das Mädchen seine Werke an einen Verlag, der einen Gedichtband druckt. »Das Mädchen staunt. In seiner übergroßen Freude zeigt es das Buch seinem Freund; er wirft das Mädchen aufs Bett und erwürgt es mit seinen Händen, die kleiner sind als die Hände des Mädchens. (. . .) Der junge Mann wird vom Gericht freigesprochen, da seine Freundin ihn herausgefordert und beleidigt habe. Er müßte sich am Schluß der Gerichtsverhandlung nicht äußern, aber er sagt: ›Es ist eigentlich nicht meine Art, jemanden umzubringen, genau.‹ Die reichen Verwandten beschenken ihn weiterhin mit Tee und Honig. Der Gedichtband des Mädchens steht eine Zeitlang in den Buchhandlungen, wird nicht beachtet und verschwindet, als sei er nie dagewesen.«[55] Wenn nicht verschiedene Leute Bilder von Adelheid Duvanel gekauft hätten, würden sie wohl bald verschwinden, als wären sie nie dagewesen.

Erstmals werden 1997 im Rahmen der 19. Solothurner Literaturtage Bilder und Zeichnungen von Adelheid Duvanel in einer Ausstellung im Kunstmuseum Solothurn gezeigt. Kolleginnen und Kollegen tragen Texte von Adelheid Duvanel vor, Maja Beutler liest aus Briefen. Nur sie selber ist nicht mehr da. Vielleicht war es das, was sie sich immer gewünscht hat. Dasein und doch nicht dasein.

In den letzten Monaten vor ihrem Tod ist sie sehr krank. Sie hat starke Schmerzen, überall. Die Medikamente helfen nicht mehr. Vielleicht will sie in jener Nacht nur wieder einmal schlafen und schluckt noch ein paar Pillen zusätzlich zu den großen Mengen, die sie normalerweise einnimmt. Das hat sie früher auch schon getan. Sie begibt sich einmal mehr an eine Grenze, wo es gefährlich wird, und kehrt dieses Mal nicht mehr zurück. In den Wald, den sie aus ihrer Kindheit kennt und liebt, hat sie sich gelegt, dort ist sie in der Nacht vom 7. auf den 8. Juli 1996 gestorben.

»Obwohl meine Nachbarin ihr Haar geranienrot färbt, weiß ich, daß sie bald zu den Alten gehören wird; dann wird sie in eines der schwankenden Boote am Fluß kriechen und sich wegspülen lassen, und mich, da ich bald nicht mehr weiß, ob ich sie bin oder sie ich ist, soll man dann nicht suchen.«[56]

Anmerkungen

Ich danke Maja Beutler für ihre wertvollen Informationen!

Das Titelzitat ist der Erzählung »Aufbruch mit drei Plüschaffen« im Band *Windgeschichten* entnommen.

1 Friederike Kretzen, Einführung zur Lesung Adelheid Duvanels anläßlich der Solothurner Literaturtage Mai 1996.
2 Solothurner Zeitung, 20.5.96.
3 Der Bund, 20.5.96.
4 Aargauer Tagblatt, 21.5.96.
5 Vorwärts, 24.5.96.
6 St. Galler Tagblatt, 12.5.97.
7 Ein zweites Ich, in: *Anna und ich*, S. 36.
8 ebd.
9 ebd.
10 ebd., S. 39.
11 Selbstmord, in: *Das verschwundene Haus*, S. 67 f.
12 Der Selbstmörder, in: *Der letzte Frühlingstag*, S. 23.
13 Innen und Außen, ebd., S. 122.
14 ebd., S. 130.
15 ebd., S. 123.
16 ebd., S. 127.
17 ebd., S. 124 und S. 127.
18 Der Dichter, in: *Windgeschichten*, S. 7.
19 *Zwischenzeilen. Schriftstellerinnen der deutschen Schweiz*, S. 170.
20 *Schreibweisen. Autorinnen und Autoren aus der Schweiz über ihre Arbeit*, Hg. Christine Tresch, S. 81.
21 Jan, in: *Wände, dünn wie Haut*, S. 25 ff.
22 In der neuen Wohnung, ebd., S. 26.
23 Es ist kalt, ebd., S. 74.
24 Die Mutter, ebd., S. 36.
25 Zigaretten, ebd., S. 54.
26 Der Staat, ebd., S. 57.
27 Der Sieche will in der Sauberkeit liegen, in: *Die Brieffreundin*, S. 47.
28 Der Bund, 11.7.96.
29 Zitiert nach: Neue Zürcher Zeitung, 11.7.97.
30 Dominik, in: *Gnadenfrist*, S. 22.
31 Ingeborg Kaiser, Laudatio 14.1.87, unveröffentlichtes Manuskript.
32 Ein kleiner, leerer Kreis, in: *Gnadenfrist*, S. 18.
33 Die Prinzessin, in: *Das Brillenmuseum*, S. 54.
34 Frau Merkofer, in: *Gnadenfrist*, S. 90.
35 Die Anrufung, in: *Die Brieffreundin*, S. 95 f.

36 Die goldene Nacht, in: *Erzählungen*, S. 9.
37 Das unheimliche Geschehen in jener Nacht, in: *Das Brillenmuseum*, S. 68.
38 März 1981, in *Letztes Jahr in Basel*, S. 36.
39 ebd., S. 39.
40 ebd.
41 ebd., S. 38.
42 ebd., S. 41.
43 ebd., S. 41.
44 Der Dichter, in: *Windgeschichten*, S. 9.
45 Das Brillenmuseum, in: *Das Brillenmuseum*, S. 40.
46 Die Brieffreundin, in: *Die Brieffreundin*, S. 18.
47 Der Schal, ebd., S. 11 ff.
48 Wut, ebd., S. 32.
49 Renés erster starker Auftritt, in: *Ein letzter Frühlingstag*, S. 70.
50 ebd., S. 71.
51 ebd., S. 72.
52 Berner Zeitung, 11.7.96.
53 Ein Mord, in: *Die Brieffreundin*, S. 59.
54 ebd.
55 ebd., S. 60.
56 Die Nachbarin, in *Windgeschichten*, S. 78 f.

Literatur

Duvanel, Adelheid:
– *Erzählungen*, Basel 1976
– *Wände, dünn wie Haut*, Basel 1979
– *Windgeschichten*, Darmstadt und Neuwied 1980
– *Das Brillenmuseum*, Darmstadt und Neuwied 1982
– *Anna und ich*, Darmstadt und Neuwied 1985
– *Das verschwundene Haus*, Darmstadt 1988
– *Gnadenfrist*, Frankfurt a. M. 1991
– *Die Brieffreundin*, München 1995
– *Der letzte Frühlingstag*, München 1997
Letztes Jahr in Basel – 12 Monate mit 12 Autoren, Basel 1982
Schreibweisen. Autorinnen und Autoren aus der Schweiz über ihre Arbeit (Hg. Christine Tresch), Zürich 1994
Zwischenzeilen. Schriftstellerinnen der deutschen Schweiz, Zürich/Bern 1985

Luise F. Pusch

Nachwort
Drum prüfe, die sich ewig bindet,
ob sich nicht doch was bess'res findet[1]

Bei der Einladung zur Mitarbeit an den drei Bänden der *WahnsinnsFrauen*[2] haben wir keine Richtlinien vorgegeben: Die Biographinnen konnten sich »ihre Frau« selbst aussuchen. Durch dieses herausgeberische »Laissez-faire« kam diesmal ein Ensemble zusammen, wie es unterschiedlicher kaum vorstellbar ist. Was hat die englische Mystikerin Margery Kempe mit dem »Sexsymbol« Marilyn Monroe zu tun? Was hat Adèle Hugo, die stolze, von ihrer Liebe besessene »Königstochter« Victor Hugos mit der in die verrätselte Symbolwelt ihrer Anagramme eingeschlossenen Dichterin Unica Zürn oder der energischen Aktivistin Elizabeth Packard gemeinsam?

Was sich schließlich – überzeugender noch als bei den beiden vorangegangenen Sammlungen – doch als *cantus firmus* fast all dieser Biographien herausstellt, ist die Tatsache, daß Männer, meist Ehemänner oder Liebhaber, aber auch Väter oder Männer in Institutionen, wie beispielsweise die Herren des psychiatrischen Establishments, des Literaturbetriebs oder des Nazi-Regimes, eine verheerende Rolle in diesen Lebensläufen gespielt haben. *Das alle anderen Probleme überschattende Problem im Leben dieser Wahnsinnsfrauen sind – die Männer.* Nur für Lavant gilt dies nicht oder nur indirekt: Sie war von schwersten Krankheiten zu entstellt und zu behindert, um Männer erotisch zu interessieren, und schließlich durch das aufgezwungene Außenseiterinnentum zu eigenständig, um sich darüber allzusehr zu grämen – sie hatte schlimmere Sorgen.

Natürlich entwickelten sich all diese Lebensläufe innerhalb der patriarchalen Weltordnung, die Frauen den zweiten Platz zuweist und von Männern abhängig hält. Aber es gibt in dieser Ordnung doch Spielräume – frau muß nicht *unbedingt* sehenden Auges in ihr Unglück rennen oder, vielleicht noch beunruhigender, sehenden Auges darin verharren, gelähmt wie das sprichwörtliche Kaninchen im Angesicht der Schlange. Wie kommt es, daß so viele Frauen dieser Sammlung, kluge, hochbegabte Frauen – eine so unkluge Partnerwahl trafen und sich in der unseligen Beziehung geradezu festbissen, statt den Mann hinauszuwerfen oder wenigstens schleunigst das Weite zu suchen?

Vielleicht ergeben sich Antworten, wenn wir die neun WahnsinnsFrauen unter dem Gesichtspunkt der Männer in ihrem Leben einmal der Reihe nach betrachten:

Margery Kempe, die englische Mystikerin, über ihre Ehe: »Es widerte sie an, ihre eheliche Pflicht erfüllen zu müssen, und sie tat es nur aus Gehorsam. Sie dachte bei sich, daß sie lieber den Unrat und das Abwasser aus der Gosse gegessen und getrunken hätte, als ihre Zustimmung zum ehelichen Verkehr zu geben.« Trotz ihres Ekels besteht ihr Ehemann weiter darauf, daß sie ihre »eheliche Pflicht« erfüllt. 20 Jahre lang (!!) setzt er sich durch.

Patriarchale Institutionen – speziell die Institution Ehe unter christlicher Aufsicht, die die Frau zur Sklavin und den Mann zum Sklavenhalter macht [wenn sie es denn mit sich machen lassen; Mme Hugo zum Beispiel bestand nach fünf Kindern in acht Jahren auf getrennten Schlafzimmern!] – sind offenbar weit »wahnsinniger« als ihre weiblichen Opfer. Viele Zeitgenossinnen Margery Kempes werden nach Jahren und Jahrzehnten des erzwungenen ehelichen Geschlechtsverkehrs [nach heutigem Verständnis: Vergewaltigung in der Ehe] und nach zahllosen Geburten (bei Kempe waren es immerhin 14!) ähnlich empfunden haben wie sie, ohne jedoch einen Ausweg aus diesem Entsetzen zu finden. Margery Kempe aber fand ihn: In ihren Visionen erschien ihr Jesus Christus als wahrer Bräutigam und verbot ihr weiteren ehelichen Verkehr. Eben dieses Ausbrechen und alles, was damit zusammenhing und daraus folgte, wurde ihr sowohl von Zeitgenossen als auch späteren männlichen Interpreten als Wahnsinn (Hysterie) ausgelegt.

Die Geschichte *Elizabeth Packards*, der unbeirrbaren Streiterin gegen die mutwillige Abschiebung mißliebiger Ehefrauen in Irrenanstalten, ist der Margery Kempes in manchem ähnlich: Auch Packard rebellierte gegen ihren gottesfürchtigen Eheherrn, sie entwickelte ihre eigenen Ansichten über die Religion, und damit machte sie sich des Wahnsinns verdächtig und schließlich »schuldig« und wurde weggesperrt.

Adèle Hugo: »Warum war ihr Selbstbewußtsein so zerbrechlich, daß eine gescheiterte Liebe zu einem Mann, der ihr offensichtlich wenig zu bieten hatte, sie in den Wahnsinn trieb?« (Andrea Schweers). Ja warum nur kam sie von Pinson nicht los, fragt sich die Leserin in wachsender Beunruhigung, je weiter sie in diese Geschichte eines alles verschlingenden Liebeswahns eindringt. Könnte es sich um einen Wiederholungszwang handeln, wie ihn Robin Norwood in ihrem Multimillionenbestseller *Wenn Frauen zu sehr lieben* (1985) als Grund für das im Titel genannte multimillionenfache Leiden der Frauen vermutet? Menschen, die es mit liebesunfähigen Elternfiguren zu tun hatten, verlieren sich als Erwachsene leicht an ähnlich geartete Individuen. Der (in der Kindheit verlorene) Kampf um die Liebe des Vaters / (seltener) der Mutter wiederholt sich an einem neuen Liebesobjekt, denn die »wahnsinnige« Hoffnung, sich die Liebe durch gesteigertes Wohlverhalten doch noch zu verdienen oder sonstwie zu erzwingen, ist nicht gestorben, sie hat sich eher intensiviert. Normal liebesfähige Personen kommen dagegen für solcherart geprägte Menschen als mögliche PartnerInnen nicht in Frage, sie werden als »eher langweilig« empfunden, da frau/mann sich nicht in der gewohnten selbstquälerischen Weise an ihnen abarbeiten kann. Adèle Hugo lehnte, bevor sie dem englischen Leutnant Pinson verfiel, einen Bewerber nach dem anderen ab: Sie wollte lieber »Mlle Hugo«, Victor Hugos »Königstochter« bleiben.

Daß das Leid aussichtslosen Begehrens eher Frauen als Männer befällt, liegt laut Norwood daran, daß liebesunfähige Männer das Normalprodukt der patriarchalen Kultur sind. Dieser Ansicht sind nicht nur Feministinnen, sondern zunehmend auch einsichtige Feministen, wie etwa der Bestsellerautor Wilfried Wieck, dessen Buch *Männer lassen lieben* (1987) den Sachverhalt im Titel knapp und treffend umreißt. In dieser Hinsicht war Vater Hugo offensichtlich ein Meister: Ganze Legionen von Frauen »ließ er lieben«; für jede Sparte seiner ausdifferenzierten Bedürfnisse gab es eine zuständige Frau. Sie alle mußten sich ihn teilen; er aber mußte sich die Liebe der ihm derart ergebenen Frauen kaum einmal mit einem Rivalen teilen. Tochter Adèle war zuständig für die Sparte »komfortables Familienleben komplett mit weiblich-anmutiger Jugend und Schönheit«, auch dokumentierte sie als eine Art Eckermann die mündlichen Geistesfrüchte Hugos und seiner Tafelrunde. Ihre eigenen Geistesfrüchte waren nicht gefragt. Adèle vergötterte ihren Vater; für ihn aber war sie eine unter vielen Frauen, die seinen Dichteralltag bevölkerten und angenehm gestalteten. Er mochte sie nicht missen, wirklich gebraucht aber hat er sie auch nicht.

Vielleicht hat Adèle Hugo an Pinson eine Intensität und Ausschließlichkeit vorgeführt (ausagiert), die sie an ihrem Vater schmerzlich vermißte. Victor Hugo zeigte diese Intensität nur für sein Werk. Daß der Wahnsinn um Pinson mit dem Vater zu tun hatte, scheint er gespürt zu haben: »Sie haßt mich!«, war sein Kommentar, nachdem sie nach Halifax ausgebrochen war. Auch daß sie ihm nie wieder eine Zeile schrieb, deutet darauf hin, daß diese beiden wichtigsten Männer in ihrem Leben in ihrer Psyche eng verflochten waren. Pinson war für ihr »Manöver« deshalb so gut geeignet, weil er einerseits das Gegenteil Victor Hugos war, wie geschaffen, den Vater mit ihm zu kränken, anderseits in der Fähigkeit, sich zu entziehen, dem Vater mindestens ebenbürtig, mithin ein ideales Objekt für den Wiederholungszwang.

Kate Chopin, aufgewachsen in einem Familienclan starker »lustiger Witwen«, kam mit dem Leben eigentlich gut zurecht. Nach dem Tod ihres Ehemanns baute sie sich eine erfolgreiche Karriere als Schriftstellerin auf. Dann aber verließ sie den den Frauen zugestandenen literarischen Raum und erkundete weibliche Sexualität jenseits der von Männern vorgeschriebenen Grenzen. Die Strafe kam umgehend und war durchschlagend: Die feindselige Reaktion der männlichen Literaturkritik vernichtete erst Chopins Selbstvertrauen, dann ihre Karriere und schließlich ihre geistige Gesundheit und sie selbst.

Bei der Malerin *Elfriede Lohse-Wächtler* sehen wir ein ähnlich selbstschädigendes Verhalten wie bei Adèle Hugo: Auch sie wählt sich einen Mann »der ihr offensichtlich wenig zu bieten hatte«, sie läßt sich von ihm in schier unfaßbarer Weise ausnutzen. Er verpraßt nicht nur ihr mühsam genug verdientes und zum Überleben dringend benötigtes Geld, sondern betrügt sie noch obendrein (seine Geliebte bekommt fünf Kinder von ihm). Schließlich erleidet sie einen Nervenzusammenbruch. Sein gewissenloser Umgang mit ihrem Geld hat sie so arm gemacht, daß angemessene Hilfe nicht bezahlt werden kann; sie gerät in die tödliche Maschinerie der Nazi-Psychiatrie. Ein einzelner Mann, dem sie »gegen alle Vernunft« nicht rechtzeitig die Tür gewiesen hat, und die Männer-Organisation der Nazi-Psychiatrie haben ihre Vernichtung bewerkstelligt.

Die ex-zentrische Dichterin *Christine Lavant* bildet, wie gesagt, eine Ausnahme unter diesen männergeschädigten Wahnsinns-Frauen. Ihr Leben war bestimmt von schwerer Krankheit bei tiefster Armut. Ihrer Mutter gelang es trotz ständigen Schuftens nicht, die notwendigen Salben für die von Geschwüren entstellte kleine Christine zu bezahlen. Nun befällt Armut zwar Frauen *und* Männer, aber Frauen bekanntlich in weit stärkerem Maße, und das gilt bis heute. Es liegt an der Minderbewertung der Frau und ihrer Arbeitsleistung im Patriarchat. Ansonsten aber wußte sich Lavant dem verheerenden männlichen Zugriff zu entziehen. Ihre lange Ehe mit Habernig war eine eher oberflächliche Angelegenheit für sie, sie blieb bei ihm mehr aus Mitleid. Ihre unerfüllte Liebe zu dem verheirateten Maler Werner Berg war »nur« die schlimmste unter den vielen Enttäuschungen ihres Lebens, trieb sie aber nicht etwa in den Wahnsinn – und der Literaturbetrieb ließ sie sowieso gänzlich kalt.

Unica Zürn: Ein vergötterter, aber enttäuschender Vater, ein Bruder, der »in den kindlichen Körper einfällt«, wie Eva Maria Alves mitteilt. Eine Ehe, die geschieden wird, zwei Kinder, die beim Vater bleiben. Schließlich: Die Begegnung mit dem Künstler Hans Bellmer, der die Dichterin mit dem Anagrammieren bekanntmacht. Er ein »sadistischer Puppenfolterer«, Unica das masochistische Pendant. Unica erkrankt, Diagnose Schizophrenie, kommt in die Anstalt, bekommt Medikamente bis ans selbst gesetzte Ende ihres Lebens. Eine Leidensgeschichte von Anfang bis Ende, unterbrochen durch die Ekstasen der Kunstproduktion. Der Anteil der Männer an diesem Leid ist nicht eindeutig auszumachen, dürfte aber erheblich sein, wenngleich sich die Mutter ebenfalls beteiligt hat.

Marilyn Monroe, aufgewachsen mit Frauen und in Erziehungsanstalten. Als Zwölfjährige hatte sie schon fünf verschiedene Mütter bzw. Pflegemütter erlebt; der Freund einer ihrer Pflegemütter hatte sie vergewaltigt. Ihre Krankheit war extreme Schüchternheit und Unsicherheit, später krankhaftes Lampenfieber vor all ihren Auftritten. In seinem Aufsatz »Born to be shy« (1999) berichtet der Psychologe Jerome Kagan von Untersuchungen, die ergeben haben, daß etwa 20 Prozent aller Menschen besonders schüchtern sind. Bei Mädchen nimmt der Prozentsatz im Laufe des Älterwerdens zu, bei Jungen nimmt er ab, denn Schüchternheit von Mädchen gilt den meisten Eltern als normal; Jungen dagegen wird die Schüchternheit wenn nötig mit Gewalt ausgetrieben, den Mädchen wird »übertriebenes Selbstvertrauen« auf dieselbe Weise abgewöhnt.

Heute würde man das Leiden der Marilyn Monroe Sozialphobie nennen: Krankhafte Angst, negativ beurteilt und abgelehnt zu werden, vermutlich genetisch angelegt und ins Quälende verschärft durch sexuelle Gewalt und das ständige Abgeschobenwerden in der Kindheit.

Eine Frau mit krankhaftem Lampenfieber wird – Schauspielerin, ausgerechnet. Sie beruhigt sich augenblicklich, wenn sie vor der Kamera agiert. Angst hat sie »nur« vorher, aber die Zeit *vor* den Auftritten ist natürlich unendlich viel länger als die während des Auftretens. Mit anderen Worten: Marilyn Monroe hat so gut wie *immer* Angst. Die Angst bleibt unbesiegbar, alle ihre Erfolge helfen ihr nicht. Marilyn ist eine sehr intelligente Frau: Anders als die meisten NeurotikerInnen erkennt sie, daß sie krank ist und tut das einzig Vernünftige: Sie sucht Hilfe. Die Hilfe, die in den fünfziger Jahren in ihren Kreisen üblich war, war die Psychoanalyse. Heute bekäme sie wahrscheinlich eine Kombination aus kognitiver und Verhaltenstherapie, wahrscheinlich auch bessere Medikamente als die, die das fatale Ärzteteam Greenson & Engelbert verabreichte.

Ehemann Arthur Miller kam mit Monroes Erfolgen nur schwer zurecht und half sich mit intellektueller Herablassung. Die Männerinstitution Hollywood, die sie immer wieder als »Sexbombe« einsetzte, obwohl sie eine hochbegabte Schauspielerin war, die ernstzunehmende Rollen spielen wollte und sich dafür auf eigene Kosten intensiv ausbilden und beraten ließ, als sie schon ein unumstrittener Weltstar war, tat noch ein übriges, um ihr Selbstbewußtsein und ihr künstlerisches Ausdrucksstreben zu untergraben. Von dem männlichen Kinopublikum in seiner Gesamtheit, dessen beschränkten Geschmack die Hollywoodmaschinerie schließlich nur bediente, einmal abgesehen.

Um es zusammenzufassen: Auch im Fall Monroe waren es eindeutig Männer, die sie auf dem Gewissen haben, in erster Linie ausgerechnet die Männer, die sie als Ärzte für ihre Angstneurose engagiert hatte und die von ihrer Krankheit gut lebten. Es war nicht deren Absicht, sie umzubringen; eine lebende Monroe brachte ihnen mehr ein. Es war einfach ein »Kunstfehler«.

Die Schriftstellerin und Malerin *Adelheid Duvanel* schließlich scheint eine tragische Wiederholung von Lohse-Wächtler, mit dem Unterschied der »Gnade der späten Geburt (in einem besseren Land)«. Alles ist da, wie bei einem Déjà-vu: Das Aufwachsen mit einer außergewöhnlichen künstlerischen Begabung und Sensibilität in einer überforderten bürgerlichen Familie. Die entsetzliche Armut der Künstlerin, das Verhökern, Feilbieten der künstlerischen Arbeiten, um das Lebensnotwendigste zu verdienen. Auch sie verliert sich an einen ihrer unwürdigen Mann; Liliane Studer spricht von »Hörigkeit«. Wie Kurt Lohse war Joseph Duvanel ein Künstler, der »sie verstand«. Ansonsten aber waren diese verständnisvollen Künstlerseelen schwach, so schwach, daß sie die Ehefrau finanziell ausbeuteten und sexuell betrogen. Kurz gesagt, sie waren unfähige Schmarotzer, die ihren Opfern buchstäblich das Leben aussaugten.

Dieses selbstzerstörerische Verhaltensmuster – sich anzuklammern an einen »verständnisvollen Künstler«, mit dessen Hilfe es leichter sein soll, einer Welt zu trotzen, die künstlerisch tätigen Frauen gegenüber extrem feindlich eingestellt ist – ist bei Künstlerinnen erschreckend weit verbreitet. Quasi als Prototypen berüchtigt sind die beiden Schmarotzer Rodin und Brecht und ihre Opfer Gwen John und Camille Claudel bzw. Marieluise Fleißer, Ruth Berlau, Margarethe Steffin und Elisabeth Hauptmann und wie sie alle heißen.[3]

Unter den sechs Künstlerinnen dieses Bandes waren alle bis auf Kate Chopin mit einem Künstler verheiratet oder liiert:

Lohse-Wächtler: Kurt Lohse

Christine Lavant: Werner Berg

Unica Zürn: Hans Bellmer

Marilyn Monroe: Arthur Miller

Adelheid Duvanel: Joseph Duvanel.

Zwei der Frauen starben durch Selbstmord, zwei wurden von ihren Ärzten ermordet bzw. »versehentlich« getötet, und die Künstler-Ehemänner (Lohse, Duvanel und Miller) trugen maßgeblich zu diesem Ende bei (Lohse, Duvanel) oder unternahmen zumindest nichts Hilfreiches, um dies Ende zu verhindern. Eines natürlichen Todes starb nur Christine Lavant. Ihre Verbindung mit dem Künstler war, aus den oben genannten Gründen, auch eher eine einseitig-platonische.

Was für Margery Kempe und Elizabeth Packard die Männerkirche und deren männliche Vertreter auf Erden an Unterdrückung leisteten, schaffen für die übrigen WahnsinnsFrauen, im säkularisierten neunzehnten Jahrhundert bis heute, der männliche

Kunstbetrieb und Geniekult sowie die männlichen Künstler. Von der Künstlertochter Adèle Hugo, deren eigene künstlerische Äußerungen nicht gefragt waren, bis zur regelmäßig betrogenen Künstlergattin Adelheid Duvanel, die in einem ihrer Texte schildert, wie wenig der Künstler davon erbaut ist, wenn seine Geliebte erfolgreicher ist als er, waren alle WahnsinnsFrauen vom männlichen Kunstbetrieb negativ betroffen. Das Weib schweige in der Gemeinde – und auch in der Kunst.

Meine Ausgangsfrage war: Wie kommt es, daß so viele Frauen dieser Sammlung, kluge, hochbegabte Frauen – eine so unkluge Partnerwahl trafen und sich in der unseligen Beziehung geradezu festbissen?

Hier mein Versuch einer Erklärung:

Der Männer-Kunstbetrieb scheint mir in seiner Auswirkung auf die weibliche Psyche noch gefährlicher als die Männerkirche. Die Religion hat für Frauen auch ein befreiendes Potential; meistens finden es aufmüpfige Frauen in Jesus und seiner Botschaft der Liebe. Jesus ermächtigte sowohl Margery Kempe als auch Elizabeth Packard zu kühnen Taten.

Wenn Frauen hingegen das befreiende Potential der Kunst für sich beanspruchen, reagiert der Männer-Kunstbetrieb in der Regel genau so feindlich wie die Männer-Kirche, aber im Kunstbetrieb gibt es keine Jesusfigur, die den Frauen durchhalten hilft. Statt dessen gibt es »verständnisvolle, fördernde Künstler«, die den Frauen ihren »Schutz« anbieten und umgehend mit der Ausbeutung beginnen. Wenn die Frauen sich mit diesen Wölfen im Schafspelz einlassen, kann es – ganz wie mit gewöhnlichen Zuhältern – äußerst gefährlich werden, es können Abhängigkeiten entstehen, aus denen es kein Entrinnen mehr gibt, wie viele der hier ausgebreiteten Biographien nachdrücklich vor Augen führen.

Was wir Frauen brauchen, um nicht nur ungehindert Kunst produzieren zu können, sondern überhaupt unsere Kräfte ungehindert zu entfalten, ist eine Tradition, die uns zu diesem Tun »ermächtigt«, ja anspornt, ähnlich wie »Jesus« dies für Kempe und Packard tat. Als Vorstellung, auf die sie ihre enormen unterdrückten Kräfte projizieren konnten, half »Jesus« ihnen, unerhörte Dinge zu tun. Und sie sind nicht die einzigen, bei denen das funktionierte; ähnlich unerhörte Taten vollbrachten Hildegard von Bingen, Jeanne d'Arc, Teresa von Avila und viele andere gläubige Frauen – denn der Glaube versetzt Berge.

Wenn wir uns heute als schöpferisch tätige Frauen zusammen-
tun, nach weiblichen Vorbildern und nach Vorläuferinnen suchen,
arbeiten wir mit an einer neuen Kunstauffassung und Kultur, die
Frauen nicht ausgrenzt, sondern unsere Ausdruckskraft voraus-
setzt und einfordert. Wir »ermächtigen« uns sozusagen selber, wie
das letztlich ja auch Kempe, Packard und die anderen Christinnen
taten. In den vergangenen 30 Jahren haben wir im Rahmen der internationalen Frauenbewegung gewaltige Fortschritte gemacht.
Wir möchten gerne glauben, daß Lebensläufe wie die von Adèle
Hugo, Kate Chopin, Christine Lavant oder Elfriede Lohse-Wächtler heute nicht mehr möglich wären – aber der von Adelheid Duvanel, die 1996, mitten unter uns, in bitterster Armut Selbstmord beging, zeigt auch, daß für Selbstzufriedenheit kein Anlaß besteht.

Anmerkungen

1 Feministischer Volksmund, frei nach Schillers »Glocke«, wo es heißt:
  »Drum prüfe, wer sich ewig bindet, ob sich das Herz zum Herzen findet.«
2 Die beiden ersten Bände erschienen 1992 bzw. 1995. Vgl. Duda & Pusch
  1992 und 1995.
3 Zu Brechts Schmarotzertum vgl. Fuegi 1997, zu Rodin und Gwen John
  vgl. Chitty 1981, zu Rodin und Claudel vgl. Schweers 1992 und die dort
  angegebene Literatur.

Literatur

Chitty, Susan. 1981. Gwen John. London. Hodder & Stoughton.
Duda, Sibylle & Luise F. Pusch. Hg. 1992. WahnsinnsFrauen. Frankfurt/
  M. Suhrkamp TB 1876.
Duda, Sibylle & Luise F. Pusch. Hg. 1995. WahnsinnsFrauen. Zweiter
  Band. Frankfurt/M. Suhrkamp TB 2493.
Fuegi, John. 1997. Brecht & Co. Biographie [= The Life and Lies of Ber-
  told Brecht]. Autorisierte, erweiterte und berichtigte dt. Fassg. von Se-
  bastian Wohlfeil. Hamburg. Europ. Verlagsanstalt.
Kagan, Jerome. 1999. »Born to be shy?«, in: Conlan, Roberta. Hg. 1999.
  States of Mind: New Discoveries about how our Brains Make us who
  we are. New York, etc. John Wiley & Sons. S. 29-51.

Krayenfuss, Gudrun S. 1998. Scheherezade! Eine Basler Autorin wird entdeckt: Reflexionen zu Leben und Schaffen von Adelheid Duvanel. Mit
einem Vorwort von Felix Feigenwinter. Basel. Isishaus.

Norwood, Robin. 1991 [1985]. Wenn Frauen zu sehr lieben: Die heimliche
Sucht, gebraucht zu werden [= Woman Who Love Too Much: When
You Keep Wishing and Hoping He'll Change]. Reinbek b. Hamburg.
rororo.

Schweers, Andrea. 1992. »Camille Claudel (1864-1943): Begegnung mit
einer Vergessenen«, in Duda & Pusch. Hg. 1992. S. 146-173.

Wieck, Wilfried. 1987. Männer lassen lieben: Die Sucht nach der Frau.
Stuttgart. Kreuz.

Die Autorinnen

Eva-Maria Alves, geb. 1940, lebt als freie Journalistin und Autorin in Hamburg. Veröffentlichungen zu literaturhistorischen, theologischen, psychoanalytischen Themen; u.a. zu Sylvia Plath, Djuna Barnes, Christine de Pizan, Johannes vom Kreuz u.a. Rundfunksendungen, Hörspiele, Romane, Erzählungen, zuletzt *Schwärzer* (1993), *Die Bleistiftdiebin* (1996), *Eisfrauen* (1996). Herausgeberin von u.a. *Stumme Liebe – Der lesbische Komplex in der Psychoanalyse* (1993), Bd.2 (1997).

Sibylle Duda, geb. 1940, Dozentin für Erziehungswissenschaft an der Universität Hannover. Forschungsschwerpunkte: Sozialgeschichte der Frau im 19. Jahrhundert, weibliche Sozialisation, feministische Theorie. Mithg. von *WahnsinnsFrauen*, Bd. 1-3 (st 1876, st 2493, st 2834). Mitarbeit am Kalender *Berühmte Frauen* seit 1989.

Evelyne Keitel, geb. 1951, Studium und Promotion in Konstanz. Habilitation an der FU Berlin. Seit 1993 Professorin für Amerikanistik an der TU Chemnitz. Publizistin diverser Feuilletonartikel, Aufsätze und von vier Büchern, zuletzt *Kriminalromane von Frauen für Frauen: Unterhaltungsliteratur aus Amerika* (1998).

Swantje Koch-Kanz, geb. 1939, verheiratet, ein Kind. Zehn Jahre Verlagstätigkeit für Mouton, Den Haag. 1972-1975 wissenschaftliche Assistentin am Seminar für Allgemeine Sprachwissenschaft der Universität Kiel. Veröffentlichungen über die Töchter J. S. Bachs, Dorothea Händel, Johanna die Wahnsinnige, Charlotte Perkins Gilman und Elizabeth Packard (alle mit L. F. Pusch); diverse Arbeiten zur deutschen Grammatik. Mitarbeit am Kalender *Berühmte Frauen* seit 1989.

Sylke Niemann, geb. 1965, Diplompädagogin, studierte zunächst Germanistik und Philosophie, anschließend Erziehungswissenschaft an der Universität Hannover. Arbeitet zur Zeit als Lehrbeauftragte an der Universität Hannover, Dozentin der FrauenAkademie Hannover und im musikpädagogischen Bereich. Im zweiten Band der *WahnsinnsFrauen* (st 2493) publizierte sie *Adalgisa Conti – »Ich habe immer ein stolzes Wesen gehabt«*.

Stefanie Ohnesorg, geb. 1959, Studium der Germanistik und Geographie in Mannheim, Waterloo (Ontario) und Montreal. Ph.D. in Germanistik (McGill University, Montreal) 1995; Anstellung als »Assistant Professor« in der Abteilung für »Modern Foreign Languages and Literatures« an der University of Tennessee, Knoxville.

Luise F. Pusch, geb. 1944, Professorin für Sprachwissenschaft. Bücher und Aufsätze zur Grammatik diverser Sprachen und zur Grammatiktheorie. Autorin von u.a. *Die Frau ist nicht der Rede wert* (1999, st 2921), *Das Deutsche als Männersprache* (1984, es 1217) und *Alle Menschen wer-*

den Schwestern (1990, es 1565). Mithg. von *WahnsinnsFrauen*, Bd. 1-3 (st 1876, st 2493, st 2834) und *Berühmte Frauen: 300 Porträts* (1999); Herausgeberin u. a. der *Trilogie über Schwestern . . ., Töchter . . . und Mütter berühmter Männer* (1985, it 796, 1988, it 979, 1994, it 1356) und des Kalenders *Berühmte Frauen* (1987ff.).

Esther Röhr, geb. 1959, studierte Germanistik, Theologie und Religionswissenschaft. Lebt in Frankfurt/M. und arbeitet dort als Kulturjournalistin für Print-Medien und für den Hörfunk. Herausgeberin der Porträtsammlung *Ich bin was ich bin. Frauen neben großen Theologen und Religionsphilosophen des 20. Jahrhunderts* (1997).

Andrea Schweers, geb. 1952, Lehrerin und Journalistin. Sieben Jahre Mitarbeit im Frauenkulturhaus Bremen. Freie Forschung und Vorträge über Künstlerinnenbiographien. Essay über Camille Claudel in Duda & Pusch, Hg. *WahnsinnsFrauen* (st 1876), Séraphine Louis in *WahnsinnsFrauen 2* (st 2493). Mitarbeit am Kalender *Berühmte Frauen* seit 1989.

Liliane Studer, geb. 1951, Sozialarbeiterin. Ab 1982 Studium der Germanistik und Geschichte. Lizentiat über Marlen Haushofer. Seit 1988 Literaturkritikerin und Publizistin. Mitarbeit am Kalender *Berühmte Frauen* 1990 und 1995. Essays über Ellen West, Lore Berger und Adelheid Duvanel in Duda & Pusch, Hg., *WahnsinnsFrauen 1-2* (st 1876, st 2493). Seit 1995 Leiterin des eFeF-Verlags in Bern.

Bildnachweis

Deutsches Institut für Filmkunde, Frankfurt: S. 223
Nachlaß Elfriede Lohse-Wächtler, Hamburg: S. 141
Privatbesitz Felix Feigenwinter: S. 271
Verlag Brinkmann & Bose, Berlin: S. 203
Weitere Nachweise Suhrkamp Verlag